ヘイトスピーチ解消法
成立の経緯と基本的な考え方

魚住裕一郎　西田昌司　矢倉克夫　三宅伸吾
有田芳生　仁比聡平　谷 亮子

第一法規

推薦の言葉

内閣官房長官
菅 義偉

　近年、我が国において、特定の民族や国籍の人々を排斥する差別的言動を内容とするヘイトスピーチが大きな社会問題となっています。このようなヘイトスピーチが今日の我が国社会で散見されることは、極めて残念なことであり、あってはならないことです。ヘイトスピーチの解消は、我が国における重要な課題の一つと言えます。

　こうした状況の中で、平成27年7月、公明党ヘイトスピーチ問題対策プロジェクトチームから、実態調査の実施が要望され、これを契機として、政府として、ヘイトスピーチに関する実態調査に取り組むこととなりました。平成28年3月末に公表するに至った実態調査の結果は、デモ等の発生状況の推移や、デモ等での発言内容等に照らして、我が国においてヘイトスピーチが沈静化しているとは言えない状況にあることを明らかにするものでした。

　その後、自民党及び公明党において、ヘイトスピーチの解消に向けた法案の策定作業が速やかに進められた結果、両党は、平成28年4月8日、「本邦外出身者に対する不当な差別的言動の解消に向けた取組の推進に関する法律案」を国会に提出するに至り、参議院法務委員会で一部修正の上、全会一致で可決するなどして、5月24日に本法律が成立し、6月3日に公布、施行されました。

　「本邦外出身者に対する不当な差別的言動の解消に向けた取組の推進に関する法律」は、そのような不当な差別的言動は許されないことを前文で宣言した上で、その解消に向けた取組について、基本理念を定め、国及び地方公

共団体の責務等を明らかにするとともに、相談体制の整備、教育の充実等、啓発活動等の基本的施策を定め、そのような不当な差別的言動の解消に向けた取組を推進するものです。

　政府は、これまでも、ヘイトスピーチが許されないことを明確に示して啓発活動を行ってまいりましたが、ヘイトスピーチの解消に向けた取組をより一層推進していく上で、議員立法により本法律が成立したことは、時宜を得た誠に意義深いことと考えられます。政府としては、今後、本法律に定められた責務を全うすべく、その解消に向けた取組として種々の基本的施策を講じていくこととしています。

　本書が、ヘイトスピーチの解消に向けた施策の検討・策定に寄与するとともに、国民の皆様にもその解消の必要性について御理解を深めていただく契機となるものと期待して、私の推薦の言葉とさせていただきます。

平成28年9月吉日

巻頭言

第190回国会　参議院法務委員長
魚住 裕一郎

　「本邦外出身者に対する不当な差別的言動の解消に向けた取組の推進に関する法律」、いわゆる「ヘイトスピーチ解消法」が参議院に提出され、この法務委員会において全会一致の賛成を得て、最終的に第190回国会で可決・成立したことは、誠に意義深いことでありました。

　特定の民族や国籍など本人の意思では変更困難な属性を根拠に、その者たちを地域社会ひいては日本社会から排除しようという言動であるヘイトスピーチは、個人の尊厳を著しく害し、地域社会の分断をも図るものであり、もとより決して許されるものではありません。問題事例が顕在化して以来、当委員会においては、ヘイトスピーチの問題とその解決策について真摯な議論が行われてきました。

　平成27年、第189回国会には民主党（当時）を中心とする野党の皆さんから関連法案が提出され、野党法案としては異例ながら実質審議を行いました。与党側でも問題意識を持ち、政府に対する申入れに続いて、第190回国会、平成28年3月には自由民主党と公明党によって「与党ヘイトスピーチ問題に関するワーキングチーム」が結成されて両党で法案化に向けた詰めの作業が行われました。当委員会では、野党案に対する参考人質疑も行い、学者、実務家からは憲法をはじめとする法律上の問題点等、そして被害に遭った方からは被害状況と対策樹立への要望等、幅広く有益なご意見をお聴きしました。さらに、「ヘイトスピーチをめぐる実情を調査し、対策の樹立に関する審査に資するため」、実際にヘイトスピーチ・デモが行われた川崎市桜本地区に視察に赴き、住民の方々から直接お話を伺って、深刻な被害の実態に直面するとともにヘイトスピーチ根絶に向けた痛切な思いを承り、委員一同、大いに心を動かされ、何としても対策を講じなければならないとの思いを一にし

たのであります。

　4月、与党から法案が提出されるに至り、以後、与野党の議論は更に熱のこもったものとなりました。各党それぞれ立場の違いがあるため一致点を見出すことは困難を極めましたが、絶対に法律を成立させるとの共通認識は揺るぎませんでした。

　そして、遂に5月12日、野党の要求に基づき与党案を一部修正の上、附帯決議を付して、当委員会において全会一致で可決されたのであります。その後、参議院本会議、衆議院での審議を経て、本法は5月24日に成立し、6月3日に平成28年法律第68号として公布されたのであります。

　振り返って、各党の考えの違いを克服して全会一致で委員会可決という結果が導かれたことは、委員長として誠に感慨深いものがあります。困難な壁を乗り越えることができたのは、まさに被害に遭われた方々の心の叫びにじかに触れた各委員が、絶対に法律を成立させなければならないとの強固な意思の下で、真摯に議論を積み重ねたからにほかなりません。そのような議論展開を導くことができたことは委員長として望外の喜びであり、心から安堵しているところであります。各委員、参考人としてお招きした方々その他関係者の皆さんに敬意を表し、感謝を申し上げるとともに、事務方を務めた法制局、調査室、委員部等参議院事務当局の労を多としたいと思います。

　しかしながら、法律ができたからといって安堵してばかりもいられません。いわば、対策はスタートラインについたばかりなのです。この先、真にヘイトスピーチ解消への実効が上がるよう、この法律に魂を吹き込んでいかなければなりません。本書は、実際の現場でこの法律を運用していく際の参考になるよう、法律の条文ごとに国会における質疑の中から参考となる部分を抽出したものです。ヘイトスピーチの実態調査の要望に直ちに対処して頂いた菅義偉官房長官からもご推薦の玉稿を頂きました。本書が大いに活用され、近い将来、世の中からヘイトスピーチがなくなることを、切に願っています。

はじめに

第190回国会　参議院法務委員会理事（法案発議者）
西田　昌司（自由民主党）

　私たち自由民主党と公明党が本邦外出身者に対する不当な差別的言動の解消に向けた取組の推進に関する法律、いわゆるヘイトスピーチ解消法を提案したのは、立法事実として、そういうヘイトスピーチが行われ、困っている方が実際におられたわけです。私も、反ヘイトスピーチの院内集会に参加させていただいたり、また参議院法務委員会としても、参考人質疑をして幅広いお話を伺い、更にヘイトスピーチ・デモが行われた現地に赴き、視察も行いまして、被害を受けられている住民の方々の魂の叫びとも言うべき切実な訴えもお聞きしました。その結果、そういうものは、やはり日本人としてあるまじき行為であり、根絶をしなければならないという思いで、委員皆が共通の認識を持ったわけであります。

　対策を講ずるため法案化の検討を始めましたが、法案化に当たっての最大の問題は、憲法に保障されている表現の自由、こういう一番大事な人権に関わることについて、禁止規定をつくるということはなかなかできないということでした。それでも、自由民主党と公明党の衆参の関係議員が集まって「与党ヘイトスピーチ問題に関するワーキングチーム」を立ち上げ、精力的に議論を重ねました。その結果、禁止規定を設けていないからといってヘイトスピーチを許しているわけではない、理念においてしっかり駄目だということを宣言して、そして教育、啓発によって思いやりの心、そういうことをみんなが持ち合えば、結果としてこのヘイトスピーチを根絶できるのではないかと、そういうことになったのです。それはまさにモラルの問題であり、理念の問題であり、そして国民全体がそういう差別のない社会をつくらなければならないという、国民にそういう努力義務があるということです。そういう思いやりの心は、お互い様なのです。我々のこの日本の国で、地域社会で平

穏に暮らしている、そういう暮らすことができる権利は、それは誰にでもあるわけです。それをしっかり守っていくということを、我々は目指しているわけであります。

すなわち、禁止規定はなくても、あらゆる法律の解釈において指針となって、そういうことを宣言することによって事実上ヘイトスピーチを根絶させる方向に行くし、また、この法律には、差別のない社会をつくることの責務を国民にも課しているのです。ですから、是非その趣旨を多くの国民の方々に共有をしていただいて、そういう共通認識を皆が持つことによって、ヘイトスピーチをしている人間が現状まだいるわけなのですけれども、彼らに対して、そういうことは恥ずべきことなのだということを我々がしっかり宣言する、それが大変重要なことであると思っています。

この法律が、参議院法務委員会における与野党を超えた全会一致での可決を経て成立したことは、まさに歴史的な意義があることであり、発議者の一人として大変うれしく思っています。

はじめに

第190回国会　参議院法務委員会理事（法案発議者）
矢倉　克夫（公明党）

　民主主義社会においては、本来であれば言論には言論で対抗するというものであるところ、いわゆるヘイトスピーチは、その態様において、相手方の対抗言論も許さないような形で外部から大音声を上げながら大勢で押しかけていき、社会を分断するようなものであります。ターゲットとされたマイノリティーの方たちの尊厳を徹底的に傷つける、心にも体にも、そして生活にも深刻な害悪をもたらします。憎悪、また差別意識といったものを私たちの住むこの社会に蔓延させるものであり、到底許されるものではありません。この問題は、人間性の尊厳にかかわるものであり、政治的な立場の違いは関係なく、そのようなものを超越した取組が必要なのです。

　我が党といたしましても、平成26年9月にヘイトスピーチ問題対策プロジェクトチームを立ち上げ、以来、ヘイトデモが実際に行われた現場の視察、被害者からのヒアリング、有識者との意見交換などを行って、対策の検討を重ねてきました。

　この検討結果を取りまとめまして、平成27年7月、菅官房長官、また、当時の上川陽子法務大臣に、ヘイトスピーチ問題対策等に関する要望書を手渡しまして、三点にわたって具体的な申し入れをいたしました。

　その際、私どもがとりわけ強調しましたのは、ヘイトスピーチに関する実態調査について、政府がこれまで行っていないということでした。正確な実態の把握なくして実効性ある対策は期待できません。ヘイトスピーチは待ったなしの課題であり、予備費を使ってでもすぐにぜひやってほしいということを強く申し上げました。

　これを受けて、政府も、ヘイトスピーチに関する実態調査をすぐにやるということになり、我が国で初めてとなる政府としてのヘイトスピーチに関す

る実態調査が行われ、平成28年3月30日にその結果が公表されたのです。

時を同じくして、我が党と自由民主党との間で「与党ヘイトスピーチに関するワーキングチーム」を立ち上げ、真摯かつ精力的に意見の摺り合わせを行い、困難な論点を克服して、「本邦外出身者に対する不当な差別的言動の解消に向けた取組の推進に関する法律案」をまとめ上げ、私が西田理事とともに発議者となって参議院に提出するに至ったものです。

その後、法務委員会において野党の皆さんとも熱心な議論を重ね、皆さんの意見も取り入れて、一部修正、附帯決議を付して、全会一致で可決できたことは、本当に大きな意義のあることで、発議者として大変うれしく思っています。このような結実は、与野党の先生方始めこの問題に尽力をされた方々の努力がどんどん社会に普及をしているということの現れであり、改めて関係の方々の活動に敬意を表したいと思います。

我々がこういう形でこの法律を作った、それは、国民全体の共通認識としてこういう社会をつくっていこう、そのような言論を許さない社会を、みんなが声を上げていくような社会をつくっていこうという理念を掲げて、それに向けてしっかり全体で努力をして実現していこうということを高らかにうたい上げて、それがまた国民世論を更に醸成させていくということなのであります。

そして、当然のことながら、我々国会議員が主権者たる国民の代表としてまず先頭に立ってこのような社会をつくるための第一歩を踏み出し、これから更に努力をしていくことをお誓い申し上げ、また、実現に向けて全体で議論をしていくことをお呼びかけしていきたいと思っております。

序文

第190回国会　参議院法務委員会理事
三宅　伸吾（自由民主党）

　参議院法務委員会は、政府から提出された法案や議員発議の法案の審査を精力的に行うとともに、法務及び司法行政等について調査を行い、諸課題に対し誠実に議論してまいりました。とりわけヘイトスピーチの問題については、人権擁護の問題として様々な論点について熱心な質疑が行われ、政府による人権啓発の取組の強化にもつながりました。この問題については、憲法上の論点が指摘されるところではありますが、その対策の必要性について与野党の立場を超えて共通の認識が形成されたところです。

　そうした与野党の認識を土台にしつつ、この問題の解決への後押しのため、本邦外出身者に対する不当な差別的言動の解消に向けた取組の推進に関する法律案が、第190回国会において自由民主党及び公明党から提出されました。私も賛成者の一人として名を連ねるとともに、本法律案の委員会質疑においては、「本邦外出身者に対する不当な差別的言動」の解釈、第3条の基本理念の趣旨、国と地方公共団体の役割の相違点等について発議者の認識を確認するとともに、政府の見解を問いただしました。その上で、本法律は、ヘイトスピーチに対する我が国、そして国民の取組を加速する貴重なリーガル・イノベーションの一歩だと高く評価致します。

　ヘイトスピーチの問題に対する参議院法務委員会の取組は、本法律の成立という形で結実し、立法府の一員としてその役割を十分に果たすことができたと考えます。これからは、その運用と訴訟における司法救済が適切に図られることが重要です。私も委員会で指摘したところですが、政府の取組をしっかりとチェック致します。

　明るく、夢のある未来を創るため、法務・司法行政の諸課題に対し多様な観点から問題提起を行い、引き続き立法活動を行ってまいります。

序文

第190回国会　参議院法務委員会理事
有田　芳生（民進党）

　2013年をピークに日本中で差別の煽動であるヘイトスピーチが吹き荒れました。それから3年がたちましたけれども、例えば2016年の4月29日、大阪梅田で、やはりヘイトスピーチを目的とした街宣活動が行われました。しかし、その街宣においては、ある人物がマイクを持って大きな声で在日コリアン排斥を語り出したとき、周りにいた主催者がその発言を止めはじめました。これまでなかった光景です。これは、ヘイトスピーチの現場で闘い続けた人たち、あるいは被害当事者たちの闘い、あるいはそれを支えた地道な専門家たち、その大きな力が成果を生んだのだろうと私は判断をしております。この4月29日という時期に注目しましょう。大阪ではヘイトスピーチ抑止条例が制定されました。さらに与党法案が4月8日に提出されて、私たちが法務委員会でずっと議論をしているときです。そうした影響も差別の煽動をする人物たちにも深い影響を与えはじめたのだと、私は理解しております。

　実際にヘイトスピーチの被害に遭われた在日コリアンは、次のように語っていました。

　「本法案が成立しても実効性がなく、無意味だし、与党のアリバイ、ポーズのための法案で、むしろマイナスだから反対するという主張がありますが、私はそうは考えません。従来、このような法律が日本に全くなく、初めての試みです。その意味で最初の一歩と位置づけて、この度の法案をなんとしても国会で成立させることが急務と考えます。本法案が成立することのプラス面は社会にとって多大と考えます」。

　また、ヘイトスピーチ・デモが狙った川崎市桜本地区（在日コリアンの集住地区）にお住まいの在日コリアン三世の女性も、以下のような趣旨のメールをくださいました。

序文

「この法案や附帯決議について、新聞等で報じられている指摘にあるように不十分な点はありますが、私は胸がいっぱいです。私たち桜本の街は、あの絶望が希望で上書きされていく明日を喜び、歓迎しています。会う人、会う人が私の手を握り、『言葉にならない』と涙を浮かべます。あのヘイトスピーチによって沈黙を強いられた若者は、『日本を嫌いにならなくて済んだ』と安どの表情で語りました。なによりも、胸を痛ませながら法案の行方を祈るように見守り、痛い足腰で杖をついて院内集会に参加したハルモニ方が喜びます。私たち川崎桜本地域は、この法案と附帯決議をもって、胸を張って、川崎市に『国がヘイトスピーチの根絶を宣言しました』『国が地方公共団体に着実に実施するよう定めました』と、具体的な実効性のある対策を求め、共に根絶する立場で汗をかくことができます。胸がいっぱいです。涙が出ます。絶望で起き上がれずに、涙にくれた日々が終わり、希望への歩みを進める道が法案と附帯決議によって整えられました。これからこそが大切な一歩となります。ヘイトスピーチ根絶の道しるべとなる法案、附帯決議が全会一致で決まるその時を、安寧に共にありたいと思います」。

この女性は、川崎市長に３万人の署名をお渡しして、「これから川崎市にヘイトスピーチを抑止する条例を作ってください」と訴えました。川崎の桜本だけではありません。東京でも神戸でも京都でも福岡でも、ヘイトスピーチをなくすための条例を作る運動がこれから続いていきます。

人権問題に終着点はありません。ヘイトスピーチは人間の尊厳と平等を否定するものです。私は、この法律の成立を出発点として、差別の現場で直接体を張って対峙する人たち、被害当事者、そして地道な専門家たちとともに、人種差別撤廃条約をこの日本に具体化する行動を更に進めていくことをお誓いいたします。

序文

第190回国会　参議院法務委員会委員
仁比　聡平（日本共産党）

　我が党は、民族差別をあおるヘイトスピーチを根絶するために、立法措置を含めて政治が断固たる立場に立つことを求め、社会的包囲で孤立させる運動の発展に努力するとともに、立法措置の在り方については、国民の間に様々な意見がある中で、国会内外で大いに議論を尽くすことを通じた合意形成を大切にして審議に臨んできました。

　とりわけ、昨年8月の野党案の実質審議入り以降、今年3月に実現した参考人質疑、続けて行った川崎市桜本の現地視察など、当委員会の取組に当事者と国民の強い関心が寄せられてきましたが、ここにはヘイトスピーチ根絶の実りを上げるという国会の重い政治的責任が示されています。4月、いわゆる与党案が提出されたのは、何よりヘイトスピーチによる被害の深刻さと根絶を求める当事者と国民の声に与党も対応を迫られたからにほかなりません。

　与党案には、ヘイトスピーチ根絶に向けた立法府の意思を明確にする理念法との意義がありますが、一方で、適法に居住する本邦外出身者を対象とするというその骨格が、人種や民族を理由とする差別は許されないという憲法と人種差別撤廃条約の趣旨を曖昧にするのではないか、「不当な差別的言動」との用語が明確性を欠き濫用のおそれはないか、また、前文で「許されないことを宣言する」としながらヘイトスピーチの違法性を明確にしていないなどの問題点があります。

　我が党は、ヘイトスピーチ根絶の運動や自治体決議、条例制定などの取組を踏まえ、与党案に対し、以下の修正を求めてまいりました。

　①法案の名称をヘイトスピーチ根絶に向けた取組の推進に関する法律などとすること。②何人もヘイトスピーチを行ってはならない旨の規定を設ける

こと。③ヘイトスピーチの定義について、「本邦外出身者に対する不当な差別的言動」に換えて、人種若しくは民族に係る特定の属性を有する個人又は集団（以下、民族等）の社会からの排除、権利・自由の制限、民族等に対する憎悪又は差別の意識若しくは暴力の扇動を目的として、不特定多数の者がそれを知り得る状態に置くような場所又は方法で行われる言動であって、その対応が民族等を著しく侮辱、誹謗中傷し、脅威を感じさせるものをいうとのような規定を置くこと。④「適法に居住する」との要件は削除すること。⑤地方公共団体の責務は、「努めるものとする。」に換えて、国と同様、「責務を有する。」ものとすること。

　こうした法案修正は成りませんでしたが、質疑の中で、対象となる言動は本邦外出身者を地域社会から排除することを扇動する不当な差別的言動であり、扇動の定義も例示しているから、「不当な」や「差別的」という曖昧な用語がそれだけで要件とはならないこと、政府や在日米軍を批判する言動は対象たり得ないこと、アイヌ民族や難民認定申請者など在留資格の有無、争いにかかわらずヘイトスピーチは許されないこと、道路使用許可など行政処分あるいは司法判断において理念法が根拠規範となり得ることなどが答弁で確認をされたことを前向きに評価し、賛成をいたしました。

　本法は大きな一歩ですが終着点ではありません。ヘイトスピーチを根絶するために、これからも一層国会内外で力を尽くそうではありませんか。

序文

第190回国会　参議院法務委員会委員
谷　亮子（生活の党と山本太郎となかまたち）

　平成28年5月24日、衆議院本会議において「本邦外出身者に対する不当な差別的言動の解消に向けた取組の推進に関する法律案」が可決、成立しました。本法律が議員立法によって委員会で審議され、成立するに至ったことは、本邦外出身者に対する不当な差別的言動のない社会を実現させる一歩を踏み出したことになると思います。

　私は、法務委員会における参考人質疑の際に、参考人の方から、国が中立ではなく、ヘイトスピーチをなくす側に立ち、差別は違法だとまず宣言したうえで、法律を成立させてほしいと言われたことをお聴きし、これまでの我が国において、人種差別を禁止するための法的な規制や罰則がないという現状を変える必要があるものと思いました。

　今般、差別的な言動を容認しないという姿勢を鮮明にし、本法律が施行されたことを受け、今後、政府や地方自治体は、教育や啓発活動を強めていくことになりますが、国民にとって憲法上保障された大切な権利である「表現の自由」を尊重しながら、国民の皆様と共に本邦外出身者に対する不当な差別的言動の根絶を目指して参ります。

目 次

推薦の言葉　内閣官房長官　菅 義偉 ……………………………… i
巻頭言　　　魚住裕一郎（第190回国会参議院法務委員長）………… iii
はじめに　　西田昌司・矢倉克夫
　　　　　　（第190回国会参議院法務委員会理事）（法案発議者）…… v
序文　　　　三宅伸吾・有田芳生・仁比聡平・谷 亮子
　　　　　　（第190回国会参議院法務委員会理事等）………………… ix
目次　　　　………………………………………………………………… xv

本編
　1．法律制定の経緯等 ……………………………………………………… 2
　　①背景 ………………………………………………………………… 2
　　②国会における審議 ………………………………………………… 4
　　③主な質疑 …………………………………………………………… 5

　2．解説　趣旨及び国会における答弁の逐条別整理 ………………… 7
　　①前文 ………………………………………………………………… 7
　　②第1章　総則 ……………………………………………………… 17
　　③第2章　基本的施策 ……………………………………………… 42
　　④附則 ………………………………………………………………… 45
　　⑤その他 ……………………………………………………………… 47

資料編
　1．本邦外出身者に対する不当な差別的言動の解消に向けた
　　取組の推進に関する法律（ヘイトスピーチ解消法）……………… 52
　　1-1　ヘイトスピーチ解消法案提案理由説明 ……………………… 52

1-2　ヘイトスピーチ解消法 ……………………………………………53
　1-3　ヘイトスピーチ解消法案要綱 ……………………………………54
　1-4　ヘイトスピーチ解消法の概要 ……………………………………56
　1-5　参議院におけるヘイトスピーチ解消法案に対する修正案要綱 ……57
　1-6　参議院法務委員会における附帯決議（平成28年5月12日）……57
　1-7　衆議院法務委員会における附帯決議（平成28年5月20日）……57
　1-8　ヘイトスピーチの解消に関する決議
　　　（平成28年5月26日　参議院法務委員会）…………………………58

2．人種等を理由とする差別の撤廃のための施策の推進に関する法律案
　（人種差別撤廃施策推進法案）……………………………………………59
　2-1　人種差別撤廃施策推進法案提案理由説明 ………………………59
　2-2　人種差別撤廃施策推進法案 ………………………………………60
　2-3　人種差別撤廃施策推進法案要綱 …………………………………63
　2-4　参考人質疑関係資料 ………………………………………………65
　　　（1）参考人意見陳述 ………………………………………………65
　　　（2）参考人に対する質疑 …………………………………………74
　2-5　人種差別撤廃施策推進法案質疑関係資料 ………………………83
　　　（1）発議者答弁 ……………………………………………………83
　　　（2）政府答弁 ………………………………………………………87

3．条約・国際機関関係 ………………………………………………………96
　3-1　人種差別撤廃条約Q&A …………………………………………96
　3-2　あらゆる形態の人種差別の撤廃に関する国際条約（抄）………98
　3-3　人種差別撤廃委員会「日本の第7回・第8回・第9回定期報告に
　　　関する最終見解（抄）」……………………………………………101

3-4 自由権規約委員会
「日本の第6回定期報告に関する最終見解（抄）」·······103

4．その他

4-1 第190回国会参・衆議院法務委員会の主要会議録·······105
 （1）第190回国会参議院法務委員会会議録第4号
   （平成28年3月22日）·······105
 （2）第190回国会参議院法務委員会会議録第6号
   （平成28年4月5日）·······126
 （3）第190回国会参議院法務委員会会議録第8号（抄）
   （平成28年4月19日）·······142
 （4）第190回国会参議院法務委員会会議録第10号（抄）
   （平成28年4月26日）·······157
 （5）第190回国会参議院法務委員会会議録第13号（抄）
   （平成28年5月12日）·······175
 （6）第190回国会衆議院法務委員会議録第19号（抄）
   （平成28年5月20日）·······185

4-2 本邦外出身者に対する不当な差別的言動の解消に向けた
取組の推進に関する法律の施行について（通達）
（平成28年6月3日警察庁警備局長、警察庁長官官房長）·······197

4-3 ヘイトスピーチに焦点を当てた啓発活動
（法務省ホームページより）·······199

4-4 ヘイトスピーチ解消法及び参・衆議院法務委員会における
附帯決議の訳文（法務省ホームページより）·······200
 （1）英語仮訳·······200
 （2）韓国語仮訳·······206
 （3）中国語仮訳·······211

本編

1．法律制定の経緯等

① 背景

　近年、我が国において、特定の民族や国籍など本人の意思では変更困難な属性を理由としてその属性に該当する者を地域社会ひいては日本社会から排斥する差別的言動、いわゆるヘイトスピーチを伴う街頭宣伝活動が全国各地で公然と行われるとともに、その様子が関連する団体のインターネット上のウェブサイト等で宣伝される事態が生じている。

　平成26年8月には、あらゆる形態の人種差別の撤廃に関する国際条約（以下「人種差別撤廃条約」という。）に基づき設置された人種差別撤廃委員会から日本政府に対し、定期報告に対する最終見解として、国内におけるヘイトスピーチの広がりなどに懸念を示し、適切な措置をとるよう勧告が行われた[1]。

　また、いわゆる京都朝鮮第一初級学校事件[2]の民事訴訟においては、第一審及び控訴審が被告らの行為が不法行為に該当するとして損害賠償請求及び差止請求の一部を認容し、同年12月9日には、最高裁判所第三小法廷において、被告らの上告が棄却された。

　このように社会問題化するヘイトスピーチへの対策について、国会における質疑の中で度々議論が行われ[3]、その結果、政府の対応策等についての論点が議員間で整理され、法制化の検討が進められた。

　主な動きとしては、平成27年5月22日に、ヘイトスピーチは人種等の差別を理由としている問題とされるべき行動であるとの認識の下、人種等を理由とする差別の撤廃のための施策の推進に関する法律案（第189回国会参第7号）[4]が、民主党・新緑風会、社会民主党・護憲連合及び各派に属しない議員1名から参議院に提出された。同法案は、第189回国会の参議院法務委員会

において、同年8月4日に提案理由説明が行われ、8月6日に質疑が行われた。

また、公明党から、同年7月2日に、ヘイトスピーチの問題を我が国、国民のマイノリティに対する意識を示すもの、今後の日本社会の在り方に関わる問題と捉えた上でその対策に関する要望書[5]が政府に提出されるとともに、同年8月6日の質疑において、前記事件での司法判断を踏まえてヘイトスピーチに特化した形での理念法を制定することが提案された。そして、第190回国会開会中の平成28年3月には、自由民主党及び公明党により、法制化に向けた共同のワーキングチーム[6]が設置された。

さらに、参議院法務委員会においては、同年3月22日に人種等を理由とする差別の撤廃のための施策の推進に関する法律案の参考人質疑[7]を、4月5日に政府に対する質疑を行うとともに、3月31日にヘイトスピーチが行われたとされる現地への視察[8]を行った。このような法務委員会における活動を通じて、ヘイトスピーチが許されず、その解消に向けた取組が必須であることについて、与野党の委員の間で認識が共有された。

もとより、表現の自由は民主主義の根幹をなす権利であり、表現内容に関する規制については極めて慎重に検討されなければならず、何をもって違法となる言動とし、それを誰がどのように判断するか等について難しい課題がある。

しかし、ヘイトスピーチは、その標的とされた者の尊厳を傷つけ、基本的人権に対する重大な脅威であるのみならず、差別意識や憎悪、暴力を蔓延させ地域社会の基盤を揺るがすものであり、到底許されるものではない。ヘイトスピーチにより生じる事態をこのまま看過することは、国際社会において我が国の占める地位に照らしても、ふさわしいものではない。

本邦外出身者に対する不当な差別的言動の解消に向けた取組の推進に関する法律案（第190回国会参第6号）[9]は、このような認識に基づき、憲法が保

障する表現の自由に配慮しつつ、本邦外出身者に対する不当な差別的言動の解消に向けた取組について、基本理念を定め、及び国等の責務を明らかにするとともに、基本的施策を定め、これを推進しようとするものであり、いわゆるヘイトスピーチを念頭に、本邦外出身者に対する不当な差別的言動は許されない、との理念を内外に示し、かかる言動がない社会の実現を国民自らが宣言するものである。

② 国会における審議

本邦外出身者に対する不当な差別的言動の解消に向けた取組の推進に関する法律（平成28年6月3日法律第68号）は、以下の経緯を経て、第190回国会において成立した。

平成28年4月8日　自由民主党及び公明党から参議院に提出
　　　4月13日　参議院法務委員会に付託
　　　4月19日　同委員会において提案理由説明が行われた後、質疑
　　　4月26日　質疑
　　　5月12日　自由民主党及び公明党から本法律案に対する修正案の提出
　　　　　　　その後、原案及び修正案に対する質疑が行われ、討論の後、全会一致で修正議決
　　　5月13日　参議院本会議において、賛成多数で修正議決、衆議院に送付
　　　5月18日　衆議院法務委員会に付託
　　　5月20日　同委員会において提案理由説明が行われた後、質疑を行い、その後、全会一致で可決
　　　5月24日　衆議院本会議において、賛成多数で可決・成立

③ 主な質疑

参議院法務委員会及び衆議院法務委員会において、以下の点等について質疑が行われた。

・ 本法律案の制定の意義
・ 本法律案に禁止規定が置かれない理由とヘイトスピーチへの抑止効果
・ 「本邦外出身者に対する不当な差別的言動」の「本邦外出身者」に含まれる範囲とヘイトスピーチの定義の在り方
・ 基本理念の趣旨と本法律案が国民に期待すること
・ 「本邦外出身者に対する不当な差別的言動の解消」に向けた国及び地方公共団体の役割
・ ヘイトスピーチを伴うデモに対する警察の対応の在り方
・ 本法律の成立後の行政庁の法令解釈、司法判断への影響力
・ 今後検討が想定される課題と検討時期

1 101頁参照。
2 在日特権を許さない市民の会及びそのメンバーが京都朝鮮第一初級学校周辺で同校を中傷するヘイトスピーチによる示威活動を行い、また、その活動を録画した映像をインターネットを通じて公開した出来事。
3 87頁以下参照。
4 60頁〜63頁参照。
5 公明党ヘイトスピーチ問題対策プロジェクトチーム「ヘイトスピーチ問題対策等に関する要望書」参照。〈https://www.komei.or.jp/policy/various_policies/pdf/20150702hatespeech.pdf〉（最終アクセス 平成28年8月25日）
6 ワーキングチームには、自由民主党から平沢勝栄衆議院議員、葉梨康弘衆議院議員及び西田昌司参議院議員が、公明党から遠山清彦衆議院議員、國重徹衆議院議員及び矢倉克夫参議院議員が参加した。
7 65頁〜83頁参照。

8 参議院法務委員会は、ヘイトスピーチをめぐる実情を調査し、対策の樹立に関する審査に資するため、平成28年3月31日(木)に神奈川県川崎市にある社会福祉法人青丘社ふれあい館(以下「ふれあい館」という。)を訪問した。

参加議員は、魚住裕一郎参議院議員(法務委員長)、西田昌司参議院議員、三宅伸吾参議院議員、有田芳生参議院議員及び矢倉克夫参議院議員(以上、法務委員会理事)、田中茂参議院議員、江田五月参議院議員、小川敏夫参議院議員、真山勇一参議院議員及び仁比聡平参議院議員(以上、法務委員会委員)である。

参加議員は、まず、川崎に向かう車中で法務省人権擁護局の担当者から同省の行ったヘイトスピーチの実態調査に関する説明を聴取した後、降車してふれあい館付近の商店街の視察を行った。その後、ふれあい館において、住民の方々と懇談する機会を得、意見交換を行った。その中で、住民の方々のヘイトスピーチの根絶に向けた切実な気持ちに触れることとなった。

以上の視察により、ヘイトスピーチを伴う街頭宣伝活動が繰り返し行われたとされる現地の実情、当該街頭宣伝活動の特徴等についての知見が充実し、参加議員間で今後の法務委員会における立法活動への思いが高まった。

9 53頁～54頁参照。

2. 解 説　趣旨及び国会における答弁の逐条別整理

法律の内容と発議者等の答弁

① 前文

> 我が国においては、近年、本邦の域外にある国又は地域の出身であることを理由として、適法に居住するその出身者又はその子孫を、我が国の地域社会から排除することを煽動(せんどう)する不当な差別的言動が行われ、その出身者又はその子孫が多大な苦痛を強いられるとともに、当該地域社会に深刻な亀裂を生じさせている。
>
> もとより、このような不当な差別的言動はあってはならず、こうした事態をこのまま看過することは、国際社会において我が国の占める地位に照らしても、ふさわしいものではない。
>
> ここに、このような不当な差別的言動は許されないことを宣言するとともに、更なる人権教育と人権啓発などを通じて、国民に周知を図り、その理解と協力を得つつ、不当な差別的言動の解消に向けた取組を推進すべく、この法律を制定する。

[趣旨]

前文は、我が国において、近年、不当な差別的言動により、本邦の域外にある国若しくは地域の出身である者又はその子孫であって適法に居住するもの、すなわち本邦外出身者が多大な苦痛を強いられるとともに、地域社会に深刻な亀裂を生じさせており、このような事態を看過することは、国際社会において我が国の占める地位に照らしても、ふさわしいものではないという本法律の提案の趣旨について規定するほか、このような不当な差別的言動は

許されないことを宣言したものである。

禁止規定を置かない理念法とした理由

　まず、この法律は、理念法という形で、禁止という形を取っておりません。その一番大きなのは、要するに、憲法上の表現の自由の保障をしっかりしなければならない、これは、やっぱりどうしてもこれは一番守らなければならない、そういう価値であるということを考えた結果、我々がこういう前文において本邦外出身者に対する不当な差別的言動は許されないということを宣言をし、更なる人権教育と人権啓発などを通じて国民に周知を図り、その理解と協力を得つつ不当な差別的言動の解消に向けた取組を推進するものであります。

　表現内容を規制するのは、先ほども言いましたけれども、表現行為の萎縮効果をもたらすおそれがありますから、このような不当な差別的言動の禁止や、その禁止に違反した場合の罰則を定めるということはあえてしていないわけであります。もっとも、御指摘のとおり前文で不当な差別的言動を許されないと宣言しましたが、法律でそういうメッセージを発信すること自体が非常に私は重要な意義があるものだと考えております。（中略）

　表現の自由に萎縮効果が生じないようにするためにこのような内容にしたものでありまして、禁止規定がないからといってヘイトスピーチを認めるとか、また我々与党側がヘイトスピーチに対して及び腰でやっているとかそういう姿勢ではなくて、憲法の保障する表現の自由との兼ね合いの中で最大限効果が発揮でき、国民にも理解を求めていくと、そういう趣旨でこの前文と併せて作ったということを御理解いただきたいと思います。（発議者　西田昌司理事　第190回国会参議院法務委員会会議録第8号（平成28年4月19日）（2頁））

表現の内容に着目して禁止すること、違法とすることの問題点

　こちらの趣旨説明において何をもって違法となる言動としという文言は、そもそも表現の内容についての規制をするとき、我々認識しているヘイトスピーチというのは具体的にイメージできるんですが、規制となるとどこが外延かというのがやはりどうしても見えなくなるという問題があると思います。そのような表現の内容を、禁止という形で規制をすることに内在している本質的な問題が、やはり違法となるというところがどこまでかという問題であるので、そのような問題があるというところであります。

　これをもって、今回、理念法で違法かどうかという判断をこれは提示をしたという趣旨ではないというふうに御理解をいただければと思います。（発議者　矢倉克夫理事　第190回国会参議院法務委員会会議録第8号（平成28年4月19日）（2頁～3頁））

行政が特定の言動を違法と認定することの問題点と本法律の意味

　我々の与党側の考え方といいますのは、要するに、このヘイトスピーチを厳格に定義をして、それを国が例えば認定をして、違法行為であるからこの行為はすべきでない、禁止規定になってくるわけですね。また、禁止規定、罰則がなくても、そういう認定を公権力がするということはできないというのが我々の発想であります。

　といいますのは、それについては、違法であるか違法でないか、それがヘイトになるかどうかというのは結局は司法の場で判断されるべきもので、公権力の行政側のところでこの部分は違法だということをしちゃいますと、かつての、これは戦前のいわゆるあの治安維持法のように、国の方が決めた言論や思想や表現にたがうようなことをすればたちまち取締りになると。若し

くは、禁止規定がなくてもそのことを国が違法性を認定してしまいますと、様々なことが行政の方からそのした本人にいろんな形で圧力と申しましょうか、掛けられるわけです。

　もちろん、そういう規定があった方がヘイトスピーチそのものには禁止ができて、圧力が掛かっていいじゃないかということはもちろんあると思うんですよ。しかし、同じように、ヘイトかどうか微妙な部分のところで、そこを国が規定して、そしてまた国の方がその個人に関与しているということになりますと、違う事態が想定されますね。つまり、ヘイトだということを理由に行政の方が違う形で市民に圧力を掛けてくるということが、ほかの法律でも同じような枠組みで作られることも考えられます。

　我々は、そういう公権力が個人の表現の自由や内心の自由に関わるようなところに入っていくべきではないというのが自民、公明のこの法律を作る上での一番最初の入口の部分であります。そして、その部分は、ヘイトであったかどうかという認定は、これはむしろ裁判の場で、司法の場でやっていただくんです。

　じゃ、この法律は一体何の意味があるのかというと、こういう理念を掲げて、そもそも国民がこういうヘイトはすべきでないんだと、また、そういう差別のない社会をつくるのが国民も努力していかなければならない、そしてそのことを国と地方公共団体が教育や啓発、相談などを通じて広げていこうということを示すことによって行政側が様々な判断するときの一つの指針になるのではないかと思います。

　もちろん、その指針によって、された行為、例えばデモをやっていたり、道路使用許可を止めろとかいう話も当然出てくると思いますよね。そのときに仮にそういう指針によって止められたら、逆にやった側がこれはおかしいじゃないかということを訴えることも当然想定されます。しかし、そのことを彼らが訴えて、結局それがヘイトであったかどうかというのは最終的に司

法の場で判断をしていただかなければならないと思っているんです。

それをまず第一義的に行政の方が線引きをしてここから先はヘイトだどうだという、公権力側にその権利行使を与えてしまうと、私は違う事態が出てくるということを大変恐れているわけでございます。そのことを御認識いただきたいと思います。（発議者　西田昌司理事　第190回国会参議院法務委員会会議録第8号（平成28年4月19日）（3頁）

「禁止」ではなく「許されない」と規定する理由

これまでは特定人に対しての規制というものはあった、ただ、今回我々は不特定人に対してのこのような言動も許されないものであるという理念を、これにより明確にしたわけであります。それがいろんな裁判の場で出てくる。場合によっては、損害賠償であるとか、そういうような民法の規定の文脈などで違法等の話が出てくるかもしれないですけれども、そういう文脈での違法を判断するときに、この法律により許されないものであるということを理念として表した、国として姿勢を表したということが裁判所の判断に影響を与えるだろうという部分の説明であると思います。このような意味合いで、これを違法判断かどうかというところはまた違う考慮があると思いますが、いずれにしろ違法判断に対してある程度影響を与える判断にはなるであろうというところであると思います。

書きぶりの問題なんですけれども、これは、してはいけないという禁止規定にしますとどういうことになるかといえば、先ほども申し上げたとおり、表現内容の規制という形にやはりこれはなってしまう。それはどういうことをいうかといえば、憲法の検閲の禁止などにも抵触する可能性も出てくる。また、表現内容は、御案内のとおり、憲法上は非常に厳格な基準がない限りは合憲とならないというような、そのような制約があり、してはならない言

論が何かということを定義付けなければいけない。じゃ、その概念がどこまでかということもこれは明確にしなければいけないというような制約も出てくるところであります。そのような判断から、してはいけないというのは、憲法の問題を克服できないというところで、我々は取るべきではないという判断をいたしました。

他方で、実効性を確保する意味では、やはり許されないものだということを宣言して、その許されないものを排除する社会を、国民全般がこれをつくっていこうということを主体的にうたっていくという在り方の方が、むしろ実効性は上がるのではないかということで判断をしたところであり、この表現が我々としては正しいというふうに認識をしております。（発議者　矢倉克夫理事　第190回国会参議院法務委員会会議録第8号（平成28年4月19日）（3頁））

定義を明確にし禁止規定を設ける必要があるとの見解に対する発議者の認識

外延をまず定義、つまり定義を明確化してやっていくとかいう話になってきますと、新たな問題が実は出てくると思うんですね。といいますのは、定義した、定義を明確にすればするほど、その定義の外側に隠された言葉は、じゃいいのかと。つまり、ここからここまでは駄目だけれどもここから外側はいいんだよということを、逆にヘイトスピーチをする方々にお墨付きを与えるようなことにもなりかねないんです。ですから、我々、そこは全体の文脈の中で判断すべきことだと思っております、そもそも。だから、そういうことも含め、禁止規定を設けたり定義をまた明確にしたりすると、そういったまた別の次元の問題が出てくるわけですね。

もっと言いますと、我々はこのヘイト問題というのは、実際に現場を見たり、また映像を見たりもしておりますけれども、断じて許すことはできない

と思っております。そして、この法律が、我々が法的措置をしましても、それに対して彼らは挑戦的な行動をするかもしれませんよ。だから、そのことも含めて我々は、彼らがやってくる行動は最終的にはこのヘイト法によって抑え込まねばならないと思いますけれども、最終的にはやっぱり裁判の場でこれを、彼らの行動は恥ずべき行為であるのだと、行政のやった措置がこれは適法だったのだという、そういう形のやっぱり文脈になっていくと思うんです。

　したがいまして、そういう意味で我々は、禁止規定ではなくてまずモラル、それから啓発、教育、こういうことは恥ずかしいことなんだということをやっぱり国民全体でこれ共有して、そしてそういう意識の中で国が、また地方公共団体が啓発活動していく、そこが一番大事だと思うんです。つまり、やっている人間が、自分たちがやっている行為は恥ずべき行為なんだという、やっぱりそういう認識に立ってもらわないと、これはヘイトスピーチというのはなくならないんです。

　そして、現に私は視察に行って感じましたのは、在日一世、二世、いろんな方の話を聞きましたけれども、我々が小さいときも、戦後、いわゆる在日韓国・朝鮮人の方に差別的な言動があったり、目の当たりに見たりしましたよ。しかし、今やっぱりどんどんそういうのは少なくなってきたというお話をされました。しかし、この21世紀、平成の時代になって、またもう一度突然こういったヘイトスピーチを公然として扇動していくような目に余る行為が出てきたわけですよね。

　だから、我々は、こういったことは改めて恥ずべき行為だということを宣言すると同時に、やっぱり教育、啓発、この効果というのを大いに私は期待しなければならないし、そのことを通じてしか私はヘイトというのは根源的になくすことはできないのだと思っているんです。（発議者　西田昌司理事　第190回国会参議院法務委員会会議録第8号（平成28年4月19日）（4頁））

抑止効果が認められないことを理由に本法律を否定する見解への認識

　具体的に言うと、恐らく先ほど私、仁比委員のときにも答えましたけれども、今ヘイトをやっている方は、この法律ができてもヘイトをする可能性はございます。当然、彼らは挑戦してくるかもしれませんね。そのことをおっしゃっているわけですよ。

　しかし、この法律ができたことによって、行政側が、この国権の最高機関としての国会が、このヘイトというのは許されない行為であるということを決め、そして宣言し、そしてそのことを、国民とともに差別のない社会をつくろうという、そういう姿勢を、国としての、国民としての姿勢を示した以上、やっぱりそこは行政側が我々のこの法律に、指針を受けて行政判断をしていただけると思うし、そしてそのことによって、例えば行政側がヘイトを禁止する行為をしたとしましょう。したときに、今度はヘイトをした側が、それは我々の表現の自由を何で行政側が制限するんだ、何でデモを許可しないんだ、内容でするのはおかしいじゃないかという当然裁判になると思いますよ。その裁判になってきたときにも、結局は、我々が出したこの法律が成案したことにより、裁判所も我々の、国権の最高機関のこの法律、この成案をベースにした判断がされるものと私は期待しております。

　そして、そういう判例が積み重なっていくことによって、公権力がいわゆるヘイトかヘイトでないかというそこの線引きをするのではなくて、司法の場でそういうものが確定されてくる。そして、結局は、そういうことが積み重なってくると、ヘイトスピーチをしようと思っても、行政側が仮に道路の使用許可を出さないと、そういう判断をして、そしてそれが裁判になり、その裁判が行政側の勝訴になった、それが確定していくと。これは今後、そういうヘイトスピーチをしようと思ってもできないということが司法と行政に

よって確定してくるわけなんですよ。

　だから、そういう手続を踏んでいかなければならないということなんです。その手続を経ずに、司法の手続を経ずに、先に行政側の方が公権力行使で禁止をして云々という規定になると、私はまた別の人権侵害というのが出てくる可能性があるから、我々はその人権侵害のないように、また新たなヘイト事案が出ないように、こういう形の規定をしているということを御理解いただきたいと思います。（発議者　西田昌司理事　第190回国会参議院法務委員会会議録第8号（平成28年4月19日）（5頁～6頁））

ヘイトスピーチをなくすために本法律のもたらす効果

　今おっしゃいましたように、先ほどからも答弁させていただいていますけれども、直接的な禁止規定は設けておりませんが、理念を国権の最高機関で決めていただいた、ヘイトは許さないというのが国民の意思だ、こういうことになるわけでございますから、当然その意思に従って法の執行をしていただく。

　例えば、警察の場合、先ほど言いましたように騒音防止条例ということもあるでしょうし、実際に桜本地区で、わざわざその地区に対してデモをするなんということは許されないわけでありまして、例えば、平穏な暮らしをしている方々のところに、不当なそういうヘイトデモにならないように、コース変更を指導したりということも含め、いろいろな方策があろうかと思います。

　さらに、ああいう実際のヘイトされている現場を見ていますと、それに反対する方々との間でトラブルになったり暴力事件が起きたりしていた事案もあったようでありますから、そういうことを未然に防いで、警察がしっかり、今まではこういう法律がなかったものですから、表現の自由ということで、

ある種、野放しと言ってはなんでございますけれども、事実上そうなっていたところが、今度はこの理念法を掲げることによって、自由はあっても何でもかんでも自分たちができるんじゃなくて、やはり不当な、つまりいわれなきそういうヘイトは何人も受ける必要はないわけなんですよね。そこをしっかり、やはり警察側が抑止してくれるものと期待しております。(発議者　西田昌司理事　第190回国会衆議院法務委員会議録第19号（平成28年5月20日）(28頁))

② 第1章　総則

> （目的）
> 第一条　この法律は、本邦外出身者に対する不当な差別的言動の解消が喫緊の課題であることに鑑み、その解消に向けた取組について、基本理念を定め、及び国等の責務を明らかにするとともに、基本的施策を定め、これを推進することを目的とする。

[趣旨]

　本条は、本邦外出身者に対する不当な差別的言動の解消が喫緊の課題であるという認識を示した上で、本法律に定める事項をまとめて記述するとともに、その目的を規定したものである。

> （定義）
> 第二条　この法律において「本邦外出身者に対する不当な差別的言動」とは、専ら本邦の域外にある国若しくは地域の出身である者又はその子孫であって適法に居住するもの（以下この条において「本邦外出身者」という。）に対する差別的意識を助長し又は誘発する目的で公然とその生命、身体、自由、名誉若しくは財産に危害を加える旨を告知し又は本邦外出身者を著しく侮蔑するなど、本邦の域外にある国又は地域の出身であることを理由として、本邦外出身者を地域社会から排除することを煽動する不当な差別的言動をいう。

[趣旨]

　本条は、「本邦外出身者に対する不当な差別的言動」の定義を規定したも

のである。

いわゆるヘイトスピーチの概念・内容

　ヘイトスピーチの概念ですが、これは必ずしも確立されたものではございませんが、法務省の人権擁護機関におきましては、特定の民族や国籍の人々を排斥する不当な差別的言動を念頭に置いて、これらが許されないものであるとする啓発活動を行っております。

　また、昨年度、法務省が公益財団法人人権教育啓発推進センターに委託して実施した調査におきましては、一般的にいわゆるヘイトスピーチと指摘されることの多い内容として、一つに、特定の民族や国籍に属する集団を一律に排斥するもの、二つに、特定の民族や国籍に属する集団の生命、身体等に危害を加えるもの、三つに、特定の民族や国籍に属する集団を蔑称で呼ぶなどして殊更に誹謗中傷するものという三つの類型があることを念頭に調査が実施されました。

　ヘイトスピーチの対象とされている方々などに御協力いただいた聞き取り調査におきましても、多くの方々がヘイトスピーチと聞いてイメージするものとしてこれらの内容を中心に挙げられていたものと承知をしております。(岩城法務大臣　第190回国会参議院法務委員会会議録第13号（平成28年5月12日）（4頁））

本条の趣旨

　こちらの2条の読み方ですが、こちらは定義として、そのまさに定義の部分は、この「本邦の域外にある国又は地域の出身であることを理由として、」以下がこちら定義でありまして、「など、」より以前はこれは典型例というふうな位置付けでございます。というのも、今、法務省の方も実態調査なども

いたしました。いろんなヘイトスピーチの内容なども調査して、今、三分類という形であったわけですが、とりわけ多かったのが、排斥をするものとやはり危害を告知する言動というのが多かった、そのような事情も踏まえて典型例としてこちらは挙げているわけであります。

　ただこちらは、当然ですが、この理念法で理念として、もうこのような排斥することを扇動する言動というのはこれは許されないということを理念として訴えた、それに文脈上該当するようなものはこれは広く捉えるということが、理念法であるが以上この立て付けになっております。

　他方で、禁止規定等の、逆に反対解釈という話があったんですが、禁止規定、あらゆるひとに義務が及ぶというような規定にすると、これは公権力がそれぞれの行為に介入をすることになって、どこまでがいけない言動かということをこれ明確にしなきゃいけない、そういうようなときになったときに初めてそれに対しての反対解釈という議論があるわけですが、理念法という立ち位置を取る以上は、反対解釈ということは法解釈としてはもうないという理解で発議をいたしております。（発議者　矢倉克夫理事　第190回国会参議院法務委員会会議録第10号（平成28年4月26日）（19頁））

本法律の対象を「本邦外出身者」への不当な差別的言動に限定する理由

　まず、いわゆるこのヘイトスピーチですけれども、現在も問題となっているヘイトスピーチ自身は、いわゆる人種差別一般のように人種や人の肌とかというのではなくて、特定の民族、まさに在日韓国・朝鮮人の方がターゲットになっているわけですよね。ですから、そういう立法事実を踏まえて、この法律に対して対象者が不必要に拡大しないように、立法事実としてそういう方々が中心となってヘイトスピーチを受けているということで、本邦外出身

者ということを対象として限定しているわけでございます。(発議者　西田昌司理事　第190回国会参議院法務委員会会議録第8号（平成28年4月19日）（4頁））

・・・

　立法事実というところを捉えたところ、ちょうど京都朝鮮第一初級学校事件で、やはりまさに地域社会で本邦外出身者の方々がその出身というものを理由にして差別をされている、このようなものは表現の自由の範囲外でもあり、法の保護にも値しないというような事実もあった、立法事実があったというところであります。ですので、理念を掲げる上ではまず立法事実があるところをしっかりとこれは明記をしていこうというところで、本邦外出身者という言葉をこれは付けさせていただいた。

　ただ、あくまでこのような分断を生むような言論というものは許されないし、そのようなものは金輪際なくしていくような社会をつくっていこうという理念を我々高らかに宣言しようとしているところであります。この趣旨からも、ここでこういうような言葉が書かれているから、それ以外のものは、じゃ、許されているというような趣旨を当然出しているわけではございません。一つの立法事実として全体でしっかりと共有できるところをこれ明記をした、その意味でのこの文言を設けさせていただいたわけですが、それ以外のところが許されるというところではないというところをあらかじめ申し上げておきたいというふうに思います。(発議者　矢倉克夫理事　第190回国会参議院法務委員会会議録第13号（平成28年5月12日）（4頁））

アイヌ民族に対するヘイトスピーチについて

　アイヌの問題ありますけれども、我々は実は、アイヌに対するヘイトスピー

チがあるという、そういう立法事実を今、問題把握しているわけではございません。ですから、この中にはアイヌの話は入っておりませんが、もとよりアイヌ民族に対するヘイトが許されるものではないということは申すまでもございません。（発議者　西田昌司理事　第190回国会参議院法務委員会会議録第8号（平成28年4月19日）（4頁～5頁））

　我々側としましては、今目の前で行われてきたこの在日コリアンの方々に対するヘイトスピーチをいかにして食い止めるかという、そこを立法事実としてこの法律を作ってきたわけでございます。
　もとよりアイヌの方に対する差別が、またヘイトが許されるものではありません。しかし、そこはこの法律を議論していく中で、いわゆる行政のこの法律の運用面含めて、この国会の議論の中で、アイヌの方々も含めヘイト許されないということは運用面で、運用面と申しましょうか、要するにこれ理念法でございますから、宣言することによって可能ではないかと思っております。附帯決議始め、そこにも当然含まれるんだと、そういう御意見は是非先生方からお寄せいただいて、実りあるこの立法にさせていきたいと思っております。（発議者　西田昌司理事　第190回国会参議院法務委員会会議録第8号（平成28年4月19日）（8頁））

本邦外出身者を「適法に居住するもの」に限定する理由

　在留の話ですけれども、適法にというのは当然の話でありまして、例えば不法に入国したりした場合は、当然入管法によりましてこれは本国に送還される、そういうことになるわけでございます。ですから、そういう方々は本

来不法に滞在していたら本国に、我が日本にはおれないわけでございますし、その方々は当然戻ってもらわなきゃなりませんので、ヘイトスピーチのこの法律の対象にはなっておりません。しかし、その方々に対するもちろんヘイトスピーチを肯定するものでもございません。(発議者　西田昌司理事　第190回国会参議院法務委員会議録第8号（平成28年4月19日）（5頁））

　在留資格無関係というのは、つまり、適法に居住している人は当然ここで、日本の国に居住する権利があるわけでございます。しかし、適法でない方は、これは国の法律によって本国に送致されてしまうという形になるわけであります。ですから、法律がしっかり機能していますと、本来不法な方はおられない形になってくるわけなんですね。
　今現在またやっているのも、現実問題起こっている立法事実としては、適法に住んでおられる在日コリアンの方々がそういうヘイトスピーチの被害を受けておられると。ですから、そういう立法事実に鑑みこの法律を作っているわけでありまして、もとより、だからといって、先ほどから言っていますように、適法に住んでいない方々にヘイトスピーチをやってもいいとか、そういうことを言っているわけではもちろんございません。(発議者　西田昌司理事　第190回国会参議院法務委員会議録第8号（平成28年4月19日）（8頁））

難民認定者等の「適法に居住するもの」への該当性

　いわゆる難民認定をされている、その今手続中であるとかそういう方々は、これはここで規定する適法に居住する方々に該当すると考えております。(発議者　西田昌司理事　第190回国会参議院法務委員会議録第8号（平成28年4月19日）

(5頁))

アイヌ民族、難民及びオーバーステイの人たちへのヘイトスピーチが許されないことの確認

　まず、難民については、難民の後も、これは申請後の特別資格等もあります、適法にという部分にも該当をする。また、オーバーステイであったり、またアイヌの方々、また先ほども申し上げましたとおり、この法律は理念法として、このような人の人格というもの、これも尊厳もおとしめて、そして地域社会からも排除をしろというような目的の下で向けられた言論というものは、これは日本社会も分断するものであり許されないということを国民一体の意思としてこれは宣言するものであります。

　その趣旨から考えて、文脈上、これに該当するというようなものであれば当然それは許されないということを強く宣言したものであるというふうに理解をさせていただきたいと思っています。（発議者　矢倉克夫理事　第190回国会参議院法務委員会会議録第13号（平成28年5月12日）（5頁））

「適法に居住するもの」に該当しない者に対するヘイトスピーチについての発議者の認識

　この法律の中で、いわゆる違法にオーバーステイされているとかそういう方々に対する、不法滞在だから、これヘイトスピーチをしても我々の言っていることは適法とされるというか認められるということには当然なりません。

　これはもう全体の文脈で考えるべきものでありまして、この法律を元々作ったのは、立法事実として、いわゆる在日韓国・朝鮮人の方々、その方々に対する不当な差別的な言動があったということから作っておりますけれども、

しかし、だからといって、その方々以外の方に何を言ってもいいんだとか、そんなことには当然ならないわけでありまして、一番大事なのは、ここで言っているのは、理念法でやっているわけですよ。理念法でやっているというのは禁止規定もなければ何もないじゃないかとおっしゃるけれども、しかし、逆に言うと、そういう理念を掲げているからこそ、我々はそういうヘイトスピーチは不法滞在者に対してやっていいんだという形で限定されてこない、むしろ、もっとそういう理念を生かして、教育も啓発もそうだし、行政が様々な判断するときの指針として扱ってくれるものと考えております。（発議者　西田昌司理事　第190回国会参議院法務委員会会議録第8号（平成28年4月19日）（7頁））

　ヘイトスピーチ、不当な、適法にいない者に対してこのような非常に許されないような態様でやっていいかということを、お墨付きをあげているものでは当然ございませんで、それは全て文脈上による。この定義というか、我々が理念としている、地域社会の分断とかそういうものを許されてはいけないという、そういうようなものに該当し得るものであればやはりそれは該当し得るし、ただ、正当な言論として、これはいろいろな言論はあると思いますし、政治的な表現として様々な意見もありますので、そういうようなものに該当するというような判断がなされればそれは当たらないということであると思います。
　ただ、当然ですけれども、何度も言います。今、ヘイトスピーチをやっているような人たちがこれに反対解釈をして、そのような人たちに対してのヘイトスピーチを、これお墨付きを与えたものだということは、これは一切当たらないというふうに改めてお伝えしたいと思います。（発議者　矢倉克夫理事　第190回国会参議院法務委員会会議録第8号（平成28年4月19日）（9頁））

集住地域ではない大都会での言動が「地域社会から排除すること」に該当するかどうか。

　例えば、銀座から出ていけとかそういうものですよね、桜本とかではなく、居住しているところではなく、ただそういう一定の場所から出ていけというような話でもあると。
　今回の我々が捉えている不当な差別的言動というのは、要するに、ある方々の存在自体を否定して、そこから出ていけというような、その存在を否定するという理解の下で出ていけというようなことを扇動するような言動というふうに理解をしています。
　具体的な地域社会かどうかというのはやはり前後の文脈等も見ながらということになると思うんですが、そのような趣旨に合うような発言であれば該当するというふうに理解はしたいと思っています。（発議者　矢倉克夫理事　第190回国会参議院法務委員会議録第8号（平成28年4月19日）（5頁））

日本から出て行けという言動が「地域社会から排除すること」に該当するかどうか。

　日本というのは社会であって、地域社会という、そういう小さなくくりではありませんが、当然日本から出ていけということは地域社会から出ていけということも含まれてきますので、当然それも入ってくると思うんです。（発議者　西田昌司理事　第190回国会参議院法務委員会議録第10号（平成28年4月26日）（19頁））

「専ら」以下の例示の趣旨と公然と行われない言動の定義への該当性

　今、これ典型例だというふうにお話もありました。まさに理念法として、我々が理念として掲げているのは、あのような不当な差別的言論があることで地域社会、共生社会を分断する、そして暴力を誘発するような社会があってはいけないと、まさにそういうようなものをなくしていこうというところであります。でありますので、概念として広く逆に捉えることもできる。これが、先ほど来からの話ですと、禁止規定とかですと、公権力がどこまで介入できるかということをきっちり決めなければいけないので、逆に言うと反対解釈というようなことも余地が出てくる。それ以外のところは公権力が介入していいんだというような反対解釈があるわけですけど、そのようなことはこのような法案ではないと。

　今おっしゃったような形で、理念の下で、我々としては、まず大きなくくりとして、本邦の域外にある国又は地域の出身者であることを理由とした本邦外出身者を地域社会から排除することを扇動する不当な差別的言動ということを挙げました。それを表す典型例として、今申し上げたような話も申し上げたわけであります。

　でありますので、ここに公然と書いているから、それ以外のものが全く差別的言動をしていいものかというような解釈があるわけではなく、当然、文脈上、我々が理念として掲げている社会、それを侵害するような言動であればそれは許されないという方向の解釈になるかと思います。

　具体例ということでありますが、例えば公然でないということでありますので、その公然でないような状況での言論ということになる。ただ、その前後の文脈で、最終的に地域社会の分断となるような言論であればそれは対象になるという方向に行き着くというふうに理解しております。（発議者　矢倉

克夫理事　第190回国会参議院法務委員会会議録第8号（平成28年4月19日）（9頁）

第2条の文章はどのように読むのか。

　第2条の定義につきましては、この前、4月19日の法務委員会におきまして法案発議者の矢倉先生の方から御答弁がございました。
　（中略）
　この法律案は、前文の第一段落の一番最後の部分でございますが、ヘイトスピーチにより、本邦外出身者が多大な苦痛を強いられるとともに、地域社会に深刻な亀裂を生じさせていると規定しております。この法律案は、このような事実認識を前提としているものでございます。
　このような事実認識を前提といたしまして、矢倉先生の御答弁にございましたとおり、地域社会を分断することがあってはならないという理念の下に、この第2条において、本邦外出身者に対する不当な差別的言動についての定義規定を設けたところでございます。
　このようなことから、この定義においては、大きなくくりのものとして、本邦外出身者を地域社会から排除することを扇動する差別的な言動という部分を規定したものでございます。その上で、本邦外出身者を地域社会から排除することを扇動する不当な差別的言動の典型と言える具体的な例として、本邦外出身者の生命等に危害を加える旨を告知すること、これを規定しております。また、先ほど御提案がなされました修正案におきまして、本邦外出身者を著しく侮蔑することを規定しております。
　なお、定義規定の前半の典型となる規定の具体例の一番最後に「など、」というふうに規定しております。これは、今申し述べました二つの典型的な具体例のほかに、本邦外出身者を排斥する旨を告知することなども当然この定義に入ってくるものと考えております。（参議院法制局加藤第五部長　第190回

国会参議院法務委員会会議録第13号（平成28年5月12日）（2頁〜3頁））

定義の書きぶりでは、「地域社会から排除することを煽動する」行為のみが対象となっており、定義を限定しすぎるのではないか。

　今法務省が実態調査で、ヘイトスピーチの分類として、排斥する言論と危害を告知する言論と侮蔑する言論という形で分析をしたわけですけれども、小川議員の御議論は、そのうちの一番最初の排斥という言葉だけ、文字として出ていけという言葉だけがこれは定義として限定しているのではないかというような御疑問であるというふうに理解もいたしました。
　であれば、それはそういう意味ではございませんで、こちらはより広く、まさに地域で共生をしている人たち、その中にわあっと入っていってその人たちの人格もおとしめるような、そして、今法制局の方からもお話もありました多大な苦痛を強いて地域社会の共生に深刻な亀裂を生じさせるような、そして社会を分断させるようなことに向けられている言論、これを、そのような態様のものを広く捉えて地域社会から排除することを扇動するというふうに捉えています。
　表現の内容が直接的に出ていけという言葉かどうかという意味ではなくて、そういったものも含めて広い意味合いで捉えている。侮蔑の表現もそうですし、危害を告知するというような、まさに対象者に対しての人格というものを否定して、あなたたちは存在意義がないから出ていけと、こういったような許されないような言論、こういったものは許されないという理念の下で、そういったものを広く捉える包括的な概念としてこれは排除することを扇動するというふうに捉えて定義をしております。
　それで、先日も御説明したとおり、その典型例として、この「など、」で書かれている前に、当初は危害を告知する旨を、告知というのを挙げたわけ

ですが、様々な御議論もいただいたその上で、さらにそれ以外に広がらず、これが典型例だということも明示する意味合いも込めて、今回、「本邦外出身者を著しく侮蔑する」という表現も修正として入れさせていただいたという趣旨でございます。(発言者　矢倉克夫理事　第190回国会参議院法務委員会会議録第13号（平成28年５月12日）（３頁））

在日特権を許さない市民の会（在特会）が2008年に行ったフィリピン人一家追放デモが対象外となることへの発議者の認識

　これは、特定の人に対してそういうことをすると当然別の法律で罰せられることになってきますよね、いわゆる名誉毀損なり侮蔑的なことをやってきたりすると。ですから、そうじゃなくて、もう少し大きなくくりでこの法律はヘイトスピーチを規制するためにやっているわけです。

　いずれにしましても、私たちは、そういうことを本当に、ヘイトをするのが楽しみのようにやっている人間がいるんですよね。これ許されるべきものじゃありません、本当に恥ずべき行為でありますけれども。しかし、それを強制力を持って法律で排除するということが、なかなか現実問題、この憲法の保障している基本的人権を考えるとできないわけなんですよ。

　じゃ、我々が何ができるかというと、立法府の中でこの議論をして、そういうやっている人間というのが、本当に恥ずべき行為であって、そしてまた一般の社会の中からも当然認められるものではないと、そういうことを我々がお墨付きを与えることによって、彼ら自身が言動に自ら恥じ入る行為はしないように持っていくということ以外なかなか、その表現内容、言っていることで直ちにそれで取り締まって禁止をしてという形にはなれないと、むしろ逆さまの、それが、そういう規定があれば違うことに使われてしまう。

　これは、民進党、旧民主党が出された人種差別撤廃法に対して参考人質疑

をさせていただきましたけれども、そのときに参考人の方々が指摘されていたということを皆さん方も覚えておられると思いますけれども、予期せぬ、本来ヘイトをやめさせようと思ったその禁止規定行為が逆にほかのことに使われてしまって公権力の暴走につながってしまうと、それを我々、一番警戒しなければならないと思っております。同時に、その枠の中でいかにしてヘイトを止めるかと。

ですから、これは、まずこの法律を作って、そして国が宣言することによって国民のモラルを高めていくという、そういう方法で我々はヘイトを抑え込んでいきたいと思っております。(発議者　西田昌司理事　第190回国会参議院法務委員会会議録第8号（平成28年4月19日）（7頁～8頁））

在日米軍のありようを批判する人々が米軍は日本から出ていけなどの声を上げる言動が、本法律の対象とならないことの確認

そもそもヘイトスピーチを抑制するこの法案、我々の法案の中に、米軍の問題というのが立法事実として初めから含まれておりません。そして、なおかつ、この文章を読んでいただいても分かりますけれども、そもそも適法に居住する方々を排除するという目的でやっているわけでありまして、米軍というアメリカの軍隊、そういう機関、そういうことは元々この中には入っておりません。

さらに、具体的なその中身を見ないと分かりませんけれども、いわゆる沖縄の基地などの前でされている活動というのは、これは政治的なそれぞれの活動であると、政治的な政策であったり、その政策に対する批判であったりだと思います。当然、そういうことは憲法上許される表現の自由の一番大事なところでありますから、我々自身がこの法案を作るときに一番気を付けたのは、まさにそうした様々な自由、表現の自由、それから思想、信条の自由、

そうしたものが制約を受けない、その受けない中でどうやって実際に行われているヘイト事例を排除していくかということに腐心をしたわけでございます。

　したがいまして、仁比議員が御質問されましたそういういわゆる米軍に対する排撃というのは元々入っておりませんし、政治的なそういう活動に対してこの法律が使われることもあり得ないという認識であります。（発議者　西田昌司理事　第190回国会参議院法務委員会議録第13号（平成28年5月12日）（5頁〜6頁））

　定義に沿って更に補足させていただきますと、2条は「本邦の域外にある国又は地域の出身であることを理由として、」と書いています。まさにその人の出身がどこかとか、そういうことを理由にした言動。今の米軍というものに対しては、これは出身云々というものにもそもそも当たらない。まさに米軍というものの存在に対しての評価を前提にしたこれは議論でありますし、政策として日米安保その他をどういうふうに捉えるのか、それはまさに政治的言論として御発言をされているものでもありますので、そういう点からもこれには当たらないという趣旨であります。（発議者　矢倉克夫理事　第190回国会参議院法務委員会議録第13号（平成28年5月12日）（6頁））

大阪市のヘイトスピーチへの対処に関する条例の定義に倣わない理由

　大阪のヘイトスピーチの条例について、こちらが詳細に定義をしたというのは、やはり効果との関係から考えなければいけないと思うんですよね。こ

れ、大阪市長が表現活動について拡散防止の措置及び公表措置をとることにしたと、そのような行政権、公権力が関係するようなことを前提にしている以上は、やはり定義を明確に厳格にしなければいけないというところもあるかと思います。

　これは出発点の問題もあり、むしろ我々としてはこのような、何かこれがいけない言論だということをある程度定義をして公権力が規制をするというような話ではなくて、むしろこのような不当な言動、地域社会から排斥するような言動があってはならない、そういう社会をつくるんだという理念を定めて、そのような社会に向けた国民全体の協力義務というものをこれを規定する、そのような理念法を定めた上で、それを全体で実現していこうという理念を定めた法律であり、そういう部分での概念の定め方というところの出発点がそもそも違うというところは御認識をいただきたいというふうに思います。（発議者　矢倉克夫理事　第190回国会参議院法務委員会会議録第8号（平成28年4月19日）（4頁））

> （基本理念）
> 第三条　国民は、本邦外出身者に対する不当な差別的言動の解消の必要性に対する理解を深めるとともに、本邦外出身者に対する不当な差別的言動のない社会の実現に寄与するよう努めなければならない。

[趣旨]

　本条は、国民は、本邦外出身者に対する不当な差別的言動の解消の必要性に対する理解を深めるとともに、本邦外出身者に対する不当な差別的言動のない社会の実現に寄与するよう努めなければならないことを基本理念として規定したものである。

基本理念として国民に努力義務を課す理由

　3条においては、国民に周知を図ってその理解と協力を得つつ、不当な差別的言動の解消に向けた取組を推進することとすることを受けて3条は書いているわけでありますけれども、この中で、いわゆる憲法の保障する表現の自由に関わる問題でありますから、警察などの公権力、ここで規制をして強制的に進めるのではなくて、まず国民全体が、国民一人一人が理解をしてそういう差別的言動のない社会の実現に寄与していくと、そういうことを図るべきであるということをこの法律によって示すことによって、国民にもその努力義務があるということを示させていただいているわけであります。（発議者　西田昌司理事　第190回国会参議院法務委員会会議録第8号（平成28年4月19日）（2頁））

国民の権利義務に対する影響

　権利義務というふうにおっしゃっている念頭のものは、恐らく公権力等、一般的な概念でいえば、公権力等が国民の権利を、行為を抑止させるであるとか、そういうような部分の文脈であろうかと思います。そういう意味合いの上での権利義務というところであれば、これは変更はないというふうに理解はできるところであります。

　他方で、この３条にのっとってという話ですが、３条は、やはりヘイトスピーチというものがない社会を、これは許されないという価値判断をまず宣言した上で、そのようなものがない社会を国民がしっかりつくっていく、主体者となってしっかりとつくっていくという、これは宣言であります。既に先ほどもお話もしたところですけれども、国民の大多数の人は、このようなヘイトスピーチは許されないということをこれは理解はされているわけですが、それを更に一歩進めて、行動にもつながるような行為をしていってこれを根絶していこうという、それを一体としてつくっていこうというその宣言である。

　そういう意味での、このような社会をみんなでつくっていこうということを、方向性を国民の行為として定めたものとしては、義務という形よりは努力義務という形になるかもしれませんが、規定をさせていただいたということになります。（発言者　矢倉克夫理事　第190回国会参議院法務委員会会議録第８号（平成28年４月19日）（９頁））

努力義務に従わない者に対するヘイトスピーチの抑止効果

　まさにそういう人が出ないようにするということで理念を訴えているところであると思います。

この前も視察に行きましたときに、視察でお話をされた方がおっしゃっていたのは、昔は例えばヘイトスピーチのようなことが起きても対抗するような方がいらっしゃらなかったけれど、最近やっぱりそういうような声を上げてくださる方がいるようになったと、これは日本が成熟している社会であるということをおっしゃっていたと思います。

　今回の法律は、まさに国民全体、国民の中でも当然このヘイトスピーチが良くないことだということは頭では分かっていても声を上げられなかったという方がやっぱりいらっしゃる、そういうような方も含めて国民全体でこういうのがない社会をつくろうという理念をしっかりとうたって、前向きに、さらに主体的に動いていこうということを宣言する、それをすることで、今おっしゃったような、努力をする気持ちもないような方もそういうような渦に巻き込んでいって変えていくというようなことをうたっているというふうに御理解をいただきたいというふうに思います。（発議者　矢倉克夫理事　第190回国会参議院法務委員会会議録第8号（平成28年4月19日）（5頁））

　努力のする気がない人にどうするのかと、それを法律で強制できるのかということだと思うんですね。まさにそれを強制してしまうことが戦前の治安維持法に通ずる、公権力が個人の思想、信条、そういうところに介入してきて、結局はヘイトスピーチをそれで止められたとしても重大なこれ人権侵害という事案になってしまう可能性があるわけなんです。

　そしてまた、そういう法制度を我々がつくり上げていくと、同じように気に食わないことがあったら、このヘイトスピーチだけに限らず、様々な法律、これを法律で作ってやめなさいと、その一つ一つの事実は正しい正義によるものかもしれません、しかし、結局正しいか悪いかというその線引きの部分

でまた微妙な、ケース、ケースによって事態が出てくるわけですね。一瞬、一見するとそういう差別的言動であったけれども、実はその方々とのその裏にあったのは非常に愛情を持った行動であったということもあるかもしれません。そういうふうに事態、事態によって違うわけなんですよね。

　ですから、一概にこのヘイトを禁止してやっていくということにやってしまうと、これは違う問題が出てくる、人権侵害になってくる。弁護士、そしてまた検事、裁判官、法曹の三つの仕事をされてきた小川委員なら御理解いただけると思います。(発議者　西田昌司理事　第190回国会参議院法務委員会会議録第8号（平成28年4月19日）（5頁）)

> （国及び地方公共団体の責務）
> 第四条　国は、本邦外出身者に対する不当な差別的言動の解消に向けた取組に関する施策を実施するとともに、地方公共団体が実施する本邦外出身者に対する不当な差別的言動の解消に向けた取組に関する施策を推進するために必要な助言その他の措置を講ずる責務を有する。
> 2　地方公共団体は、本邦外出身者に対する不当な差別的言動の解消に向けた取組に関し、国との適切な役割分担を踏まえて、当該地域の実情に応じた施策を講ずるよう努めるものとする。

[趣旨]

　本条は、本邦外出身者に対する不当な差別的言動の解消に向けた取組に関する施策の実施について国及び地方公共団体の責務を規定したものである。

国と地方公共団体とで施策の実施に関する責務に違いがある理由

　国においては、例えば、法務省を中心に本邦外出身者に対する不当な差別的言動の解消に向けた様々な施策を実施する責務を有するということであります。とりわけ啓発活動でありますとか、これも理念としてこういうヘイトスピーチは許されないということを初めて国としてうたったわけであります。その方向性に従って、啓発活動とかその他の人権擁護施策等は、これ広く国民一般に向けられたものとして国が主体的にやる責務があるというところであります。

　他方で、地方公共団体等、その本邦外出身者の方が人口の中でどれくらい占めるかとか、もろもろな事情もあります。あと、こういう言動が行われている頻度等もある。そういった実情に応じて、その解消に向けた取組に関し

て施策を講じるように努めたと。これは、要するに国と地方公共団体が果たすべき役割の違いを踏まえて書き分けを行ったというところであります。

　ただ、その上で、この前も視察に行って現場の方がおっしゃっていたのは、地方公共団体とかに話を持っていっても、やはり国が何かしら方向性を示していないから我々は何もできないんだというようなお声があったというところもあります。

　今回、このような形で理念法として、国の法律としてヘイトスピーチは許されないという姿勢をこれしっかり表したことは、今後、地域の住民の方が地方自治体に対して様々な施策を訴えるときの後押しをすることにはなるというふうに理解もしております。（発議者　矢倉克夫理事　第190回国会参議院法務委員会会議録第8号（平成28年4月19日）（9頁〜10頁））

本法律を根拠にヘイトスピーチを伴うデモを不許可にできるかどうか

　要するに、何が禁止される表現かどうかを解釈する権限を行政に与えるということだと思うんですね。それこそ、我々の価値判断としては、そのような規制、私たちがイメージしているヘイトデモ、これはもう許されないし絶対禁止すべきだということはあるわけですけど、そこに法規制になると解釈が出てくるわけなんです、どうしても文言ですから。その解釈権限を行政権に与えるということが危険だという理解でまず発しています。

　ですので、そうではなくて、そのような形の文言ではなく、実効性を担保する上では、このような理念法をして、国民全体でこういうような社会をつくるために全力でやっていこうと、許されないということを宣言するというところから入ったということであります。

　出発点がそもそもそのような形で、何が表現内容、許される内容かどうか

ということを行政権が判断するということは憲法上問題があるというところ、そこがまず出発点であり、そこがちょっと認識として違うところであるというふうに思っております。(発議者　矢倉克夫理事　第190回国会参議院法務委員会会議録第8号(平成28年4月19日)(6頁))

　これは、今、我々提案者側の方ですから、これは公安委員長、警察側が答弁すべきことだと思いますけれども、原則的な話で言いますと、今、矢倉委員がお話ししましたように、要するに、事前にこの表現内容、デモ内容にチェックして道路使用許可を与えるかどうかという仕組みには今なっておりません。しかし、この法律ができましたからといって直ちにこのヘイトスピーチやるんだったら禁止だという話にはならないと思います。

　しかし、大事なのはそこから先でして、こういう理念法、これ宣言することによって、我々は行政も含めてこういうことはさせてはならないと。そうすると、実際にはいろんな法律がまだまだあるわけですよ。その法律の運用規定につきましても、例えば騒音防止条例とかそれから名誉毀損とか、様々なものがありますよね。そういうことも含め、我々はヘイトスピーチを公然とやっていることを許すことはできないという、このことを宣言することによって、様々な法律の解釈の指針も、また我々は指針を与えることになると思っています。そういう合わせ技を含めて、行政がこのヘイトスピーチに対して抑止力を発揮できるものだと考えております。(発議者　西田昌司理事　第190回国会参議院法務委員会会議録第8号(平成28年4月19日)(6頁))

まず、そもそも不許可にするにしても、表現内容を理由にして不許可にするということは、これは憲法上許されないということは改めて申すまでもないことだと思います。

　仮に不許可にするとしたらどういう場合かというと、時とか場所とか時間とかそういう外形的なところを判断の材料としてやると。その判断、これはいろんな法律の文脈もあるかと思います、今、西田発議者からもお話もあった。その判断をする際に、このヘイトデモの時、場所等の判断をする際にこれが禁止されるべきものかどうかということを判断するしんしゃく材料として、この理念法が、許されないものであると言うところが、どのような態様のものが許されないかというところの判断に当然しんしゃくされる部分はあるかと思います。ただ、これがあるからこれだけを根拠にして禁止する、表現内容を根拠にして禁止するということはあってはならないというふうに思っております。(発議者　矢倉克夫理事　第190回国会参議院法務委員会会議録第8号（平成28年4月19日）(6頁))

本法案成立後に全国の警察に対し通達をする内容

　本法律が成立、公布された際には、全国都道府県警察に対して、不当な差別的言動は許されないとする法の趣旨や本法を踏まえた警察の対応について通達をすることを考えております。(警察庁斉藤長官官房審議官　第190回国会衆議院法務委員会議録第19号（平成28年5月20日）(28頁))

川崎で予定されているヘイトスピーチデモへの対応

　今後、御指摘のようなデモが行われるとなった場合には、引き続き、違法行為の防止、関係者の安全確保等を図る観点から、必要な態勢を確保して的

確な警備を行いますとともに、違法行為を認知した場合には、法と証拠に基づき、あらゆる法令の適用を視野に入れて厳正に対処してまいる覚悟でございます。(警察庁斉藤長官官房審議官　第190回国会衆議院法務委員会議録第19号(平成28年5月20日)(28頁))

③ 第2章　基本的施策

> （相談体制の整備）
> 第五条　国は、本邦外出身者に対する不当な差別的言動に関する相談に的確に応ずるとともに、これに関する紛争の防止又は解決を図ることができるよう、必要な体制を整備するものとする。
> 2　地方公共団体は、国との適切な役割分担を踏まえて、当該地域の実情に応じ、本邦外出身者に対する不当な差別的言動に関する相談に的確に応ずるとともに、これに関する紛争の防止又は解決を図ることができるよう、必要な体制を整備するよう努めるものとする。

[趣旨]

本条は、基本的施策として、国及び地方公共団体による相談体制の整備について規定したものである。

> （教育の充実等）
> 第六条　国は、本邦外出身者に対する不当な差別的言動を解消するための教育活動を実施するとともに、そのために必要な取組を行うものとする。
> 2　地方公共団体は、国との適切な役割分担を踏まえて、当該地域の実情に応じ、本邦外出身者に対する不当な差別的言動を解消するための教育活動を実施するとともに、そのために必要な取組を行うよう努めるものとする。

[趣旨]

本条は、基本的施策として、国及び地方公共団体による教育の充実等について規定したものである。

> （啓発活動等）
> 第七条　国は、本邦外出身者に対する不当な差別的言動の解消の必要性について、国民に周知し、その理解を深めることを目的とする広報その他の啓発活動を実施するとともに、そのために必要な取組を行うものとする。
> 2　地方公共団体は、国との適切な役割分担を踏まえて、当該地域の実情に応じ、本邦外出身者に対する不当な差別的言動の解消の必要性について、住民に周知し、その理解を深めることを目的とする広報その他の啓発活動を実施するとともに、そのために必要な取組を行うよう努めるものとする。

[趣旨]

本条は、基本的施策として、国及び地方公共団体による啓発活動等について規定したものである。

ヘイトスピーチについての認識とヘイトスピーチ根絶に向けた決意

　これまでも私は、いわゆるヘイトスピーチにつきましてはあってはならないもの、そのようにお答えをしてまいったつもりであります。
　本法律案はその前文で「不当な差別的言動は許されないことを宣言する」などと規定しているとおり、同旨のことが法律において明確にされるものであると認識をしております。

そこで、本法律が成立、施行された場合には、今後、国及び地方公共団体がより一層連携するなど、このような不当な差別的言動の解消に向けた取り組みを推進していく契機となるものと認識をしております。

　法務省といたしましても、本法律が成立、施行された場合には、不当な差別的言動の解消に向けて本法律の趣旨を十分に尊重し、これを踏まえた取り組みを適切に推進していく必要があると認識をしております。

　そうした観点から、相談体制や啓発活動等の人権擁護施策について、これまでの取り組みについて見直す点はないか、あるいは今後新たに推進すべき施策はないか、そういったことをしっかり検討してまいりたいと考えております。(岩城法務大臣　第190回国会衆議院法務委員会議録第19号（平成28年５月20日）(29頁))

④ 附則

> （施行期日）
> 1　この法律は、公布の日から施行する。

[趣旨]

　本項は、本法律の施行期日について規定したものである。本法律は、公布の日（平成28年6月3日）から施行されている。

> （不当な差別的言動に係る取組についての検討）
> 2　不当な差別的言動に係る取組については、この法律の施行後における本邦外出身者に対する不当な差別的言動の実態等を勘案し、必要に応じ、検討が加えられるものとする。

[趣旨]

　本項は、不当な差別的言動に係る取組については、この法律の施行後における本邦外出身者に対する不当な差別的言動の実態等を勘案し、必要に応じ、検討が加えられるものとすることを規定したものである。

検討の想定内容及びその期間の見通し

　御指摘のところですけれども、検討条項においては、やはりさまざまな分野の検討はあると思います。行政や民間においてもいろいろ、啓発活動もそうでありますし、まず、これまでは、自治体の取り組みなども法律がないということを理由にしてなかったりとかしたわけですけれども、これが、法律

ができることで、やはり行政の側も発信の仕方も変わってくるし、取り組みも変わってくると思います。そのことの検討をしっかりしていく。

　また、民間の中でも、デモに対して声を上げる、いろいろな意見、それから教育啓発という部分での取り組みもいろいろと広がってくると思います。そういった取り組みをまたしっかり見ながら検討していくというようなことになると思います。

　時期についても、これは本当に、日本社会全般をしっかりこのような言動がない社会にしていくという取り組みであります。どこまでというのを決めるものでもとりわけなく、やはり適宜適切にしっかりと検討していくということになる、このように思っております。（発議者　矢倉克夫理事　第190回国会衆議院法務委員会議録第19号（平成28年５月20日）（27頁））

⑤ その他

ヘイトスピーチの実態調査結果の概要、また、それに対する所感

　御指摘の実態調査では、ヘイトスピーチを行っているとの指摘のある諸団体のデモ、街宣活動は、一時期よりは減少する傾向にはあるものの、いまだ相当数存在する、また、デモ等における発言の中には、特定の民族について一律に排斥したり、特定の民族に対して危害を加えたり、おどすといった発言、さらには、殊さらに誹謗中傷する内容の発言、そういったものが大変多く認められまして、現段階でもいまだ鎮静化しているとは申せません。

　このような調査の結果を受けて、法務省の人権擁護機関といたしましても、いわゆるヘイトスピーチについては、今もなおしっかりと取り組んでいかなければならない深刻な状況にあると認識しております。（法務省岡村人権擁護局長　第190回国会衆議院法務委員会議録第19号（平成28年5月20日）（23頁））

ヘイトスピーチを含む人権問題全般に関する調査の進捗状況、今後の見通し

　御指摘の調査につきましては、現在、多数の地方公共団体の御協力を得つつありますが、引き続き、公正中立の確保という観点から、公益財団法人に委託して実施することを予定しておりまして、現在、その公益財団法人に設置した有識者による会議体で調査項目等の検討を行っているところでございます。また、私ども法務省においても、調査項目等について、地方公共団体や外部の専門家から御意見を伺っているところであります。

　そして、この調査結果は、今年度中に公表する予定でおります。（法務省岡村人権擁護局長　第190回国会衆議院法務委員会議録第19号（平成28年5月20日）（25

頁））

有識者審議会がヘイトスピーチの認定を行う大阪市のヘイトスピーチに関する条例の仕組みを採用しない理由

　悩ましいところでございますが、私は、審議会でやっても、行政府側がヘイト認定をするというのには実は少し問題があると考えております。
　むしろ、この法律は何が大事かというと、ヘイトが何か定義をして禁止するんじゃなくて、ヘイトというのは恥ずべきことであって根絶しなければならないということを、国民が、そして立法府がそういうふうに宣言したわけですね。そうすると、ヘイトをとめるのは、ほかの法律でとめているわけですね、実は。
　これは、先ほど言いましたように、例えば個別の騒音防止条例であったり、例えばちょっとした道路交通法違反行為があったり、いろいろなことがありますよね。そのときに、判断基準としてこの法律が使われることによって、事実上とめられてくる。だから、ヘイト認定を実はしているわけじゃないんですね。そこが非常に大事なところだと思っております。
　そして、そのことを、とめられた側は、それは不法行為じゃないかということで訴えるかもしれません。しかし、訴えられたときに、裁判所の方の司法の判断も当然、我々立法府の意思を尊重してされてくるだろうし、そして何よりも、この法律ができたことによって、まず、行政側が解釈指針としてこれを使って動けるということですよ。今まで、これがなかったために、そういう指針がなかったために、とめられなかった。とめるものがなかったわけですね。
　だから、ヘイト禁止ということよりも、こういう理念を掲げて、だめだということを言うことによって、他の法律を駆使して行政権が発動できる、そ

こが一番大事なところだと考えています。(発議者　西田昌司理事　第190回国会衆議院法務委員会議録第19号（平成28年５月20日）（29頁～30頁））

資料編

1. 本邦外出身者に対する不当な差別的言動の解消に向けた取組の推進に関する法律（ヘイトスピーチ解消法）

1-1　ヘイトスピーチ解消法案提案理由説明

○矢倉参議院議員　ただいま議題となりました本邦外出身者に対する不当な差別的言動の解消に向けた取組の推進に関する法律案につきまして、発議者を代表いたしまして、提案の趣旨及び主な内容を御説明申し上げます。

　近年、本邦の域外にある国または地域の出身であることを理由として、適法に居住するその出身者またはその子孫を、我が国の地域社会から排除することを扇動する不当な差別的言動が行われ、その出身者またはその子孫が多大な苦痛を強いられる事態が頻発化しております。かかる言動は、個人の基本的人権に対する重大な脅威であるのみならず、差別意識や憎悪、暴力を蔓延させ、地域社会の基盤を揺るがすものであり、到底許されるものではありません。

　もとより、表現の自由は民主主義の根幹をなす権利であり、表現内容に関する規制については極めて慎重に検討されなければならず、何をもって違法となる言動とし、それを誰がどのように判断するか等について難しい課題があります。

　しかし、こうした事態をこのまま看過することは、国際社会において我が国の占める地位に照らしても、ふさわしいものではありません。

　本法律案は、このような認識に基づき、憲法が保障する表現の自由に配慮しつつ、本邦外出身者に対する不当な差別的言動の解消に向けた取り組みについて、基本理念を定め、及び国等の責務を明らかにするとともに、基本的施策を定め、これを推進しようとするものであり、いわゆるヘイトスピーチを念頭に、本邦外出身者に対する不当な差別的言動は許されないとの理念を内外に示し、かかる言動がない社会の実現を国民みずからが宣言するものであります。

　その主な内容は次のとおりであります。

　第一に、前文を置き、我が国において、近年、不当な差別的言動により、本邦の域外にある国もしくは地域の出身である者またはその子孫であって適法に居住するもの、すなわち本邦外出身者が多大な苦痛を強いられるとともに、地域社会に深刻な亀裂を生じさせており、このような事態を看過することは、国際社会において我が国の占める地位に照らしてもふさわしいものではないという本法律案の提案の趣旨について規定するほか、このような不当な差別的言動は許されないことを宣言することとしております。

　第二に、本邦外出身者に対する不当な差別的言動の定義を置き、専ら本邦外出身者に対する差別的意識を助長しまたは誘発する目的で公然とその生命、身体、自由、名誉もしくは財産に危害を加える旨を告知または本邦外出身者を著しく侮蔑するなど、本邦の域外にある国または地域の出身であることを理由として、本邦外出身者を地域社会から排除することを扇動する不当な差別的言動をいうこととしております。

　第三に、基本理念として、国民は、本邦外出身者に対する不当な差別的言動の解消の必要性に対する理解を深めるとともに、本邦外出身者に対する不当な差別的言動のない社会の実現に寄与するよう努めなければならないこととしております。

　第四に、本邦外出身者に対する不当な差別的言動の解消に向けた取り組みに関する施策の実施について国及び地方公共団体の責務を規定することとしております。

　第五に、基本的施策として、国は、相談体制の整備、教育の充実等及び啓発活動等を実施することとしております。また、地方公共団体は、国との適切な役割分担を踏まえて、当該地域の実情に応じ、これらの基本的施策を実施するよう努めることとしております。

　第六に、附則において、この法律は、公布の日から施行することを規定するとともに、不当な差別的言動に係る取り組みについては、この法律の施行後における本邦外出身者に対する不当な差別的言動の実態等を勘案し、必要に応じ、検討が加えられるものとすることを規定することとしております。

　以上が、この法律案の提案の趣旨及び主な内容であります。

　なお、定義の一部及び附則の検討条項については、参議院において修正を加えたものであります。

　本邦外出身者に対する不当な差別的言動が許されず、その解消に向けた取り組みが必須であることについては、

参議院法務委員会において、実際にかかる言動が行われたとされる現地への視察や真摯な議論を通じ、与野党の委員の間で認識が共有されたところであります。

何とぞ、御審議の上、速やかに御賛同くださいますようお願い申し上げます。

(第190回国会衆議院法務委員会議録第19号(平成28年5月20日)(22頁～23頁))

1-2　ヘイトスピーチ解消法

　　　　本邦外出身者に対する不当な差別的言動の解消に向けた取組の推進に関する法律

目次
　前文
　　第1章　総則(第1条―第4条)
　　第2章　基本的施策(第5条―第7条)
　附則

　　我が国においては、近年、本邦の域外にある国又は地域の出身であることを理由として、適法に居住するその出身者又はその子孫を、我が国の地域社会から排除することを煽動する不当な差別的言動が行われ、その出身者又はその子孫が多大な苦痛を強いられるとともに、当該地域社会に深刻な亀裂を生じさせている。

　　もとより、このような不当な差別的言動はあってはならず、こうした事態をこのまま看過することは、国際社会において我が国の占める地位に照らしても、ふさわしいものではない。

　　ここに、このような不当な差別的言動は許されないことを宣言するとともに、更なる人権教育と人権啓発などを通じて、国民に周知を図り、その理解と協力を得つつ、不当な差別的言動の解消に向けた取組を推進すべく、この法律を制定する。

　　　第1章　総則

　(目的)

第1条　この法律は、本邦外出身者に対する不当な差別的言動の解消が喫緊の課題であることに鑑み、その解消に向けた取組について、基本理念を定め、及び国等の責務を明らかにするとともに、基本的施策を定め、これを推進することを目的とする。

　(定義)

第2条　この法律において「本邦外出身者に対する不当な差別的言動」とは、専ら本邦の域外にある国若しくは地域の出身である者又はその子孫であって適法に居住するもの(以下この条において「本邦外出身者」という。)に対する差別的意識を助長し又は誘発する目的で公然とその生命、身体、自由、名誉若しくは財産に危害を加える旨を告知し又は本邦外出身者を著しく侮蔑するなど、本邦の域外にある国又は地域の出身であることを理由として、本邦外出身者を地域社会から排除することを煽動する不当な差別的言動をいう。

　(基本理念)

第3条　国民は、本邦外出身者に対する不当な差別的言動の解消の必要性に対する理解を深めるとともに、本邦外出身者に対する不当な差別的言動のない社会の実現に寄与するよう努めなければならない。

　(国及び地方公共団体の責務)

第4条　国は、本邦外出身者に対する不当な差別的言動の解消に向けた取組に関する施策を実施するとともに、地方公共団体が実施する本邦外出身者に対する不当な差別的言動の解消に向けた取組に関する施策を推進するために必要な助言その他の措置を講ずる責務を有する。

2　地方公共団体は、本邦外出身者に対する不当な差別的言動の解消に向けた取組に関し、国との適切な役割分担を踏まえて、当該地域の実情に応じた施策を講ずるよう努めるものとする。

　　　第2章　基本的施策

　(相談体制の整備)

第5条　国は、本邦外出身者に対する不当な差別的言動に関する相談に的確に応ずるとともに、これに関する紛争の防止又は解決を図ることができるよう、必要な体制を整備するものとする。

2 地方公共団体は、国との適切な役割分担を踏まえて、当該地域の実情に応じ、本邦外出身者に対する不当な差別的言動に関する相談に的確に応ずるとともに、これに関する紛争の防止又は解決を図ることができるよう、必要な体制を整備するよう努めるものとする。
（教育の充実等）
第6条 国は、本邦外出身者に対する不当な差別的言動を解消するための教育活動を実施するとともに、そのために必要な取組を行うものとする。
2 地方公共団体は、国との適切な役割分担を踏まえて、当該地域の実情に応じ、本邦外出身者に対する不当な差別的言動を解消するための教育活動を実施するとともに、そのために必要な取組を行うよう努めるものとする。
（啓発活動等）
第7条 国は、本邦外出身者に対する不当な差別的言動の解消の必要性について、国民に周知し、その理解を深めることを目的とする広報その他の啓発活動を実施するとともに、そのために必要な取組を行うものとする。
2 地方公共団体は、国との適切な役割分担を踏まえて、当該地域の実情に応じ、本邦外出身者に対する不当な差別的言動の解消の必要性について、住民に周知し、その理解を深めることを目的とする広報その他の啓発活動を実施するとともに、そのために必要な取組を行うよう努めるものとする。

　　　附　則
（施行期日）
1 この法律は、公布の日から施行する。
（不当な差別的言動に係る取組についての検討）
2 不当な差別的言動に係る取組については、この法律の施行後における本邦外出身者に対する不当な差別的言動の実態等を勘案し、必要に応じ、検討が加えられるものとする。

1-3　ヘイトスピーチ解消法案要綱

本邦外出身者に対する不当な差別的言動の解消に向けた取組の推進に関する法律案要綱
第一　前文　　　　　　　　　　　　　　　　　　　　　　　　　　　　　　　　　　（前文関係）
　　次の前文を置くこと。
　　「我が国においては、近年、本邦の域外にある国又は地域の出身であることを理由として、適法に居住するその出身者又はその子孫を、我が国の地域社会から排除することを煽動する不当な差別的言動が行われ、その出身者又はその子孫が多大な苦痛を強いられるとともに、当該地域社会に深刻な亀裂を生じさせている。
　　もとより、このような不当な差別的言動はあってはならず、こうした事態をこのまま看過することは、国際社会において我が国の占める地位に照らしても、ふさわしいものではない。
　　ここに、このような不当な差別的言動は許されないことを宣言するとともに、更なる人権教育と人権啓発などを通じて、国民に周知を図り、その理解と協力を得つつ、不当な差別的言動の解消に向けた取組を推進すべく、この法律を制定する。」
第二　総則
　　一　目的　　　　　　　　　　　　　　　　　　　　　　　　　　　　　　　　　（第1条関係）
　　　　この法律は、本邦外出身者に対する不当な差別的言動の解消が喫緊の課題であることに鑑み、その解消に向けた取組について、基本理念を定め、及び国等の責務を明らかにするとともに、基本的施策を定め、これを推進することを目的とすること。
　　二　定義　　　　　　　　　　　　　　　　　　　　　　　　　　　　　　　　　（第2条関係）
　　　　この法律において「本邦外出身者に対する不当な差別的言動」とは、専ら本邦の域外にある国若しくは地域の出身である者又はその子孫であって適法に居住するもの（以下二において「本邦外出身者」という。）に対する差別的意識を助長し又は誘発する目的で公然とその生命、身体、自由、名誉若しくは財産に危害を加える旨を告知し又は本邦外出身者を著しく侮蔑するなど、本邦の域外にある国又は地域の出身であることを理由として、本邦外出身者を地域社会から排除することを煽動する不当な差別的言動をいうこと。

三　基本理念　　　　　　　　　　　　　　　　　　　　　　　　　　　　　　　（第3条関係）
　　国民は、本邦外出身者に対する不当な差別的言動の解消の必要性に対する理解を深めるとともに、本邦外出身者に対する不当な差別的言動のない社会の実現に寄与するよう努めなければならないこと。
　四　国及び地方公共団体の責務　　　　　　　　　　　　　　　　　　　　　　　（第4条関係）
　　1　国は、本邦外出身者に対する不当な差別的言動の解消に向けた取組に関する施策を実施するとともに、地方公共団体が実施する本邦外出身者に対する不当な差別的言動の解消に向けた取組に関する施策を推進するために必要な助言その他の措置を講ずる責務を有すること。
　　2　地方公共団体は、本邦外出身者に対する不当な差別的言動の解消に向けた取組に関し、国との適切な役割分担を踏まえて、当該地域の実情に応じた施策を講ずるよう努めるものとすること。
第三　基本的施策
　一　相談体制の整備　　　　　　　　　　　　　　　　　　　　　　　　　　　　（第5条関係）
　　1　国は、本邦外出身者に対する不当な差別的言動に関する相談に的確に応ずるとともに、これに関する紛争の防止又は解決を図ることができるよう、必要な体制を整備するものとすること。
　　2　地方公共団体は、国との適切な役割分担を踏まえて、当該地域の実情に応じ、本邦外出身者に対する不当な差別的言動に関する相談に的確に応ずるとともに、これに関する紛争の防止又は解決を図ることができるよう、必要な体制を整備するよう努めるものとすること。
　二　教育の充実等　　　　　　　　　　　　　　　　　　　　　　　　　　　　　（第6条関係）
　　1　国は、本邦外出身者に対する不当な差別的言動を解消するための教育活動を実施するとともに、そのために必要な取組を行うものとすること。
　　2　地方公共団体は、国との適切な役割分担を踏まえて、当該地域の実情に応じ、本邦外出身者に対する不当な差別的言動を解消するための教育活動を実施するとともに、そのために必要な取組を行うよう努めるものとすること。
　三　啓発活動等　　　　　　　　　　　　　　　　　　　　　　　　　　　　　　（第7条関係）
　　1　国は、本邦外出身者に対する不当な差別的言動の解消の必要性について、国民に周知し、その理解を深めることを目的とする広報その他の啓発活動を実施するとともに、そのために必要な取組を行うものとすること。
　　2　地方公共団体は、国との適切な役割分担を踏まえて、当該地域の実情に応じ、本邦外出身者に対する不当な差別的言動の解消の必要性について、住民に周知し、その理解を深めることを目的とする広報その他の啓発活動を実施するとともに、そのために必要な取組を行うよう努めるものとすること。
第四　施行期日等
　一　施行期日　　　　　　　　　　　　　　　　　　　　　　　　　　　　　　　（附則第1項関係）
　　この法律は、公布の日から施行すること。
　二　不当な差別的言動に係る取組についての検討　　　　　　　　　　　　　　　（附則第2項関係）
　　不当な差別的言動に係る取組については、この法律の施行後における本邦外出身者に対する不当な差別的言動の実態等を勘案し、必要に応じ、検討が加えられるものとすること。

1-4　ヘイトスピーチ解消法の概要

本邦外出身者に対する不当な差別的言動の解消に向けた取組の推進に関する法律の概要

前文

　我が国においては、近年、本邦の域外にある国又は地域の出身であることを理由として、適法に居住するその出身者又はその子孫を、我が国の地域社会から排除することを煽動する不当な差別的言動が行われ、その出身者又はその子孫が多大な苦痛を強いられるとともに、当該地域社会に深刻な亀裂を生じさせている。
　もとより、このような不当な差別的言動はあってはならず、こうした事態をこのまま看過することは、国際社会において我が国の占める地位に照らしても、ふさわしいものではない。
　ここに、このような不当な差別的言動は許されないことを宣言するとともに、更なる人権教育と人権啓発などを通じて、国民に周知を図り、その理解と協力を得つつ、不当な差別的言動の解消に向けた取組を推進すべく、この法律を制定する。

定義（第2条関係）

　この法律において「本邦外出身者に対する不当な差別的言動」とは、専ら本邦の域外にある国若しくは地域の出身である者又はその子孫であって適法に居住するもの（以下「本邦外出身者」という。）に対する差別意識を助長し又は誘発する目的で公然とその生命、身体、自由、名誉若しくは財産に危害を加える旨を告知又は本邦外出身者を著しく侮蔑するなど、本邦の域外にある国又は地域の出身であることを理由として、本邦外出身者を地域社会から排除することを煽動する不当な差別的言動をいうこと。

基本理念（第3条関係）

　国民は、本邦外出身者に対する不当な差別的言動の解消の必要性に対する理解を深めるとともに、本邦外出身者に対する不当な差別的言動のない社会の実現に寄与するよう努めなければならないこと。

国及び地方公共団体の責務（第4条関係）

1. 国は、本邦外出身者に対する不当な差別的言動の解消に向けた取組に関する施策を実施するとともに、地方公共団体が実施する本邦外出身者に対する不当な差別的言動の解消に向けた取組に関する施策を推進するために必要な助言その他の措置を講ずる責務を有すること。
2. 地方公共団体は、本邦外出身者に対する不当な差別的言動の解消に向けた取組に関し、国との適切な役割分担を踏まえて、当該地域の実情に応じた施策を講ずるよう努めるものとすること。

基本的施策（第5条～第7条関係）

1. 相談体制の整備（本邦外出身者に対する不当な差別的言動に関する相談に的確に応ずる等の体制を整備）
2. 教育の充実等（本邦外出身者に対する不当な差別的言動を解消するための教育活動を実施）
3. 啓発活動等（本邦外出身者に対する不当な差別的言動の解消の必要性について広報その他の啓発活動を実施）

不当な差別的言動に係る取組についての検討（附則第2項関係）

　不当な差別的言動に係る取組については、この法律の施行後における本邦外出身者に対する不当な差別的言動の実態等を勘案し、必要に応じ、検討が加えられるものとすること。

※公布の日から施行する

1−5　参議院におけるヘイトスピーチ解消法案に対する修正案要綱

参議院における修正部分
（本邦外出身者に対する不当な差別的言動の解消に向けた取組の推進に関する法律案に対する修正案要綱）

第一　本邦外出身者に対する不当な差別的言動の定義の修正　　　　　　　　　　　　　　　（第2条関係）
　　　本邦外出身者に対する不当な差別的言動の定義に「本邦外出身者を著しく侮蔑する」を加えること。

第二　不当な差別的言動に係る取組についての検討　　　　　　　　　　　　　　　　　　（附則第2項関係）
　　　不当な差別的言動に係る取組については、この法律の施行後における本邦外出身者に対する不当な差別的言動の実態等を勘案し、必要に応じ、検討が加えられるものとすること。

1−6　参議院法務委員会における附帯決議（平成28年5月12日）

本邦外出身者に対する不当な差別的言動の解消に向けた取組の推進に関する法律案に対する附帯決議

平成28年5月12日
参議院法務委員会

　国及び地方公共団体は、本邦外出身者に対する不当な差別的言動の解消が喫緊の課題であることに鑑み、本法の施行に当たり、次の事項について特段の配慮をすべきである。

一　第二条が規定する「本邦外出身者に対する不当な差別的言動」以外のものであれば、いかなる差別的言動であっても許されるとの理解は誤りであり、本法の趣旨、日本国憲法及びあらゆる形態の人種差別の撤廃に関する国際条約の精神に鑑み、適切に対処すること。

二　本邦外出身者に対する不当な差別的言動の内容や頻度は地域によって差があるものの、これが地域社会に深刻な亀裂を生じさせている地方公共団体においては、国と同様に、その解消に向けた取組に関する施策を着実に実施すること。

三　インターネットを通じて行われる本邦外出身者等に対する不当な差別的言動を助長し、又は誘発する行為の解消に向けた取組に関する施策を実施すること。

　　　右決議する。

（※自由民主党、民進党・新緑風会、公明党、日本共産党及び生活の党と山本太郎となかまたちの共同提案、全会一致）

1−7　衆議院法務委員会における附帯決議（平成28年5月20日）

本邦外出身者に対する不当な差別的言動の解消に向けた取組の推進に関する法律案に対する附帯決議

平成28年5月20日
衆議院法務委員会

　国及び地方公共団体は、本法の施行に当たり、次の事項について特段の配慮をすべきである。

一　本法の趣旨、日本国憲法及びあらゆる形態の人種差別の撤廃に関する国際条約の精神に照らし、第二条が規定する「本邦外出身者に対する不当な差別的言動」以外のものであれば、いかなる差別的言動であっても許されるとの理解は誤りであるとの基本的認識の下、適切に対処すること。

二　本邦外出身者に対する不当な差別的言動が地域社会に深刻な亀裂を生じさせている地方公共団体においては、

その内容や頻度の地域差に適切に応じ、国とともに、その解消に向けた取組に関する施策を着実に実施すること。

三　インターネットを通じて行われる本邦外出身者等に対する不当な差別的言動を助長し、又は誘発する行為の解消に向けた取組に関する施策を実施すること。

四　本邦外出身者に対する不当な差別的言動のほか、不当な差別的取扱いの実態の把握に努め、それらの解消に必要な施策を講ずるよう検討を行うこと。

(※自由民主党、民進党・無所属クラブ、公明党、日本共産党及びおおさか維新の会の共同提案、全会一致)

1－8　ヘイトスピーチの解消に関する決議（平成28年5月26日参議院法務委員会）

ヘイトスピーチの解消に関する決議

平成28年5月26日
参議院法務委員会

「ヘイトスピーチ、許さない。」
　ヘイトスピーチ解消の啓発活動のために法務省が作成したポスターは、力強くそう宣言する。
　従来、特定の民族や国籍など本人の意思では変更困難な属性を根拠に、その者たちを地域社会ひいては日本社会から排除しようという言動であるヘイトスピーチについて、それが不特定多数に向けられたものの場合、法律の立場は明確ではなかった。
　しかし、個人の尊厳を著しく害し地域社会の分断を図るかかる言論は、決して許されるものではない。このため、本委員会において、ヘイトスピーチによって被害を受けている方々の集住地区の視察などをも踏まえて真摯な議論を重ねた結果、本邦外出身者に対する不当な差別的言動の解消に向けた取組の推進に関する法律、いわゆる「ヘイトスピーチ解消法」が、5月12日に本委員会で全会一致、13日の本会議において賛成多数で可決され、24日の衆議院本会議において可決・成立した。同法は、国連の自由権規約委員会、人種差別撤廃委員会などからの要請をも踏まえたものである。
　平成32年の東京オリンピック・パラリンピックに向けた共生社会の実現のためにも、ヘイトスピーチの解消に向けて取り組むことは、党派を超えた喫緊の重要課題である。今般成立したヘイトスピーチ解消法は、ヘイトスピーチの解消に向けた大きな第一歩ではあるが、終着点ではない。引き続き、法務省の「外国人の人権状況に関する調査」を始めとする実態調査や国会における議論等を通じて立法事実を明らかにしていくことが、私たちに課せられた使命である。
　全国で今も続くヘイトスピーチは、いわゆる在日コリアンだけでなく、難民申請者、オーバーステイ、アイヌ民族に対するものなど多岐にわたっている。私たちは、あらゆる人間の尊厳が踏みにじられることを決して許すことはできない。
　よって、私たちは、ヘイトスピーチ解消及び被害者の真の救済に向け、差別のない社会を目指して不断の努力を積み重ねていくことを、ここに宣言する。
　　　　　右決議する。

(※自由民主党、民進党・新緑風会、公明党、日本共産党及び生活の党と山本太郎となかまたちの共同提案、全会一致)

２．人種等を理由とする差別の撤廃のための施策の推進に関する法律案（人種差別撤廃施策推進法案）

２−１　人種差別撤廃施策推進法案提案理由説明

○小川敏夫君　ただいま議題となりました人種等を理由とする差別の撤廃のための施策の推進に関する法律案につきまして、その提案の趣旨及び主な内容を御説明申し上げます。

　我が国においては、いわゆるヘイトスピーチを始めとする人種等を理由とする差別が問題となっております。

　いわゆるヘイトスピーチとして近年顕著となっているものは、日本人と民族的に異なる住民、特に在日朝鮮人や在日韓国人を対象として、主としてこれらの者が集住して商業を営む地域又はこれらの者が通学する学校の周辺でデモ行進を行いながら、大音量でこれらの民族を口汚く罵る形態のものであります。いわゆるヘイトスピーチは人間の尊厳と平等を否定するものであり、被害者はいまだ増え続けております。子供から大人まで被害の傷は癒えることがありません。そして、いわゆるヘイトスピーチを伴うデモ行進は、件数そのものは平成25年をピークに減少傾向にあるとはいうものの、いまだに全国で週末を中心に行われており、最近は無届けで街頭宣伝活動が行われる場合が増えております。

　住宅への入居差別については、何件もの判例がありますが、幾つかの地方公共団体が実施している外国人の住民に対する調査によれば、ほぼ半数の外国人の住民が入居差別を経験しています。入店差別については、既に宝石店、眼鏡店、カラオケ店及び入浴施設についての判例があります。また、埼玉のサッカー場では、ジャパニーズオンリー、すなわち日本人以外お断りという横断幕が掲げられる事件も起きております。判決が確定している京都朝鮮第一初級学校襲撃事件のみならず、朝鮮学校の生徒たちへのいわゆるヘイトスピーチやいわゆるヘイトクライムが繰り返し起きていることは政府も国際連合への報告書で認めているとおりであります。

　したがって、あらゆる分野においてこうした差別をなくし、人種等を異にする者が相互に人格と個性を尊重し合いながら共生する社会を実現することが重要です。また、人種等を理由とする差別への対処は、あらゆる形態の人種差別の撤廃に関する国際条約の下、国際社会からも要請されているところであります。

　このような状況に鑑み、人種等を理由とする差別の撤廃のための施策を総合的かつ一体的に推進するため、人種等を理由とする差別の禁止等の基本原則を定めるとともに、人種等を理由とする差別の防止に関し基本となる事項を定めることが必要であると考えられます。この法律案は、こうした観点から立案し、御提案するものであります。

　次に、この法律案の主な内容につきまして御説明申し上げます。

　第一に、人種等を理由とする差別の禁止等の基本原則として、次の点を定めることとしております。

　まずその一は、何人も、特定の者に対し、その者の人種等を理由とする不当な差別的取扱いをすること、特定の者に対し、その者の人種等を理由とする侮辱、嫌がらせその他の不当な差別的言動をすること、その他人種等を理由とする不当な差別的行為により、他人の権利利益を侵害してはならないことであります。

　その二は、何人も、人種等の共通の属性を有する不特定の者について、それらの者に著しく不安若しくは迷惑を覚えさせる目的又はそれらの者に対する当該属性を理由とする不当な差別的取扱いをすることを助長し若しくは誘発する目的で、公然と、当該属性を理由とする不当な差別的言動をしてはならないことであります。

　そのほか、人種等を理由とする差別について、社会のあらゆる分野において確実に防止されなければならないこと、国際的協調の下に防止されなければならないことを定めております。

　第二に、国及び地方公共団体について、これらの基本原則にのっとり、関係する施策を総合的に策定し、及び実施する責務等を明らかにするとともに、政府に対し、人種等を理由とする差別の防止に関する基本的な方針を定めることを義務付けることとしております。

　第三に、人種等を理由とする差別の防止に関する基本的施策を定めることとしております。

　具体的には、相談体制の整備、多様な文化に関する情報の提供、啓発活動、人権教育の充実、国内外における取組に関する情報の収集、インターネットを通じて行われる差別の防止のための自主的な取組の支援、地域における活動の支援、民間の団体の支援等を定めております。あわせて、こうした施策の策定及び実施に資するため、差別の実態を明らかにするための調査の実施について定めております。さらに、こうした施策の策定及び実施に

当たり、関係者の意見を反映させるために必要な措置を講ずることについても定めております。
　第四に、内閣府に人種等差別防止政策審議会を置くこととしております。この審議会は、基本方針に関し意見を述べるほか、内閣総理大臣の諮問に応じて人種等を理由とする差別の防止に関する重要事項を調査審議する等の事務をつかさどることとしております。
　以上がこの法律案の提案の趣旨及び主な内容であります。
　何とぞ、御審議の上、速やかに御賛同くださいますようお願い申し上げます。

(第189回国会参議院法務委員会会議録第18号（平成27年8月4日）（1頁〜2頁）)

2－2　人種差別撤廃施策推進法案

　　　　人種等を理由とする差別の撤廃のための施策の推進に関する法律（案）
目次
　第1章　総則（第1条―第9条）
　第2章　基本的施策（第10条―第19条）
　第3章　人種等差別防止政策審議会（第20条―第23条）
　附則
　　　第1章　総則
　　（目的）
第1条　この法律は、人種等を理由とする差別の撤廃（あらゆる分野において人種等を理由とする差別をなくし、人種等を異にする者が相互に人格と個性を尊重し合いながら共生する社会を実現することをいう。以下この条において同じ。）が重要な課題であることに鑑み、日本国憲法及びあらゆる形態の人種差別の撤廃に関する国際条約の理念に基づき、人種等を理由とする差別の禁止等の基本原則を定めるとともに、人種等を理由とする差別の防止に関し国及び地方公共団体の責務、基本的施策その他の基本となる事項を定めることにより、人種等を理由とする差別の撤廃のための施策を総合的かつ一体的に推進することを目的とする。
　　（定義）
第2条　この法律において「人種等を理由とする差別」とは、次条の規定に違反する行為をいう。
2　この法律において「人種等」とは、人種、皮膚の色、世系又は民族的若しくは種族的出身をいう。
　　（人種等を理由とする差別の禁止等の基本原則）
第3条　何人も、次に掲げる行為その他人種等を理由とする不当な差別的行為により、他人の権利利益を侵害してはならない。
　一　特定の者に対し、その者の人種等を理由とする不当な差別的取扱いをすること。
　二　特定の者について、その者の人種等を理由とする侮辱、嫌がらせその他の不当な差別的言動をすること。
2　何人も、人種等の共通の属性を有する不特定の者について、それらの者に著しく不安若しくは迷惑を覚えさせる目的又はそれらの者に対する当該属性を理由とする不当な差別的取扱いをすることを助長し若しくは誘発する目的で、公然と、当該属性を理由とする不当な差別的言動をしてはならない。
第4条　人種等を理由とする差別は、職域、学校、地域その他の社会のあらゆる分野において、確実に防止されなければならない。
第5条　人種等を理由とする差別は、その防止のための取組が国際社会における取組と密接な関係を有していることに鑑み、国際的協調の下に防止されなければならない。
　　（国及び地方公共団体の責務）
第6条　国及び地方公共団体は、前3条に定める基本原則にのっとり、人種等を理由とする差別の防止に関する施策を総合的に策定し、及び実施する責務を有する。
2　国及び地方公共団体は、人種等を理由とする差別の防止に関する施策を効果的に実施するため、国、地方公共団体、人種等を理由とする差別の防止に関する活動を行う民間の団体その他の関係者相互間の連携協力体制の整備に努めるものとする。

（基本方針）
第7条　政府は、人種等を理由とする差別の防止に関する施策の総合的かつ一体的な推進を図るため、人種等を理由とする差別の防止に関する基本的な方針（以下この条及び第20条第2項第1号において「基本方針」という。）を定めなければならない。
2　内閣総理大臣は、関係行政機関の長に協議するとともに、人種等差別防止政策審議会の意見を聴いて、基本方針の案を作成し、閣議の決定を求めなければならない。
3　内閣総理大臣は、前項の規定による閣議の決定があったときは、遅滞なく、基本方針を公表しなければならない。
4　前2項の規定は、基本方針の変更について準用する。
（財政上の措置等）
第8条　政府は、人種等を理由とする差別の防止に関する施策を実施するため必要な財政上の措置その他の措置を講じなければならない。
（年次報告）
第9条　政府は、毎年、国会に、人種等を理由とする差別の状況及び人種等を理由とする差別の防止に関して講じた施策についての報告を提出しなければならない。

第2章　基本的施策

（相談体制等の整備）
第10条　国及び地方公共団体は、人種等を理由とする差別に関する相談に的確に応ずるとともに、人種等を理由とする差別の有無等に関する紛争の防止又は解決を図ることができるよう、必要な体制を整備するものとする。
（多様な文化等に関する情報の提供等）
第11条　国及び地方公共団体は、人種等を異にする者の間の相互理解を促進し、その友好関係の発展に寄与するため、多様な文化、生活習慣等に関する適切な情報の提供、相互の交流の促進その他の必要な措置を講ずるものとする。
（人種等を理由とする差別の防止に関する啓発活動等）
第12条　国及び地方公共団体は、人種等を理由とする差別の防止について広く一般の関心と理解を深めるとともに、人種等を理由とする差別の防止を妨げている諸要因の解消を図るため、啓発活動その他の必要な措置を講ずるものとする。
（人権教育の充実等）
第13条　国及び地方公共団体は、人権尊重の精神を涵養（かん）することにより人種等を理由とする差別を防止するため、教育活動の充実その他の必要な措置を講ずるものとする。
（国内外における取組に関する情報の収集、整理及び提供等）
第14条　国は、人種等を理由とする差別の防止に関する地方公共団体及び民間の団体等の取組を促進するため、国内外における人種等を理由とする差別の防止に関する啓発活動、教育活動その他の取組に関し、情報の収集、整理及び提供その他の必要な措置を講ずるものとする。
（インターネットを通じて行われる人種等を理由とする差別の防止のための自主的な取組の支援）
第15条　国及び地方公共団体は、インターネットを通じて行われる人種等を理由とする差別を防止するため、人種等を理由として侮辱する表現、人種等を理由とする不当な差別的取扱いを助長し又は誘発する表現その他の人種等を理由とする不当な差別的表現の制限等に関する事業者の自主的な取組を支援するために必要な措置を講ずるものとする。
（地域における活動の支援）
第16条　国及び地方公共団体は、地域社会における人種等を理由とする差別を防止するため、地域住民、その組織する団体その他の地域の関係者が行うその防止に関する自主的な活動を支援するために必要な措置を講ずるものとする。
（民間の団体等の支援）
第17条　前2条に定めるもののほか、国及び地方公共団体は、人種等を理由とする差別の防止に関する自主的な活動を行う民間の団体等が果たしている役割の重要性に留意し、これらの民間の団体等の活動を支援するため

(調査の実施)
第18条　国は、人種等を理由とする差別の防止に関する施策の策定及び実施に資するよう、地方公共団体の協力を得て、我が国における人種等を理由とする差別の実態を明らかにするための調査を行わなければならない。
(関係者の意見の反映)
第19条　国及び地方公共団体は、人種等を理由とする差別の防止に関する施策の策定及び実施に当たっては、人種等を理由とする差別において権利利益を侵害され又はその有する人種等の属性が不当な差別的言動の理由とされた者その他の関係者の意見を当該施策に反映させるために必要な措置を講ずるものとする。

第3章　人種等差別防止政策審議会

(設置)
第20条　内閣府に、人種等差別防止政策審議会(以下「審議会」という。)を置く。
2　審議会は、次に掲げる事務をつかさどる。
　一　基本方針に関し、第7条第2項(同条第4項において準用する場合を含む。)に規定する事項を処理すること。
　二　内閣総理大臣の諮問に応じて人種等を理由とする差別の防止に関する重要事項を調査審議すること。
　三　前2号に規定する事項に関し、必要があると認めるときは、内閣総理大臣又は関係行政機関の長に対し、意見を述べること。
　四　第1号及び第2号に規定する事項に関し、必要があると認めるときは、内閣総理大臣又は内閣総理大臣を通じて関係行政機関の長に勧告すること。
3　内閣総理大臣又は関係行政機関の長は、前項第4号の規定による勧告に基づき講じた施策について審議会に報告しなければならない。
(組織及び運営)
第21条　審議会は、委員15人以内で組織する。
2　審議会の委員は、人種等を理由とする差別の防止に関し学識経験を有する者のうちから、内閣総理大臣が任命する。
3　審議会の委員は、非常勤とする。
第22条　審議会は、その所掌事務を遂行するため必要があると認めるときは、関係行政機関の長に対し、資料の提出、意見の表明、説明その他必要な協力を求めることができる。
2　審議会は、その所掌事務を遂行するため特に必要があると認めるときは、前項に規定する者以外の者に対しても、必要な協力を依頼することができる。
第23条　前2条に定めるもののほか、審議会の組織及び運営に関し必要な事項は、政令で定める。

附　則

(施行期日)
1　この法律は、公布の日から起算して3月を超えない範囲内において政令で定める日から施行する。
(内閣府設置法の一部改正)
2　内閣府設置法(平成11年法律第89号)の一部を次のように改正する。
　　第4条第2項中「促進」の下に「、人種等を理由とする差別の防止」を加え、同条第3項第44号の次に次の1号を加える。
　　　四十四の二　人種等を理由とする差別の防止に関する基本的な方針(人種等を理由とする差別の撤廃のための施策の推進に関する法律(平成27年法律第　　号)第7条第1項に規定するものをいう。)の作成及び推進に関すること。
　　第37条第3項の表障害者政策委員会の項の次に次のように加える。

| 人種等差別防止政策審議会 | 人種等を理由とする差別の撤廃のための施策の推進に関する法律 |

(障害を理由とする差別の解消の推進に関する法律の一部改正)
3　障害を理由とする差別の解消の推進に関する法律(平成25年法律第65号)の一部を次のように改正する。

附則第9条のうち内閣府設置法第4条第3項第44号の次に1号を加える改正規定中「第4条第3項第44号」を「第4条第3項第44号の2を同項第44号の3とし、同項第44号」に改める。
　　　　　理　　由
　日本国憲法及びあらゆる形態の人種差別の撤廃に関する国際条約の理念に基づき、人種等を理由とする差別の撤廃のための施策を総合的かつ一体的に推進するため、人種等を理由とする差別の禁止等の基本原則を定めるとともに、人種等を理由とする差別の防止に関し国及び地方公共団体の責務、基本的施策その他の基本となる事項を定める必要がある。これが、この法律案を提出する理由である。

　　　　　この法律の施行に伴い必要となる経費
　この法律の施行に伴い必要となる経費は、平年度約1,200万円の見込みである。

2－3　人種差別撤廃施策推進法案要綱

　　人種等を理由とする差別の撤廃のための施策の推進に関する法律案要綱
第一　総則
　一　目的　　　　　　　　　　　　　　　　　　　　　　　　　　　　　　　　　（第1条関係）
　　　この法律は、人種等を理由とする差別の撤廃（あらゆる分野において人種等を理由とする差別をなくし、人種等を異にする者が相互に人格と個性を尊重し合いながら共生する社会を実現することをいう。以下一において同じ。）が重要な課題であることに鑑み、日本国憲法及びあらゆる形態の人種差別の撤廃に関する国際条約の理念に基づき、人種等を理由とする差別の禁止等の基本原則を定めるとともに、人種等を理由とする差別の防止に関し国及び地方公共団体の責務、基本的施策その他の基本となる事項を定めることにより、人種等を理由とする差別の撤廃のための施策を総合的かつ一体的に推進することを目的とすること。
　二　定義　　　　　　　　　　　　　　　　　　　　　　　　　　　　　　　　　（第2条関係）
　　1　この法律において「人種等を理由とする差別」とは、三の1又は2に違反する行為をいうこと。
　　2　この法律において「人種等」とは、人種、皮膚の色、世系又は民族的若しくは種族的出身をいうこと。
　三　人種等を理由とする差別の禁止等の基本原則　　　　　　　　　　　（第3条から第5条まで関係）
　　1　何人も、次に掲げる行為その他人種等を理由とする不当な差別的行為により、他人の権利利益を侵害してはならないこと。
　　　①　特定の者に対し、その者の人種等を理由とする不当な差別的取扱いをすること。
　　　②　特定の者について、その者の人種等を理由とする侮辱、嫌がらせその他の不当な差別的言動をすること。
　　2　何人も、人種等の共通の属性を有する不特定の者について、それらの者に著しく不安若しくは迷惑を覚えさせる目的又はそれらの者に対する当該属性を理由とする不当な差別的取扱いをすることを助長し若しくは誘発する目的で、公然と、当該属性を理由とする不当な差別的言動をしてはならないこと。
　　3　人種等を理由とする差別は、職場、学校、地域その他の社会のあらゆる分野において、確実に防止されなければならないこと。
　　4　人種等を理由とする差別は、その防止のための取組が国際社会における取組と密接な関係を有していることに鑑み、国際的協調の下に防止されなければならないこと。
　四　国及び地方公共団体の責務　　　　　　　　　　　　　　　　　　　　　　　（第6条関係）
　　1　国及び地方公共団体は、三の基本原則にのっとり、人種等を理由とする差別の防止に関する施策を総合的に策定し、及び実施する責務を有すること。
　　2　国及び地方公共団体は、人種等を理由とする差別の防止に関する施策を効果的に実施するため、国、地方公共団体、人種等を理由とする差別の防止に関する活動を行う民間の団体その他の関係者相互間の連携協力体制の整備に努めるものとすること。
　五　基本方針　　　　　　　　　　　　　　　　　　　　　　　　　　　　　　　（第7条関係）
　　1　政府は、人種等を理由とする差別の防止に関する施策の総合的かつ一体的な推進を図るため、人種等を

理由とする差別の防止に関する基本的な方針（以下「基本方針」という。）を定めなければならないこと。
　２　内閣総理大臣は、関係行政機関の長に協議するとともに、人種等差別防止政策審議会の意見を聴いて、基本方針の案を作成し、閣議の決定を求めなければならないこと。
　六　財政上の措置等　　　　　　　　　　　　　　　　　　　　　　　　　　　　　　　　（第８条関係）
　　政府は、人種等を理由とする差別の防止に関する施策を実施するため必要な財政上の措置その他の措置を講じなければならないこと。
　七　年次報告　　　　　　　　　　　　　　　　　　　　　　　　　　　　　　　　　　　（第９条関係）
　　政府は、毎年、国会に、人種等を理由とする差別の状況及び人種等を理由とする差別の防止に関して講じた施策についての報告を提出しなければならないこと。
第二　基本的施策
　一　相談体制等の整備　　　　　　　　　　　　　　　　　　　　　　　　　　　　　　（第10条関係）
　　国及び地方公共団体は、人種等を理由とする差別に関する相談に的確に応ずるとともに、人種等を理由とする差別の有無等に関する紛争の防止又は解決を図ることができるよう、必要な体制を整備するものとすること。
　二　多様な文化等に関する情報の提供等　　　　　　　　　　　　　　　　　　　　　　（第11条関係）
　　国及び地方公共団体は、人種等を異にする者の間の相互理解を促進し、その友好関係の発展に寄与するため、多様な文化、生活習慣等に関する適切な情報の提供、相互の交流の促進その他の必要な措置を講ずるものとすること。
　三　人種等を理由とする差別の防止に関する啓発活動等　　　　　　　　　　　　　　　（第12条関係）
　　国及び地方公共団体は、人種等を理由とする差別の防止について広く一般の関心と理解を深めるとともに、人種等を理由とする差別の防止を妨げている諸要因の解消を図るため、啓発活動その他の必要な措置を講ずるものとすること。
　四　人権教育の充実等　　　　　　　　　　　　　　　　　　　　　　　　　　　　　　（第13条関係）
　　国及び地方公共団体は、人権尊重の精神を涵養することにより人種等を理由とする差別を防止するため、教育活動の充実その他の必要な措置を講ずるものとすること。
　五　国内外における取組に関する情報の収集、整理及び提供等　　　　　　　　　　　　（第14条関係）
　　国は、人種等を理由とする差別の防止に関する地方公共団体及び民間の団体等の取組を促進するため、国内外における人種等を理由とする差別の防止に関する啓発活動、教育活動その他の取組に関し、情報の収集、整理及び提供その他の必要な措置を講ずるものとすること。
　六　インターネットを通じて行われる人種等を理由とする差別の防止のための自主的な取組の支援
　　　（第15条関係）
　　国及び地方公共団体は、インターネットを通じて行われる人種等を理由とする差別を防止するため、人種等を理由として侮辱する表現、人種等を理由とする不当な差別的取扱いを助長し又は誘発する表現その他の人種等を理由とする不当な差別的表現の制限等に関する事業者の自主的な取組を支援するために必要な措置を講ずるものとすること。
　七　地域における活動の支援　　　　　　　　　　　　　　　　　　　　　　　　　　　（第16条関係）
　　国及び地方公共団体は、地域社会における人種等を理由とする差別を防止するため、地域住民、その組織する団体その他の地域の関係者が行うその防止に関する自主的な活動を支援するために必要な措置を講ずるものとすること。
　八　民間の団体等の支援　　　　　　　　　　　　　　　　　　　　　　　　　　　　　（第17条関係）
　　六及び七のほか、国及び地方公共団体は、人種等を理由とする差別の防止に関する自主的な活動を行う民間の団体等が果たしている役割の重要性に留意し、これらの民間の団体等の活動を支援するために必要な措置を講ずるものとすること。
　九　調査の実施　　　　　　　　　　　　　　　　　　　　　　　　　　　　　　　　　（第18条関係）
　　国は、人種等を理由とする差別の防止に関する施策の策定及び実施に資するよう、地方公共団体の協力を得て、我が国における人種等を理由とする差別の実態を明らかにするための調査を行わなければならないこ

と。
十　関係者の意見の反映　　　　　　　　　　　　　　　　　　　　　　　　　（第19条関係）
　　国及び地方公共団体は、人種等を理由とする差別の防止に関する施策の策定及び実施に当たっては、人種等を理由とする差別において権利利益を侵害され又はその有する人種等の属性が不当な差別的言動の理由とされた者その他の関係者の意見を当該施策に反映させるために必要な措置を講ずるものとすること。
第三　人種等差別防止政策審議会
　一　設置　　　　　　　　　　　　　　　　　　　　　　　　　　　　　　　　（第20条関係）
　　1　内閣府に、人種等差別防止政策審議会（以下「審議会」という。）を置くこと。
　　2　審議会は、次に掲げる事務をつかさどること。
　　　①　基本方針に関し、第一の五の2の事項を処理すること。
　　　②　内閣総理大臣の諮問に応じて人種等を理由とする差別の防止に関する重要事項を調査審議すること。
　　　③　①及び②の事項に関し、必要があると認めるときは、内閣総理大臣又は関係行政機関の長に対し、意見を述べること。
　　　④　①及び②の事項に関し、必要があると認めるときは、内閣総理大臣又は内閣総理大臣を通じて関係行政機関の長に勧告すること。
　　3　内閣総理大臣又は関係行政機関の長は、2の④による勧告に基づき講じた施策について審議会に報告しなければならないこと。
　二　組織及び運営　　　　　　　　　　　　　　　　　　　　　　　　　　　　（第21条関係）
　　1　審議会は、委員15人以内で組織すること。
　　2　審議会の委員は、人種等を理由とする差別の防止に関し学識経験を有する者のうちから、内閣総理大臣が任命すること。
　　3　審議会の委員は、非常勤とすること。
第四　施行期日等
　一　この法律は、公布の日から起算して3月を超えない範囲内において政令で定める日から施行すること。
　　　　　　　　　　　　　　　　　　　　　　　　　　　　　　　　　　　　（附則第1項関係）
　二　その他所要の規定を整備すること。

2−4　参考人質疑関係資料

※　本文中の「本法案」、「今回の法律案」等は、人種等を理由とする差別の撤廃のための施策の推進に関する法律案（第189回国会参第7号）のことを指す。
※　肩書きは、当時のものである。
※　答弁は、適宜内容を省略し、主要部分のみを抜粋している。

第190回国会参議院法務委員会会議録第4号（平成28年3月22日）

(1) 参考人意見陳述

○大東文化大学大学院法務研究科教授　　　浅野　善治参考人
　大東文化大学の浅野でございます。
　本日は、このような機会をいただき、誠にありがとうございます。
　人種等を理由とする差別の撤廃のための施策の推進に関する法律案についてということでございますけれども、憲法的な観点からの問題点というものは、調査室からいただきました資料の中にもたくさん御指摘ございますし、また、これまでの委員会の御議論の中でもたくさん取り上げてきているところでございますので、こうした憲法的な視点ということだけではなく、むしろ立法学的な視点ということも加えて、少し考えているところを述べさせていただきたいというように思います。

まず最初に、人種等を理由とする差別に対する私の基本的な考え方というものを明らかにしておきたいというふうに思います。

　人種等を理由とする不当な差別というものは、これは社会的にまず許されるべきではないというように思っておりまして、こうした不当な差別的行為には社会は厳然として対処していくべきだというふうに考えております。こういう考え方、こういう基本的な考え方につきましては、今回法律案を御提案なさっていらっしゃる発議者の方々ですとか、あるいは今回の法律案の基礎となっている理念というものと異なるところはないのではないかというように思っております。

　今回は、こうした差別の撤廃のための施策として法律の制定ということをお考えになるということですけれども、社会には多様な価値観ですとか多様な意見というものが存在いたします。そういう多様な価値観あるいは多様な意見の中で自由な議論を行い、社会が何が許されない人種等を理由とする不当な差別なのかということを判断し、社会がそういう議論の中で不当な差別の解消に向けた厳然としたその処処というものを決定していくということが望ましい姿ではないかというように考えております。

　そうした中で、国ですとか自治体とは一体どういう役割を果たすかということでございますが、社会がこうした差別の解消に向けた適切な判断ができるように環境を整えていくという、そういう形での関与というのが望ましいというふうに思っております。そういったことによって、環境を整えることによって社会のそういう積極的な取組というものが促進されていくと、こういう姿が望ましい、そんなふうに考えております。

　ただ、社会の中でこうした不当な差別というものが行われていく中で具体的に発生してくるところの権利の侵害ですとか、あるいは社会に対する危険というものが発生してくるとすれば、これを防止していくということも国とか自治体の重要な役割ではないかと、このように考えております。

　今回は法律を制定してということでございますが、法律を制定するということの意義について少し述べさせていただきたいというように思います。

　法律をなぜ制定するのか、あるいは、なぜ法律を制定しなければならないのかということでございますけれども、法律を制定しなければならない事項として、よく法律事項という言葉が使われています。この法律事項という言葉あるいは法律を制定しなければならないことということは、法の機能ということと大きく関係してきます。

　法律には法律にしかできない機能というものがあるわけでして、それはどういうことかというふうに申し上げますと、それは、法律の規定する内容というものをその適用対象の意思のいかんにかかわらず強制することができる機能、これが法の持っている機能ということになるかと思います。法の強要性という言い方がされますが、法律に制定された内容については、国民の自由を制限してでも権利が一方的、形成的に実現ができると、こういったことになるかと思います。また、それは逆に、法律によらなければ国民の自由は制限されないというようなことも意味しておりまして、権力はその内容を形成的、一方的に実現するためには法律によらなければならないということを意味することにもなります。

　ですから、そういった中で法律を制定するということですから、権力を適切にコントロールして国民の自由を守るという、そういう意味を法律というのは持っているというふうに思います。ですから、法律をもって規定する場合には、その法律で規定すべきこと、あるいは法律によって規制すべき場合というものについてはこのような観点から慎重な検討をなされなければならないと、このように実は思っております。

　今回の法律案でございますが、題名が人種等を理由とする差別の撤廃のための施策の推進に関する法律というようになっておりますが、これをもう少し言葉を補ってその内容を明確にさせようとするとすれば、人種等を理由とする差別の公権力による撤廃のための施策、公権力の施策ですね、の推進を定める法律ということでして、公権力の使い方、それを定めている法律ということになるかと思います。

　今回の法律案の基盤といたしましては、人種等を理由とする不当な差別行為は社会的に許されないと、許さない、許されないということですけれども、この認識自体は私の基本的な考え方と異なるところはございませんが、しかし、その社会的に許されないということを実現していくために、何が許されない不当な差別行為であるかということと、それから、その許されない不当な差別的行為に対してどのような防止措置をとるかということを判断していくということが必要になります。

　こういう判断を一体誰がどのように行っていくのかということが実は重要な問題ではないかというふうに考えております。こういう不当な差別行為は何かとか、あるいはどういうようなその防止措置をとっていくのかとい

うことを、公権力が裁量によって判断をする方がいいのか、あるいは社会の自由な議論の中で判断していく方がいいのかということになるかと思います。

今回のヘイトスピーチ規制というような憲法上極めて重要な表現の自由というもの、基本的人権の中核を成すような、そういう価値というものを制限する場合には、公権力による裁量判断というものは適切ではなく、やはりその社会の自由な議論によって規制されていくものが判断されていくということが望まれるかと思います。もちろん、このような非常に重要な権利であったとしても、公権力はそこに対する何らの制約はできないというわけではないというふうに考えております。

では、どういう場合かということになりますが、社会の自由な判断に任せておくとすれば、個人の権利が侵害される、あるいは社会に対して具体的な危険を生じさせてしまう、そういうような場合についてはそこに公権力が制約を加えるということが必要になるかと思います。

言ってみれば、社会が自由に判断をする価値というものを制約してでも確保しなければならない個人の権利を保護するという価値や社会の危険を守るという、そういう価値がある場合には公権力はそれを規制する、制約をする、そういう措置が求められるということになるかと思います。

この両者の価値を比較考量して、後者の価値が前者の価値を上回る場合には公権力によって適切な解決が図られなければならないということかと思いますが、その表現の自由というものは憲法上も極めて重要な基本的人権の中核的な価値ということになっておりますので、どういう場合にそういう重要な権利を制約して、公権力というものによってそこを規制していかなければならないのかということ、これは慎重なる検討が必要かなというように考えております。

その慎重なる検討をしていくためには、具体的に一体どのような社会的な害悪がそこに発生しているのかということを具体的に検証して判断していくことが重要になるかと思います。具体的な検討を抜きにして、事前に一般的、抽象的にその規制というものを判断するとすれば、どういう場合に制約されるのかということが必ずしも明確にできずに、そういう制約を恐れて表現を控えるということになってしまい、表現の自由というものを萎縮させるということになってしまうということになるかと思います。

公権力を行使して制約すべき場合やその内容につきましては、具体的な明確な要件によってその公権力が発動する場合というものが画定されていなければならないということになるかと思います。ですから、法律の要件の検討としてはそういう具体的な限界というものをいかに明らかにするかということになるわけですけれども、そうした規制を考える場合に、どうしてもその規制の中心というものが公権力の規制を必要とする過激な中核的な現象というものですね、そういうものをイメージしてそのことばかり考えがちになりますけれども、法律で規制をする場合ということでは、公権力の規制が必要かどうかという限界を画定させるということになりますので、必ずしも規制の必要性が高いとも言えないような場合についても、どこまでが公権力の行使の対象になるのかということを明確にして、どこまでということの限界について明確な線引きをするということが必要になるかというように思います。

現行法においても、そういう明確な要件の下に、例えば名誉毀損罪ですとか侮辱罪ですとか、威力業務妨害罪あるいは脅迫罪、強要罪その他の様々な犯罪、そういった規制が定められておりますし、また、民事的な解決を図るという場合におきましても、具体的な侵害事実というものをきちんと事実認定をした上で損害賠償や人格権に基づく差止めというものを認めているということになっているのかというふうに思います。

ですから、そういった意味で、今回の防止する法律を制定するというような場合に、事前に公権力を行使すべき場合を一般的に類型化して公権力の発動の要件を決めていくというようなことをする場合においては、その具体的な権利侵害や社会の危険というものを十分に意識した慎重な検討というものが不可欠で、その対象が厳格に法律の中に規定されているということが必要になるかと思います。

そういう観点から今回の法案というものを見させていただきますと、法案の第３条ということになりますが、規制することを求める、規制が必要となるような過激な不適切な行為というものがその範囲に入るということは当然これは読めるわけですけれども、じゃ、その対象としたい不適切な行為にとどまらず、それが必要以上にどの範囲まで広がってしまうのかということからいくと、どこまでが限界になるのかということが必ずしも明確になっていないのではないかというような懸念を感じるところでございます。

不当なという表現が用いられていますが、一体その不当なということが誰がどのような基準で不当だと判断を

するのか、また、その不当だという範囲というものが限定的に考えられているのかどうなのかというような点ですね。あるいは、3条の2項につきましても、このような行為が、不特定の者ということになりますけれども、こういうような行為により具体的にどのような害悪が発生するのか、また、その害悪が発生したことから何を守ろうとしているのか、そのために何を対象にして規制をしなければならないのかというようなことがきちんと限定できているんだろうかというような点からいくと、若干不明確な点が多いのではないかと、そういうようなことが問題になろうかなというふうに実は考えております。

今回の法律案は理念法だから厳格に定められなくてもいいじゃないかというようなお考えがあるいはあるかもしれませんが、法案の内容は公権力に対して積極的、主体的な、具体的な措置を講ずる義務、責務というものを課しておりますので、そういった意味からすると、どのような場合にどのような措置を行わせるのかということを公権力の判断に任せてしまうということだとすれば、先ほどから指摘させていただいておりますような問題がそのまま当てはまるのではないかというふうに思っております。

特に、不当な差別を確実に防止するというようなことが基本原則で定められておりまして、その中で公権力に対して積極的、主体的な責務を課すということになっておりますので、公権力に何をさせるのか、あるいはその制限、公権力の発動の制限というものをどのようにお考えになっているのかということについては、法律案の審議の中で十分な御検討というものが必要になるのではないかというように思っております。

このような観点から、最後に、人種等を理由とする不当な差別の解消にということの中で、公権力に何が求められているのかということをまとめさせていただきたいなというふうに思います。

まずは、現行法でも対処可能な様々な措置、先ほども名誉毀損の罪ですとかあるいは侮辱罪というものもお話をさせていただきましたが、そういう様々な対処可能な措置がございます。こうした現行法の適切な運用がなされることがまずもって重要ではないかというふうに思っております。

さらに、特に人権教育ですとか人権啓発ということにつきましては、社会の自由な判断の的確な防止措置の実現という、そういう環境の整備ということからして非常に大きな意義を持つものだと考えております。社会が自由に判断していくために必要な知識ですとか情報というものを的確に提供して差別撤廃に向けた社会の対応というものを促進していく、そういうような観点から、人権教育、人権啓発というものは極めて有効なものだというように実は考えております。

現在、人権教育及び人権啓発の推進に関する法律というものも制定されておりますし、さらに、刑法の罪も含めまして具体的な様々な措置もありますので、こうした現行法では何が足りずにどのような不都合が生じているのかということをまず具体的に検証して、その足りないところが、何が必要なのか、公権力はそこで何を補っていかなければいけないのかというようなことを慎重に御検討されて法律案の必要性というものをお考えになるということが適切ではないかなというふうに思っております。

例えば、人権教育及び人権啓発の推進に関する法律がございますので、それを改正して、例えば、今回の人種等を理由とする不当な差別の撤廃に向けた配慮というものをそこで明確に規定をしておくというふうなことも1つの方策として、強化策として考えられるのではないかなというように思っております。

いずれにいたしましても、こうした新しい法律の制定を検討しようとする場合には、公権力をどのように発動させるかというような点、そういう点を十分に慎重に検討し、公権力の発動の限界というものをもっと明確にさせることが必要ではないか、そういうような感想を持っているところでございます。

以上、今回の法律案を拝見させていただきまして感じましたことを述べさせていただきました。いろいろ申し上げましたが、これで私の意見の陳述とさせていただきたいと思います。

どうもありがとうございます。

○外国法事務弁護士　　スティーブン・ギブンズ参考人
ありがとうございます。

スティーブン・ギブンズです。アメリカ出身ですが、今まで人生の半分は日本に住んでいます。1982年にハーバード・ロースクールを卒業し、アメリカの弁護士資格を取得しました。その後、長い間、ニューヨーク、それから東京で企業の国際取引業務を中心にやってきました。10年前から、もう1つの仕事として日本の幾つかの大学でアメリカ法を教えています。現在は、上智大学法学部専任教授としてアメリカのロースクール教育の基礎と

なる科目を教えています。担当している科目は、アメリカ憲法全般、そして言論の自由を保障する米国憲法修正第1条の専門的な授業を含みます。

今日は、アメリカ憲法、特に修正第1条の視点から日本のヘイトスピーチ法案についてコメントします。もちろん、日本はアメリカ憲法とアメリカ最高裁判所の判決に従う必要はありません。しかし、皆様も御存じのとおり、アメリカの歴史、アメリカの憲法の歴史は、人種差別と平等及び言論の自由の理念と深く関わっており、少なくとも参考材料になると思います。

まず、結論からいいますと、仮にヘイトスピーチ法案をアメリカ最高裁判所の判断に委ねることになったとしたら、法案第3条第1項の特定の者について、その者の人種等を理由とする侮辱、嫌がらせその他の不当な差別的言動を禁じる条文及び同条第2項の不特定の者について人種等共通の属性を理由とする不当な差別的言動を禁じる条文は、アメリカ憲法修正第1条に抵触して違憲とされることは明確です。実際、アメリカが人種差別撤廃条約に加盟したときには、1つの条件として条約のヘイトスピーチ関連の条項を除外しました。

アメリカ憲法修正第1条は何かといいますと、その根本的な考え方は、国家が国民にいわゆる正しい思想や発言を押し付けること、逆に、国家が不適切とされている思想、発言を禁じ、処罰することは憲法上できないというものです。修正第1条は、ヨーロッパの絶対君主制や宗教迫害から逃げるために大西洋を渡った建国の父たちの基本的な価値観を反映していると言えます。

この原則によって、幾ら過激であっても思想の表現、例えばナチス風にユダヤ人をやじるデモ、クークラックスクランの十字架燃やし大会、同性愛者は罪人であると叫ぶキリスト教原理主義者のパレードを行う権利は、全て憲法上保障されています。このことは数多くの最高裁判決に見ることができます。もちろん、多くの人はこのような行いに対して強い嫌悪感を感じます。私自身も、道端で在日特権を許さない市民の会のうるさいデモを見ると嫌な気持ちになりますし、街宣車もやめてほしいと思うことはしばしばあります。

蛇足ながら、更に申し上げますと、不用品回収トラック、駅前での議員のメガホン演説、騒音選挙カー、ニューアルバムの広告トラックを全面的に廃止できないかと思うこともありますが、残念ながら言論の自由の裏面は、聞きたくない情報も耳や目に入る不都合と不快です。

法案第3条第1項及び同条第2項は、先ほど述べたとおり、アメリカ憲法修正第1条に抵触して違憲となると考えますが、それらの規定に表れている問題点として、2つほど申し上げます。

1つは、条文には非常に曖昧な主観的な解釈によって意味が大きく異なる文言が含まれています。侮辱という文言は刑法で使用されていて、その意味が明確化されていると聞いていますが、その他の嫌がらせ、迷惑、不当、その他の差別的言動などが挙げられます。どのような発言、どこまで言っていいのかは極めて不明確です。

もう1つは、条文に曖昧な文言が含まれていることと関係しますが、重要な政治社会問題に関して活発な、そして率直な議論ができなくなったりすることも容易に想像できます。移民問題、慰安婦問題、教科書問題、観光客マナー問題、率直な議論ができないように、日本の国民は大きく損をすると思います。

また、法案第3条のような禁止規定が仮に設けられたとしても、この規定は実際のところ救済を定めていないものだと理解しています。ということは、仮に誰かが条文に引っかかる差別的言動を行ったとしても、警察も被害者も法的には何もできないような結果になります。先ほど述べたような、曖昧で率直な議論ができなくなることは大きな問題ですが、救済のない禁止規定を設けることにどれほどの意味があるのか疑問を感じます。

以上です。ありがとうございます。

○龍谷大学法科大学院教授　　金　尚均参考人

初めまして、京都から参りました金尚均と申します。

私の方では、現在審議されております人種等を理由とする差別の撤廃のための施策の推進に関する法律、これに関しまして本国会での成立を賛成したいというふうに考えております。そういったような理由から、以下、私の参考意見を今後の審議のために供したいというふうに存じております。

まず、その背景につきまして、日本政府は1995年に人種差別撤廃条約に加入いたしました。本条約が1965年に国連で全会一致で採択されてからまさに30年後の出来事であります。この間、日本におきまして差別問題はなかったのかというふうに問いますと、在日朝鮮人問題や被差別部落の人々に対する差別というものは依然として存在し続けたわけであります。しかし、国内法の整備はこの条約に伴って整備されてこなかったんです。このような

状況に対しまして、国連の人種差別撤廃委員会から人種差別禁止法の制定が勧告されるといったような始末でございます。国際社会の一員として、日本におきましてグローバルスタンダードとしての基本的人権の保障と人種差別の撤廃のために国内の立法作業が急務というふうに言えます。

人種差別を規制する法律がないという日本の法事情の中、2000年頃から外国人、とりわけ在日韓国・朝鮮人を標的とする誹謗中傷やインターネット上の書き込み、そして公共の場でのデモや街宣活動といったものが目立ち始めました。それは、従来の差別事件のように公衆便所や電信柱などにこっそりと誰が書いたのか分からないかのように陰湿に差別落書きなどをするといったものとは異なりまして、公共の場では、まさに差別表現であります。それは、自らの姿を隠すこともなく公然と拡声機などを用いて差別表現を並べ立て、罵声雑言並びに誹謗中傷を繰り返すのであります。その表現は、例えばゴキブリ朝鮮人を殺せ、朝鮮人を海にたたき込めなどと攻撃的、凶悪的、排除的であります。しかも、駅前や繁華街などにおいて参加者並びに一般の人々に対して差別をあおり、賛同者を集めようとする極めて扇動的な差別行為であります。

日本社会におきますこのような人種差別を象徴する事件といたしまして、京都市の南区にありました京都朝鮮第一初級学校に対する襲撃事件を挙げなければいけません。本件は、2009年12月4日に起こった事件ですけれども、京都朝鮮第一初級学校前並びにその周辺で3回にわたり威圧的な態様で侮辱的な発言を多く伴う示威活動を行い、その映像をインターネットを通じて公開したといったようなものです。本件では、事件現場で司法警察職員がいたにもかかわらず、現行犯逮捕はおろか中止又は制止することもなく、漫然と刑法上の犯罪行為並びに民法上の不法行為を静観していたというものです。警察のこのような態度が被害を深刻化させると同時に、人種差別表現を社会に蔓延させる決定的な要因になったということは否定できません。

被害者当事者によります民事訴訟の提起に対して、京都地裁と大阪高裁は次のように判示いたしました。つまり、一般に私人の表現行為は憲法21条1項の表現の自由として保障されるものであるが、私人間において一定の集団に属する者の全体に対する人種差別的な発言が行われた場合には、上記発言が、憲法13条、14条1項や人種差別撤廃条約の趣旨に照らし、合理的理由を欠き、社会的に許容し得る範囲を超えて他人の法的利益を侵害すると認められるときは、民法709条に言う他人の権利又は法律上保護される利益を侵害したとの要件を満たすべきと解すべきとし、それゆえ人種差別を撤廃すべきものとする人種差別撤廃条約の趣旨は、当該行為の悪質性を基礎付けることになり、理不尽、不条理な不法行為による被害感情、精神的苦痛などの無形損害の大きさという観点から当然に考慮されるべきであると判示いたしました。そして、その判示により名誉毀損と業務妨害を認め、人種差別撤廃条約違反をその悪質さの根拠とし、加害者側に約1,226万円の損害賠償を命じたわけであります。

本判決は、人種差別表現が不法行為に該当し、その違法性は通常の名誉毀損に比べて高いといたしました。本件は2014年12月9日をもって上告棄却され、確定いたしました。これにより、日本におきましてヘイトスピーチが人種差別であり、人種差別撤廃条約に反すると初めて判断いたしました。本判決の意義は、日本におきまして表現行為による人種差別が違法であり、しかも重大であることを示したところにあります。

京都朝鮮学校に対する事件は人種差別の問題を社会と司法において顕在化させ、人種差別を防止する立法の必要性を明示させたのであります。本判決が嚆矢となりまして、日本社会において人種差別を撲滅するための社会的取組を改めて活発化させ、立法機関である本日の法務委員会での審議テーマとして人種差別撤廃のための立法が検討されるまでに至りました。

立法の必要性につきまして、この京都事件では、人種差別の認定に際しまして憲法98条2項を介して人種差別撤廃条約を間接適用いたしました。繰り返しになりますが、これは現在国内法が日本において整備されていないからであります。間接適用とは国内法に直接の法律がないことを意味しており、その適用は極めて法技術的であり、法的安定性を欠き、それゆえその適用に際しても敷居が高くならざるを得ません。

人種差別を撤廃するための法律が条約の国内立法のための法整備及び京都事件における司法府の判断というこの2つの意義を持つことに照らすならば、新たな法律の第1条の目的規定におきまして、日本国憲法第13条及び第14条はもちろんのこと、それにとどまらず、人種差別撤廃条約、自由権規約なども規定の中に盛り込む必要があるというふうに考えております。

人種差別は、社会において支配的な勢力を持つマジョリティーがマイノリティーに対して攻撃を行い、マイノリティーが人権の主体であり社会の構成員であることを否定し社会から排除するという、看過できない、まさに人間の尊厳の侵害であります。これはまさに、人種差別がなぜ許されないのか、しかもこれを撤廃するための法

律が何のために必要なのか、そこでは何が保護すべきなのかということを明らかにしております。それゆえ、条約を規定に盛り込むことは、法律を適用する際の明確な解釈指針というふうなものになり得ます。

　この目的規定を受けまして差別を禁止する規定を定めることが肝要でございます。禁止規定を制定することにより、司法、立法及び行政の三権の実務におきまして人種差別による被害とその危険性の理解を促進することができます。さらに、実害と被害があるにもかかわらず適切な対応を取ることができないままでいた立法、法の適用及びその執行の実務の在り方を、人間の尊厳の保護の見地から見直す重要な契機となり得ます。

　例えば、差別団体による人種差別を扇動するデモが現在でも行われておりますが、これに対抗する人々も確実に増えております。人種差別をやめさせようとする動きは確実に各地で活発になっております。しかしながら、人種差別に対する明確な実定法がない状況で、デモの交通整理をする司法警察職員がややもすれば人種差別をする人々を擁護しているかのように見える場面も多々生じております。その一方で、人種差別に対抗し平等を訴える人々に対して司法警察職員が強圧的な態度を取らざるを得ないという錯綜した状況も生じております。これはまさに、差別禁止規定がない事情の下、中立と公共の安全の保持の名の下に道路使用許可を得ているか否かだけで保護対象とそうでない者を割り切らざるを得ないことを表しております。

　人種差別を撤廃する実質的な担い手は社会に生きている私たち人間であり、私たちで構成される社会の自己解決能力であります。この平等の実現の追求を支えるのがまさに法律であるというふうに考えるべきでしょう。結果的に差別をする側を擁護することになる行政実務を変えるためにも法律の制定が早急に求められるというふうに考えていいかと思います。

　なお、人種差別禁止規定の制定に関しまして、特定個人に対する人種差別に焦点を狭めるべきではございません。なぜなら、人種差別はある属性によって特徴付けられる集団そのものに向けられるわけでありまして、たとえそれが個人に向けられる場合であっても、それはその人の属性、すなわち集団を理由に不当な扱いを受けるからであります。まさに、ヘイトスピーチがこれに当たります。

　その証拠に、京都地裁判決では次のように判示しております。すなわち、一定の集団に属する者の全体に対する人種差別発言が行われた場合に、個人に具体的な損害が生じていないにもかかわらず、人種差別がなされたというだけで裁判所が当該行為を民法の709条の不法行為に該当するものと解釈し、行為者に対し、一定の集団に属する者への賠償金の支払を命じるというようなことは、不法行為に関する民法の解釈を逸脱していると言わざるを得ず、新たな立法なしに行うことはできないと判示しております。

　同時に、この京都事件を扱った司法府は次のようにも判示しております。

　本件示威活動における発言は、その内容に照らして、専ら在日朝鮮人を我が国から排除し、日本人や他の外国人と平等な立場で人権及び基本的自由を享有することを妨害しようとするものであって、国籍の有無による区別ではなく、民族的出身に基づく区別又は排除であり、人種差別撤廃条約1条1項に言う人種差別に該当するものと言わざるを得ないと判示いたしました。

　これら2つの判示からうかがえることは、個人の名誉のみを保護する現行法の名誉毀損と、特定の集団に向けられた極めて有害な人種差別表現に対応する手段がないという、いわゆる現在の法の間隙又は法の不備を認め、立法による早急な対応、つまり集団に向けられた人種差別表現に対する禁止規定の制定を司法府は促しているわけです。

　次に、被害実態調査につきまして述べますと、社会における人種差別思想を正確に把握し、適切な立法並びに施策を推進する前提として実態調査を制度的にかつ定期的に実施すべきであります。

　日本政府は国連の人種差別撤廃委員会で次のように述べております。

　我が国の現状は、既存の法制度では差別行為を効果的に抑制することができず、かつ、立法以外の措置によってもそれを行うことができないほど明確な人種差別が行われている状況にあるとは認識しておらず、人種差別禁止法などの立法措置が必要であるとは考えていない旨を発言しております。

　しかし、このような日本政府の所見は、まさに政府レベルにおける人種差別事案に関する実態把握をしておらず、そのため客観的なエビデンスがないということを証左するものであります。さきに述べました国連の認識と日本政府の認識の乖離を回避するためにも被害実態調査の定期的実施をするための立法が必要と言えます。

　最後に、人種差別は一定の集団とその構成員である諸個人を社会から排除ないし否定しようと仕向けるものであります。人種差別は個人に対する害悪であるだけではなく、特定の集団そのものの否定、つまり社会における

共存の否定であります。
　私たちは、2015年7月から9月の間、高校生を対象に被害実態調査を行った結果、ヘイトスピーチなどの人種差別が生身の人間の心身を傷つけることを再確認することができました。さきに述べた京都朝鮮学校事件では、裁判を通じまして、人種差別の標的とされた集団が沈黙、無力化し、ひいては自尊心を喪失させられ、社会への参加が困難になる事態にもなりかねない、そのような深刻な被害の実態、現実が明らかになりました。
　人種差別は、人間を傷つけるだけではなく、社会そのものも傷つけるということを私は改めて強調しておきたいわけです。一定の集団又は構成員に対する差別と排除によって、その構成員の人権の享受を阻害し、しかもこれを同時に正当視、当然視する社会環境を醸成する、このような危険な事態が人種差別なのであります。
　他方で、人種差別は私たちこの日本社会の民主政をも損ないます。民主主義という決定システムは、一人一人の個人が社会の構成員として対等かつ平等な地位が認められ、社会の諸決定に参加するということが保障されなければいけません。人種差別を野放しする社会は、社会の構成員の中の一部の人々を不当に排除し、2級市民扱いし、ひいては人間であることを否定する、そういったことで、多様性や差異を認めない社会となり果て、共に生きる社会、すなわち共生社会を否定することになります。これはまさに私たちこの日本社会の民主主義の自壊であるということを忘れてはなりません。
　以上です。

○社会福祉法人青丘社川崎市ふれあい館職員　　崔　江以子参考人
　川崎市桜本から来ました崔江以子と申します。在日韓国人の三世です。日本人の夫と中学生と小学生の子供がいます。川崎市ふれあい館の職員をしています。ふれあい館は、乳幼児から高齢者までの幅広い方々が利用する施設です。日本人はもちろんですが、地域に暮らす外国人市民や外国につながる市民の利用もあり、共に生きる町の中で誰もが力いっぱい生きられるためにとスローガンを掲げ、市が掲げる多文化共生の町づくりにその役割を果たしています。
　今日は貴重なお時間をいただいてありがとうございます。正直怖いです。とっても怖いです。表に立ってヘイトスピーチの被害を語ると、反日朝鮮人と誹謗中傷を受けます。私は今日、反日の立場で陳述をするのでは決してありません。ヘイトスピーチを違法とし、人種差別撤廃に国と地方公共団体が責任を持つ法案を是非成立させてほしい、法案に賛成の立場でお話をさせていただきます。
　私が生まれ育ち暮らす川崎市では、2013年から12回にわたりヘイトデモが行われてきました。お配りした資料の1ページ目を御覧ください。直近の2回、2015年11月8日と2016年1月31日のデモは、その前に10回行われたデモとは大きく意味が違います。
　資料の3ページ目を御覧ください。
　駅前周辺で行われてきたヘイトデモが、11月8日に川崎区の臨海部、在日コリアンの集住地域に向かってやってきました。私たちの町、桜本は、日本人も在日もフィリピン人も日系人も、誰もが違いを尊重し合い、多様性を豊かさとして誇り、共に生きてきた町です。その共に生きる人々の暮らしの場に、その思いを土足で踏みにじるかのようにあのヘイトデモが行われました。川崎に住むウジ、ウジ虫、ダニを駆除するためにデモを行いますと出発地の公園でマイクを使って宣言をし、ゴキブリ朝鮮人をたたき出せとヘイトスピーチをしながら私たちの町へ向かってきました。このヘイトデモに対し多くの人が抗議した結果、桜本の町には入りませんでしたが、住宅街、たくさんの人の暮らす共生の町にあのヘイトデモは土足で入り込みました。確かに、桜本の町はあの日は守られました。けれども、とてもとても大きな傷を残しました。
　資料16ページの神奈川新聞の記事を御覧ください。
　在日一世のおばあさん、ハルモニ方は、何で子や孫の代にまでなって帰れと言われなければならないのだと傷つき、悲しみの涙を流し、ヘイトスピーチをする大人の人たちに、外国人も日本人も仲よく一緒に暮らしていることを話せば分かってくれるはずだと信じて沿道に立った私の中学生の子供は、余りのひどい状況に強いショックを受けました。多くの警察がヘイトデモの参加者のひどい発言を注意するどころか、守っているかのように囲み、差別をする人たちに差別をやめてと伝えたくても、警察にあっちへ行けと言われ、デモ参加者からは指を指されて笑われ、どうして大人がこんなひどいことをするのと大人に対して強い不信と恐怖心を持ちました。もしかして同じエレベーターに乗った人がこのヘイトスピーチをする人だったら、エレベーターに乗ることが怖く

なったと言います。私自身もこの11月8日のヘイトデモのときに初めて抗議の意思表示をしました。残念ながら、決して届かぬ共に生きようの思いを見詰め、無力感に襲われました。
　そして、1月31日に再びヘイトデモが予告されました。集合場所の公園やデモに許可を出さないでほしいと行政機関にお願いしても、不許可とする根拠法がないのでできないと断られました。私たちの桜本地域の中高生や若者たちは、なぜここに住む人間がヘイトデモに来ないでほしいと言っているのに来るんだ、大人がしっかりルールを作って自分たちの暮らす町を守ってほしいと強い怒りと悲しみの思いをあらわにしながらも、それでも共生への思いをしるし、私たち大人を信じ、預けてくれました。
　そして、1月31日、ヘイトデモの当日、私の中学生の子供は、ヘイトデモをする大人に差別をやめて共に生きようと伝えても、その思いは残念ながら届かず、再び傷つき、絶望を突き付けられるだろうと心配して止める私たち親に、ヘイトデモをやめてもらいたいから、僕は大人を信じているからと、強い思いで沿道に立ちました。資料4ページから6ページにその日の記録の写真があります。御覧ください。
　あの日のことをお話しするのはとても厳しくつらいです。1月31日は過ぎましたが、まだ私たちそこに暮らす人間にとっては終わった話ではなく、続いている話だからです。また来るぞと言ってその日のデモは終わりました。悪夢のような時間でした。私たちの町、桜本の町の入口で、助けてください、助けてください、桜本には絶対に入れないでください、お願いです、お願いです、桜本を守ってください、僕は大人を信じていますと泣きながら叫ぶ中学生の子供の隣で、彼を支えなければと思ったけれど、あのとき私の心も殺されました。
　ヘイトデモをする人たちの良心を信じ、差別をやめて共に生きようとラブコールを送ってきたけれど、たくさんの警察に守られながら、一人残らず日本から出ていくまでじわじわと真綿で首を絞めてやるからと、デモを扇動した人が桜本に向かってくる。韓国、北朝鮮は敵国だ、敵国人に対して死ね、殺せと言うのは当たり前だ、皆さん堂々と言いましょう、朝鮮人は出ていけ、ゴキブリ朝鮮人は出ていけ、朝鮮人、空気が汚れるから空気を吸うなと叫ぶ人たちが私たちの町へ警察に守られて向かってきた。あのとき、私の心は殺されたと同じです。
　私の中学生の息子は、自身の多様性、日本と韓国にルーツがあること、ハーフではなくダブルと私たち親や地域の人から大切にされ、自分自身も自身の多様性を大切にして暮らしてきました。そんな息子が、朝鮮に帰れと言われても体は半分にできない、心がばらばらにされたと、あのときに受けた傷を1か月以上もたってからやっと言葉にして表現をしました。目の前で、大切にしてきた民族性の違いをもって、母親が死ね、殺せと言われているのを目の当たりにした彼の心の傷は計り知れません。
　あの桜本の入口の交差点は私たちの生活の場所です。買物に行くスーパーがあります。ドラッグストアもあります。給与の振り込みや学校諸経費の支払に利用している地元の信用金庫もあります。子供が通院する病院もすぐ近くです。今でも、あそこを通るたび胸が苦しくなります。景色の色が消え、車や人通りの音が消え、あの日、あの場所が思い起こされます。信号待ちをしていると、知らない間に涙があふれます。
　この被害を行政機関に訴えても、根拠法がないから具体的な対策は取れないと、助けてもらえません。私の息子や桜本の子供たちは守ってもらえません。ヘイトスピーチをする大人から傷つけられ、さらに守ってくれない大人に傷つき、それでも大人を信じ、ルールを作ってほしい、大人がきっとルールを作ってくれると信じて待っていてくれます。
　1月31日のデモの後、ある日本人の高校生が、何かごめんと謝ってきました。ヘイトデモが来る前は、私たちの町で互いの民族性の違いを豊かなものだと尊重し合いながらいたのに、謝り、謝られることなんてあり得なかったのに、日本人の彼もヘイトスピーチの被害者です。
　私の中学生の子供は、あのひどいデモの後、川崎市長さんへ手紙を書きました。そこに、朝鮮人は敵、敵はぶち殺せ、朝鮮人は出ていけとひどい言葉を大人が言っていました、もしこんなことを学校で誰かが言ったら、学校の先生はそんなひどいことを言ってはいけないときっと注意をする、表現の自由だから尊重しますなんて絶対に言わない、市長さんはどう考えますか、助けてください、ルールを作ってヘイトデモが来ないようにしてくださいとつづりました。
　その私の子供の、市長への手紙への答えが資料の4、資料の7ページ目を御覧ください。
　1月31日に行われたデモは、外国人市民の方々を始め、多くの市民の心を傷つけ、不安や不快感を抱かせる行為であり、とても残念に思います。しかしながら、このようなデモについては、現行の法令で対処することが難しいため、現在、国に対して法整備などを要望する準備を進めています。これは3月14日に要望書が提出済みで

すが、という返事でした。
　差別があっても法律がないと差別が放置されたままでは、いつか私たちは本当に殺されます。白昼堂々と、死ね、殺せとマイクを持って叫ぶ成人男性が警察にその主張をする場を守られている。いつか本当に殺されます。
　その思いで、3月16日に法務局へ人権侵犯被害申告を行いました。資料8ページを御覧ください。正しく差別が調査、検証され、救済及び予防のための適切な措置を講ぜられることを求め、申告をしました。
　差別の問題に中立や放置はあり得ません。差別は、差別を止めるか否かです。現状、国は差別を止めていない。それは、本当に残念ながら差別に加担していることになります。ヘイトスピーチを違法とし、人種差別撤廃に国と地方公共団体が責任を持つ法案を是非成立させてほしいと心から願います。
　桜本の若者、子供たちは、また来てしまうかもしれないヘイトデモに対して、共に生きよう、共に幸せにというメッセージを記しました。この思いを私たち大人がしっかり受け止め、このメッセージが届かずに再び傷つき、涙を流すことがないような社会をつくるためにも、何よりも国が、中立ではなくヘイトスピーチをなくす側に立つことを宣言し、差別は違法とまず宣言をしてほしいです。そのために、まず今回の法案をすぐに成立させてほしいと思います、共に。
　ありがとうございました。

(2) 参考人に対する質疑

○本法案の制定以外の方法で日本におけるヘイトスピーチを規制・禁止する方法
浅野　善治参考人
　今のお二人の参考人のお話を聞いておりますと、やはりひどい事態というのはあるんだろうなというふうに思っております。ただ、こういう検討をするときも、一番ひどいものだけが目を向けがちなんですけれども、実は法律を作るときというのは、そういうことを作った結果、とんでもないところまでその効力が及んでしまうんじゃないかというところ、そこにきちんと線が引けるかどうかというところをやはり見なくちゃいけないんだろうというふうに思います。
　ですから、例えば今回のものも、法律を作るのが無理かどうかというのはもっと厳密にやってみないと分からないと思っておりまして、厳密に本当に必要なものだけきれいに切り取ることができるのであれば、法律を作るということについてはこれは特に問題ないんだと思いますが、今のような表現でやっていくとすれば、でき上がった後に思ってもないところにこの法律が使われて、とんでもない効果を生んでいるというようなことになりかねないという感じがいたしますので、その辺のところが懸念があるということだと思います。
　じゃ、一体どういうことで効果を上げていけばいいのかということですけれども、今回のものも例えば名誉毀損とか侮辱罪に当たるという判断があるんであるとすれば、そういうものを積極的に適用していくということは1つの方法だと思いますし、また、社会がこういったものをおかしいじゃないかということをもう少し明確にしていく、そのためには1つ法律があるんじゃないかというようなお話もありましたけれども、もっと、そういうことじゃなくて、人権教育ですとか人権啓発の中でもうヘイトスピーチは許さないというようなことを公的に、ポスターなんかも出ておりますようですけれども、そういったことを人権教育、人権啓発の中でしっかりそれを広めていくということが非常に効果があるんだろうと思います。
　実際、どういうものがそこに当たるのか、どういうものを防がなきゃいけないのかという判断自体は社会の自由な議論に任せるということが適当なんじゃないかなと、そんなことを私は考えております。（第190回国会参議院法務委員会会議録第4号（平成28年3月22日）7頁）

スティーブン・ギブンズ参考人
　誰でも、まずは人種差別撤廃条約の精神、そして今回の法案の中の気持ちは賛成すると思うんですね。これは一応法律とされていますけれども、私は弁護士として、これは救済条項がないとこれはやっぱり歯のない法律となって、本当にこれは法律なのかと。もしもこれは本当の法律であれば、浅野先生がおっしゃったとおりいろんな問題がありますけれども、私は、この法律の精神は、やっぱり日本国はこういうことを許容しないという、その理念の宣言だと思うんですね。ですから、この法律の書き方を法律からその理念の宣言に変えれば、そういうような問題がいろいろ解消できるんではないかと思うこともありますし、もう1つは、デモの場所、

時間、音量、やり方をより厳しくしてより制限すると、聞きたくない、見たくない一般の人が、又はその対象人物がそれを受けなくてもいいようなことになって、そういうような制限は憲法上基本的に問題ないと思いますので、そういうことも検討したらいかがですかと思います。（第190回国会参議院法務委員会会議録第4号（平成28年3月22日）7頁〜8頁）

　今でもうるさいデモ、気持ち悪くなるデモがいっぱいあります。街宣車はその1つだと思うんですね。よくロシア大使館の辺り、あとは韓国大使館の辺り、街宣車が回って、そのスピーカーから流れる、まず大音量なんですけれども、その内容もヘイトスピーチに近い、ヘイトスピーチに該当するかもしれない。
　私はそれを完全になくすことはできると思いますが、してはならないと思いますけれども、規制によりその大音量を下げたり、例えばイギリスのハイドパークの中にはスピーカーズコーナーという隅っこがあるんですね。誰でもいつでも立ってそこで発言できるという場所で、聞きたい人は聞けるし、聞きたくない人はその近くへ行かなくてもいいと。ですから、そういうような場所と時間と音量の制限で、少なくとも一般の人、犠牲者となっている人のダメージを減らすことはできるのじゃないかと思います。（第190回国会参議院法務委員会会議録第4号（平成28年3月22日）9頁）

○本法案第3条第1項第1号「不当な差別的取扱い」及び同項第2号の「不当な差別的言動」の定義、具体的な基準
金　尚均参考人
　定義のことですけれども、本法案に関しましてはとりわけ刑罰を問題にしているわけではございません。いわゆる差別禁止の理念法でありますから、その点、刑罰を予定する規定とは異なって定義の問題も考えるべきであろうというふうに思います。
　それに関しまして、まさに前例として大阪市の条例がございます。そこでは、いわゆる行為者の目的並びに行為態様、そしてどういった場で行われたか、この3つの要件を明確に絞る必要があるというふうなことであります。それに関しましては、このヘイトスピーチ規制については、とりわけEU諸国で、EU加盟国全国がヘイトスピーチ規制を持っているということであります。そういったようないわゆる諸国の比較というものが非常に大事になってくるかと思います。
　例えば、その定義ですけれども、国連の自由権規約の20条2項がまず先例になるかと思います。そして、2つ目としましては、欧州閣僚会議、これ1987年にございましたけれども、そこでの勧告においてヘイトスピーチの定義が出され、そして、それについてはアン・ウェーバーさんという方が著者となりましてヘイトスピーチのマニュアルというものが作られております。これについては英語などでも読めます。インターネットでも読めますので、それが参考になるだろうというふうに思います。
　そして、最近では、人種差別撤廃委員会から一般的勧告35が出ておりまして、そこでより明確にヘイトスピーチの定義があるというふうになっています。まさにそれは諸国の比較、法を通じて日本の差別禁止についても十分に生かせるかというふうに考えております。その点では、いわゆる差別の定義ないしはヘイトスピーチの定義については各国それぞれ経験を踏まえた所見が出されるだろうというふうに思います。
　なお、アメリカでは、ヘイトスピーチ規制はないというふうなことがこの間論じられておりますけれども、例えばニューヨーク州刑法典などでは加重的ハラスメント罪という形で、いわゆる人種ないしは民族を根拠とした、ないしは理由としたハラスメントといったものが処罰の対象となっておりますので、あながちないというふうなことは言えないというふうなことです。（第190回国会参議院法務委員会会議録第4号（平成28年3月22日）8頁）

○ヘイトスピーチの現場の実態に対する見解
浅野　善治参考人
　実際の現場に行ったことはございません。ただ、例えばユーチューブとかそういったものでヘイトスピーチの実態というようなもの、これは画像ですとか映像ですとか、そういったものでは十分見ております。そういったことでどういう感想を受けたかというと、これはひどいなというふうに確かに思いました。

それと同時に、やはり法律を作るというようなことからしますと、これは極めて難しい問題だなというふうに実は思いました。もちろん被害者の方から、会ってお話をお聞きしたとか、何かそういったこと、そういう機会も全くございませんけれども、大体の想像は付きますけれども、確かにひどいということがあるかと思います。確かに非常にお気の毒だということもあるかと思います。

ただ、非常にひどいことですとかお気の毒ですとかということだけをきれいに、何がじゃひどいのかとか、どういうお気持ちで何が傷ついているのかということだけを、限定的に例えばそれを切り取って、そこだけ規制すればいいのかというと、恐らくそれだけではこの規制というのは十分ではないんだろうというふうに思うんですね。そうすると、どこまで広げるんだという今度逆の話になるわけですね。そうすると、どう書いたらどこまで広がり過ぎてしまうのかという話があるので、極めて限定することが難しい問題なんだなと、そういうように実は感じました。そういったことからすると、ある意味では法律の非常に不得手な分野という感じがいたします。

ですから、まずは人権教育ですとか人権啓発ですとかそういったことを盛んに活用して、まずは社会の機運ですとかそういう基盤というものをつくり上げていくということが非常に重要な分野じゃないかなと、そんな感じがいたしました。(第190回国会参議院法務委員会会議録第4号(平成28年3月22日) 8頁~9頁)

スティーブン・ギブンズ参考人
私は、1回、在特会のパレードを見たことがあります。まさしくひどいと思います。

御存じのとおり、私は日本人ではなくアメリカ人です。私の祖先は南部にいて、その歴史でアメリカの奴隷制度、黒人の扱いで、その流れも直接経験しています。私のミドルネーム、バスなんですけれども、は私の父親が戦争のとき一緒に戦った黒人の兵士の名前です。私の父親はなぜその名前を私に付けたのかというと、多分、彼の親に今の時代は違うんだよと、白人と黒人は一緒ですよと伝えたかったと思います。

こういうような歴史と伝統のあるアメリカには、私は、幾つか最高裁の判例をここに簡単に省略しましたけれども、今でも黒人に対する、ユダヤ人に対する、同性愛者に対するこういうような、死ね、地獄へ行けというような発言は憲法上保護されています。それは言う権利が守られています。ですから、それは私はアメリカの1つの力だと思っています。(第190回国会参議院法務委員会会議録第4号(平成28年3月22日) 9頁)

○本法案が成立した場合に懸念される問題点
浅野　善治参考人
例えば、法律ができまして公権力を行使するということになったときには、やはり公正中立に公権力が行使されなければならないということがあります。ですから、あらゆる主張、どんな色が付いている主張であっても、不当な差別というようなものであれば全て同じように適用してそれを規制していくということになるかと思います。

そういったことからすると、こういう法律案を作ろうと思ったときに、想定していたもの以外のいろんなもの、どういうものに及ぶのかということも含めて全て検討してやっぱり考えていく必要があるんじゃないかなというふうに思います。

そういう意味で、1つのところだけを見るのではなくて、幅広くどういうものに及ぶのかなというところも含めて、全くとんでもないようなものについても、こういうものに及ぶのか及ばないのかというような検討もした上で決定していくことが必要じゃないかなと、そういう観点で申し上げたところでございます。(第190回国会参議院法務委員会会議録第4号(平成28年3月22日) 9頁)

○ヘイトスピーチを禁止する法律の必要性に関するアンケート調査の結果について
金　尚均参考人
これは全国のコリア系の、コリアにルーツを持つ民族学校の学生並びに日本の公立学校の高校生を対象といたしました。これなぜ高校生かといいますと、先ほどの御紹介ありました京都の朝鮮学校の事件に、ちょうど当時小学校6年生から4年生の子を対象としたわけです。その子たちがもう高校3年生で、最後彼らにアンケートを取れる年だったわけですね。そして、彼らの中でどのような意識を、この京都の事件並びに昨今起きてい

る日本のヘイトスピーチについてどのように思っているのかということを調べてみたかったということです。

何よりも特徴的なのは、一番最初、コリアンに対する差別についての質問で、いわゆる高校生、彼らは簡単に言えば21世紀の子供たちなわけですけれども、8割が日本においていまだ差別を感じるというふうに言われています。これは、私個人にとっても非常にショックでした。私は在日二世ですけれども、1967年に生まれて非常にもう年も取っていますけれども、この若い世代にも同じような差別を感じる状況が社会にはあるんだろうということです。

そういった中で、あともう1つ言いますのは、この街宣についても非常に子供たちはショックを受けておりまして、1つは、何よりも同じ人間として平等に扱われていないということをインパクトとして持っております。

これは、まさに先ほどから出ていますひどい状況だというふうなこと。これは、単にあの差別的なデモに対して、不快感を感じる、ないしは見て気持ちが悪い、聞いて気持ちが悪いということだけじゃなくて、人間として同じように扱われていない、ひいては人間であるということが否定されている、いわゆる人間の尊厳が否定されている。ここに、いわゆるあのヘイトスピーチないしは人種差別の被害を受けている人、現実に受ける人とその対象でない人との間の被害認識の非対称性が生まれるわけですね。そこをやはり私たちはこの審議の中でよくよく議論すべきであろうというふうに感じます。

そういった中で、その高校生たちというものは、まさに私たちのこの日本社会において、この問題を解決するための一助として今回の法律が必要だというふうに感じているというふうに私は認識しております。（第190回国会参議院法務委員会会議録第4号（平成28年3月22日）9頁～10頁）

○被害者が感じるヘイトスピーチの脅威について
崔　江以子参考人

ヘイトスピーチの脅威、全てが脅威です。警察に守られて白昼堂々と成人男性が、成人がマイクを通じて死ね、殺せと迫ってきます。その死ね、殺せという言葉に同調する方々が、笑いながら、私たちに向かって笑いながら指を指し、手招きをしてきます。

彼らの路上でのあのヘイトスピーチを聞いて、いわゆるサイレントマジョリティーの方々、自分としては特にネガティブ感情を今まで持っていなかったけれども、大きな声で毎回毎回あんなふうにこう言っているから、ひょっとしたら在日には特権があるのかなとか、そんなふうに扇動されてしまう方々が出てきてしまうのも大変脅威を感じています。（第190回国会参議院法務委員会会議録第4号（平成28年3月22日）10頁）

○多様性を尊重し共生し合う社会について国民全体で議論する必要性
崔　江以子参考人

私たちの桜本地域では、その違いをとても豊かなものとして尊重し合っているんですよ。その違いが豊かだ、違いはすてきだね、川崎市の人権尊重教育でそういうふうに互いの違いを豊かなものであるというふうに教え、学び、育ってきた子供たちは、人の違いをとても大切にする子供として育っていきます。そして、中学、高校と進んだときに、そういうフィールドでそういう大切な学びができなかった人に伝える役割を果たしているわけですね。違いが豊かだというふうに学び合うことがとても大切だと思います。（第190回国会参議院法務委員会会議録第4号（平成28年3月22日）10頁）

○ヘイトスピーチとそれ以外の政治的言論との区別を図る方法
金　尚均参考人

政治的言論とヘイトスピーチの違いですけれども、これについても京都地裁判決は明確に述べております。京都事件でも、いわゆる被告側、被告側におきましては、自分たちの言論というものは政治的言論であると、それを制限してはいけないというふうな主張をしました。しかし、政治的言論のために、朝鮮人を殺せ、ないしは海にたたき込めというふうな、単に脅迫的だけではなくて、殺せというふうないわゆる扇動までをする、そこにまさに政治的言論を超えたヘイトスピーチ、すなわち人種差別表現が明確に区別されるものとして出てくるというふうに判決は示しておりますので、その点、既にもう日本の社会においては、日本の司法の現場で

はこの政治的言論並びに人種差別表現の区別は判例で出ているというふうに考えます。(第190回国会参議院法務委員会会議録第4号(平成28年3月22日)11頁)

スティーブン・ギブンズ参考人
　偶然インターネットで、1899年にまだ若いウィンストン・チャーチルが中近東で記者をやっていたときのエッセーを読みました。そのエッセーの内容は何かというと、イスラム教の国はなぜ文明国になり得ないか。1つは、普通の科学、合理の通用しない宗教と文化であると。もう1つは、女性を軽蔑し奴隷扱いする文明であると。それが長く引用されて、一番最後に、今日現在のイギリスのヘイトスピーチ法にはこれは引っ掛かるのではないかということなんですね。
　ですから、私は、その線引きは非常に難しくて、何がいけないのかというのは、やっぱり幾らガイドライン書いても非常に難しいのではないかと思います。(第190回国会参議院法務委員会会議録第4号(平成28年3月22日)11頁)

浅野　善治参考人
　今日の議論の中でも、例えば人間の尊厳ですとか、威圧ですとか、恐怖ですとか、死ね、殺せとか、いろんな表現が出てきているわけですけれども、じゃ仮に人種等を理由とする意見というものが全ていけないのかというと、やっぱりそうではないんだというのは大体皆さんお分かりになるんだろうと思います。
　そうすると、人種等を理由とする意見の中の差別的なものは駄目だよといって、そこまではいいのかどうなのか。差別的なものはいいとしても、不当な差別的なものなら駄目なんだとか、じゃどこで線を引くんだと、こういう話になるわけですよね。そこのところで、例えば死ね、殺せというようなことがあったとか、威圧的なものだったとかということがあったときに、じゃその中の何が人間の尊厳を害しているのかと、こういう話になるんだろうと思います。ですから、そういったことの中で、例えば、死ね、殺せといったものだけ規制すればいいんだよというのであればこれは簡単にある意味できるのかもしれませんが、それだけで十分かという問題ももちろん出てくるわけですよね。
　そうすると、じゃ何を規制しなきゃいけないのか、こういう話の中でそれがうまくすくい取れるかどうかというのが実は問題になるんだろうと思います。そういったことの中で表現の自由ということがあったり政治的な言論だったりという話があるんですが、じゃどこでどう区別していくかということになるとすれば、やっぱりそういう行為によって不適切だということが起きてくるわけですけれども、その不適切だということによって一体何が害されているのかということ、これを具体的に見ることだろうと思いますね。
　その中で具体的に害された権利の侵害というものがあるのであれば、これはそれを救わなきゃいけないねというようなことになるかもしれませんし、個人の権利ということではないにしても、例えば社会的に極めて解決しなければいけない具体的な不都合が生じているということがあるのであるとすれば、それはやっぱり何とか解決していかなきゃいけないねということがあるんだと思いますし、ですから、具体的に何が引き起こされているのか、それが許されるのか許されないのかということを検証して、それをどう図っていくのかということになるんだろうかというふうに思います。
　そこで、その具体的な範囲というもの、具体的な救わなきゃいけない害悪の範囲というものがきれいに書けるのであるとすればこれはきれいな法律になるのかなというふうに思うわけですけれども、なかなかそれは、あらゆるものを考えなきゃいけませんので、かなり時間も掛かるし慎重に検討しなければいけないんじゃないかなと、そんな感じがしているところでございます。(第190回国会参議院法務委員会会議録第4号(平成28年3月22日)11頁)

○桜本地域にヘイトスピーチデモが来ると分かった時の被害者の心情
崔　江以子参考人
　川崎では12回ヘイトデモが行われてきていて、最初の10回は駅前方面に向かっていました。差別はいつでもどこでも駄目だと思います。ヘイトデモもいつでもどこでも駄目だと思いますが、駅前に向かっていくデモに関しては、私たちそこに暮らす者は、駅前に行くことを回避すれば、駅前にさえ行かなければそのヘイトスピー

チを聞くこともなく、ヘイトスピーチから逃げることができますが、直近の２回、11月８日、１月31日は私たちの暮らす町にやってきたわけです。そして、その私たちの暮らす町が、違いが豊かだと日本人も外国人も共に尊重し合って暮らしている町、そこに土足で、その共生の町、私たちの暮らしへの、共生への挑戦といいましょうか、その共生を破壊するかのような攻撃性を持って向かってきたということとして受け止めて、大変ショックを受けました。

　子供たちが自身のルーツを隠さずに民族名を名のり、自分の母親の作る自分の国の料理をおいしいよと隠さずに胸を張って言える、地域のお祭りで朝鮮のプンムルノリ、楽器の演奏をすると日本人の皆さんが本当に喜んでくれる、そんな豊かな町に攻撃性を持って向かってきたことは大変つらいことでした。今までは駅前に行かないで回避をしてきましたが、今度は私たちの町を、私たちの普通の暮らしを守らなければいけない、そういう思いで抗議の意思を示そうと勇気を振り絞りました。（第190回国会参議院法務委員会会議録第４号（平成28年３月22日）11頁）

○桜本地域で行われたヘイトスピーチデモに対する抗議の状況
崔　江以子参考人

　カウンター活動をされている方々だけではなくて、地域の人たちが町の入口の角に立ち、私たちの町は差別を許さないんだという意思表示をして抗議をしました。商店街の方であったりですとか、音を聞いて、相手の主張を聞いて、とんでもない、ひどいというふうに家から飛び出してきて抗議をされていた地域の方もいらっしゃいました。小さな子供の手を引いて、子供と一緒に私たちの町に差別者は入ってくるなというふうに意思表示をしていた地域の方々もいらっしゃいました。（第190回国会参議院法務委員会会議録第４号（平成28年３月22日）11頁～12頁）

　11月８日に住宅街にはデモが入ってきましたが、集住地域の中心である桜本の町は守られたわけですが、１月31日も、その11月８日の混乱もありましたし、まさか桜本には来ないであろう、駅前方向に進んでいくのかなというふうに思っていましたので、この地図にあります３番の追分交差点から桜本方面に警察に守られながらひどい主張をする人たちの列が向かっていったときには、桜本の町で本名を名のり、違いを大切にされて育ち合っている子供たちの顔が浮かび、もうこんなことはちゃんと大人が早くルールを作ってもらって終わらせる、あなたたちの共に生きよう、共に幸せにというメッセージ、あなたたちが記してくれたメッセージは、この１回だけで、この１回だけ示して終わらせて博物館行きにしよう、もうこの１回で彼らにヘイトデモをやめてもらえるようにちゃんと示してくるからねというふうに約束をして迎えた１月31日でした。

　しかしながら、駅前方向に帰るのではなく、私たちの町に向かってきました。正直、どうしてこんなひどいことが私たちの暮らしに起きるんだろう、どうして大きな声で涙を流しながら、差別をしないでください、私たちの暮らしを壊さないでくださってお願いをしなければいけないのか。そのお願いをする言葉は、残念ながら、彼ら、ヘイトデモをする人たちには届かずに、大変大きな厳しい声が飛び交い、結果的には桜本の町はあの交差点で強く町に入るなと抗議をする人たちの思いによって守られましたが、あのときに彼らが桜本に向かってきた、桜本に向かうことを許可されて向かってきたことで本当に心が殺された思いです。（第190回国会参議院法務委員会会議録第４号（平成28年３月22日）12頁）

○ヘイトスピーチに対する人権救済の申告を行った者の心情
崔　江以子参考人

　自分はもういいと、ただ、子や孫の世代がどうしてこんな思いをしなければいけないんだというふうに趙良葉さんはおっしゃっていました。こんな社会だと、自分の祖母が朝鮮半島にルーツがある人間だということを孫が外で語れなくなる、子供たちや孫が自分のルーツを隠すようになってしまうのではないかということを大変胸を痛められていました。趙さんは今までも大変たくさん御苦労をされて、いろいろな被差別体験がおありなんですが、今回のこのヘイトスピーチに関することが今までで一番しんどいというふうにおっしゃっていました。（第190回国会参議院法務委員会会議録第４号（平成28年３月22日）12頁）

○ヘイトスピーチ人権救済の申告に関する政府要望
　崔　江以子参考人
　　行政機関にお願いをしても根拠法がないからといって具体的な対策を講じていただけなかったので、もちろんその法整備は強く望んでいますが、わらをもすがる思いで、この申告制度を使いました。
　　この申告制度は、名を名のり、当事者性を持って申告しなければいけません。申告することによってさらされる恐怖ももちろんあります。申告したことがメディアで報じられた後に、私の中学生の息子は私に対して、オモニ、駅のホームで電車を待つときには前には立たないでね、顔がもう新聞に載っているんだよ、何かあったら困るから駅のホームでは後ろの方に立ってねというふうに、申告をして、申告をしたことを報じるメディアを見たインターネット上の、いわゆるこれもヘイトですよね、誹謗中傷に触れてしまった私の息子は、更に私の被害を心配をしています。ヘイトスピーチに傷ついて、その傷を訴えることで二重三重の痛みや苦しみを今受けています。
　　申告をしました。具体的に実効性のある判断をしていただきたいというふうに思っています。（第190回国会参議院法務委員会会議録第4号（平成28年3月22日）12頁）

○多様な価値観や表現の自由とヘイトスピーチとの違い
　金　尚均参考人
　　多様な価値観というものは、これ日本の社会におきましても憲法が保障しているところであると存じます。このヘイトスピーチというものは、まさに、1つは、多様な社会というものを否定する、一定の自分たちとは違う者を否定する、そういったことを扇動する表現です。したがいまして、それはまさに、多様な価値観を目指す、これから人権大国を目指す日本社会とは真っ向から反するものというふうなことです。
　　何よりもここで問題なのは、人間であるということが否定されている。この社会がなぜあるかということは、まさに人間が人間として生きるためにあるわけです。それを否定する表現が、まさにそれが憲法21条で保障されている表現の自由かと言われますと、私はこれは全く違うというふうに考えています。（第190回国会参議院法務委員会会議録第4号（平成28年3月22日）12頁）

○ヘイトスピーチ規制を行った場合の表現の自由に対する影響
　浅野　善治参考人
　　どういうことが影響があるかというと、そういったことが言えなくなるというのは、1つそれは表現の自由として当然影響があるわけです。
　　例えば、極端な話をさせていただくとすれば、社会的にとんでもない意見を持っている、これは差別ということに限らずとんでもない意見を持っている人間がいたとしますね。この人間というのもやっぱり人間として尊重されなければいけないということがありますし、その人間が自分の意見を仮に言うということがあったとして、それは社会的にとても聞きたくないような意見だとしても、誰にも迷惑を掛けない限りではやっぱり意見が言えなければいけないんだろうというふうに思います。
　　ですから、そういった意味からすれば、誰にも迷惑を掛けない、社会的に特に何も影響を受ける人間もいないというような状況があるとすれば、その人間はいかにひどい意見であろうとしても自由な意見が言えるんだろうということというのは保障されているんだろうというふうにまず思うわけですね。
　　ですから、そういったことで何かを言うなとかこういう話があったときというのは、当然そういった部分にも制限が掛かってくるわけですよね。そういう形の中で、今自主規制ということがありましたけれども、社会的に、放送業界に限らず、それぞれ国民がみんな自主規制をするということができれば、これが一番いいわけですね。ですから、そういったことで人権教育ですとか人権啓発をして、こういうことは言ってはいけないんだということが自分の気持ちの中できちんと根付いていくということがあればこれは一番望ましい姿なんですけど、現実はそうはいかないんだと、こういう話があるわけですね。
　　そうすると、じゃ、どういう場合にその規制を掛けるんだと、こういう話になるんですが、やっぱり社会に何らかの迷惑を掛けているんだろうと、何らかの危害を発生させているんだろう、あなたの行為はという場合に、やっぱりそこで初めて規制が掛かるんだろうというように思います。

ですから、例えば今日のお話の中でも、ヘイトスピーチといったものの中の攻撃性ですとかあるいは恐怖ですとか、死ねですとか殺せだとかという話がありますですよね。そういったことがあるという形の中で出てくる害悪というもの、これをきちんと抑えるという意味で制限していくのであれば表現の自由というのは当然下がらなければいけないと、こういうふうに思いますが、仮にそういうものがないままに、何か気に入らないからおまえの表現は駄目だよというようなことがあるとすれば、これは表現の自由というものが保障されなければいけないんだと、そういう関係になってくるのかなと思います。それで、そういったものがきちんと明確にできるのかどうかというのが非常に難しいところなんじゃないかなと、そんな感じがいたしております。（第190回国会参議院法務委員会会議録第4号（平成28年3月22日）13頁）

○ヘイトスピーチ規制に関するアメリカとヨーロッパとの違い
スティーブン・ギブンス参考人
　それぞれ長い歴史があると思いますけど、ヨーロッパで複雑な移民問題ありますよね。それぞれの政府はそれぞれの政策があって、その政策に都合の良くない情報を抑える事件、最近ありましたよね、それによってドイツを始めヨーロッパの国にいろいろ問題が起こり、まず、その言論の自由の1つの裏面は知る権利ですよね、ケルン、ストックホルムにこういう事件あった、でもこれは報道をされなかった、警察がそれを隠そうとした。それに対する反発は今ヨーロッパの政治の中に見れます。
　ですから、例えば鍋の中の沸いているお湯に蓋を掛けると一時期それを抑えることができるんだけれども、その気持ちはなくならないわけですよね。その表現を止めても、その気持ちはなくならない。アメリカの方でも、今アメリカの政治は余り深く話したくないんだけれども、共和党の中にいろいろ変なことありますよね。その1つの原因は、正しいことしか言えない、本当のところを言えなくなった、それがいきなり爆発してしまう。ですから、そういうような気持ちに強制的に蓋を掛けることは逆説的に危険ではないかというふうに感じます。（第190回国会参議院法務委員会会議録第4号（平成28年3月22日）13頁）

○自主規制や教育、話し合い等の方法でヘイトスピーチに対処することへの見解
金　尚均参考人
　私が考えておりますのは、まさに最終的には私たち市民による自己解決能力、これに差別の問題の解決は懸かっているかと思います。その意味でいいますと、法律というものはその一助にすぎないというふうに考えています。
　今回の法案についても、いわゆる国並びに地方自治体の施策の基本をつくるというふうなことが目的ですので、それを1つのきっかけとして社会並びに教育の現場にこの法律に基づく人種差別の禁止の理念、そしてそれの現場での実践というものがあり得ると思うんです。それが現在ないというところがやはり社会的に問題であって、それがゆえに表現の自由の名の下に差別的な表現が学校現場ないしは社会において蔓延しているというふうに私は考えています。（第190回国会参議院法務委員会会議録第4号（平成28年3月22日）14頁）

崔　江以子参考人
　もちろん、対抗言論で抑えられるものであれば抑えたいですよ。私は民族名を名のって生活をしています。桜本地域の子供たちも、民族名を名のり生活している子供たちが大切にされています。もちろん、対抗言論で解決できた方がより良かったかもしれません。ですが、そういう段階ではありません。
　私自身が、まさに今このときに、法律を作ってもらって命を守ってもらわないと命の危険を感じるような生活になるなんて思ってもいませんでした。私たちは、法律を作ってもらって何か自分たちに都合のいいフィールドを整えていただきたいのではありません。ヘイトスピーチに心を傷つけられ乱される前の平穏な普通の日常を取り戻したいだけです。
　自分の子供がエレベーターのような密室に入ったときに、あの密室の中で隣り合った人があのヘイトスピーチをする人かもしれないという恐怖でエレベーターから逃げ出したくなったりとか、駅のホームで自分の母親が突き落とされるんではないかという心配をする。対抗言論で解決していただけるんでしたら、是非現場にいらっしゃって、あのヘイトスピーチをする方々を言論でもって皆さんで説得をして改心させてください。（第

190回国会参議院法務委員会会議録第4号（平成28年3月22日）14頁）

○理念法である本法案が我が国の人種差別根絶に向けて果たす役割について
浅野　善治参考人
　これ理念法だからという話があって、1つは、理念法だから余り具体的なことが書いていないからその辺のところの問題もある意味厳格なものでなくてもいいんじゃないかというような御趣旨もあるかと思いますが、ただ、理念法といいましても、今回の法案というのは、実は3条、4条、5条と基本原則を定めておりまして、3条というのは具体的に禁止するような行為というものが書かれておりますし、4条では確実にこういう人種等を理由とする差別が防止されなければならないというような基本原則が定められておりまして、さらにその上で、6条で国と地方公共団体の責務ということで、こういう人種等を理由とする差別の防止に関する施策を総合的に策定し実施しろと、こう言っているわけですから、そういうその基本原則が達成されるようなことを、あらゆることをやりなさいということ、これを国と地方公共団体の責任として位置付ける、こういう話になりますので、一体何が行われるのかということにつきましては全く限定がないわけでして、先ほど言ったようなことがどんどん行われていくようなこともあるいは考えられるかという話になるわけですね。
　ですから、そういった意味で少し歯止めを掛けておく必要があるのかなというようなことでお話をさせていただいたわけですけれども、人権教育、人権啓発ということについては、これはもうどんな状況であろうと積極的にやらなきゃいけないということはもちろんだろうというふうに思っておりますが、さらに、その上で、こういう具体的な何か規制をするような法律というものを、具体的な規制のイメージが出るような法律というものが更に必要になるのかならないのかといったときに、例えば命の危険を感じるということがあるとすれば、その命の危険を感じるようなものだけを切り取って規制をするということがあればいいのかなというふうに思うわけですが、そうすると、例えば現行のあらゆる刑罰の規定もございますけれども、そういったものがまず動くことというのが1つ大きな動きになるのではないかなというふうに思います。
　例えば、今日聞いておりましたところの中でも、本当にそんなひどい状況が生まれてくるんであれば、そういう現行法の処罰規定というものが適用されていくということがあるとすれば、そういうデモが行われればこういう処罰規定が動くんだということがはっきりするわけでしょうし、そうするとまたそれで1つ大きな効果になるのではないかなという感じがいたします。
　非常にひどいデモがあっても何にも誰も動いてくれないじゃないかというところがすごく今日参考人の御意見の中から私が感じたところでございますが、そういうときに、例えば現行法の規定がきちんと動いて処罰がきちっとなされるということがあるとするとまた変わってくるんじゃないかなという感じもいたしますし、そういったことも含めて、一体どういうような形でこの新法を検討していったらいいのかということになりますと、慎重に検討していく必要があるんじゃないかと、そんなふうに感じたところでございます。（第190回国会参議院法務委員会会議録第4号（平成28年3月22日）14頁～15頁）

スティーブン・ギブンズ参考人
　私は今職業は弁護士で、これは英語ですけれども、ゼア・イズ・ノー・ライト・ウィズアウト・ア・レメディー、救済のない権利はそもそも権利じゃない。で、この法律はそういうような中途半端な訳の分からないものになっているかなと。
　そういうような具体例は六法の中にいっぱいあります。例えば、私は主に会社法をやっていますけれども、株式会社の役員会は、何条か忘れましたけれども、少なくとも年に4回集会しなくちゃいけないというルールがありますけれども、よくお客さんに聞かれるのは、もしもそうしなかったらどうなるんですかと。何もないわけですよね。ですから、それやっちゃいけないと書いてあるんだけれども、もしもやったらどうなるんですかと。別にどうでもいいと。
　特に、これは条約を実行するためにこれから実施する法律であって、海外から、実施したときは、この法律は骨抜きでしたねと逆に批判されるリスクもあるんじゃないかと思いますよね。ですから、最初からこれは、理念であればそれをより明確にした方がいいんではないかと私は法律の専門家として思います。（第190回国会参議院法務委員会会議録第4号（平成28年3月22日）15頁）

金　尚均参考人

　今回の法案というものはいわゆる理念法というふうなところで非常に弱いというふうな批判がございますけれども、これを機に例えば被害実態調査を政府が行う、そして地方自治体が行う、これは1つ非常に意味がございます。

　例えば、人種差別実態調査研究会という、いわゆる私的な研究者が集まって手弁当でこのような研究をされているわけです。また、私たちも、いわゆる民間の研究者が高校生を対象に被害実態調査をしている。これはなぜ民間の私たちがしているかということなんですけれども、国がやらないからです。それは、いわゆる差別実態、人種差別実態というものが、あるものがなかったことにされている、なかったことにされてきた、これが今、日本社会の現状です。これを変える第一歩というふうに今回の法律を位置付ける。そうすると、単に救済がない、ないしは刑事規制がないというふうなこととはまた別の議論がこの法案でその意義として生まれてくるかと思います。（第190回国会参議院法務委員会会議録第4号（平成28年3月22日）15頁）

崔　江以子参考人

　私は専門家ではありませんので、なかなかお答えするのが難しい立場にはあるんですが、お願いを話させていただきます。

　先ほどからお伝えしていますが、国が中立ではなくてヘイトスピーチをなくす側に立つことを宣言して、差別は違法だとまず宣言してほしいんですね。親が子の前で死ね、殺せと言われる、子が親の前で死ね、殺せと言われる、このことから法でもってしか今守ってもらえないんですよ。ですから、まずこの法案をすぐにでも成立させてほしい、お願いする立場です。

　それから、差別は悪い、じゃ、その悪い結果をそのまま放置するのではなくて、悪い状態を回復するための手段として、そして根絶のためにこの法律の議論をしていただきたいとお願いさせていただきます。（第190回国会参議院法務委員会会議録第4号（平成28年3月22日）15頁）

2-5　人種差別撤廃施策推進法案質疑関係資料

※　本文中の「本法案」、「本法律案」等は、人種等を理由とする差別の撤廃のための施策の推進に関する法律案（第189回国会参第7号）のことを指す。
※　本資料は、便宜、発議者答弁と、政府答弁に分けてある。
※　肩書きは、当時のものである。
※　答弁は、適宜内容を省略し、主要部分のみを抜粋している。

(1)　発議者答弁

○本法案を提出するに至った経緯及び趣旨
発議者　小川敏夫委員

　人種差別撤廃条約を承認しながら、20年、それを受けた基本法がないということは、私としては政府が怠慢だったのではないかというふうに思います。

　理想的な話として、法律を作るまでもなく、そうした差別がない社会がここに実現しているならそれはそれかもしれませんけれども、やはりヘイトスピーチもあり、そのヘイトスピーチを除いても、いろんな人種差別に関する具体的な事件も起きておるわけでございますから、ですから、早急に政府として対応することが望ましかったのだと思いますが、現実にそうした対応がなされていないわけでございますので、これは立法府の責任として、また良識ある参議院として、しっかりとこの条約の趣旨を受けた基本法を制定すべきではないかと。そして、現実に社会問題となっておりますヘイトスピーチなどの現に起きている行為に対してしっかりと対応できる、そうした法律を制定することが必要ではないかと、このような趣旨でございました。（第189回国会参議院法務委員会会議録第19号（平成27年8月6日）19頁）

○人種差別等に対する現行法による対応の限界と本法案の必要性
　発議者　小川敏夫委員
　　私も国会で政府に対して、こうしたヘイトスピーチ等人種差別等につきましてどのような対応をするのかと質問したことがございます。それに対していただいている答弁は、決してヘイトスピーチ等は許されないという点ではいい回答をいただいたんでありますが、ではどのように対応するのかということになりますと、現行法を厳正に適用するということで対応したいという回答を政府からいただいております。
　　ただ、様々にヘイトスピーチあるいは人種差別等が実際に起きておりましても、例えば京都の朝鮮学校襲撃事件のように、相手方が特定されておって、そして刑法の構成要件に該当する犯罪行為であれば、刑法で対応できる、刑事事件で対応できるということでありますが、しかし、今社会問題化しているこのヘイトスピーチの多くは、そうした刑法の犯罪には構成要件的には該当しないと。言わば、路上でそうした聞くに堪えないような差別的な言動を言いながら行進しているというような場合ですと、なかなか刑法では対応できないと。すなわち、別の言い方をすれば、現行法ではそれを処罰することも規制することもできないということでございます。
　　そうしますと、政府の方で、ヘイトスピーチは許されないことなのだけれども、現行法で厳正に対応するといっても、現行法では対応できないから今こうした社会問題化しておるわけでございます。
　　ですので、現行法では対応できないのはなぜかといいますと、やはり基本的にこうしたヘイトスピーチを含めた人種差別が法的に許されないことなんだ、違法なんだということを明確にした法律がないからということが非常に大きな原因でございますので、それを明確にしたこの法律を制定する必要を感じましたので今回提出させていただいたと、こういうような次第でございます。（第189回国会参議院法務委員会会議録第19号（平成27年8月6日）20頁）

○本法案の概要
　発議者　小川敏夫委員
　　この法律は、ヘイトスピーチということ、私どももヘイトスピーチを念頭に置いておりますので、ヘイトスピーチ規制法あるいは対策法という別の名称をいただいている部分もございますが、法律そのものはヘイトスピーチも含めた人種差別に対する基本法でございまして、そうした、そういう差別は許さない、ヘイトスピーチも許さないという社会を構成するための様々な施策、基本方針、こうしたことを国が取るように、あるいはそうした施策を検討する審議会を設けるなどの総合的な対策を講じた法律の内容になっております。
　　したがいまして、こうしたヘイトスピーチを含めた人種的な差別的な行為、これは法律で規制するということも必要だけど、それよりも優先的にそうしたことがなされない社会を構築するということも、努力するための様々な施策もこの法案に盛り込まれているところでございます。（第189回国会参議院法務委員会会議録第19号（平成27年8月6日）19頁）

○本法案が成立した場合の意義
　発議者　小川敏夫委員
　　しばしば例となります京都朝鮮学校襲撃事件の判決で、判決は、表現の自由と、そして差別的な発言についての判断をしておりますが、ここで、この発言が表現の自由ということを排斥する理由として、憲法13条、14条1項や人種差別撤廃条約の趣旨に照らしということで、表現の自由として許されるものではないといってこのヘイトスピーチを違法だというふうに言っておるわけでありますけれども、法律がないから裁判所はいろいろ論理的に苦労して、憲法を持ち出して、人種差別撤廃条約を持ち出して、その趣旨に照らして違法だという判断をしておるわけです。
　　ですから、そもそも端的に人種差別の言動あるいはヘイトスピーチは許されないんだという、こうした理念法があれば、裁判所ももっと端的にヘイトスピーチは違法だということが容易に判断できたのではないか。そうした意味では、なかなか苦労した判決も、そもそも人種差別の撤廃を定めた基本法がないことによって裁判所の判断も少し苦労している。しかし、こういった法律ができれば、司法の判断も、それから司法以外の様々な判断の場においてもしっかりと、差別は許されないという基本が、個々の判断の中で、施策の中で生かされ

ていくのかなと、このように考えております。（第189回国会参議院法務委員会会議録第19号（平成27年8月6日）19頁）

○**本法案において表現の自由を侵害することがない理由**
　発議者　小川敏夫委員
　　まず、この法律は、あくまでもこのヘイトスピーチなども含めまして人種差別等をしてはならないという理念を定めた法律でございますので、これを具体的に行政の措置あるいは立法、条例等の段階でこの理念を生かした具体的な定めをする場合には具体的な表現があるでありましょう、もう少し具体的な表現になっていくのかと思いますが、あくまでもこの法律は理念を定めたものでございます。
　　例えば、してはならないという差別的行為をした場合の処罰を規定したものではございません。ですから、罪刑法定主義に反するとの、構成要件が明確でないというような意味での厳格さは、そこまでは求められていないものだというふうに思っております。
　　一番の問題は、表現の自由の保障という意味でこの書きぶりが抽象的ではないかという御指摘だというふうに思いますが、先ほども申し上げましたように、一方で差別の形が様々な類型の差別がある、それを網羅しなくてはいけない、しかし、一方で表現の自由は制約することがあってはならないという中で、このような書きぶりになったのかなと。（第189回国会参議院法務委員会会議録第19号（平成27年8月6日）11頁）

○**本法案において政治的な表現の自由を侵害することがない理由**
　発議者　小川敏夫委員
　　法律の書きぶりとしましては、やはり言論の自由、とりわけ政治的な発言の自由というものが制約されてはいけないという趣旨に鑑みまして、この法文の第3条2項におきまして、発言の目的が、政治的な理由ではなくて、いわゆる差別の属性を有する人たちに対して著しく不安若しくは迷惑を覚えさせる目的というそういう目的がある行為が禁止されるものであって、そういう目的を有しないまさに政治的な表現に関わることは禁止される範囲には入らないというような形で、政治的な表現の言論の自由というものを侵害しないという仕組みになっております。（第189回国会参議院法務委員会会議録第19号（平成27年8月6日）9頁）

○**本法案におけるヘイトスピーチの定義**
　発議者　小川敏夫委員
　　ヘイトスピーチの定義は何かというと、これはなかなか微妙に、それを確定する、特定する表現は難しいかとも思いますが、私どものこの法案の中では、やはり不特定に対するという点がヘイトスピーチの特徴ではないかと。ただ、特定人に対する行為がヘイトスピーチに当たらないかというと、そういうこともないというふうに思いますが、特定の者に対する行為というものは、一つの不特定者に対する行為と類型が違うのかなということを考えまして、ヘイトスピーチというものにつきましては、第3条2項というものがヘイトスピーチを中心に考えた規定なのかな、こんなふうな位置付けでございます。
　　ヘイトスピーチの定義というものを、この法律がヘイトスピーチというものを特に取り出してこれがヘイトスピーチだというふうに定義付けているというものではございませんが、この第3条の1項、2項の法律の中でヘイトスピーチと言われるものの類型は全て禁止されるというような仕組みになっていると、このような構造の規定ぶりになっております。（第189回国会参議院法務委員会会議録第19号（平成27年8月6日）9頁）

○**本法案において政府の基本計画の策定に関する規定がない理由**
　発議者　小川敏夫委員
　　人種差別をなくすという分野の国の施策と考えますと、非常に幅広い分野に及んでおります。法務の分野が多いかと思いますが、教育であれば文科、あるいは雇用等であれば厚生労働省と様々な分野に及んでおりますので、この法案におきましては、国がそういう施策を行う面においてこの人種差別の趣旨を生かしたそうした施策を取りなさいということをうたいましたが、それより更にそれを具体化した計画というものが、この法案でというよりも、担当するそれぞれの省庁において、この法案の趣旨を生かした施策を具体的に計画立案して

施行していただきたいと、このような趣旨で、委員が御指摘されたような明確な具体的な計画までは盛り込んでおらないところでございます。(第189回国会参議院法務委員会会議録第19号(平成27年8月6日)2頁)

○**本法案の第6条第2項と第17条との関係**
　発議者　前川清成議員
　　6条2項は、国、地方公共団体だけではなく、人種等の理由の差別の防止に関する活動を行う民間団体、国、地方公共団体、民間団体の連携協力体制の整備、これを国、地方公共団体の責務として定めておるものでございます。これに対して17条は、それら民間団体に対する支援、これを行うようにと書いておりまして、ある意味中身は少し異なっておりますので、条文としては別にさせていただいたところでございます。(第189回国会参議院法務委員会会議録第19号(平成27年8月6日)3頁)

○**ヘイトスピーチに関する実態調査と本法案の必要性**
　発議者　小川敏夫委員
　　まず、実態調査をするということは非常に重要なことだというふうに思っておりますが、ただ、私どもの考え方としましては、実態調査をしないとヘイトスピーチがいいか悪いか分からないということではなくて、やはりヘイトスピーチは許されないものだということの共通の理解はあると思います。であれば、やはり許されないものはやはり許されないということはきちんと決めた上で、しかし、調査というものは非常に大事ですから、この理念法を定めた後に、これをどういうふうに具体化していくかということと調査というものは、これは並行して進めていくという方が望ましいのではないかと。
　　ですから、調査、実態の把握ということは大変重要でありますが、しかし、現実に今社会の問題として、朝鮮学校の襲撃事件もございました。それから、裁判となっているかどうかは別としましても、連日のごとくヘイトスピーチの行動が行われているというような状況がございますので、そうしたことは許されないということをきちんと定めた理念法は、調査にまつまでもなく、やはり制定することが望ましいのではないか、あるいは必要ではないかと、このように考えております。(第189回国会参議院法務委員会会議録第19号(平成27年8月6日)10頁)

○**本法案において内閣府に審議会を設置する理由**
　発議者　前川清成議員
　　内閣府設置法に基づきまして、内閣府は長を内閣総理大臣といたしまして、内閣府設置法の3条2項で、政府全体の見地から管理することがふさわしい行政事務の円滑な遂行ということを任務といたしております。
　　この人種差別等の問題につきましては、法務省だけではなく、厚生労働省であったりあるいは文部科学省であったり、様々な分野が関わってまいりますので、その意味で省庁横断的に内閣府に設置することが好ましいだろう、望ましいだろうと、このような判断をさせていただきました。(第189回国会参議院法務委員会会議録第19号(平成27年8月6日)3頁)

○**本法案において審議会の事務に勧告を明記した理由**
　発議者　小川敏夫委員
　　まず、一般的に諮問と答申という構造であるという御指摘いただきました。この審議会も、第20条の2項の2号ですか、諮問に応じてということがございますので、諮問を受けて答申するということも行うわけでございますが、ただ、諮問を受けた場合だけ意見を述べる答申をするということではなくて、諮問がなくても自主的に意見を述べるということの構造になっております。そして、意見を述べても、それが十分に、あるいは全くか、いずれにしても、政策の中で生かされない、意見が反映されないということがあった場合には、意見よりも、意見をしっかり実行するようにという勧告という表現を使わせていただきました。
　　ただ、勧告をしましても、その勧告に特段強制力があるという内容にはなっておりませんので、言わば意見を聞いてくれないので更に強い意見として申し述べるという、その強い意見を勧告と表現したというような内容の置き方になっております。(第189回国会参議院法務委員会会議録第19号(平成27年8月6日)3頁)

(2) 政府答弁

○ヘイトスピーチの定義
谷垣法務大臣
　ヘイトスピーチという概念がもう確立した、きちっとした定義があるのかどうか、私、存じません。まだ流動的な概念なのかもしれないなと思いますが、ちょっと何か文献等ないかと思って調べましたら、人種や国籍、ジェンダーなどの特定の属性を有する集団をおとしめたり、差別や暴力行為をあおったりする言動を指すとか、あるいは少数者集団に対する侮辱、名誉毀損、憎悪、排斥、差別などを内容とする表現行為であるというような定義を見付けまして、大体のところ、そういうことなんだろうと思います。（第183回国会参議院法務委員会会議録第5号（平成25年5月9日）2頁）

法務省岡村人権擁護局長
　いわゆるヘイトスピーチについて、その概念は必ずしも確立されたものではないと思われますが、当方がヘイトスピーチとして焦点を当てた啓発活動の対象として念頭に置いておりますのは、特定の民族や国籍の人々を排斥する差別的言動であります。こうした言動は、人々に不安感や嫌悪感を与えるだけではなく、差別意識を生じさせることにつながりかねません。（第189回国会参議院法務委員会会議録第12号（平成27年5月21日）7頁）

○ヘイトスピーチを定義付ける要素
法務省岡村人権擁護局長
　ヘイトスピーチの定義は必ずしも確立したものではございませんが、今般の調査においては、一般的にヘイトスピーチとして指摘されることの多い内容として、1、特定の民族等に属する集団を一律に排斥する内容、2、特定の民族等に属する集団の生命等に危害を加える内容、3、特定の民族等に属する集団を蔑称で呼ぶなどして殊更に誹謗中傷する内容を念頭に調査を行ったものでございます。聞き取り調査においても、多くの方々がヘイトスピーチと聞いてイメージするものとしてこうした内容を挙げられていたものと認識いたしております。（第190回国会参議院法務委員会会議録第6号（平成28年4月5日）7頁）

○ヘイトスピーチに対する政府の認識
上川法務大臣
　一部の国あるいは民族に対してこれを排除しようとするこうした言動につきましては、人々に不安あるいは嫌悪感ということを与えるだけではなくて、また差別意識を生じさせることにつながりかねないということで、これにつきましては甚だ残念であるというふうに感じております。また同時に、あってはならないことだというふうに思っているところでございます。
　このような言動に対しましては、現行法につきましてしっかりと適用して対処するということと同時に、これまでもそうでありますが、啓蒙啓発活動につきましてはより一層積極的に取り組んでいくべきだというふうに思っておりまして、こうしたことについて適切に対応していきたいというふうに思っております。（第187回国会参議院法務委員会会議録第4号（平成26年10月28日）7頁）

安倍内閣総理大臣
　まず、政府として、ヘイトスピーチや人種差別の根絶に向けて、現行法を適切に適用して対処をしていく、同時に、啓発や教育を通じて社会全体の人権意識を高め、こうした言動は許さないという認識を醸成することによって差別の解消につなげていくことが重要であると考えています。（第189回国会衆議院予算委員会会議録第8号（平成27年2月23日）5頁）

下村文部科学大臣
　特定の民族や国籍の人々を排斥する差別的言動、いわゆるヘイトスピーチは、人としての尊厳を傷つけ、差

別意識を生じさせることになりかねず、許されるものではありません。
　文科省としても、人権教育及び人権啓発の推進に関する法律等を踏まえ、学校教育を通じて、児童生徒一人一人の発達段階に応じ、人権尊重の意識を高める教育にさらに努めてまいりたいと思います。
　今後、全国の都道府県教育委員会等の人権教育担当者を集めた会議の場などにおきまして、例えば、法務省が作成している啓発資料を活用し、特定の民族や国籍の人々に対する偏見や差別を助長するような言動は許されないことを学校現場の場でもしっかりと周知してまいりたいと思います。(第189回国会衆議院予算委員会議録第四分科会議録第1号(平成27年3月10日) 53頁)

○ヘイトスピーチへの民事上及び刑事上の対応
上川法務大臣
　いわゆるヘイトスピーチ、この概念につきましては、権利侵害あるいは法益の侵害という観点におきましては必ずしも確立されたものではないというふうに思われるわけでございますが、民事につきましては、ある言動によりまして特定の個人あるいは団体に対しまして具体的な損害が生じる、またそうした言動が違法であるということで評価できる場合につきましては、この当該言動をした者に対しまして、不法行為によりましての損害賠償責任が発生をするということでございます。
　その場合には、民法の明文の規定はございませんけれども、人格権としての名誉権というものに基づきまして、加害者に対して現に行われている侵害行為、これを排除する、あるいは将来生ずべき侵害を予防するということで、そうした侵害行為の差止めを求めることができるというふうな枠組みでございます。
　刑事上の対応ということでございますが、特定の個人、団体につきまして、公然と事実を摘示しましてその名誉を毀損した場合におきましては名誉毀損罪が成立し得るということでございます。事実を摘示しなくても、公然と侮辱した場合につきましては侮辱罪ということで成立し得るものというふうに考えております。
　また、特定の個人、団体につきまして、威力を用いてその業務を妨害した場合には業務妨害罪が成立し得るということでございます。
　さらに、個人の生命、身体等に対しまして、害を加える旨を告知して脅迫をしたり、あるいは義務のないことを行わせるなどをした場合につきましては脅迫罪あるいは強要罪ということで、こうした罪が成立し得るということでございます。
　刑事事件として取り上げるべきものがあればこうした刑罰法令を適用して適切に対処をしていくという、そうした現行法の枠組みの中で対処をしてまいるということが非常に大事ではないかというふうに思っております。(第189回国会参議院法務委員会会議録第3号(平成27年3月26日) 9頁)

○ヘイトスピーチに対する新たな法律の必要性
谷垣法務大臣
　どういう法的対応が必要かというのはこれからよく見ていかなければなりませんが、仮に、障害者差別禁止法みたいなものをこの分野で考えるとなると、相当総合的な議論が必要だろうと思います。したがいまして、今どういう法的規制が必要なのかということをいろいろ探っている状況と、こういうふうに申し上げます。(第186回国会参議院決算委員会会議録第5号(平成26年4月21日) 46頁)

岸田外務大臣
　まずは、現行法を厳格に適用することが重要だと思っておりますが、その上で新たな法規制ということにつきましては、個々の事案の具体的状況を検討する必要等がありますが、各会党におきましてもさまざまな議論が開始されていると承知をしております。また、ヘイトスピーチにつきましては、国民的な議論も今沸き起こっている、こうした状況についても承知をしております。
　こうした各党の議論、国民的な議論、こうしたものをしっかりと踏まえた上で新たな法整備については考えていかなければならないと認識をいたします。(第187回国会衆議院外務委員会会議録第4号(平成26年10月29日) 10頁)

資料編 | 2．人種等を理由とする差別の撤廃のための施策の推進に関する法律案（人種差別撤廃施策推進法案）

安倍内閣総理大臣

　いわゆるヘイトスピーチと言われる言動の規制については、個々の事情、事案の具体的状況を検討する必要があり、一概に申し上げることは困難でありますが、いわゆるヘイトスピーチへの対応としては、現行法の適切な適用のほか、啓発活動により差別の解消につなげていくことが重要であると考えております。

　議員御指摘の理念法の立法など、さまざまな議論があるところでありますが、立法措置については、これは各党における検討や国民的な議論の深まりを踏まえまして考えていきたいと思います。（第189回国会衆議院予算委員会議録第8号（平成27年2月23日）5頁）

世耕内閣官房副長官

　ヘイトスピーチに関しては許されないという立場で、我々は、例えば国民に対する広報啓発活動も行ってきております。そういう意味で、政府としては、これからもしっかり取り組んでいきたいというふうに思っております。

　調査は調査でしっかりと進めて、そのまた結果を踏まえて、我々政府のアクションに変更を加えるべきところがあれば加えていきたいというふうに思っておりますが、今現在はやはり現行法の適切な運用と適用ということで、特に啓発の充実に努めていきたいというのが政府の今立場でございます。（第189回国会参議院法務委員会会議録第17号（平成27年7月9日）2頁）

○人種差別撤廃条約第4条の「迅速かつ積極的な措置をとる」の意義
外務省新美大臣官房参事官

　4条の主文においては、締約国において、迅速かつ積極的な措置をとることを約束する等々が書いてございます。ただ、この規定は、各締約国が具体的に、あるいは処罰立法といった、そういった規定をすることまで義務付けているものではないというふうに考えております。

　そしてさらに、我が国におきましては、憲法の第14条1項におきまして、全ての国民は、法の下に平等であって、人種、信条、性別、社会的身分及び門地により、政治的、経済的又は社会的関係において、差別されないというふうに定められております。

　また、我が国は、教育、医療、交通等、国民生活に密接なかかわりを持つ分野につきましては、各分野における関係法令において差別待遇の禁止が規定されているというふうに理解しております。

　あと、更に申し上げれば、我が国においては、人権侵犯事件の調査処理規程及び人権擁護委員法に基づき、人種等を理由とする不当な差別的取扱いを含む人権侵害につき必要な措置がとられることになっていると理解しておりまして、このような憲法及び関係の法令の規定によってこの条約上の義務は担保されているという理解でございます。（第183回国会参議院法務委員会会議録第5号（平成25年5月9日）6頁～7頁）

外務省新美大臣官房参事官

　まず第4条の主文でございますが、4条の主文は、人種の優越若しくは皮膚の色若しくは種族的出身の人の集団の優越性の思想若しくは理論に基づくあらゆる宣伝、団体、人種的憎悪、人種の差別を助長する、一部飛ばしますけれども、宣伝及び団体を非難し、このような差別のあらゆる扇動又は行為を根絶することを目的とする迅速かつ積極的な措置をとることを約束する旨、一般的な義務の規定を定めておりまして、このことをもちまして、それをもって各締約国、日本も含めまして、具体的な処罰立法といったような規定をとることまでを義務付けているものではないと解しております。（第183回国会参議院法務委員会会議録第7号（平成25年5月30日）4頁）

○人種差別撤廃条約第2条によりヘイトスピーチを処罰する立法が義務付けられるかどうか
外務省新美大臣官房参事官

　ヘイトスピーチという概念は必ずしも確立されたものではないということをまず申し上げたいと思います。

　その上で、条約の2条の1項の(b)及び(d)につきましては、各締約国がいかなる個人又は団体による人種差別も後援せず、擁護せず又は支持しないことを約束し、また全ての適当な方法により、いかなる個人、集団

又は団体による人種差別も禁止し、終了させることを定める規定であるとされております。他方、これらの規定は、各締約国が具体的な処罰等の立法を規定することまでも義務付けているものではないと申し上げたいと思います。（第183回国会参議院法務委員会会議録第7号（平成25年5月30日）5頁）

○日本が留保している人種差別撤廃条約第4条(a)、(b)につき、アメリカ及びスイスが留保している理由についての政府の分析
外務省下川大臣官房審議官
　各国は、それぞれ固有の歴史的な経験を背景にして憲法を始めとする法制度、法体系などを有しておりまして、各々の社会的状況を踏まえてこの条約を実施するために必要な措置をとって対応しているものと承知しております。
　そういう前提の下で、米国について申し上げれば、同国の憲法及び法律は、言論、表現、結社についての個人の自由に関して広範な保護を含んでおり、したがって、米国はこれらの権利が米国の憲法及び法律によって保護される限度において、立法その他の措置によってこれらの権利を制限するこの条約に基づく義務、特に第4条及び第7条に基づく義務を受け入れないとの留保を付しているというふうに承知しております。
　また、スイスにつきましては、特に世界人権宣言で保障されている意見の自由及び結社の自由にしかるべき配慮を払い、第4条の実行のために必要な立法上の措置を講ずる権利を留保するというふうにしているというふうに理解しております。（第189回国会参議院法務委員会会議録第19号（平成27年8月6日）4頁）

○1965年に国連で採択された人種差別撤廃条約に日本が加入するのに30年を要した理由
外務省下川大臣官房審議官
　政府といたしましては、本条約が定めますあらゆる形態の人種差別を撤廃するとの本条約の趣旨に鑑みて、できるだけ早期に本条約を締結することが重要であると考え、検討を行っていたわけでありますが、本条約第4条の(a)及び(b)に規定する処罰義務と表現の自由等憲法の保障する基本的人権との関係をいかに調整するかなどの困難な問題があったことから、長期にわたる検討を要したところでございます。（第189回国会参議院法務委員会会議録第19号（平成27年8月6日）5頁）

○憲法第98条の趣旨を踏まえ、1995年に日本が人種差別撤廃条約に加入した段階で基本法を制定する必要があったのではないかとの意見に対する法務大臣の見解
上川法務大臣
　人種差別撤廃条約でございますけれども、締約国が人権及び基本的自由の平等な享有を確保するため、あらゆる形態の人種差別を撤廃する政策等を全ての適当な方法により遅滞なく取ることを主な内容としているということでございます。
　その意味で、本条約の締結でございますが、国際社会において人権の尊重の一層の普遍化に貢献する、こうした意味からも極めて有意義なものであるというふうに考えております。その意味で、1995年の12月に我が国は本条約に加入したものであるという理解をしているところでございます。
　もっとも、本条約の義務についてでございますが、我が国の憲法、先ほど御指摘いただきました憲法を始めとする現行の具体法制で既に担保されているものというふうに理解をしているところでございます。
　法務省といたしましては、粘り強くかつ地道な啓発活動を通じて、社会全体の人権意識を高め、いわゆるヘイトスピーチを含みます差別的な言動が許されないということである、こうした認識を醸成することによりまして、偏見や差別の解消につなげていくということが重要であるというふうに考えております。その意味で、啓蒙活動に対しましても積極的に取り組んできたところでございます。
　今回、本法案を出していただいているということでございますが、議員立法として国会に提出されたということでございまして、法務大臣といたしましても、この国会におきましての御議論、これにつきまして推移を見守ってまいりたいというふうに考えております。（第189回国会参議院法務委員会会議録第19号（平成27年8月6日）5頁）

○平成25年から平成27年7月末現在までのヘイトスピーチデモ数の推移
警察庁塩川長官官房審議官
　右派系市民グループによるデモにつきましては、平成25年中が約120件、平成26年中も約120件、本年は7月末現在で約30件、これを把握しております。
　なお、7月末現在ということで比較いたしますと、平成25年が60件、昨年、平成26年が80件、それで本年が約30件ということでございます。（第189回国会参議院法務委員会会議録第19号（平成27年8月6日）5頁）

○2001年、2010年及び2014年に公表された人種差別撤廃委員会による日本の政府報告審査に関する最終見解において勧告された事項
外務省下川大臣官房審議官
　人種差別撤廃委員会による我が国の政府報告審査に関する最終見解というのは、2001年、2010年、2014年に公表されているところでございます。
　まず、2001年に公表された最終見解では、民族的又は種族的出身者に対する権利の保障、マイノリティーに対する差別的取扱いの撤廃、アイヌ民族の権利の促進、公務員等に対する人権差別に対処するための適切な訓練等、多岐にわたる事項に関する勧告が含まれております。
　また、2010年の最終見解では、アイヌ民族の権利強化、国内人権機構の創設の検討、帰化の際の氏名の取扱い、教育制度における問題等の勧告が含まれております。
　さらに、最新の2014年の最終見解では、アイヌ政策、ヘイトスピーチ対策、国内人権機構の創設、人身取引対策等の勧告が含まれているところでございます。（第189回国会参議院法務委員会会議録第19号（平成27年8月6日）5頁）

○外国人住民に対する差別についての法務省及び地方自治体の実態調査の方法
法務省岡村人権擁護局長
　法務省においては、20を超える地方公共団体が、外国人住民を対象として調査を行っておりますので、その実施状況を集約し、その目的、対象者の選定方法、調査方法を分析するとともに、実施した地方公共団体から更に情報収集をするなどして検討を進めているところでございます。（第189回国会参議院法務委員会会議録第19号（平成27年8月6日）6頁）

○平成26年中の外国人に対する差別待遇に関する人権侵犯事案の件数
法務省岡村人権擁護局長
　昨年、平成26年中に新規に救済手続を開始いたしました外国人に対する差別待遇に関する人権侵犯事件数は73件でございます。（第189回国会参議院法務委員会会議録第19号（平成27年8月6日）6頁）

○法務省が受領している地方議会からのヘイトスピーチ及び人種差別に関する意見書数
法務省岡村人権擁護局長
　昨日8月5日までに、当局において東京都国立市議会を始めとする190の地方議会からのヘイトスピーチ及び人種差別に関する意見書を受領しております。（第189回国会参議院法務委員会会議録第19号（平成27年8月6日）7頁）

○法務大臣の本法律案に対する所感及び日本の置かれた国際的地位に対する見解
上川法務大臣
　特定の民族あるいは国籍の人々に対しまして、これを排除しようとする行動あるいは差別的な言動、こういうことにつきましては、これはあってはならないというふうに思っております。
　私も、法務大臣を就任して以来、この人権の問題については大変大事な大きなテーマであるという認識の下で、ヘイトスピーチに関しましても、様々な活動については、ポスターでありますとか、あるいは電話相談におきましても、寄り添ってしっかりと取り組むようにと。また、先ほど来御指摘がありましたけれども、地方

自治体におきましてこの間様々な調査もしているということで御指摘をいただきましたので、川崎以外の自治体につきましても幅広く情報を収集しながら、また、単にその情報の調査のデータのみならず、その背後につきましても地方自治体の皆さんからヒアリングをさせていただきながらその問題の本質に迫っていこうと、こういうことで今鋭意取り組んでいるところでございます。

こうしたことを通して実態をしっかりと把握をしながら、また、現在行っている、法務省を中心として人権擁護の施策を打ち出しているわけでありますが、啓蒙啓発につきましては、大変大事な施策を担っているということでございますので、このことにつきましても、新たな切り口がないか、取組をしていくべきではないか、こういうことも含めまして、しっかりとした考え方の下で計画的に進めてまいりたいと、こんなふうに思うところでございます。

まさにオリンピックが2020年ということでございますので、そういう意味での、人権に大変意識のある国であると、こうしたことを明確に打ち出していく大変大事な時期であるということも併せて考えると、この5年間は大変重要な時期であると強く認識しているところでございます。(第189回国会参議院法務委員会会議録第19号(平成27年8月6日)7頁)

○平成27年7月2日に公明党から提案されたヘイトスピーチ問題対策等に関する要望書に対する法務大臣の所見
上川法務大臣

先月の、7月の2日でございますけれども、ヘイトスピーチ問題対策等に関する御要望書という形で、遠山先生を座長として、矢倉先生もいらっしゃっていただきました。大変貴重な御指摘をいただいたものというふうに思っております。

何よりも、この要望書をまとめるに当たりまして様々な調査をしていただいた上で、さらに、先ほどその概要について御説明をいただきましたけれども、このヘイトスピーチという差別的言動が日本の社会の構造的な問題に背景があるということで、これが大変表出した事象ではないかと、こういう問題意識の下で具体的な提案ということをまとめていただいたということで、大変得難い御指摘をいただいたものというふうに考えているところでございます。(第189回国会参議院法務委員会会議録第19号(平成27年8月6日)10頁)

○公明党からのヘイトスピーチ実態調査実施の提案を受け、法務省が行っている調査の現状
上川法務大臣

まず、このヘイトスピーチそのものが社会問題として大きな関心を集めているということでございます。その上でどのような調査をすべきかということにつきましては、御提案の趣旨も踏まえまして検討をしながら、しかしやるべきことについては具体的に取り組んでいこうと、こういう流れの中で今動いているところでございます。

そして、目的としては何よりもこのヘイトスピーチを根絶させると。そして、そのための人権擁護に係る施策につきましても、これまで取り組んできたことで十分かどうか、さらにその上で更なる施策が必要であるかどうか、また総合的な対策としてどのようなものを考えていかなければいけないのかということも織り込みながらこの実態調査につきましても取り組んでいこうと、こんな問題を設定しているところでございます。

まず、何よりもやはりヘイトスピーチの実態につきましてしっかりと把握をするということが大事であるというふうに思っております。そしてその上で、その原因あるいは背景につきましても解明をしていくということ、このことを通して施策についても明らかになってくるのではないかというふうに思っているところでございます。

現在、地方公共団体が既に実施をしております様々な調査につきまして、現在既にやっているものそのものを収集をし、その分析をしているところでございますが、そこから更に地方自治体に対しましても追加のまたヒアリング、あるいはそれに関わる状況の中でどのような取組をしているかも含めまして、更なる情報収集を積み上げていこうということでスタートをしているところでございまして、その意味では、正確にこれまでの取組、自治体がやってくださった取組を参考にというか、しっかりとそれを踏まえた上で国としてもどのような方向で進めていくべきかと、こうしたことにおいても大変大事な情報となるのではないかと思っております。

さらに、正確に実態を把握するための調査といたしまして、現場で行われているヘイトスピーチ、あるいは

インターネット上に表れているものを対象といたしまして、ヘイトスピーチがどのように、またどの程度行われているのか、どのような問題があるのか、この現象面の調査ということにつきましても実施をする予定でございます。

こうしたヘイトスピーチの現象面に関する実態調査に加えた形で、ヘイトスピーチに係る原因、背景を解明していくために専門家の方からのヒアリング、さらには中立的な立場での調査ということにつきまして、より良い調査方法をしっかりと検討をしながら全体像を明らかにしていくという方向の中でしっかりと取り組んでまいりたいというふうに考えております。（第189回国会参議院法務委員会会議録第19号（平成27年8月6日）10頁）

○人種差別撤廃委員会の最終見解において勧告された事項についての改善に向けての法務大臣としての所感と決意
上川法務大臣

昨年の8月に国連の人種差別撤廃委員会から公表されました最終見解におきまして、我が国に対しまして、ヘイトスピーチに対処する適切な措置をとるよう求める旨の勧告が盛り込まれたということでございます。特定の民族、そして国籍の人々を排除しようとする言動、これにつきましては、そうした人々の尊厳を大きく傷つけ、また、そうした人々に対する差別意識を生じさせることにつながりかねないと。大変残念であり、また、あってはならないことだというふうに思っているところでございます。

このような言動に対しましては、現行法を適切に適用して対処すると同時に、粘り強くかつ地道な啓発活動を通じまして社会全体の人権意識をしっかりと高め、こうした言動が許されないということにつきましてその認識を醸成していくということが偏見や差別の解消につながる、まさに、おっしゃったヘイトスピーチの根絶につながるというふうに考えるところでございます。

法務省といたしましても、一人一人の人としての尊厳が守られるような、豊かなそして安心できる成熟した社会を形成するためにも、啓蒙啓発活動につきましては積極的に取り組んでまいる所存でございます。（第189回国会参議院法務委員会会議録第19号（平成27年8月6日）13頁～14頁）

○人種等差別を禁止する理由や精神について、人種差別撤廃条約が触れている箇所
外務省下川大臣官房審議官

ただいま委員から御指摘のあった条約の中で触れられているところというお話でございますが、人種差別撤廃条約の序文の7パラに、人種、皮膚の色又は種族的出身を理由とする人間の差別が諸国間の友好かつ平和的な関係に対する障害となること並びに諸国民の間の平和及び安全並びに同一の国家内に共存している人々の調和をも害するおそれがあることを再確認し、と規定しているところでございます。（第189回国会参議院法務委員会会議録第19号（平成27年8月6日）14頁）

○右派系市民グループによるデモに際し違法行為を認知した場合の対処
警察庁塩川長官官房審議官

まず警察の方の基本的なスタンスを御説明させていただきますと、警察は、ヘイトスピーチを行っていると批判されている右派系市民グループによるデモについて、トラブルから生じる違法行為の未然防止の観点から必要な警備措置を講じております。

また、これらのデモに際し違法行為を認知した場合には厳正に対処しているところでありまして、ヘイトスピーチと言われる言動につきましては、個別の事案にもよりますが、例えば刑法の脅迫罪、威力業務妨害罪などが成立する場合には、法と証拠に基づき厳正に対処しているところでありますし、平成21年には京都朝鮮第一初級学校の授業を妨害するなどした事件が発生しておりますが、これにつきまして威力業務妨害罪、名誉毀損罪等で11人を検挙しております。

いずれにしましても、厳正公平な立場から、違法行為がある場合にはこれに対して厳しく対処しているというところでございます。（第189回国会参議院法務委員会会議録第19号（平成27年8月6日）15頁）

○OECD加盟各国の人種差別禁止に係る法体制
外務省下川大臣官房審議官
　OECD加盟各国のそれぞれの法体制につきましては、固有の歴史的な体験を背景にいたしましてそれぞれの法制度、法体系を有しておりますので、必ずしもその制度の詳細につき全て把握できているわけではございません。
　その前提で申し上げますれば、外務省において調査を行った範囲では、OECD全加盟国34か国のうち大多数の加盟国においては、人種等を理由に誹謗中傷する言動又は人種等を理由とする差別を扇動、助長する言動を規制する何らかの法令があり、うち30か国において何らかの罰則を設けているものと承知しております。
　他方、韓国及び少なくとも連邦法レベルの米国におきましては、人種等を理由に誹謗中傷する言動又は人種等を理由とする差別を扇動、助長する言動を規制する法令は存在していないというふうに承知しております。（第189回国会参議院法務委員会会議録第19号（平成27年8月6日）17頁）

○ヘイトスピーチに関連した、侮辱罪や名誉毀損罪等を含んだ過去の刑事事件
法務省林刑事局長
　御指摘のような事案といたしましては、被告人4名が共謀の上、平成21年12月、京都市の京都朝鮮第一初級学校付近及びその近くの公園におきまして、同校校長らに向かって怒声を張り上げ、拡声機を用いるなどして、北朝鮮のスパイ養成機関、朝鮮学校を日本からたたき出せ、そもそもこの学校の土地も不法占拠なんですよ、ろくでなしの朝鮮学校を日本からたたき出せなどと怒号し、同公園内に置かれていた物品を倒すなどして喧騒を生じさせたことにつきまして、威力業務妨害罪、侮辱罪等によりいずれも有罪判決を受けた、こういった事案があるものと承知しております。（第189回国会参議院法務委員会会議録第19号（平成27年8月6日）17頁）

○本法律案の第3条第2項（不特定多数に対する差別的言動の禁止）に該当するような諸外国の規定ぶりの例
外務省下川大臣官房審議官
　各法制の詳細につき把握、全部できておるわけではないという前提で申し上げれば、例えばドイツでは、刑法の民族扇動罪に当たる行為として、公の平和を乱し得るような態様で、1つには、ある国籍、民族、宗教若しくは人種的起源によって特定される集団、国民の一部又は個人に対し、そのような特定の集団等に属していることを理由に憎悪をかき立て、又は暴力的若しくは恣意的な措置を求める、あるいは、特定の集団に属していることを理由に個人を冒瀆し、悪意で侮辱し若しくは中傷することによりその人間の尊厳を害するといったようなことが挙げられております。
　また、フランスでは、出版の自由に関する法律の出自等を理由とする差別等の公然の扇動罪という罪に当たる行為としまして、1つには、公の場又は集会における演説、大声又は脅迫、2つ目には、公の場又は集会において販売され又は展示される著作、印刷物、図画、この2つにより、その者の出自、特定の民族、国籍、人種、宗教への帰属、不帰属、性別等を理由とする差別、憎悪又は暴力の扇動といったようなことが挙げられているというふうに承知しております。（第189回国会参議院法務委員会会議録第19号（平成27年8月6日）18頁）

○人種差別を行った場合における名誉毀損罪、侮辱罪との関係
法務省林刑事局長
　こうした人種差別におきます現行法である刑法の侮辱罪、名誉毀損罪との関係については、一般論として申し上げれば、やはりその人種差別におけるある言動が特定の人種や国籍を有する方々に対する言動であって、それが特定の個人や団体について公然と事実を摘示してその名誉を毀損した場合には、刑法の名誉毀損罪、刑法230条でございますが、これが成立し得るわけでございます。
　また、事実を摘示しなくても、公然と人を侮辱したという場合においては、刑法の侮辱罪、刑法231条というものが成立し得ると考えております。（第189回国会参議院法務委員会会議録第19号（平成27年8月6日）20頁）

○法律上どういう形にすればヘイトスピーチが抑えられるのかについて法務大臣の見解
岩城法務大臣
　ヘイトスピーチを本当に抑え込むためには、ヘイトスピーチは決して許されないという、国民の間に広く深く浸透させることが、これは遠回りでありましても最も必要な基本的なことだと、そのように考えております。社会全体の人権意識を高め、そのような言動が許されないという認識が広く行き渡ることでヘイトスピーチの影響力が失われるとともに、そうした言動を行おうとする者が新たに生まれてくることを封じることにつながるものと考えております。
　そして、そのためには粘り強い、地道でありますけれども粘り強い啓発が必要であると考えております。また、あらゆる機会、あらゆる場面で、政府としてヘイトスピーチは許されないことであるという態度を鮮明にすることが必要であると考えております。
　そこで、法務省の人権擁護機関では、ヘイトスピーチを許さないということを明確に打ち出してポスター等で啓発活動を実施するとともに、人権相談等を通じまして人権侵害の疑いのある事案を認知した場合には、人権侵犯事件として立件した上、事案に応じた適切な措置を講じるよう努めているところでございます。（第190回国会参議院法務委員会会議録第6号（平成28年4月5日）2頁）

○ヘイトスピーチ禁止規定と表現の自由との兼ね合い
岩城法務大臣
　あくまで一般論でということでありますので申し上げさせていただきますが、個人や団体の言動を対象として取り上げる法律を制定しようとする場合には、日本国憲法が保障する表現の自由との関係が問題になり得ると考えられます。さらに、個人や団体の言動を対象として新たに法律で何らかの規制を行おうとする場合には、規制すべき範囲はどこまでか、規制すべきではない言論まで萎縮させることとならないかなど、表現の自由との関係で慎重な検討を要するものと、そのように考えております。（第190回国会参議院法務委員会会議録第6号（平成28年4月5日）3頁）

○ヘイトスピーチに対する既存法での対応
河野国家公安委員会委員長
　川崎の事案では傷害罪を適用させていただきましたし、京都では名誉毀損並びに威力業務妨害という罪を適用いたしました。そのほかにも、公務執行妨害、器物損壊、暴行、強要、様々な法令を適用できるわけでございますから、こうしたヘイトスピーチを伴うデモについては、あらゆる法令の適用をしっかり視野に入れて厳正に対処するように警察を指導してまいります。（第190回国会参議院法務委員会会議録第6号（平成28年4月5日）3頁）

○ヘイトスピーチの被害者が感じている脅威
法務省岡村人権擁護局長
　私ども法務省人権擁護局では、ヘイトスピーチの主な対象とされている在日韓国・朝鮮人の方々やデモ等が行われた地域の住民の方々からの聞き取り調査を行ったところでございますが、その中でも、在日韓国・朝鮮人の方々からは、ヘイトスピーチを受けたことによる恐怖、怒り、悔しさなどを詳細に語っていただけました。
　その一部を御紹介いたしますと、例えば、日本から出ていけなどという言葉は自分たちの存在そのものを否定する言葉であり、怒りや悲しみを感じたという声、殺すぞなどという言葉を聞くと、日常生活においても中傷や批判の対象になったり身体的に傷つけられるのではないかという恐怖を感じたという声、さらに、民族を蔑称で呼ぶなど属性を理由としておとしめるような言葉は反論ができなくなり、抑圧的であるという声などがございました。（第190回国会参議院法務委員会会議録第6号（平成28年4月5日）7頁）

3．条約・国際機関関係

3−1　人種差別撤廃条約Q＆A

　人種差別撤廃条約(※)についてより理解を深めていただくために、一問一答で条約の規定の内容について説明します。

Q1　この条約の対象となる人種差別とは何ですか。
A1　この条約の対象とする人種差別については、この条約の第1条1において、「人種、皮膚の色、世系又は民族的若しくは種族的出身に基づくあらゆる区別、排除、制限又は優先であって、政治的、経済的、社会的、文化的その他のあらゆる公的生活の分野における平等の立場での人権及び基本的自由を認識し、享有し又は行使することを妨げ又は害する目的又は効果を有するもの」と定義されています。
　この規定において差別事由とされている「人種」、「皮膚の色」、「世系」及び「民族的若しくは種族的出身」については、この条約の適用上、必ずしも相互に排他的なものではありません。この条約の適用上、「人種」とは、社会通念上、皮膚の色、髪の形状等身体の生物学的諸特徴を共有するとされている人々の集団を指し、「皮膚の色」とは、このような生物学的諸特徴のうち、最も代表的なものを掲げたものと考えられます。また、「民族的若しくは種族的出身」とは、この条約の適用上、いずれも社会通念上、言語、宗教、慣習等文化的諸特徴を共有するとされている人々の集団の出身であることを指すものと考えられます。更に、「世系」とは、この条約の適用上、人種、民族からみた系統を表す言葉であり、例えば、日系、黒人系といったように、過去の世代における人種又は皮膚の色及び過去の世代における民族的又は種族的出身に着目した概念であり、生物学的・文化的諸特徴に係る範疇を超えないものであると解されます。

Q2　アイヌの人々や在日韓国・朝鮮人は、この条約の対象に含まれるのですか。
A2　アイヌの人々については、現在、様々な議論がなされているところですが、独自の宗教及び言語を有し、また、文化の独自性を有していること等より、社会通念上、文化的諸特徴を共有するとされている人々の出身者であると考えられますので、この条約にいう「民族的若しくは種族的出身」の範疇に含まれるといって差し支えないと認識しています。また、この条約は、社会通念上、生物学的若しくは文化的な諸特徴を共有していることに基づく差別を遍く禁止するものであるので、Q4の答で述べるような「国籍」の有無という法的地位に基づく異なる取扱いに当たらない限り、在日韓国・朝鮮人を始めとする我が国に在留する外国人についても、これらの事由に基づく差別が行われる場合には、この条約の対象となります。

Q3　第1条の人種差別の定義にいう「公的生活」とは、どういう意味ですか。
A3　「公的生活（public life）」の意味とは、国や地方公共団体の活動等に限らず、企業の活動等も含む人間の社会の一員としての活動全般を指すものと解されます。つまり、人間の活動分野のうち、特定少数の者を対象とする純粋に私的な個人の自由に属する活動を除いた、不特定多数の者を対象とするあらゆる活動を含むものと解されます。

Q4　「国籍」による区別は、この条約の対象となるのですか。
A4　この条約上、「人種差別」とは、「人種、皮膚の色、世系又は民族的若しくは種族的出身に基づく」差別と定義されていることより、「国籍」による区別は対象としていないと解されます。この点については、第1条2において、締約国が市民としての法的地位に基づいて行う区別等については、本条約の適用外であるとの趣旨の規定が置かれたことにより、締約国が行う「国籍」の有無という法的地位に基づく異なる取扱いはこの条約の対象とはならないことが明確にされています。
　ただし、「国籍」の有無による異なる取扱いが認められるかは、例えば、参政権が公権力の行使又は国家の意思の形成に参画する行為という合理的な根拠を持っているように、このような取扱いに合理的な根拠のある場合に限られ、例えば、賃貸住宅における入居差別のように、むしろ人種、民族的、種族的出身等に基づく差別とみ

なすべきものは、この条約の対象となると考えられます。

Q5 この条約の第2条1(d)は、いかなる個人、集団又は団体による人種差別も禁止する旨規定しています。これは、私人間における人種差別の禁止を意味するものなのですか。
A5 第2条1(d)の規定は、締約国があらゆる形態の人種差別を撤廃する政策及びあらゆる人種間の理解を促進する政策をすべての適当な方法により遅滞なくとることを目的として、私人間の人種差別を禁止し、終了させるべきことを定めたものです。
　私人間の人種差別の禁止、撤廃については、第5条において具体的な権利が明示的に規定されていますが、この条項は、一般的な形で締約国の基本的義務を定めたものです。また、この条項は、「すべての適当な方法（状況により必要とされるときは、立法を含む）により」と規定されていますが、これは、立法が状況によって必要とされ、かつ、立法することが適当な場合に立法措置をとることも含め、締約国が適当と判断する方法により、私人間の差別を撤廃する義務を定めたものであると解されます。

Q6 日本はこの条約の締結に当たって第4条(a)及び(b)に留保を付してますが、その理由はなぜですか。
A6 第4条(a)及び(b)は、「人種的優越又は憎悪に基づくあらゆる思想の流布」、「人種差別の扇動」等につき、処罰立法措置をとることを義務づけるものです。
　これらは、様々な場面における様々な態様の行為を含む非常に広い概念ですので、そのすべてを刑罰法規をもって規制することについては、憲法の保障する集会、結社、表現の自由等を不当に制約することにならないか、文明評論、政治評論等の正当な言論を不当に萎縮させることにならないか、また、これらの概念を刑罰法規の構成要件として用いることについては、刑罰の対象となる行為とそうでないものとの境界がはっきりせず、罪刑法定主義に反することにならないかなどについて極めて慎重に検討する必要があります。我が国では、現行法上、名誉毀損や侮辱等具体的な法益侵害又はその侵害の危険性のある行為は、処罰の対象になっていますが、この条約第4条の定める処罰立法義務を不足なく履行することは以上の諸点等に照らし、憲法上の問題を生じるおそれがあります。このため、我が国としては憲法と抵触しない限度において、第4条の義務を履行する旨留保を付することにしたものです。
　なお、この規定に関しては、1996年6月現在、日本のほか、米国及びスイスが留保を付しており、英国、フランス等が解釈宣言を行っています。

Q7 第5条の冒頭の第1文は、どのような趣旨ですか。特に、第2条及び第5条(a)～(f)とは、どのような関係にあるのでしょうか。
A7 第5条は、既にQ5の答で述べたとおり、第2条が一般的な形で締約国の基本的義務を定めているのを受けて、締約国が様々な人権を保障するに当たって、あらゆる形態の人種差別を禁止し撤廃すべきことを定めるにとどまらず、法律の前の平等を保障すべきことを定め、第2条の義務の履行をより具体的な形で確保しようとしたものです。また、この条では、人種差別が特に生じやすいと考えられる権利について、(a)から(f)に例示的に列挙しています。

Q8 第8条において、人種差別の撤廃に関する委員会の設置が規定されていますが、どのようなことをする委員会なのですか。
A8 人種差別の撤廃に関する委員会（以下「委員会」）は、(1)締約国から得た報告及び情報の検討に基づく提案及び勧告を行うこと(2)他の締約国がこの条約の諸規定を実現していないと認める場合の締約国の注意喚起を受理し検討することなどのために設置されたものです。委員会の委員数は18人、任期は4年で、個人の資格で任務を遂行することとなっています。
　なお、各締約国は、この条約の第9条により、委員会による検討のため、当該締約国についてこの条約の効力が生ずる時から1年以内に、また、その後は2年ごとに、更には、委員会が要請する時に、この条約の諸規定の実現のためにとった立法上、司法上、行政上その他の措置に関する報告を国連事務総長に提出する義務を負っています。

Q9 この条約によって、具体的に何が変わるのですか。
A9 この条約上の義務は、我が国の憲法をはじめとする現行国内法制で既に担保されています。しかし、人権擁護に関しては、法制度面のみならず、意識面、実態面において不断の努力によって更に向上させることが必要かつ重要です。この条約の締結を契機に、行政府内のみならず、国民の間に人種差別も含めあらゆる差別を撤廃すべきとの意識が高まり、一層の人権擁護が図られていくことが重要であると考えています。

(出所) 外務省ホームページ「人種差別撤廃条約（あらゆる形態の人種差別の撤廃に関する国際条約）」〈http://www.mofa.go.jp/mofaj/gaiko/jinshu/ top.html〉より作成（最終アクセス 平成28年8月25日）

※人種差別撤廃条約（あらゆる形態の人種差別の撤廃に関する国際条約）は、人権及び基本的自由の平等を確保するため、あらゆる形態の人種差別を撤廃する政策等を、すべての適当な方法により遅滞なくとることなどを主な内容とします。1965年の第20回国連総会において採択され、1969年に発効しました。日本は1995年に加入しました。

3-2　あらゆる形態の人種差別の撤廃に関する国際条約（抄）

　この条約の締約国は、
　国際連合憲章がすべての人間に固有の尊厳及び平等の原則に基礎を置いていること並びにすべての加盟国が、人種、性、言語又は宗教による差別のないすべての者のための人権及び基本的自由の普遍的な尊重及び遵守を助長し及び奨励するという国際連合の目的の一を達成するために、国際連合と協力して共同及び個別の行動をとることを誓約したことを考慮し、
　世界人権宣言が、すべての人間は生まれながらにして自由であり、かつ、尊厳及び権利について平等であること並びにすべての人がいかなる差別をも、特に人種、皮膚の色又は国民的出身による差別を受けることなく同宣言に掲げるすべての権利及び自由を享有することができることを宣明していることを考慮し、
　すべての人間が法律の前に平等であり、いかなる差別に対しても、また、いかなる差別の扇動に対しても法律による平等の保護を受ける権利を有することを考慮し、
　国際連合が植民地主義並びにこれに伴う隔離及び差別のあらゆる慣行（いかなる形態であるかいかなる場所に存在するかを問わない。）を非難してきたこと並びに1960年12月14日の植民地及びその人民に対する独立の付与に関する宣言（国際連合総会決議第1514号（第15回会期））がこれらを速やかにかつ無条件に終了させる必要性を確認し及び厳粛に宣明したことを考慮し、
　1963年11月20日のあらゆる形態の人種差別の撤廃に関する国際連合宣言（国際連合総会決議第1904号（第18回会期））が、あらゆる形態及び表現による人種差別を全世界から速やかに撤廃し並びに人間の尊厳に対する理解及び尊重を確保する必要性を厳粛に確認していることを考慮し、
　人種の相違に基づく優越性のいかなる理論も科学的に誤りであり、道徳的に非難されるべきであり及び社会的に不正かつ危険であること並びに理論上又は実際上、いかなる場所においても、人種差別を正当化することはできないことを確信し、
　人種、皮膚の色又は種族的出身を理由とする人間の差別が諸国間の友好的かつ平和的な関係に対する障害となること並びに諸国民の間の平和及び安全並びに同一の国家内に共存している人々の調和をも害するおそれがあることを再確認し、
　人種に基づく障壁の存在がいかなる人間社会の理想にも反することを確信し、
　世界のいくつかの地域において人種差別が依然として存在していること及び人種的優越又は憎悪に基づく政府の政策（アパルトヘイト、隔離又は分離の政策等）がとられていることを危険な事態として受けとめ、
　あらゆる形態及び表現による人種差別を速やかに撤廃するために必要なすべての措置をとること並びに人種間の理解を促進し、いかなる形態の人種隔離及び人種差別もない国際社会を建設するため、人種主義に基づく理論及び慣行を防止し並びにこれらと戦うことを決意し、
　1958年に国際労働機関が採択した雇用及び職業についての差別に関する条約及び1960年に国際連合教育科学文化機関が採択した教育における差別の防止に関する条約に留意し、

あらゆる形態の人種差別の撤廃に関する国際連合宣言に具現された原則を実現すること及びこのための実際的な措置を最も早い時期にとることを確保することを希望して、
次のとおり協定した。

第１部

第１条
1　この条約において、「人種差別」とは、人種、皮膚の色、世系又は民族的若しくは種族的出身に基づくあらゆる区別、排除、制限又は優先であって、政治的、経済的、社会的、文化的その他のあらゆる公的生活の分野における平等の立場での人権及び基本的自由を認識し、享有し又は行使することを妨げ又は害する目的又は効果を有するものをいう。
2　この条約は、締約国が市民と市民でない者との間に設ける区別、排除、制限又は優先については、適用しない。
3　この条約のいかなる規定も、国籍、市民権又は帰化に関する締約国の法規に何ら影響を及ぼすものと解してはならない。ただし、これらに関する法規は、いかなる特定の民族に対しても差別を設けていないことを条件とする。
4　人権及び基本的自由の平等な享有又は行使を確保するため、保護を必要としている特定の人種若しくは種族の集団又は個人の適切な進歩を確保することのみを目的として、必要に応じてとられる特別措置は、人種差別とみなさない。ただし、この特別措置は、その結果として、異なる人種の集団に対して別個の権利を維持することとなってはならず、また、その目的が達成された後は継続してはならない。

第２条
1　締約国は、人種差別を非難し、また、あらゆる形態の人種差別を撤廃する政策及びあらゆる人種間の理解を促進する政策をすべての適当な方法により遅滞なくとることを約束する。このため、
(a)　各締約国は、個人、集団又は団体に対する人種差別の行為又は慣行に従事しないこと並びに国及び地方のすべての公の当局及び機関がこの義務に従って行動するよう確保することを約束する。
(b)　各締約国は、いかなる個人又は団体による人種差別も後援せず、擁護せず又は支持しないことを約束する。
(c)　各締約国は、政府（国及び地方）の政策を再検討し及び人種差別を生じさせ又は永続化させる効果を有するいかなる法令も改正し、廃止し又は無効にするために効果的な措置をとる。
(d)　各締約国は、すべての適当な方法（状況により必要とされるときは、立法を含む。）により、いかなる個人、集団又は団体による人種差別も禁止し、終了させる。
(e)　各締約国は、適当なときは、人種間の融和を目的とし、かつ、複数の人種で構成される団体及び運動を支援し並びに人種間の障壁を撤廃する他の方法を奨励すること並びに人種間の分断を強化するようないかなる動きも抑制することを約束する。
2　締約国は、状況により正当とされる場合には、特定の人種の集団又はこれに属する個人に対し人権及び基本的自由の十分かつ平等な享有を保障するため、社会的、経済的、文化的その他の分野において、当該人種の集団又は個人の適切な発展及び保護を確保するための特別かつ具体的な措置をとる。この措置は、いかなる場合においても、その目的が達成された後、その結果として、異なる人種の集団に対して不平等な又は別個の権利を維持することとなってはならない。

第４条
締約国は、一の人種の優越性若しくは一の皮膚の色若しくは種族的出身の人の集団の優越性の思想若しくは理論に基づくあらゆる宣伝及び団体又は人種的憎悪及び人種差別（形態のいかんを問わない。）を正当化し若しくは助長することを企てるあらゆる宣伝及び団体を非難し、また、このような差別のあらゆる扇動又は行為を根絶することを目的とする迅速かつ積極的な措置をとることを約束する。このため、締約国は、世界人権宣言に具現された原則及び次条に明示的に定める権利に十分な考慮を払って、特に次のことを行う。
(a)　人種的優越又は憎悪に基づく思想のあらゆる流布、人種差別の扇動、いかなる人種若しくは皮膚の色若しく

は種族的出身を異にする人の集団に対するものであるかを問わずすべての暴力行為又はその行為の扇動及び人種主義に基づく活動に対する資金援助を含むいかなる援助の提供も、法律で処罰すべき犯罪であることを宣言すること。
(b) 人種差別を助長し及び扇動する団体及び組織的宣伝活動その他のすべての宣伝活動を違法であるとして禁止するものとし、このような団体又は活動への参加が法律で処罰すべき犯罪であることを認めること。
(c) 国又は地方の公の当局又は機関が人種差別を助長し又は扇動することを認めないこと。

第5条
　第2条に定める基本的義務に従い、締約国は、特に次の権利の享有に当たり、あらゆる形態の人種差別を禁止し及び撤廃すること並びに人種、皮膚の色又は民族的若しくは種族的出身による差別なしに、すべての者が法律の前に平等であるという権利を保障することを約束する。
(a) 裁判所その他のすべての裁判及び審判を行う機関の前での平等な取扱いについての権利
(b) 暴力又は傷害（公務員によって加えられるものであるかいかなる個人、集団又は団体によって加えられるものであるかを問わない。）に対する身体の安全及び国家による保護についての権利
(c) 政治的権利、特に普通かつ平等の選挙権に基づく選挙に投票及び立候補によって参加し、国政及びすべての段階における政治に参与し並びに公務に平等に携わる権利
(d) 他の市民的権利、特に、
　　(i) 国境内における移動及び居住の自由についての権利
　　(ii) いずれの国（自国を含む。）からも離れ及び自国に戻る権利
　　(iii) 国籍についての権利
　　(iv) 婚姻及び配偶者の選択についての権利
　　(v) 単独で及び他の者と共同して財産を所有する権利
　　(vi) 相続する権利
　　(vii) 思想、良心及び宗教の自由についての権利
　　(viii) 意見及び表現の自由についての権利
　　(ix) 平和的な集会及び結社の自由についての権利
(e) 経済的、社会的及び文化的権利、特に、
　　(i) 労働、職業の自由な選択、公正かつ良好な労働条件、失業に対する保護、同一の労働についての同一報酬及び公正かつ良好な報酬についての権利
　　(ii) 労働組合を結成し及びこれに加入する権利
　　(iii) 住居についての権利
　　(iv) 公衆の健康、医療、社会保障及び社会的サービスについての権利
　　(v) 教育及び訓練についての権利
　　(vi) 文化的な活動への平等な参加についての権利
(f) 輸送機関、ホテル、飲食店、喫茶店、劇場、公園等一般公衆の使用を目的とするあらゆる場所又はサービスを利用する権利

第2部

第8条
1　締約国により締約国の国民の中から選出される徳望が高く、かつ、公平と認められる18人の専門家で構成する人種差別の撤廃に関する委員会（以下「委員会」という。）を設置する。委員会の委員は、個人の資格で職務を遂行する。その選出に当たっては、委員の配分が地理的に衡平に行われること並びに異なる文明形態及び主要な法体系が代表されることを考慮に入れる。
2　委員会の委員は、締約国により指名された者の名簿の中から秘密投票により選出される。各締約国は、自国民の中から1人を指名することができる。
3　委員会の委員の最初の選挙は、この条約の効力発生の日の後6箇月を経過した時に行う。国際連合事務総長

は、委員会の委員の選挙の日の遅くとも3箇月前までに、締約国に対し、自国が指名する者の氏名を2箇月以内に提出するよう書簡で要請する。同事務総長は、指名された者のアルファベット順による名簿（これらの者を指名した締約国名を表示した名簿とする。）を作成し、締約国に送付する。
4　委員会の委員の選挙は、国際連合事務総長により国際連合本部に招集される締約国の会合において行う。この会合は、締約国の3分の2をもって定足数とする。この会合においては、出席しかつ投票する締約国の代表によって投じられた票の最多数で、かつ、過半数の票を得た指名された者をもって委員会に選出された委員とする。
5　(a)　委員会の委員は、4年の任期で選出される。ただし、最初の選挙において選出された委員のうち9人の委員の任期は、2年で終了するものとし、これらの9人の委員は、最初の選挙の後直ちに、委員会の委員長によりくじ引きで選ばれる。
　(b)　締約国は、自国の専門家が委員会の委員としての職務を遂行することができなくなった場合には、その空席を補充するため、委員会の承認を条件として自国民の中から他の専門家を任命する。
6　締約国は、委員会の委員が委員会の任務を遂行している間、当該委員に係る経費について責任を負う。

第9条
1　締約国は、次の場合に、この条約の諸規定の実現のためにとった立法上、司法上、行政上その他の措置に関する報告を、委員会による検討のため、国際連合事務総長に提出することを約束する。
(a)　当該締約国についてこの条約が効力を生ずる時から1年以内
(b)　その後は2年ごとに、更には委員会が要請するとき。
　委員会は、追加の情報を締約国に要請することができる。
2　委員会は、その活動につき国際連合事務総長を通じて毎年国際連合総会に報告するものとし、また、締約国から得た報告及び情報の検討に基づく提案及び一般的な性格を有する勧告を行うことができる。これらの提案及び一般的な性格を有する勧告は、締約国から意見がある場合にはその意見と共に、総会に報告する。

(出所) 外務省ホームページ「人種差別撤廃条約　全文（和文、英文）」
〈http://www.mofa.go.jp/mofaj/gaiko/jinshu/conv_j.html〉より抜粋（最終アクセス　平成28年8月25日）

3-3　人種差別撤廃委員会「日本の第7回・第8回・第9回定期報告に関する最終見解（抄）」

(仮訳)

CERD/C/JPN/CO/7-9
配布：一般
2014年9月26日
原文：英語

人種差別撤廃委員会

日本の第7回・第8回・第9回定期報告に関する最終見解（抄）

1．委員会は、2014年8月20日及び21日に開催された第2309回及び第2310回会合（CERD/C/SR. 2309 and 2310）において、日本の第7回・第8回・第9回定期報告（CERD/C/JPN/7-9）を審査した。委員会は、2014年8月28日に開催された第2320回及び第2321回会合において、下記の最終見解を採択した。

C．懸念事項及び勧告

人種差別の定義

7．委員会は，平等及び非差別の原則を規定する日本国憲法第14条第1項における人種差別の定義が，民族的あるいは種族的出身，皮膚の色，あるいは世系に基づくものを含まず，したがって，本条約第1条の要求を完全には満たしていないことを懸念する。同様に，国内法制において人種差別の十分な定義は存在しない（第1条及び第2条）。

委員会は，締約国が，本条約第1条1に完全に従って，民族的あるいは種族的出身，皮膚の色及び世系に基づくものを組み込んだ，包括的な人種差別の定義を締約国の法制において採択することを勧告する。

人種差別を禁止する特別かつ包括的な法の欠如

8．委員会は，いくつかの法律が人種差別に反対する規定を含むことに留意するものの，人種差別の行為及び事件が締約国において発生し続けており，また締約国が，被害者が人種差別に対する適切な法的救済を追求することを可能にする，人種差別の禁止に関する特別かつ包括的な法を未だ制定していないことを懸念する（第2条）。

委員会は，締約国に対し，条約第1条及び第2条に従って，人種差別の被害者が適切な法的救済を追求することを可能にする，直接的及び間接的双方において人種差別を禁止する特別かつ包括的な法を採択することを促す。

国内人権機構

9．委員会は，締約国がパリ原則に完全に従った国内人権機構を未だ設置していないことを懸念する。これに関連して，委員会は，人権委員会設置法案の審査が，衆議院の解散に伴い2012年に打ち切られたこと，及び国内人権機構を設置するための進展が，非常に遅いことに留意する（第2条）。

条約の実施を促進するための国内機構の設置に関する一般的勧告17（1994年）に留意し，委員会は，締約国に対し，人権委員会設置法案の検討を速やかに再開し，適切な人的及び財政的資源並びに人種差別の申立てに対処するための権限を与えつつ，パリ原則（国連総会決議48/134）に完全に従って，独立した国内人権機構の設置の観点からその採用を推進することを勧告する。

法の条約第4条の適合性

10．委員会は，条約第4条(a)及び(b)に関する締約国の留保の撤回あるいは範囲の縮小のための委員会の勧告に関する，締約国の立場及び提供された理由に留意するものの，留保を維持するとする締約国の決定を遺憾に思う。委員会は，人種差別的思想の流布あるいは表現が，刑法上の名誉毀損及び他の犯罪を構成し得ることに留意するものの，締約国の法制が条約第4条の全ての規定を完全に遵守していないことを懸念する（第4条）。

委員会は，締約国に対し，その立場を再び見直し，第4条(a)及び(b)に対する留保の撤回を検討することを奨励する。人種差別的ヘイトスピーチへの対処に関する委員会の一般的勧告15（1993）及び35（2013）を想起し，委員会は，締約国が，第4条の規定を実施するために，法の改正，とりわけ刑法を改正するための適切な措置をとることを勧告する。

ヘイトスピーチ及びヘイトクライム

11．委員会は，締約国内において，外国人やマイノリティ，とりわけ韓国・朝鮮人に対し，人種差別的デモ・集会を行う右翼運動や団体により，差し迫った暴力の扇動を含むヘイトスピーチが広がっているという報告を懸

念する。また、委員会は公人や政治家による発言がヘイトスピーチや憎悪の扇動になっているという報告にも懸念する。委員会は、ヘイトスピーチの広がりや、デモ・集会やインターネットを含むメディアにおける人種差別的暴力と憎悪の扇動の広がりについても懸念する。さらに、委員会は、これらの行動が必ずしも適切に捜査及び起訴されていないことを懸念する（第4条）。

人種差別的ヘイトスピーチへの対処に関する一般的勧告35（2013年）を想起し、委員会は、人種差別的スピーチを監視し対処する措置は、抗議の表現を奪う口実として使われるべきではないことを想起する。しかしながら、委員会は、締約国に人種差別的ヘイトスピーチやヘイトクライムから保護する必要のある社会的弱者の権利を擁護する重要性を喚起する。それゆえ、委員会は、締約国に以下の適切な措置をとるよう勧告する。
(a) 憎悪及び人種差別の表明、デモ・集会における人種差別的暴力及び憎悪の扇動にしっかりと対処すること。
(b) インターネットを含むメディアにおいて、ヘイトスピーチに対処する適切な措置をとること。
(c) そのような行動について責任がある個人や団体を捜査し、必要な場合には、起訴すること。
(d) ヘイトスピーチを広めたり、憎悪を扇動した公人や政治家に対して適切な制裁措置をとることを追求すること。
(e) 人種差別につながる偏見に対処し、また国家間及び人種的あるいは民族的団体間の理解、寛容、友情を促進するため、人種差別的ヘイトスピーチの原因に対処し、教授法、教育、文化及び情報に関する措置を強化すること。

D．他の勧告

特別の重要性を有する勧告

33．委員会はまた、上記パラグラフ11，19，21及び23に含まれる勧告が特に重要であることにつき締約国の注意を喚起するものであり、締約国に対し、次回の定期報告においてそれらを実施するためにとられた具体的施策に関する詳細な情報を提供することを要請する。

(出所) 外務省ホームページ「第7回・第8回・第9回政府報告に関する人種差別撤廃委員会の最終見解（仮訳）」
〈http://www.mofa.go.jp/mofaj/files/000060749.pdf〉より抜粋（最終アクセス 平成28年8月25日）

3-4　自由権規約委員会「日本の第6回定期報告に関する最終見解（抄）」

(仮訳)

CCPR/C/JPN/CO/6
配布：一般
2014年8月20日
原文：英語

自由権規約委員会

日本の第6回定期報告に関する最終見解[1]（抄）

1．自由権規約委員会は、日本の第6回定期報告（CCPR/C/JPN/6）を、2014年7月15日及び16日に開催された第3080回及び第3081回会合（CCPR/C/SR.3080, CCPR/C/SR.3081）において審査し、2014年7月23日に開催された第3091回及び第3092回会合（CCPR/C/SR.3091, CCPR/C/SR.3092）において、以下の最終見解を採択した。

C. 主な懸念事項及び勧告

国内人権機構

7. 委員会は，２０１２年１１月の人権委員会設置法案の廃案以降，締約国に統合された国内人権機構を設置するための如何なる前進も見られないことに遺憾の意をもって留意する（第２条）。

委員会は，前回の勧告（CCPR/C/JPN/CO/5, para. 9）を想起し，締約国に対し，パリ原則（General Assembly resolution 48/134, annex）に沿って，幅広い人権に関する権限を有する独立した国内人権機構の設置を再検討し，機構に対して適切な財政的及び人的資源を提供することを勧告する。

ヘイトスピーチ及び人種差別

１２．委員会は，韓国・朝鮮人，中国人，部落民といったマイノリティ集団のメンバーに対する憎悪や差別を煽り立てている人種差別的言動の広がり，そして，こうした行為に刑法及び民法上の十分な保護措置がとられていないことについて，懸念を表明する。委員会は，当局の許可を受けている過激派デモの数の多さや，外国人生徒を含むマイノリティに対し行われる嫌がらせや暴力，そして「Japanese only」などの張り紙が民間施設に公然と掲示されていることについても懸念を表明する。

締約国は，差別，敵意，暴力を煽り立てる人種的優位性や憎悪を唱道する全てのプロパガンダを禁止すべきである。また，こうしたプロパガンダを広めようとするデモを禁止すべきである。締約国はまた，人種差別に対する啓発活動に十分な資源を割り振り，裁判官，検察官，警察官が憎悪や人種差別的な動機に基づく犯罪を発見するよう研修を行うようにすべく，更なる努力を払うべきである。締約国はまた，人種差別的な攻撃を防止し，容疑者らを徹底的に捜査・訴追し，有罪の場合には適切な処罰がなされるよう必要な全ての措置を取るべきである。

（外務省注：訳文中の「締約国」は，日本を指す。太字部分は勧告部分。「主な懸念事項及び勧告」の件名には下線を付した。）

（出所）外務省ホームページ「規約第40条(b)に基づく第6回報告に関する自由権規約委員会の最終見解（2014年7月24日）」〈http://www.mofa.go.jp/mofaj/files/000054774.pdf〉より抜粋（最終アクセス 平成28年8月25日）

1 第１１１会期（２０１４年７月７日－２５日）にて同規約委員会により採択された。

4．その他

4-1　第190回国会参・衆議院法務委員会の主要会議録

(1) 第190回国会参議院法務委員会会議録第4号（平成28年3月22日）

○委員長（魚住裕一郎君）　ただいまから法務委員会を開会いたします。
　参考人の出席要求に関する件についてお諮りいたします。
　人種等を理由とする差別の撤廃のための施策の推進に関する法律案の審査のため、本日の委員会に大東文化大学大学院法務研究科教授浅野善治君、外国法事務弁護士スティーブン・ギブンズ君、龍谷大学法科大学院教授金尚均君及び社会福祉法人青丘社川崎市ふれあい館職員崔江以子さんを参考人として出席を求め、その意見を聴取することに御異議ございませんか。
　〔「異議なし」と呼ぶ者あり〕
○委員長（魚住裕一郎君）　御異議ないと認め、さよう決定いたします。
　　　　　─────────────
○委員長（魚住裕一郎君）　人種等を理由とする差別の撤廃のための施策の推進に関する法律案を議題とし、参考人から御意見を伺います。
　この際、参考人の方々に一言御挨拶申し上げます。
　本日は、御多用のところ本委員会に御出席いただきまして、誠にありがとうございます。
　参考人の皆様方から忌憚のない御意見を賜り、今後の審査の参考にいたしたいと存じますので、どうぞよろしくお願いいたします。
　議事の進め方について申し上げます。
　まず、浅野参考人、ギブンズ参考人、金参考人、崔参考人の順に、お一人15分程度で御意見をお述べいただきまして、その後、各委員からの質疑にお答えをいただきたいと存じます。
　なお、意見の陳述、質疑及び答弁のいずれも着席のままで結構でございますが、御発言の際は、その都度、委員長の許可を得ることとなっております。また、各委員の質疑時間が限られておりますので、御答弁は簡潔にお願いをいたします。
　それでは、浅野参考人からお願いいたします。浅野参考人。
○参考人（浅野善治君）　大東文化大学の浅野でございます。
　本日は、このような機会をいただき、誠にありがとうございます。
　人種等を理由とする差別の撤廃のための施策の推進に関する法律案についてということでございますけれども、憲法的な観点からの問題点というものは、調査室からいただきました資料の中にもたくさん御指摘ございますし、また、これまでの委員会の御議論の中でもたくさん取り上げてきているところでございますので、こうした憲法的な視点ということだけではなく、むしろ立法学的な視点ということも加えて、少し考えているところを述べさせていただきたいというふうに思います。
　まず最初に、人種等を理由とする差別に対する私の基本的な考え方というものを明らかにしておきたいというふうに思います。
　人種等を理由とする不当な差別というものは、これは社会的にまず許されるべきではないというように思っておりまして、こうした不当な差別的行為には社会は厳然として対処していくべきだというふうに考えております。こういう考え方、こういう基本的な考え方につきましては、今回法律案を御提案なさっていらっしゃる発議者の方々ですとか、あるいは今回の法律案の基礎となっている理念というものと異なるところはないのではないかというように思っております。
　今回は、こうした差別の撤廃のための施策として法律の制定ということをお考えになるということですけれども、社会には多様な価値観ですとか多様な意見というものが存在いたします。そういう多様な価値観あるいは多様な意見の中で自由な議論を行い、社会が何が許されない人種等を理由とする不当な差別なのかということを判断し、社会がそういう議論の中で不当な差別の解消に向けた厳然としたその対処というものを決定していくということが望ましい姿ではないかというように考えております。
　そうした中で、国ですとか自治体は一体どういう役割を果たすかということでございますが、社会がこうした差別の解消に向けた適切な判断ができるように環境を整えていくという、そういう形での関与というのが望ましいというふうに思っております。そういったことによって、環境を整えることによって社会のそういう積極的な取組というものが促進されていくと、こういう姿が望ましい、そんなふうに考えております。
　ただ、社会の中でこうした不当な差別というものが行われていく中で具体的に発生してくるところの権利の侵害ですとか、あるいは社会に対する危険というものが発生してくるとすれば、これを防止していくということも国とか自治体の重要な役割ではな

いかと、このように考えております。

今回は法律を制定してということでございますが、法律を制定するということの意義について少し述べさせていただきたいというふうに思います。

法律をなぜ制定するのか、あるいは、なぜ法律を制定しなければならないのかということでございますけれども、法律を制定しなければならない事項として、よく法律事項という言葉が使われています。この法律事項という言葉あるいは法律を制定しなければならないことということは、法の機能ということと大きく関係してきます。

法律には法律にしかできない機能というものがあるわけでして、それはどういうことかというふうに申し上げますと、それは、法律の規定する内容というものをその適用対象の意思のいかんにかかわらず強制することができる機能、これが法の持っている機能ということになるかと思います。法の強要性という言い方がされますが、法律に制定された内容については、国民の自由を制限してでも権利が一方的、形成的に実現ができると、こういったことになるかと思います。また、逆に、法律によらなければ国民の自由は制限されないというふうにも意味しておりまして、権力はその内容を形成的、一方的に実現するためには法律によらなければならないということを意味することにもなります。

ですから、そういった中で法律を制定するということですから、権力を適切にコントロールして国民の自由を守るという、そういう意味を法律というのは持っているというふうに思います。ですから、法律をもって規定する場合には、その法律で規定すべきこと、あるいは法律によって規制すべき場合というものについてはこのような観点から慎重な検討をなされなければならないと、このように実は思っております。

今回の法律案でございますが、題名が人種等を理由とする差別の撤廃のための施策の推進に関する法律というようになっておりますが、これをもう少し言葉を補ってその内容を明確にさせようとするとすれば、人種等を理由とする差別の公権力による撤廃のための施策、公権力の施策ですね、の推進を定める法律ということでして、公権力の使い方、それを定めている法律ということになるかと思います。

今回の法律案の基盤といたしましては、人種等を理由とする不当な差別行為は社会的に許されないと、許さない、許されないということですけれども、この認識自体は私の基本的な考え方と異なるところはございませんが、そのような社会的に許されないということを実現していくために、何が許されない不当な差別行為であるかということと、それから、その許されない不当な差別的行為に対してどのような防止措置をとるかということを判断していくということが必要になります。

こういう判断を一体誰がどのように行っていくのかということが実は重要な問題ではないかというふうに考えております。こういう不当な差別行為は何かとか、あるいはどういうようなその防止措置をとっていくのかということを、公権力が裁量によって判断をする方がいいのか、あるいは社会の自由な議論の中で判断していく方がいいのかということになるかと思います。

今回のヘイトスピーチ規制というような憲法上極めて重要な表現の自由というもの、基本的人権の中核を成すような、そういう価値というものを制限する場合には、公権力による裁量判断というものは適切ではなく、やはりその社会の自由な議論によって規制されていくものが判断されていくということが望まれるかと思います。もちろん、このような非常に重要な権利であったとしても、公権力はそこに対する何らの制約はできないというわけではないというふうに考えております。

では、どういう場合かということになりますが、社会の自由な判断に任せておくとすれば、個人の権利が侵害される、あるいは社会に対して具体的な危険を生じさせてしまう、そういうような場合についてはそこに公権力が制約を加えるということが必要になるかと思います。

言ってみれば、社会が自由に判断をする価値というものを制約してでも確保しなければならない個人の権利を保護するという価値や社会の危険を守るという、そういう価値というある場合には公権力はそれを規制をする、制約をする、そういう措置が求められるということになるかと思います。

この両者の価値を比較考量をして、後者の価値が前者の価値を上回る場合には公権力によって適切な解決が図られなければならないということかと思いますが、その表現の自由というものは憲法上も極めて重要な基本的人権の中核的な価値ということになっておりますので、どういう場合にそういう重要な権利を制約して、公権力というものによってそこを規制していかなければならないのかということ、これは慎重なる検討が必要かなというように考えております。

その慎重なる検討をしていくためには、具体的に一体どのような社会的な害悪がそこに発生しているのかということを具体的に検証して判断していくことが重要になるかと思います。具体的な検討を抜きにして、事前に一般的、抽象的なその規制というものを判断するとすれば、どういう場合に制約されるのかということが必ずしも明確にできずに、そういう制約を恐れて表現を控えるということになってし

まい、表現の自由というものを萎縮させるということになってしまうということになるかと思います。

公権力を行使して制約すべき場合やその内容につきましては、具体的な明確な要件によってその公権力が発動する場合というものが画定されていなければならないということになるかと思います。ですから、法律の要件の検討としてはそういう具体的な限界というものをいかに明らかにするかということになるわけですけれども、そうした規制を考える場合に、どうしてもその規制の中心というものが公権力の規制を必要とする過激な中核的な現象というものですね、そういうものをイメージしてそのことばかり考えがちになりますけれども、法律で規制をする場合ということでは、公権力の規制が必要かどうかという限界を画定させるということになりますので、必ずしも規制の必要性が高いとも言えないような場合についても、どこまでが公権力の行使の対象になるのかということを明確にして、どこまででということの限界について明確な線引きをするということが必要になるかというように思います。

現行法においても、そういう明確な要件の下に、例えば名誉毀損罪ですとか侮辱罪ですとか、威力業務妨害あるいは脅迫罪、強要罪その他の様々な犯罪、そういった規制が定められておりますし、また、民事的な解決を図るという場合におきましても、具体的な侵害事実というものをきちんと事実認定をした上で損害賠償や人格権に基づく差止めというものを認めているということになっているのかというふうに思います。

ですから、そういった意味で、今回の防止する法律を制定するというような場合に、事前に公権力を行使すべき場合を一般的に類型化をして公権力の発動の要件を決めていくというようなことをする場合においては、その具体的な権利侵害や社会の危険というものを十分に意識した慎重な検討というものが不可欠で、その対象が厳格に法律の中に規定されているということが必要になるかと思います。

そういった観点から今回の法案というものを見させていただきますと、法案の第3条ということになりますが、規制することを求める、規制が必要となるような過激な不適切な行為というものがその範囲に入るということは当然これは読めるわけですけれども、じゃ、その対象としたい不適切な行為にとどまらず、それが必要以上にどの範囲まで広がってしまうのかということからいくと、どこまでが限界になるのかということが必ずしも明確になっていないのではないかというような懸念を感じるところでございます。

不当なという表現が用いられていますが、一体その不当なということが誰がどのような基準で不当だと判断をするのか、また、その不当だという範囲というものが限定的に考えられているのかどうなのかというような点ですね。あるいは、3条の2項につきましても、このような行為が、不特定な者ということになりますけれども、こういうような行為により具体的にどのような害悪が発生するのか、また、その害悪が発生したことから何を守ろうとしているのか、そのために何を対象にして規制をしなければならないのかというようなことがきちんと限定できているんだろうかというような点からいくと、若干不明確な点が多いのではないかと、そういうようなことを考えております。こういったところが問題になろうかなというように実は考えております。

今回の法律案は理念法だから厳格に定められなくてもいいじゃないかというようなお考えがあるいはあるかもしれませんが、法案の内容は公権力に対して積極的、主体的な、具体的な措置を講ずる義務、責務というものを課しておりますので、そういった意味からすると、どのような場合にどのような措置を行わせるのかということを公権力の判断に任せてしまうということだとすれば、先ほどから指摘させていただいておりますような問題がそのまま当てはまるのではないかというふうに思っております。

特に、不当な差別を確実に防止するというようなことが基本原則で定められておりまして、その中で公権力に対して積極的、主体的な責務を課すということになっておりますので、公権力に何をさせるのか、あるいはその制限、公権力の発動の制限というものをどのようにお考えになっているのかということについては、法律案の審議の中で十分な御検討というものが必要になるのではないかというように思っております。

このような観点から、最後に、人種等を理由とする不当な差別の解消ということの中で、公権力に何が求められているのかということをまとめさせていただきたいなというふうに思います。

まずは、現行法でも対処可能な様々な措置、先ほども名誉毀損の罪ですとかあるいは侮辱罪というものもお話をさせていただきましたが、そういう様々な対処可能な措置がございます。こうした現行法の適切な運用がなされることがまずもって重要ではないかというふうに思っております。

さらに、特に人権教育ですとか人権啓発ということにつきましては、社会の自由な判断の的確な防止措置の実現という、そういう環境の整備ということからして非常に大きな意義を持つものだと考えております。社会が自由に判断していくために必要な知識ですとか情報というものを的確に提供して差別撤廃に向けた社会の対応というものを促進していく、そういうような観点から、人権教育、人権啓発とい

うものは極めて有効なものだというように実は考えております。

現在、人権教育及び人権啓発の推進に関する法律というものも制定されておりますし、刑法の罪も含めまして具体的な様々な措置もありますので、こうした現行法では何が足りずにどのような不都合が生じているのかということをまず具体的に検証して、その足りないところが、何が必要なのか、公権力はそこで何を補っていかなければいけないのかというようなことを慎重に御検討されて法律案の必要性というものをお考えになるということが適切ではないかなというふうに思っております。

例えば、人権教育及び人権啓発の推進に関する法律がございますので、それを改正して、例えば、今回の人種等を理由とする不当な差別の撤廃に向けた配慮というものをそこで明確に規定をしておくというふうなことも一つの方策として、強化策として考えられるのではないかなというように思っております。

いずれにいたしましても、こうした新しい法律の制定を検討しようとする場合には、公権力をどのように発動させるかというような点、そういう点を十分に慎重に検討し、公権力の発動の限界というものをもっと明確にさせることが必要ではないか、そういうような感想を持っているところでございます。

以上、今回の法律案を拝見させていただきまして感じましたことを述べさせていただきました。いろいろ申し上げましたが、これで私の意見の陳述とさせていただきたいと思います。

どうもありがとうございます。

○委員長（魚住裕一郎君）　ありがとうございました。
次に、ギブンズ参考人にお願いいたします。ギブンズ参考人。

○参考人（スティーブン・ギブンズ君）　ありがとうございます。

スティーブン・ギブンズです。アメリカ出身ですが、今まで人生の半分は日本に住んでいます。1982年にハーバード・ロースクールを卒業して、アメリカの弁護士資格を取得しました。その後、長い間、ニューヨーク、それから東京で企業の国際取引業務を中心にやってきました。10年前から、もう一つの仕事として日本の幾つかの大学でアメリカ法を教えています。現在は、上智大学法学部専任教授としてアメリカのロースクール教育の基礎となる科目を教えています。担当している科目は、アメリカ憲法全般、そして言論の自由を保障する米国憲法修正第1条の専門的な授業を含みます。

今日は、アメリカ憲法、特に修正第1条の視点から日本のヘイトスピーチ法案についてコメントします。もちろん、日本はアメリカ憲法とアメリカ最高裁判所の判決に従う必要はありません。しかし、皆様も御存じのとおり、アメリカの歴史、アメリカの憲法の歴史は、人種差別と平等及び言論の自由の理念と深く関わっており、少なくとも参考材料になると思います。

まず、結論からいいますと、仮にヘイトスピーチ法案をアメリカ最高裁判所の判断に委ねることになったとしたら、法案第3条第1項の特定の者について、その者の人種等を理由とする侮辱、嫌がらせその他の不当な差別的言動を禁じる条文及び同条第2項の不特定の者について人種等共通の属性を理由とする不当な差別的言動を禁じる条文は、アメリカ憲法修正第1条に抵触して違憲とされることは明確です。実際、アメリカが人種差別撤廃条約に加盟したときには、一つの条件として条約のヘイトスピーチ関連の条項を除外しました。

アメリカ憲法修正第1条は何かといいますと、その根本的な考え方は、国家が国民にいわゆる正しい思想や発言を押し付けること、逆に、国家が不適切とされている思想、発言を禁じ、処罰することは憲法上しできないというものです。修正第1条は、ヨーロッパの絶対君主制や宗教迫害から逃げるために大西洋を渡った建国の父たちの基本的な価値観を反映していると言えます。

この原則によって、幾ら過激であっても思想の表現、例えばナチス風にユダヤ人をやじるデモ、クークラックスクランの十字架燃やし大会、同性愛者は罪人であると叫ぶキリスト教原理主義者のパレードを行う権利は、全て憲法上保障されています。このことは数多くの最高裁判決に見ることができます。もちろん、多くの人はこのような行いに対して強い嫌悪感を感じます。私自身も、道端で在日特権を許さない市民の会のうるさいデモを見ると嫌な気持ちになりますし、街宣車もやめてほしいと思うことはしばしばあります。

蛇足ながら、更に申し上げますと、不用品回収トラック、駅前での議員のメガホン演説、騒音選挙カー、ニューアルバムの広告トラックを全面的に廃止できないかと思うこともありますが、残念ながら言論の自由の裏面は、聞きたくない情報も耳や目に入る不都合と不快です。

法案第3条第1項及び同条第2項は、先ほど述べたとおり、アメリカ憲法修正第1条に抵触して違憲となると考えますが、それらの規定に表れている問題点として、二つほど申し上げます。

一つは、条文には非常に曖昧な主観的な解釈によって意味が大きく異なる文言が含まれています。侮辱という文言は刑法で使用されていて、その意味が明確化されていると聞いていますが、その他の嫌がらせ、迷惑、不当、その他の差別的言動などが挙げら

れます。どのような発言、どこまで言っていいのかは極めて不明確です。

　もう一つは、条文に曖昧な文言が含まれていることと関係しますけれども、重要な政治社会問題に関して活発な、そして率直な議論ができなくなったりすることも容易に想像できます。移民問題、慰安婦問題、教科書問題、観光客マナー問題、率直な議論ができないと、日本の国民は大きく損をすると思います。

　また、法案第3条のような禁止規定が仮に設けられたとしても、この規定は実際のところ救済を定めていないものだと理解しています。ということは、仮に誰かが条文に引っかかる差別的言動を行ったとしても、警察も被害者も法的には何もできないような結果になります。先ほど述べたような、曖昧で率直な議論ができなくなることは大きな問題ですが、救済のない禁止規定を設けることにどれほどの意味があるのか疑問を感じます。

　以上です。ありがとうございます。
○委員長（魚住裕一郎君）　ありがとうございました。
　次に、金参考人にお願いいたします。金参考人。
○参考人（金尚均君）　初めまして、京都から参りました金尚均と申します。
　私の方では、現在審議されております人種等を理由とする差別の撤廃のための施策の推進に関する法律、これに関しまして本国会での成立を賛成したいというふうに考えております。そういったような理由から、以下、私の参考意見を今後の審議のために供したいというふうに存じております。

　まず、その背景につきまして、日本政府は1995年に人種差別撤廃条約に加入いたしました。本条約が1965年に国連で全会一致で採択されてからまさに30年後の出来事であります。この間、日本におきまして差別問題はなかったのかというふうに問いますと、在日朝鮮人問題や被差別部落の人々に対する差別というものは依然として存在し続けたわけであります。しかし、国内法の整備はこの条約に伴って整備されてこなかったのであります。このような状況に対しまして、国連の人種差別撤廃委員会から人種差別禁止法の制定が勧告されるといったような始末でございます。国際社会の一員として、日本におきましてグローバルスタンダードとしての基本的人権の保障と人種差別の撤廃のために国内の立法作業が急務というふうに言えます。

　人種差別を規制する法律がないという日本の法事情の中、2000年頃から外国人、とりわけ在日韓国・朝鮮人を標的とする誹謗中傷やインターネット上の書き込み、そして公共の場でのデモや街宣活動といったものが目立ち始めました。それは、従来の差別事件のように公衆便所や電信柱などにこっそりと誰が書いたのか分からないかのように陰湿に差別落書き

などをするといったものとは異なりまして、公共の場で行われる、まさに差別表現であります。それは、自らの姿を隠すこともなく公然と拡声機などを用いて差別表現を並べ立て、罵詈雑言並びに誹謗中傷を繰り返すのであります。その表現は、例えばゴキブリ朝鮮人を殺せ、朝鮮人を海にたたき込めなどと攻撃的、凶悪的、排除的であります。しかも、駅前や繁華街などにおいて参加者並びに一般の人々に対して差別をあおり、賛同者を集めようとする極めて扇動的な差別行為であります。

　日本社会におきますこのような人種差別を象徴する事件といたしまして、京都市の南区にありました京都朝鮮第一初級学校に対する襲撃事件を挙げなければいけません。本件は、2009年12月4日に起こった事件ですけれども、京都朝鮮第一初級学校前並びにその周辺で3回にわたり威圧的な態様で侮辱的な発言を多く伴う示威活動を行い、その映像をインターネットを通じて公開したといったようなものです。本件では、事件現場で司法警察職員がいたにもかかわらず、現行犯逮捕はおろか中止又は制止することもなく、漫然と刑法上の犯罪行為並びに民法上の不法行為を静観していたというものです。警察のこのような態度が被害を深刻化させると同時に、人種差別表現を社会に蔓延させる決定的な要因になったということは否定できません。

　被害者当事者によります民事訴訟の提起に対して、京都地裁と大阪高裁は次のように判示いたしました。つまり、一般に私人の表現行為は憲法21条1項の表現の自由として保障されるものであるが、私人間において一定の集団に属する者の全体に対する人種差別的な発言が行われた場合には、上記発言が、憲法13条、14条1項や人種差別撤廃条約の趣旨に照らし、合理的理由を欠き、社会的に許容し得る範囲を超えて他人の法的利益を侵害すると認められるときは、民法709条に言う他人の権利又は法律上保護される利益を侵害したとの要件を満たすべきと解すべきとし、それゆえ人種差別を撤廃すべきものとする人種差別撤廃条約の趣旨は、当該行為の悪質性を基礎付けることになり、理不尽、不条理な不法行為による被害感情、精神的苦痛などの無形損害の大きさという観点から当然に考慮されるべきであると判示いたしました。そして、その判示により名誉毀損と業務妨害を認め、人種差別撤廃条約違反をその悪質さの根拠とし、加害者側に約1,226万円の損害賠償を命じたわけであります。

　本判決は、人種差別表現が不法行為に該当し、その違法性は通常の名誉毀損に比べて高いといたしました。本件は2014年12月9日をもって上告棄却され、確定いたしました。これにより、日本におきましてヘイトスピーチが人種差別であり、人種差別撤廃条

約に反すると初めて判断いたしました。本判決の意義は、日本におきまして表現行為による人種差別が違法であり、しかも重大であることを示したところにあります。

京都朝鮮学校に対する事件は人種差別の問題を社会と司法において顕在化させ、人種差別を防止する立法の必要性を明示させたのであります。本判決が嚆矢となりまして、日本社会において人種差別を撲滅するための社会的取組を改めて活発化させ、立法機関である本日の法務委員会での審議テーマとして人種差別撤廃のための立法が検討されるまでに至りました。

立法の必要性につきまして、この京都事件では、人種差別の認定に際しまして憲法98条2項を介して人種差別撤廃条約を間接適用いたしました。繰り返しになりますが、これは現在国内法が日本において整備されていないからであります。間接適用とは国内法に直接の法律がないことを意味しており、その適用は極めて法技術的であり、法的安定性を欠き、それゆえその適用に際しても敷居が高くならざるを得ません。

人種差別を撤廃するための法律が条約の国内立法のための法整備及び京都事件における司法府の判断というこの二つの意義を持つことに照らすならば、新たな法律の第1条の目的規定におきまして、日本国憲法第13条及び第14条はもちろんのこと、それにとどまらず、人種差別撤廃条約、自由権規約なども規定の中に盛り込む必要があるというふうに考えております。

人種差別は、社会において支配的な勢力を持つマジョリティーがマイノリティーに対して攻撃を行い、マイノリティーが人権の主体であり社会の構成員であることを否定し社会から排除するという、看過できない、まさに人間の尊厳の侵害であります。これはまさに、人種差別がなぜ許されないのか、しかもこれを撤廃するための法律が何のために必要なのか、そこでは何が保護すべきなのかということを明らかにしております。それゆえ、条約を規定に盛り込むことは、法律を適用する際の明確な解釈指針というふうなものになり得ます。

この目的規定を受けまして差別を禁止する規定を定めることが肝要でございます。禁止規定を制定することにより、司法、立法及び行政の三権の実務におきまして人種差別による被害とその危険性の理解を促進することができます。さらに、実害と被害があるにもかかわらず適切な対応を取ることができないままにある立法、法の適用及びその執行の実務の在り方を、人間の尊厳の保護の見地から見直す重要な契機となり得ます。

例えば、差別団体による人種差別を扇動するデモが現在でも行われておりますが、これに対抗する人々も確実に増えております。人種差別をやめさせようとする動きは確実に各地で活発になっております。しかしながら、人種差別に対する明確な実定法がない状況で、デモの交通整理をする司法警察職員がややもすれば人種差別をする人々を擁護しているかのように見える場面も多々生じております。その一方で、人種差別に対抗し平等を訴える人々に対して司法警察職員が強圧的な態度を取らざるを得ないという錯綜した状況も生じております。これはまさに、差別禁止規定がない事情の下、中立と公共の安全の保持の名の下に道路使用許可を得ているか否かだけで保護対象とそうでない者を割り切らざるを得ないことを表しております。

人種差別を撤廃する実質的な担い手は社会に生きている私たち人間であり、私たちで構成される社会の自己解決能力であります。この平等の実現の追求を支えるのがまさに法律であるというふうに考えるべきでしょう。結果的に差別をする側を擁護することになる行政実務を変えるためにも法律の制定が早急に求められるというふうに考えていいかと思います。

なお、人種差別禁止規定の制定に関しまして、特定個人に対する人種差別に焦点を狭めるべきではございません。なぜなら、人種差別はある属性によって特徴付けられる集団そのものに向けられるわけでありまして、たとえそれが個人に向けられる場合であっても、それはその人の属性、すなわち集団を理由に不当な扱いを受けるからであります。まさに、ヘイトスピーチがこれに当たります。

その証拠に、京都地裁判決では次のように判示しております。すなわち、一定の集団に属する者の全体に対する人種差別発言が行われた場合に、個人に具体的な損害が生じていないにもかかわらず、人種差別がなされたというだけで裁判所が当該行為を民法の709条の不法行為に該当するものと解釈し、行為者に対し、一定の集団に属する者への賠償金の支払を命じるというようなことは、不法行為に関する民法の解釈を逸脱していると言わざるを得ず、新たな立法なしに行うことはできないと判示しております。

同時に、この京都事件を扱った司法府は次のようにも判示しております。

本件示威活動における発言は、その内容に照らして、専ら在日朝鮮人を我が国から排斥し、日本人や他の外国人と平等な立場で人権や基本的自由を享有することを妨害しようとするものであって、国籍の有無による区別ではなく、民族的出身に基づく区別又は排除であり、人種差別撤廃条約1条1項に言う人種差別に該当するものと言わざるを得ないと判

示いたしました。

これら二つの判示からうかがえることは、個人の名誉のみを保護する現行法の名誉毀損と、特定の集団に向けられた極めて有害な人種差別表現に対応する手段がないという、いわゆる現在の法の間隙又は法の不備を認め、立法による早急な対応、つまり集団に向けられた人種差別表現に対する禁止規定の制定を司法府が促しているわけです。

次に、被害実態調査につきまして述べますと、社会における人種差別思想を正確に把握し、適切な立法並びに施策を推進する前提として実態調査を制度的にかつ定期的に実施すべきであります。

日本政府は国連の人種差別撤廃委員会で次のように述べております。

我が国の現状は、既存の法制度では差別行為を効果的に抑制することができず、かつ、立法以外の措置によってもそれを行うことができないほど明確な人種差別が行われている状況にあるとは認識しておらず、人種差別禁止法などの立法措置が必要であるとは考えていない旨を発言しております。

しかし、このような日本政府の所見は、まさに政府レベルにおける人種差別事案に関する実態把握をしておらず、そのため客観的なエビデンスがないということを証左するものであります。さきに述べました国連の認識と日本政府の認識の乖離を回避するためにも被害実態調査の定期的実施をするための立法が必要と言えます。

最後に、人種差別は一定の集団とその構成員である諸個人を社会から排除ないし否定しようと仕向けるものであります。人種差別は個人に対する害悪であるだけではなく、特定の集団そのものの否定、つまり社会における共存の否定であります。

私たちは、2015年7月から9月の間、高校生を対象に被害実態調査を行った結果、ヘイトスピーチなどの人種差別が生身の人間の心身を傷つけることを再確認することができました。さきに述べた京都朝鮮学校事件では、裁判を通じまして、人種差別の標的とされた個々の構成員の人権の享受が沈黙、無力化し、ひいては自尊心を喪失させられ、社会への参加が困難になる事態にもなりかねない、そのような深刻な被害の実態、現実が明らかになりました。

人種差別は、人間を傷つけるだけではなく、社会そのものも傷つけるということを私は改めて強調しておきたいわけです。一定の集団又は構成員に対する差別と排除によって、その構成員の人権の享受を阻害し、しかもこれを同時に正当視、当然視する社会環境を醸成する、このような危険な事態が人種差別なのであります。

他方で、人種差別は私たちこの日本社会の民主政をも損ないます。民主主義という決定システムは、一人一人の個人が社会の構成員として対等かつ平等な地位が認められ、社会の諸決定に参加するということが保障されなければいけません。人種差別を野放しする社会は、社会の構成員の中の一部の人々を不当に排除し、2級市民扱いし、ひいては人間であることを否定する、そういったことで、多様性や差異を認めない社会となり果て、共に生きる社会、すなわち共生社会を否定することになります。これはまさに私たちこの日本社会の民主主義の自壊であるということを忘れてはなりません。

以上です。

○委員長（魚住裕一郎君） ありがとうございました。
次に、崔参考人にお願いいたします。崔参考人。
○参考人（崔江以子君） 川崎市桜本から来ました崔江以子と申します。在日韓国人の三世です。日本人の夫と中学生と小学生の子供がいます。川崎市ふれあい館の職員をしています。ふれあい館は、乳幼児から高齢者までの幅広い方々が利用する施設です。日本人はもちろんですが、地域に暮らす外国人市民や外国につながる市民の利用もあり、共に生きる町の中で誰もが力いっぱい生きられるためにとスローガンを掲げ、市が掲げる多文化共生の町づくりにその役割を果たしています。

今日は貴重なお時間をいただいてありがとうございます。正直怖いです。とっても怖いです。表に立ってヘイトスピーチの被害を語ると、反日朝鮮人と誹謗中傷を受けます。私は今日、反日の立場で陳述をするのでは決してありません。ヘイトスピーチを違法とし、人種差別撤廃に国と地方公共団体が責任を持つ法案を是非成立させてほしい、法案に賛成の立場でお話をさせていただきます。

私が生まれ育ち暮らす川崎市では、2013年から12回にわたりヘイトデモが行われてきました。お配りした資料の1ページ目を御覧ください。直近の2回、2015年11月8日と2016年1月31日のデモは、その前に10回行われたデモとは大きく意味が違います。

資料の3ページ目を御覧ください。

駅前周辺で行われてきたヘイトデモが、11月8日に川崎区の臨海部、在日コリアンの集住地域に向かってやってきました。私たちの町、桜本は、日本人も在日もフィリピン人も日系人も、誰もが違いを尊重し合い、多様性を豊かさとして誇り、共に生きてきた町です。その共に生きる人々の暮らしの場に、その思いを土足で踏みにじるかのようにあのヘイトデモが行われました。川崎に住むごみ、ウジ虫、ダニを駆除するためにデモを行いますと出発地の公園でマイクを使って宣言をし、ゴキブリ朝鮮人をたたき出せとヘイトスピーチをしながら私たちの町へ向かってきました。このヘイトデモに対し多くの人が抗議した結果、桜本の町には入りませんでしたが、住宅

街、たくさんの人の暮らす共生の町にあのヘイトデモは土足で入り込みました。確かに、桜本の町はあの日は守られました。けれども、とてもとても大きな傷を残しました。

資料16ページの神奈川新聞の記事を御覧ください。在日一世のおばあさん、ハルモニ方は、何で子や孫の代にまでなって帰れと言われなければならないのだと傷つき、悲しみの涙を流し、ヘイトスピーチをする大人の人たちに、外国人も日本人も仲よく一緒に暮らしていることを話せば分かってくれるはずだと信じて沿道に立った私の中学生の子供は、余りのひどい状況に強いショックを受けました。多くの警察がヘイトデモの参加者のひどい発言を注意するどころか、守っているかのように囲み、差別をする人たちに差別をやめてと伝えたくても、警察にあっちへ行けと言われ、デモ参加者からは指を指されて笑われ、どうして大人がこんなひどいことをするのと大人に対して強い不信と恐怖心を持ちました。もしかして同じエレベーターに乗った人がこのヘイトスピーチをする人だったらと、エレベーターに乗ることが怖くなったと言います。私自身もこの11月8日のヘイトデモのときに初めて抗議の意思表示をしました。残念ながら、決して届かぬ共に生きようの思いを見詰め、無力感に襲われました。

そして、1月31日に再びヘイトデモが予告されました。集合場所の公園やデモに許可を出さないでほしいと行政機関にお願いしても、不許可とする根拠法がないのでできないと断られました。私たちの桜本地域の中高生や若者たちが、なぜここに住む人間がヘイトデモに来ないでほしいと言っているのに来るんだ、大人がしっかりルールを作って自分たちの暮らす町を守ってほしいと強い怒りと悲しみの思いをあらわにしながらも、それでも共生への思いをしるし、私たち大人を信じ、預けてくれました。

そして、1月31日、ヘイトデモの当日、私の中学生の子供は、ヘイトデモをする大人に差別をやめて共に生きようと伝えても、その思いは残念ながら届かず、再び傷つき、絶望を突き付けられるだろうと心配して止める私たち親に、ヘイトデモをやめてもらいたいから、僕は大人を信じているからと、強い思いで沿道に立ちました。資料4ページから6ページにその日の記録の写真があります。御覧ください。

あの日のことをお話するのはとても厳しくつらいです。1月31日は過ぎましたが、まだ私たちそこに暮らす人間にとっては終わった話ではなく、続いている話だからです。また来るぞと言っての当日のデモの終わりました。悪夢のような時間でした。私たちの町、桜本の町の入口で、助けてください、助けてください、桜本には絶対に入れないでください、お願いです、お願いです、桜本を守ってください、

僕は大人を信じていますと泣きながら叫ぶ中学生の子供の隣で、彼を支えなければと思ったけれど、あのとき私の心も殺されました。

ヘイトデモをする人たちの良心を信じ、差別をやめて共に生きようとラブコールを送ってきたけれど、たくさんの警察に守られながら、一人残らず日本から出ていくまでじわじわと真綿で首を絞めてやるからと、デモを扇動した人が桜本に向かってくる。韓国、北朝鮮は敵国だ、敵国人に対して死ね、殺せと言うのは当たり前だ、皆さん堂々と言いましょう、朝鮮人は出ていけ、ゴキブリ朝鮮人は出ていけ、朝鮮人、空気が汚れるから空気を吸うなと叫ぶ人たちが私たちの町へ警察に守られて向かってきた。あのとき、私の心は殺されたと同じです。

私の中学生の息子は、自身の多様性、日本と韓国にルーツがあること、ハーフではなくダブルと私たち親や地域の人から大切にされ、自分自身も自身の多様性を大切にして暮らしてきました。そんな息子が、朝鮮に帰れと言われても体は半分にできない、心がばらばらにされたと、あのとき受けた傷を1か月以上もたってからやっと言葉にで表現をしました。目の前で、大切にしてきた民族性の違いをもって、母親が死ね、殺せと言われているのを目の当たりにした彼の心の傷は計り知れません。

あの桜本の入口の交差点は私たちの生活の場所です。買物に行くスーパーがあります。ドラッグストアもあります。給与の振り込みや学校諸経費の支払に利用している地元の信用金庫もあります。子供が通院する病院もすぐ近く。今も、あそこを通るたび胸が苦しくなります。景色の色が消え、車や人通りの音が消え、あの日、あの場所が思い起こされます。信号待ちをしていると、知らない間に涙があふれます。

この被害を行政機関に訴えても、根拠法がないから具体的な対策は取れないと、助けてもらえません。私の息子や桜本の子供たちは守ってもらえません。ヘイトスピーチをする大人から傷つけられ、さらに守ってくれない大人に傷つき、それでも大人を信じ、ルールを作ってほしい、大人がきっとルールを作ってくれると信じて待っていてくれます。

1月31日のデモの後、ある日本人の高校生が、何かごめんと謝ってきました。ヘイトデモが来る前は、私たちの町で互いの民族性の違いを豊かなものだと尊重し合いながらいたのに、謝り、謝られることなんてあり得なかったのに、日本人の彼もヘイトスピーチの被害者です。

私の中学生の子供は、あのひどいデモの後、川崎市長さんへ手紙を書きました。そこに、朝鮮人は敵、敵はぶち殺せ、朝鮮人は出ていけとひどい言葉を大人が言っていました、もしこんなことを学校で誰か

が言ったら、学校の先生はそんなひどいことを言ってはいけないときっと注意する、表現の自由だから尊重しますなんて絶対に言わない、市長さんはどう考えますか、助けてください、ルールを作ってヘイトデモが来ないようにしてくださいとつづりました。

その私の子供の、市長への手紙への答えが資料の4、資料の7ページ目を御覧ください。

1月31日に行われたデモは、外国人市民の方々を始め、多くの市民の心を傷つけ、不安や不快感を抱かせる行為であり、とても残念に思います。しかしながら、このようなデモについては、現行の法令で対処することが難しいため、現在、国に対して法整備などを要望する準備を進めています。これは3月14日に要望書が提出済みですが、という返事でした。

差別があっても法律がないと差別が放置されたままでは、いつか私たちは本当に殺されます。白昼堂々と、死ね、殺せとマイクを持って叫ぶ成人男性が警察にその主張をする場を守られている。いつか本当に殺されます。

その思いで、3月16日に法務局へ人権侵犯被害申告を行いました。資料8ページを御覧ください。正しく差別が調査、検証され、救済及び予防のための適切な措置を講ぜられることを求め、申告をしました。

差別の問題に中立や放置はあり得ません。差別は、差別を止めるか否かです。現状、国は差別を止めていない。それは、本当に残念ながら差別に加担していることになります。ヘイトスピーチを違法とし、人種差別撤廃に国と地方公共団体が責任を持つ法案を是非成立させてほしいと心から願います。

桜本の若者、子供たちに、また来てしまうかもしれないヘイトデモに対して、共に生きよう、共に幸せにというメッセージを記しました。この思いを私たち大人がしっかり受け止め、このメッセージが届かずに再び傷つき、涙を流すことがないような社会をつくるためにも、何よりも国が、中立ではなくヘイトスピーチをなくす側に立つことを宣言し、差別は違法とまず宣言をしてほしいです。そのために、まず今回の法案をすぐに成立させてほしいと思います、共に。

ありがとうございました。

○委員長（魚住裕一郎君） ありがとうございました。

以上で参考人の意見陳述は終わりました。

これより参考人に対する質疑を行います。

質疑のある方は順次御発言願います。

○西田昌司君 自民党の西田昌司でございます。

4人の参考人の皆さん方、今日は非常に貴重なお話をお聞かせいただきまして、ありがとうございました。

特に金参考人、崔参考人のお話は非常に身につまされる思いがしまして、本当に私自身も、朝鮮学校は私の京都の本当に事務所の近所でしたから非常に残念に思っていたわけですけれども、今更ながらにひどい事案だったなということを感じているわけなんです。その一方で、今、浅野参考人それからギブンズ参考人からおっしゃられましたように、今回のこの法案の中にある、そのまま適用すると様々な問題が生まれてくるということも事実だろうと思うんですね。

実は、この委員会が始まります前に、有田筆頭理事と私と、参議院会館でヘイトスピーチの勉強会がありまして、そこにも参加させていただいたときに、元々大阪市で条例ができました。橋下市長の後の市長が作られたわけですけれども、そのできた経緯の話も聞いておりまして、橋下市長自身は、ヘイトスピーチというのはとんでもないけれども、これを法的規制にしようと思うと表現の自由等に引っかかってくると、憲法上の認められている重大な権利侵害をしてしまう可能性があるので、結果的にはヘイトだったかヘイトでなかったかという判断は司法判断に委ねるほかないんだと。

そこで、この条例を作るときの目的は、そのヘイト規制というよりも、その規制を、判断を司法にしてもらうためにいわゆる訴訟の援助をしようとか、そういう形の条例を作るべきではないかという提案だったと思うんですが、現実はちょっとそれとまた違う方向に行っておりますが、要は、何らかの規制は必要だという思いはあるものの、今言いましたように、表現の自由等との、憲法上の規定されている大きな権利との間のバランスをどう取るかというのが非常に難しいんだと思うんです。

さあ、そこで、そういうことを考えましたときに、まずは浅野参考人とギブンズ参考人にお聞かせいただきたいんですけれども、お二人はこの条例案に対しまして反対といいましょうか、法律でこういう形のヘイト規制をすることにはかなり問題があるという立場だと思うんですけれども、今お二人の、金参考人と崔参考人の非常に厳しい現実を聞かれまして、ほかにじゃどういう形でこういうヘイトスピーチを規制というか止めていくような手だてがあるのかということをお二人の参考人に聞かせていただきたいと思います。

私自身は、先ほどの例えば朝鮮人死ねのような、それから非常に侮蔑的な表現や脅迫みたいのがあったりしますと、本当はそちらの方の違う刑法で規制できないかと、それから、若しくはいわゆる大きな大音量でああいうヘイトスピーチをやっていますから、騒音防止条例とか今の法律の中で直接的に彼らのやっている行動を止められるのがあるんじゃない

かという気もするんですけれども、お二人の参考人にちょっとその辺のところをお聞かせいただきたいと思います。
　それから、金参考人と崔参考人につきましては、お二人の今まで経験されてきた非常に厳しい現実はよく分かるわけでありますけれども、もう片一方で、今、浅野参考人やギブンズ参考人がおっしゃいましたように、その規制、ヘイトスピーチを私ももちろん許されるものではないと思っていますけれども、その定義をすることの難しさですね、そのことをどう乗り越えられるんだろうかというのが私の一番疑問に思うところでありまして、そのヘイトスピーチの定義をきっちり法律でできるんだろうかと、司法の判断に委ねずに公権力のところで、法律の中で規定すること自体が難しいんじゃないかというのがこちらの参考人の御意見だったと思うんですけれども、その辺の問題をどのように乗り越えられるとお考えなのかどうかということを金参考人とそれから崔参考人にお聞きしたいと思います。
　以上です。
○委員長（魚住裕一郎君）　まとめての御質問ですから、順次。まず、浅野参考人。
○参考人（浅野善治君）　御質問いただき、ありがとうございます。
　今のお二人の参考人のお話を聞いておりますと、やはりひどい事態というのはあるんだろうなというふうに思っております。ただ、そういうものが、こういう検討をするときも、先ほども申し上げましたけれども、一番ひどいものだけが目を向けがちなんですけれども、実は法律を作るときというのは、そういうことを作った結果、とんでもないところまでその効力が及んでしまうんじゃないかというところ、そこにきちんと線が引けるかどうかというところをやはり見なくちゃいけないんだろうというふうに思います。
　ですから、例えば今回のものも、法律を作るのが無理かどうかというのはもっと厳密にやってみないと分からないと思っておりまして、厳密に本当に必要なものだけきれいに切り取ることができるのであれば、法律を作るということについてはこれは特に問題ないんだと思いますが、今のような表現でやっていくとすれば、これはとんでもないものに、でき上がった後に思ってもないところにこの法律が使われて、とんでもない効果を生んでいるというようなことになりかねないという感じがいたしますので、その辺のところが懸念があるということだと思います。
　じゃ、一体どういうことで効果を上げていけばいいのかということですけれども、今一つ申し上げましたことは、今回のものも例えば名誉毀損とか侮辱罪に当たるという判断があるんであるとすれば、そういうものを積極的に適用していくということは一つの方法だと思いますし、また、社会がこういったものをおかしいじゃないかということをもう少し明確にしてやって、そのために法律があるじゃないかというようなお話もありましたけれども、もっと、そういうことじゃなくて、人権教育ですとか人権啓発の中でもうヘイトスピーチは許さないというようなことを公的に、ポスターなんかも出ておりますようですけれども、そういったことをしっかり人権教育、人権啓発の中でしっかりそれを広めていくということが非常に効果があるんだろうと思います。
　実際、どういうものがそこに当たるのか、どういうものを防がなきゃいけないのかという判断自体は社会の自由な議論に任せるということが適当なんじゃないかなと、そんなことを私は考えております。
○委員長（魚住裕一郎君）　続きまして、ギブンズ参考人。
○参考人（スティーブン・ギブンズ君）　誰でも、まずは人種差別撤廃条約の精神、そして今回の法案の中の気持ちは賛成すると思うんです。これは一応定義とされていますけれども、私は弁護士として、これは救済条項がないとこれはやっぱり歯のない法律となって、本当にこれは法律なのかと。もしもこれは本当の法律であれば、浅野先生がおっしゃったとおりいろんな問題がありますけれども、私は、この法律の精神は、やっぱり日本国はこういうことを許容しないという、その理念の宣言だと思うんですね。ですから、この法律の書き方を法律からその理念の宣言に変えれば、そういうような問題がいろいろ解消できるんではないかと思うこともありますし、もう一つは、私、先ほど、コメントの中には、デモの場所、時間、音量、やり方をより厳しくしてより制限すると、聞きたくない、見たくない一般の人が、又はその対象人物がそれを受けなくてもいいようなことになって、そういうような制限は憲法上基本的に問題ないと思いますので、そういうことも検討したらいかがですかと思います。
○委員長（魚住裕一郎君）　ありがとうございました。
　金参考人。
○参考人（金尚均君）　定義のことですけれども、本法案に関しましてはとりわけ刑罰を問題にしているわけではございません。いわゆる差別禁止の理念法でありますから、その点、刑罰を予定とする規定とは異なって定義の問題も考えるべきであろうというふうに思います。
　それに関しまして、まさに前例として大阪市の条例がございます。そこでは、いわゆる行為者の目的並びに行為態様、そしてどういった場で行われたか、この三つの要件を明確に絞る必要があるというふう

なことであります。それに関しましては、このヘイトスピーチ規制については、とりわけEU諸国で、EU加盟国全国がヘイトスピーチ規制を持っているということであります。そういったようないわゆる諸国の比較というものが非常に大事になってくるかと思います。

例えば、その定義ですけれども、国連の自由権規約の20条２項がまず先例になるかと思います。そして、二つ目としましては、欧州閣僚会議、これ1987年にございましたけれども、そこでの勧告においてヘイトスピーチの定義が出され、そして、それについてはアン・ウェーバーさんという方が著者となりましてヘイトスピーチのマニュアルというものが作られております。これについては英語などでも読めます。インターネットでも読めますので、それが参考になるだろうというふうに思います。

そして、最近では、人種差別撤廃委員会から一般的勧告35が出ておりまして、そこでより明確にヘイトスピーチの定義があるというふうなことですので、まさにそれは諸国の比較、法を通じて日本の差別禁止についても十分に生かせるかというふうに考えております。その点では、いわゆる差別の定義ないしはヘイトスピーチの定義については各国それぞれ経験を踏まえた所見が出されるだろうというふうに思います。

なお、アメリカでは、ヘイトスピーチ規制はないというふうなことがこの間議論されておりますけれども、例えばニューヨーク州刑法典などでは加重のハラスメント罪という形で、いわゆる人種ないしは民族を根拠とした、ないしは理由としたハラスメントといったものが処罰の対象となっておりますので、あながちないというふうなことは言えないというふうなことです。

以上です。

○委員長（魚住裕一郎君）　続いて、崔参考人。
○参考人（崔江以子君）　ありがとうございます。

私は一市民なので、専門的にはお答えする立場にはないと思います。法律もなくて差別もなくて、両方ないのがいいのかもしれませんが、現に差別があります。差別があるのに法律はない。悪い結果を放置するんではなくて、悪い状態を元に回復するための手段としての法律を議論していただきたいと思います。

以上です。
○西田昌司君　私自身も、ヘイトスピーチ自身は、これは許されるべきものではないと思っていますが、ただ、この法律案にはヘイトの定義始め問題点はいろいろあろうかと思います。しかし、今日の参考人のいろんな陳述を勉強させていただきまして、どういう形でこのヘイトスピーチの規制ができるのか、これからも与野党の中で議論をしていきたいと思います。

今日はどうもありがとうございました。
○有田芳生君　有田芳生です。

参考人の皆さん、今日はありがとうございます。

私、常々思っていることですけれども、人間の認識というのは限界がありまして、日々自分でもこの限界を超えるには何が必要かなということを顧みることがあります。常に意識して敏感なアンテナを張らなければいけないし、できるならば、何か問題があれば、その現場に立って、自分の耳で、目で、そしてその空気、においまで含めて感じることで現実に少しでも近づきたいというふうに思っております。

そういう立場から、まず、浅野参考人、ギブンズ参考人にお伺いをしたいんですけれども、私はこの法務委員会に所属をしていて、谷垣法務大臣の時代に、法務委員会に所属している委員の皆さん全員に、ヘイトスピーチの現場で何が起きているのか、短いものですけれどもその映像をお配りいたしました。そして、今回の委員の皆様にも既に、何か月前でしたかね、お配りをして、可能ならば見ていただきたいということをお願いをいたしました。

実は、先週の金曜日、私は参議院の予算委員会でヘイトスピーチ問題についての質問をいたしました。その前に、安倍首相、そして菅官房長官にヘイトスピーチの現場、特に朝鮮大学を攻撃、襲撃をした在特会の桜井誠、本名高田誠前会長のひどい実態についてなどを記録したものをお渡しいたしました。実は、今朝、菅官房長官から電話をいただきまして、様々なこの問題についての会話も行いましたけれども、菅官房長官の御感想は、一言で結論だけ言えば、ひどいですねと、そういうことでした。

ですから、まず私たちがこの問題の出発点に立たなければいけないのはヘイトスピーチの現場であり、そして被害者の立場にどこまで立つことができるかだというふうに思っておりますので、まずお二人の、浅野参考人、ギブンズ参考人にお伺いをしたいのは、お二人はヘイトスピーチの現場に立ち至ったことはありますでしょうか。もしあるならば、そのときにヘイトスピーチの現場についての実態、ひどさについて、どのようにお感じになったでしょうか。

さらには、もう一点、被害者の方々から、これまで意見、苦しみ、悩み、悲しみ、そういうことをお聞きになったことがあるでしょうか、あったとすればどのようにお感じになったでしょうか、まずそこをお聞きしたいと思います。

○委員長（魚住裕一郎君）　では、順次。浅野参考人。
○参考人（浅野善治君）　実際の現場に行ったことはございません。ただ、こういうこともございますので、例えばユーチューブとかそういったものでへ

イトスピーチの実態というようなもの、これは画像ですとか映像ですとか、そういったものでは十分見ております。そういうことでどういう感想を受けたかというと、これはひどいなと。今、菅官房長官がおっしゃられたということがありますが、それと同じように、これはひどいなというふうに確かに思いました。

それと同時に、やはり法律を作るというようなことからしますと、これは極めて難しい問題だなというふうに実は思いました。というのは、このひどいものというもので、もちろん被害者の方から、会ってお話をお聞きしたとか、何かそういったこと、そういう機会も全くございませんけれども、大体の想像は付きますけれども、確かにひどいということがあるかと思います。確かに非常にお気の毒ということもあるかと思います。

ただ、非常にひどいことですとかお気の毒ですとかということだけをきれいに、何がじゃひどいのかとか、どういうお気持ちで何が傷ついているのかということだけを、限定的に例えばそれを切り取って、そこだけ規制すればいいのかというと、恐らくそれだけではこの規制というのは十分ではないんだろうというふうに思うんですね。そうすると、じゃ、どこまで広げるんだという今度逆の話になるわけですね。そうすると、じゃ、どう書いたらどこまで広がり過ぎてしまうのかという話があるので、極めて限定することが難しい問題なんだなと、そういうように実は感じました。ですから、そういったことからすると、ある意味では法律の非常に不得手な分野という感じがいたします。

ですから、そういったことで、まずは人権教育ですとか人権啓発ですとかそういったことを盛んに活用して、まずは社会の機運ですとかそういう基盤というものをつくり上げていくということが非常に重要な分野じゃないかなと、そんな感じがいたしました。

○委員長（魚住裕一郎君） 続いて、ギブンズ参考人、お願いします。

○参考人（スティーブン・ギブンズ君） 私は、1回、在特会のパレードを見たことがあります。まさしくひどいと思います。

御存じのとおり、私は日本人ではなくアメリカ人です。私の祖先は南部にいて、その歴史でアメリカの奴隷制度、黒人の扱いで、その流れも直接経験しています。私のミドルネーム、バスなんですけれども、は私の父親が戦争のとき一緒に戦った黒人の兵士の名前です。私の父親はなぜその名前を私に付けたのかというと、多分、彼の親に今の時代は違うんだよと、白人と黒人は一緒ですよと伝えたかったと思います。

こういうような歴史と伝統のあるアメリカには、私は、幾つか最高裁の判例をここに簡単に省略しましたけれども、今でも黒人に対する、ユダヤ人に対する、同性愛者に対するこういうような、死ね、地獄へ行けというような発言は憲法上保護されています。それは言う権利が守られています。ですから、それは私はアメリカの一つの力だと思っています。

○有田芳生君 浅野参考人にもう一点お聞きをしますけれども、先ほどの御発言の中で、人種差別撤廃施策推進法だととんでもない方向に行くおそれがあるという御発言がありましたけれども、具体的にとんでもない方向というのはどういう方向なんでしょうか。

○参考人（浅野善治君） とんでもないというのは特に具体的なイメージがあるわけではございませんで、思ってもいない、何が出てくるか分からないというところが一番怖いところではないかなと思います。

例えば、法律ができまして公権力を行使するということになったときには、やはり公正中立に公権力が行使されなければならないということになります。ですから、あらゆる主張、どんな色が付いている主張であっても同じように、何というんですかね、不当な差別というようなものであれば全て同じように適用してそれを規制していくということになるかと思います。

ですから、そういったことからすると、こういう法律案を作ろうと思ったときに、想定していたもの以外のいろいろなもの、どういうものに及ぶのかということも含めて全て検討してやっぱり考えていく必要があるんじゃないかなというふうに思います。

そういう意味で、一つのところだけを見るのではなくて、幅広くどういうものに及ぶのかなというところも含めて、全くとんでもないようなものについても、こういうものに及ぶのか及ばないのかというような検討もした上で決定していくことが必要じゃないかなと、そういう観点で申し上げたところでございます。

○有田芳生君 私たちの法律案には、そういう問題については審議会をつくってガイドラインを作っていくんだということも明記されているということを発言をしておき、さらに、ギブンズ参考人にお聞きをしますけれども、合衆国の修正憲法第1条と表現の自由との関わりでの御説明は非常に貴重なもので、ありがとうございました。しかし、私たちはこの日本で、日本国憲法に基づいて、特に憲法13条、14条、人間の尊厳、人間の平等を守るためにヘイトスピーチをどのように抑止していくかということで何年にもわたって議論を進めてきているわけですから、アメリカの憲法に基づいてヘイトスピーチを抑止する

ための検討をしているわけではありませんよね。
　ですから、ギブンズさんにお聞きをしたいのは、じゃ、この日本において、ひどいとおっしゃったヘイトスピーチを抑止、禁止、なくしていくためにはどういうことが必要だとお思いでしょうか。
○参考人（スティーブン・ギブンズ君）　先ほどの繰り返しになりますが、今でもうるさいデモ、気持ち悪くなるデモがいっぱいあります。街宣車はその一つだと思うんですね。よくロシア大使館の辺り、あとは韓国大使館の辺り、街宣車が回って、そのスピーカーから流れる、まずは大音量なんですけれども、それがヘイトスピーチに近い、ヘイトスピーチに該当するかもしれない。
　私はそれを完全になくすることはできないと思いますが、してはならないと思いますけれども、規制によりその大音量を下げたり、例えばイギリスのハイドパークの中にはスピーカーズコーナーという隅っこがあるんですね。誰でもいつでも立ってそこで発言できるという場所で、聞きたい人は聞けるし、聞きたくない人はその近くへ行かなくてもいいと。ですから、そのような場所と時間と音量の制限で、少なくとも一般の人、犠牲者となっている人のダメージを減らすことはできるのじゃないかと思います。
○有田芳生君　ギブンズ参考人は、先ほどの御発言の中で、私たちが提案をしている人種差別撤廃施策推進法に関わって、理念法ならばいいんだという御発言がありましたけれども、まさしく理念法として罰則がないものを私たちは提出をしているということを御理解いただきたいと思います。
　さらに、金参考人にお話を伺いますが、先ほどお話にあった人種差別撤廃委員会の一般的な勧告、一般的勧告の35、2013年ですけれども、そこにヘイトスピーチの定義は一言で言って人間の尊厳と平等を否定するものであると、そういう記述がありますけれども、先ほどの皆さんが行ったアンケート結果の中で、やはり人間の尊厳が損なわれるものだということを若い人たちがアンケートの結果として出していらっしゃる。
　今日の資料の中にはありませんけれども、その9のところで、ヘイトスピーチ問題の解決に必要なことというのを拝見しましたら、ヘイトスピーチを禁止する法律の必要性については、朝鮮学校、全国では、合計すると、すごく必要と必要を合わせると87.6％になっていますよね。京都朝鮮高級部だと、すごく必要、必要が84.9％、まあ85％、もう圧倒的な多くの人たちがやはり法律的な何らかの対応が必要なんだという結論が出されていますけれども、そこをもう少し御説明いただけますでしょうか。
○参考人（金尚均君）　このアンケートにつきましては、私のレジュメの4ページ目からでございます。これは全国のコリア系の、コリアにルーツを持つ民族学校の学生並びに日本の公立学校の高校生を対象といたしました。これはなぜ高校生かといいますと、先ほどの御紹介ありました京都の朝鮮学校の事件で、ちょうど当時小学校6年生から4年生の子を対象としたわけです。その子たちがもう高校3年生で、最後彼らにアンケートを取れる年だったわけですね。そして、彼らの中でどのような意識を、この京都の事件並びに昨今起きている日本のヘイトスピーチについてどのように思っているのかということを調べてみたかったということです。
　何よりも特徴的なのは4ページ目、一番最初、コリアンに対する差別についての質問で、いわゆる高校生、彼らは簡単に言えば21世紀の子供たちなわけですけれども、8割が日本においてまだ差別を感じるというふうに言われています。これは、私個人にとっても非常にショックでした。私は在日二世ですけれども、1967年に生まれて非常にもう年も取っていますけれども、この若い世代にも同じような差別を感じる状況が社会にはあるんだろうということです。
　そういった中で、あともう一つ言いますのは、この街宣についても非常に子供たちがショックを受けておりまして、一つは、何よりも同じ人間として平等に扱われていないということをインパクトとして持っております。
　これは、まさに先ほどから出ていますひどい状況だというふうなこと。これは、単にあの差別的なデモに対して、不快感を感じる、ないしは見て気持ちが悪い、聞いて気持ちが悪いということだけじゃなくて、人間として同じように扱われていない、ひいては人間であるということが否定されている、いわゆる人間の尊厳が否定されている。ここに、いわゆるあのヘイトスピーチないしは人種差別の被害を受けている人、現実に受ける人とその対象でない人との間の被害認識の非対称性が生まれるわけですね。そこをやはり私たちはこの審議の中でよくよく議論すべきであろうというふうに感じます。
　そういった中で、その高校生たちというものは、まさに私たちのこの日本社会において、この問題を解決するための一助として今回の法律が必要だというふうに感じているというふうに私は認識しております。
○有田芳生君　終わります。
○矢倉克夫君　公明党の矢倉克夫です。
　4人の参考人の先生方、本当にありがとうございます。
　とりわけ崔参考人、恐怖と闘いながらの中で勇気を持って声を上げていただいたことを改めて敬意とともに感謝申し上げます。本当にありがとうござい

ます。
　それで、崔参考人にお伺いしたいんですが、我々公明党も一昨年の七月にヘイトスピーチ問題対策に対する要望書をこれ官邸に提出いたしました。その中の一節でこういうふうに書いております。私も起草に参加したんですが、ヘイトスピーチ問題は単なる表現規制の問題にとどまらず、我が国国民のマイノリティーに対する意識、そして今後の日本社会の在り方に関わる問題であると。私、これもまた受けまして、昨年の八月、当委員会でこの問題、協議をした際にも申し上げたことは、このヘイトスピーチの問題というのは、本来、民主主義であれば言論対言論で対抗するわけでありますけど、大勢でわあっとなり立って対抗の言論すら許さないような形で威圧をしている、この民主主義の在り方そのものにも関わってくるような問題でもあるとともに、今、冒頭申し上げたように、やはり少数の方がおびえながら生きていかなければいけないような社会であったらこれはいけないと、日本社会の在り方であると、この問題であるというふうに捉えています。
　その意味からもお伺いしたいのは、公明党としましては、この問題は一部の特殊な事例のようなものもあるかもしれないですが、そうではなくて、やはり日本人、日本に住む人全体が、日本社会、全て共生し合うような社会としてあるべきためにはどうすればいいのか、それが今現状どうなっているのか、何ができるのかということを全体で考えなければいけない問題であるというふうにまず一点述べ、この点についてあと、被害に遭われたお立場からどのように思われているのかという点、まず一点お伺いしたいのと、被害に遭われたお立場からヘイトスピーチの何が脅威であるか。その言論の内容もありますし、態様もある、その両方かもしれないし、それ以外のものもあるかもしれない。ここにヘイトスピーチの脅威というものを感じるというものがあれば、ちょっと教えていただきたいというふうに思います。
○参考人（崔江以子君）　ありがとうございます。
　ヘイトスピーチの脅威、全てが脅威です。警察に守られて白昼堂々と成人男性が、成人がマイクを通じて死ね、殺せと迫ってきます。その死ね、殺せという言葉に同調する方々が、笑いながら、私たちに向かって笑いながら指を指し、手招きをしてきます。
　彼らの路上でのあのヘイトスピーチを聞いて、いわゆるサイレントマジョリティーの方々、自分としては特にネガティブな感情を今まで持っていなかったけれども、大きな声で毎回毎回あんなふうにこう言っているから、ひょっとしたら在日には特権があるのかなとか、そんなふうに扇動されてしまう方々が出てきてしまうのも大変脅威を感じています。

○矢倉克夫君　じゃ、改めてまた崔参考人に。
　今おっしゃった、サイレントマジョリティーという人たちの方、あのヘイトスピーチによって違う方向に意識を間違えてしまうというような、そういう脅威もあると。
　そういうふうなものではなくて、やはり国民全体でもっとみんなが共生し合うような社会とはどうあるべきかということをしっかりと議論し合う機運というのは高めなければいけない、こういうような思いも今酌み取らせていただいたわけですが、その辺りについてはどのようにお考えでしょうか。
○参考人（崔江以子君）　ありがとうございます。
　私たちの桜本地域では、その違いをとても豊かなものとして尊重し合っているんですよ。その違いが豊かだ、違いはすてきだね、川崎市の人権尊重教育でそういうふうに互いの違いを豊かなものであるというふうに教え、学び、育ってきた子供たちは、人の違いをとても大切にする子供として育っていきます。そして、中学、高校と進んだときに、そういうフィールドでそういう大切な学びができなかった人に伝える役割を果たしているわけですね。違いが豊かだというふうに学び合うことがとても大切だと思います。
○矢倉克夫君　ありがとうございます。
　金参考人とギブンズ参考人と浅野参考人にお伺いをしたいと思います。
　先ほどはギブンズ参考人から理念法というお話もありました。私も、このヘイトスピーチというものに特化した形での理念法というものを、これはあり得べきであるというふうに思っております。それはなぜかといえば、少なくとも立法事実はこれはあるのではないかなと。司法の判断でも、先ほど金参考人から話のありました京都朝鮮第一初級学校事件の判断におきましても、ヘイトスピーチというものを、これは人種差別であって表現の自由の範疇を超えると、法の保護にも値しないというような判断がなされたというふうに私は記憶しております。
　他方で、今議題となっている法案でありますが、こちらについては、やはり様々、今のヘイトスピーチというものがいけないんだという理念を訴えるためには、まだ検討しなきゃいけない課題もあるかなというふうに思っているところであります。
　先ほど来から話のあるヘイトスピーチとそうでないものの区別というものはなかなか明確でないだけでなく、対象として不当な差別的取扱いというものもこれ入っているんですよね。不当な差別的取扱いというものが何なのかというと、例えば住居の場合の対応の違いであったりとか、そういう言論の部分以外のところもいろいろと想定はされているんですけど、立法事実を、それを考える上ではやはりもう

少し時間が必要になってくるというところもあるかと思います。
　やはりその点で、かえって間口が広くなっている部分だけ、それを成案として検討していいかどうかという時間がすごい掛かってしまって、本来必要であるヘイトスピーチの法についての成立がなかなか遅れてしまっているというようなこれ問題もあるかなというふうに思っています。その意味でも、ヘイトスピーチとそれ以外の区別というのはやはり明確にしなければいけないかなという検討もあります。
　さらに、今の法案の課題というものの一つは、先ほど審議会という話がありましたが、この審議会は内閣府の方に置くという形であります。行政がそういう点でも関わってくるというところは、表現の自由、その抑圧というところでどういう意味があるのかというところ、これも検討しなければいけないと。
　このような理解の上で二点お伺いしたいんですけど、ヘイトスピーチとそれ以外の政治的言論との区別、これはどのように図るべきであるのか。また、表現の自由との、これは最大の課題でありますけど、これを考える上でどのような点を慎重にあらねばならないかを考えるのか。この二点についてお伺いをしたいと思います。
〇委員長（魚住裕一郎君）　では、順次簡潔にお願いいたします。
〇参考人（金尚均君）　政治的言論とヘイトスピーチの違いですけれども、これについても京都地裁判決は明確に述べております。京都事件でも、いわゆる被告側、被告側におきましては、自分たちの言論というものは政治的言論であると、それを制限してはいけないというふうな主張をしました。しかし、政治的言論のために、朝鮮人を殺せ、ないしは海にたたき込めというふうな、単に脅迫的だけではなくて、殺せというふうないわゆる扇動までをする、そこにまさに政治的言論を超えたヘイトスピーチ、すなわち人種差別表現が明確に区別されるものとして出てくるというふうに判決は示しておりますので、その点、既にもう日本の社会においては、司法の現場ではこの政治的言論並びに人種差別表現の区別は判例で出ているというふうに考えます。
〇参考人（スティーブン・ギブンズ君）　たまたま昨日、偶然インターネットで、1899年にまだ若いウィンストン・チャーチルが中近東で記者をやっていたときのエッセーを読みました。そのエッセーの内容は何かというと、イスラム教の国はなぜ文明国になり得ないか。一つは、普通の科学、合理の通用しない宗教と文化であると。もう一つは、女性を軽蔑し奴隷扱いする文明であると。それが長く引用されて、一番最後に、今日現在のイギリスのヘイトスピーチ法にはこれは引っかかるのではないかということなんですね。
　ですから、私は、その線引きは非常に難しくて、何がいけないのかというのは、やっぱり幾らガイドライン書いても非常に難しいのではないかと思います。
〇参考人（浅野善治君）　今いろいろ、今日の議論の中でも、例えば人間の尊厳ですとか、威圧ですとか、恐怖ですとか、死ね、殺せとか、いろんな表現が出てきているわけですけれども、じゃ仮に人種等を理由とする意見というものが全ていけないのかというと、やっぱりそうではないんだというのは大体皆さんお分かりになるんだろうと思います。
　そうすると、人種等を理由とする意見の中の差別的なものは駄目だよといって、そこまではいいのかどうなのか。差別的なものはいいとしても、不当な差別的なものなら駄目なんだとか、じゃどこで線を引くんだと、こういう話になるわけですよね。そこのところで、例えば死ね、殺せというようなことがあったとか、威圧的なものだったとかということがあったときに、じゃその中の何が人間の尊厳を害しているのかと、こういう話になるんだと思います。ですから、そういったことの中で、例えば、死ね、殺せといったものだけ規制すればいいんだよというのであればこれは簡単にある意味できるのかもしれませんが、それだけで十分かという問題がもちろん出てくるわけですよね。
　そうすると、じゃ何を規制しなきゃいけないのか、こういう話の中でそれがうまくすくい取れるかどうかというのが実は問題になるんだろうと思います。そういったことの中で表現の自由ということがあったり政治的な言論だったりという話があるんですが、じゃどこでどう区別していくかということになるとすれば、やっぱりそういう行為によって不適切だということが起きてくるわけですけれども、その不適切だということによって一体何が害されているのかということ、これを具体的に見ることだろうと思いますね。
　そこの中で具体的に害された権利の侵害というものがあるのであれば、これはそれを救わなきゃいけないねというようなことになるかもしれませんし、個人の権利ということではないにしても、例えば社会的に極めて解決しなければいけない具体的な不都合が生じているということがあるのであるとすれば、それはやっぱり何とか解決していかなきゃいけないねということがあるんだと思いますし、ですから、具体的に何が引き起こされているのか、それが許されるのか許されないのかということを検証して、それをどう図っていくのかということになるんだろうかというふうに思います。
　そこで、その具体的な範囲というもの、具体的な

救わなきゃいけない害悪の範囲というものがきれいに書けるのであるとすればこれはきれいな法律になるのかなというふうに思うわけですけれども、なかなかそれは、あらゆるものを考えなきゃいけませんので、かなり時間も掛かるし慎重に検討しなければいけないんじゃないかなと、そんな感じがしているところでございます。
　以上でございます。
○矢倉克夫君　ありがとうございました。
　いただいた御意見を参考にして、しっかり与野党で合意をできるように頑張っていきたいと思います。ありがとうございます。
○仁比聡平君　日本共産党の仁比聡平でございます。
　今日は、４人の参考人の皆さん、本当にありがとうございました。
　最初に崔参考人にお伺いをしたいと思うんですけれども、お話のあった中学生の息子さんの、桜本を守ってください、桜本に入れないでくださいと訴えられたその言葉と、そうした訴えをする勇気や力を持って育ってこられたその息子さんに本当に心から敬意を表したいと思うし、御家族や地域の皆さん、そして桜本や川崎という地域がそういう子供たちを育てているということも本当に胸を打たれる思いがしました。
　そこで、その桜本に迫ってくるというヘイトデモについて、改めて参考人のそのときの思いを、感覚といいますか、受けた心の傷や痛みを少し具体的にお尋ねしたいと思うんですけれども、まず１１月の８日のデモですが、先ほどいただいたコース図を見ても、それまでは富士見公園から駅の方に向かっていた。ところが、この日初めて富士見公園から桜本に向かってくるわけですよね。このときにどう思ったか。けれども、赤で示されている予定されていたコースではなくて緑色のコースに変わったということなんだと思うんですね。これはどんな力で変えることができたのか、そこはいかがでしょうか。
○参考人（崔江以子君）　ありがとうございます。
　川崎では１２回ヘイトデモが行われてきていて、お話にありましたように、最初の１０回は駅前方面に向かっていました。差別はいつでもどこでも駄目だと思います。ヘイトデモもいつでもどこでも駄目だと思いますが、駅前に向かっていくデモに関しては、私たちそこに暮らす者は、駅前に行くことを回避すれば、駅前にさえ行かなければそのヘイトスピーチを聞くこともなく、ヘイトスピーチから逃げることができます。しかし、直近の２回、１１月８日と１月３１日は私たちの暮らす町にやってきたわけです。そして、その私たちの暮らす町が、先ほどからお話をしている、違いが豊かだと日本人も外国人も共に尊重し合って暮らしている町、そこに土足で、その共生の町、

私たちの暮らしへの、共生への挑戦といいましょうか、その共生を破壊するかのような攻撃性を持って向かってきたということとして受け止めて、大変ショックを受けました。
　子供たちが自身のルーツを隠さずに民族名を名のり、自分の母親の作る自分の国の料理をおいしいよと隠さずに胸を張って言える、地域のお祭りで朝鮮のプンムルノリ、楽器の演奏をすると日本人の皆さんが本当に喜んでくれる、そんな豊かな町に攻撃性を持って向かってきたことは大変つらいことでした。今までは駅前に行かないで回避をしてきましたが、今度は私たちの町を、私たちの普通の暮らしを守らなければいけない、そういう思いで抗議の意思を示そうと勇気を振り絞りました。
○仁比聡平君　その１１月８日は、地域の方々も含めてこのヘイトデモを入れさせないために随分大きな声が上がったというふうに聞いていますが、そんな感じですか。
○参考人（崔江以子君）　カウンター活動をされている方々だけではなくて、地域の人たちが町の入口の角に立ち、私たちの町は差別を許さないんだという意思表示をして抗議をしました。商店街の方であったりですとか、音を聞いて、相手の主張を聞いて、とんでもない、ひどいというふうに家から飛び出してきて抗議をされていた地域の方もいらっしゃいました。小さな子供の手を引いて、子供と一緒に私たちの町に差別者は入ってくるなというふうに意思表示をしていた地域の方々もいらっしゃいました。
○仁比聡平君　そうした力で私は直前にあの緑のコースに変更させたんじゃないかと思うんですが、ところが、１月３１日は曲がらなかったわけですよね。そのまま桜本の中心部分に向かってくるその赤いコースを、赤いコースというか、もう一つの方の資料でいうと青いコースを進んで、追分の交差点を桜本の方向に曲がったわけですね。
　このとき崔さんがどんなふうに感じられたか、その言わばＵターンしていくところが先ほど参考人おっしゃっていた信用金庫などを含めて生活の中心、生活の場なんだとおっしゃったところの辺りなのかなとも思うんですけれども、そのときの思いをもう一度聞かせてもらえますか。
○参考人（崔江以子君）　１１月８日には住宅街にはデモが入ってきましたが、集住地域の中心である桜本の町は守られたわけですが、１月３１日も、その１１月８日の混乱もありましたし、まさか桜本には来ないであろう、駅前方向に進んでいくのかなというふうに思っていました。この地図にあります３番の追分交差点から桜本方面に警察に守られながらひどい主張をする人たちの列が向かっていったときには、桜本の町で本名を名のり、違いを大切にされて育ち

合っている子供たちの顔が浮かび、もうこんなことはちゃんと大人が早くルールを作ってもらって終わらせる、あなたたちの共に生きよう、共に幸せにというメッセージ、あなたたちが記してくれたメッセージは、この１回だけで、この１回だけ示して終わらせて博物館行きにしよう、もうこの１回で彼らにヘイトデモをやめてもらえるようにちゃんと示してくるからねというふうに約束をして迎えた１月３１日でした。

しかしながら、駅前方向に帰るのではなく、私たちの町に向かってきました。正直、どうしてこんなひどいことが私たちの暮らしに起きるんだろう、どうして大きな声で涙を流しながら、差別をしないでください、私たちの暮らしを壊さないでくださいってお願いをしなければいけないのか。そのお願いする言葉は、残念ながら、彼ら、ヘイトデモをする人たちには届かずに、大変大きな厳しい声が飛び交い、結果的には桜本の町はあの交差点で強く町に入るなと抗議をする人たちの思いによって守られましたが、あのときに彼らが桜本に向かってきた、桜本に向かうことを許可されて向かってきたことで本当に心が殺された思いです。

○仁比聡平君 写真を拝見しても、玄関口まで侵入してくる。皆さんから見れば、警察が導き入れるようにも感じられたのではないか、そんなふうにも思うんです。

もう少し崔さんに伺いたいのですが、人権救済の申告もハルモニもされています。趙良葉さんの、この申立書の４ページ目拝見すると、この年になってなぜ出ていけと言われなければならないか、これまでの自分の人生を一切否定するかのようなひどいヘイトスピーチという言葉に、７８歳になる趙さんのこれまで生き抜いてこられた人生そのものを否定するといいますか、そうしたヘイトスピーチの人権侵害の許せなさといいますかね、を感じるんですけれども、趙さんはどんな思いでいらっしゃるんでしょうか。

○参考人（崔江以子君） 自分はもういいと、ただ、子や孫の世代がどうしてこんな思いをしなければいけないんだというふうに趙良葉さんはおっしゃっていました。こんな社会だと、自分の祖母が朝鮮半島にルーツがある人間だということを孫が外で語れなくなる、子供たちや孫が自分のルーツを隠すようになってしまうのではないかということを大変胸を痛められていました。趙さんは今までも大変たくさん御苦労をされて、いろいろな被差別体験がおありなんですが、今回のこのヘイトスピーチに関することが今までで一番しんどいというふうにおっしゃっていました。

○仁比聡平君 申告について、申し立てられたわけですけれども、政府に望むことがあれば一言お願いしたいと思います。

○参考人（崔江以子君） 行政機関にお願いをしても根拠法がないからといって具体的な対策を講じていただけなかったので、もちろんその法整備は強く望んでいますが、わらをもすがる思いで、あるを尽くす思いでこの申告制度を使いました。

この申告制度は、名を名のり、当事者性を持って申告しなければいけません。申告することによってさらされる恐怖ももちろんあります。申告したことがメディアで報じられた後に、私の中学生の息子は私に対して、オモニ、駅のホームで電車を待つときは前には立たないでね、顔がもう新聞に載っているんだよ、何かあったら困るから駅のホームでは後ろの方に立ってねというふうに、申告をして、申告をしたことを報じるメディアを見たインターネット上の、いわゆるこれもヘイトですよね、誹謗中傷に触れてしまった私の息子は、更に私の被害を心配をしています。ヘイトスピーチに傷ついて、その傷を訴えることで二重三重の痛みや苦しみを今受けています。

申告をしました。具体的に実効性のある判断をしていただきたいというふうに思っています。

○仁比聡平君 ３人の参考人の皆さんに詳しくお伺いする時間がなくなってしまって本当に申し訳ないんですけれども、時間の関係で金参考人に一問だけ。

浅野参考人やギボンズ参考人の御議論の前提にも多様な価値観と表現の自由というものがあると思うんです。そうした多様な価値観や表現の自由とヘイトスピーチの違いといいますか、ここをどう根本的にお考えか、お聞かせください。

○参考人（金尚均君） 多様な価値観というものは、これ日本の社会におきましても憲法が保障しているところであると存じます。このヘイトスピーチというものは、まさに、一つは、多様な社会というものを否定する、一定の自分たちとは違う者を否定する、そういったことを扇動する表現です。したがいまして、それはまさに、多様な価値観を目指す、これから人権大国を目指す日本社会とは真っ向から反するものというふうなことです。

何よりもここで問題なのは、人間であるということが否定されている。この社会がなぜあるかということは、まさに人間が人間として生きるためにあるわけです。それを否定する表現が、まさにそれが憲法２１条で保障されている表現の自由かと言われますと、私はこれは全く違うというふうに考えています。

○仁比聡平君 ありがとうございました。
○真山勇一君 維新の党の真山勇一と申します。
今日は、４人の方から人種差別そしてヘイトスピーチという問題について御意見を聞かせていただきま

した。ありがとうございました。
　私は、やっぱり率直に感じるのは、特に当事者の崔さんのお話というのは私の心を強く打ったんですけれども、やっぱり大人の世界の対立ですとか憎しみですとか差別というものがもう子供の世界にまで入ってきているということ。やっぱり、子供たちの目の前で殺せとか死ねとかという、こんな乱暴な言葉を使われたらやっぱり子供たちがどれだけ恐怖におののくかということも現実の問題として私はよく分かったという、そういう気がしております。そういうためにも、やっぱりこの差別、特に言葉の、余りにもひどい言葉の差別というのは、これは何とかすべき問題なのかなという思いをもう一回ここで改めて思いました。
　こうした恐怖をあおる、差別をつくるような言葉とか行動というのは、やっぱりここへ来て不幸にしてどんどんどんどんエスカレートしているんじゃないか、私はそういう気がします。どこかでやっぱり何か歯止めというのを掛けていかないと、これは大変大きな問題になるなと。これがありきたりの、ひどいですねとか、あってはならないことですねという言葉だけでもう解決できるような状態ではない、限界に来ているというような、そういう感じもします。
　ただ、その一方で、やはり、今日の意見の中でも出た表現の自由ということも私は多様性の問題から大変大事な問題であるというふうに思っています。私は、実はこの議員をやる前に放送業界で、テレビの世界で働いていたということなので、特にその表現の自由ということについては大変大事なことだというふうに思っています。その表現の自由ということが大切だと思っていても、やっぱり一定の歯止めは必要だ、自主規制は必要だというふうな放送界の考え方があります。ですから、やはり私たちが日々ニュースを伝えるという仕事をやっていたときにも、民族の問題、人種の問題、それからいろんな人の職業、仕事の問題、それから身体的欠陥の問題、こうしたことについてはやはり自主規制で触れないようにするのが当然のやり方ということでやってきました。
　それで、よって不便を感じたかどうかということもあるんですが、やはり言葉、言葉というのは大事だと思うのは、やはり言葉も多様性があっていろんな言い方があってもいいかもしれないけれども、ある部分やっぱり自主規制で言えなくなるということは非常に厳しい部分も私は感じてきました。ただ、私はこの放送界の自主規制というのは、これは正しいやり方だというふうに私は思っています。ですから、本来ならばこうしたやり方が望ましいんではないかというふうには思いますが、現実はそうはいか

ない面があるということを今日よくお話で分かりました。
　そこで、伺いたいと思うんです。まず、お一人お一人ということで伺いたいんですが、まず質問の方を言わせていただきます。
　浅野参考人にお伺いしたいのは、やはり今申し上げたように、規制をすることと表現の自由、この辺で、例えば禁止して法律を作った場合、そして禁止した場合ですね、やはり言論の自由、表現の自由ということに何か影響が出たり損なわれたりするというようなこと、そういうことがあるのかどうか、どういうことを具体的に考えておられるのかどうかということをお伺いしたいというふうに思います。
○参考人（浅野善治君）　どういうことが影響があるかというと、そういったことが言えなくなるというのは、一つそれは表現の自由として当然影響があるわけです。
　例えば、極端な話をさせていただくとすれば、とんでもない、社会的にとんでもない意見を持っている、これは差別ということに限らずとんでもない意見を持っている人間がいたとしますね。この人間というのもやっぱり人間として尊重されなければいけないということがありますし、その人間が自分の意見を仮に言うということがあったとして、それは社会的にとても聞きたくないような意見だとしても、誰にも迷惑を掛けない限りではやっぱり意見が言えなければいけないんだろうというふうに思います。
　ですから、そういった意味からすれば、誰にも迷惑を掛けない、社会的に特に何も影響を受ける人間もいないというような状況があるとすれば、その人間はいかにひどい意見であろうとしても自由な意見が言えるんだろうということというのは保障されているんだろうというふうにまず思うわけですね。
　ですから、そういったことで何かを言うなとかこういう話があったときというのは、当然そういった部分にも制限が掛かってくるわけですよね。そういう形の中で、今自主規制ということがありましたけれども、社会的に、放送業界に限らず、それぞれ国民がみんな自主規制をするということができれば、これが一番いいわけですね。ですから、そういったことで人権教育ですとか人権啓発をして、こういうことは言ってはいけないんだということが自分の気持ちの中できちんと根付いていくということがあればこれは一番望ましい姿なんですけど、現実はそうはいかないんだと、こういう話があるわけですね。
　そうすると、じゃ、どういう場合にその規制を掛けるんだと、こういう話になるんですが、やっぱり社会に何らかの迷惑を掛けているんだろうと、何らかの危害を発生させているんだろう、あなたの行為はという場合に、やっぱりそこで初めて規制が掛か

るんだろうなというように思います。
　ですから、例えば今日のお話の中でも、ヘイトスピーチといったものの中の攻撃性ですとか恐怖ですとか、死ねですとか殺せだとかという話がありますですよね。そういったことがあるという形の中で出てくる害悪というもの、これをきちんと抑えるという意味で制限していくのであれば表現の自由というのは当然下がらなければいけないと、こういうふうに思いますが、仮にそういうものがないままに、何か気に入らないからおまえの表現は駄目だよというようなことがあるとすれば、これは表現の自由というものがきちんと保障されなければいけないんだと、そういう関係になってくるのかなと思います。それで、そういったものがきちんと明確にできるのかどうかというのが非常に難しいところなんじゃないかなと、そんな感じがいたしております。
○真山勇一君　ありがとうございました。
　次に、ギブンズ参考人にお伺いしたいんですけれども、アメリカは規制よりも自由というふうなフィールドになっているというお話を伺いましたけれども、その一方で、今日のお話にも出てきましたが、ヨーロッパは割と規制が強いということなので、お一人海外からいらした方ということで伺いたいのは、アメリカとヨーロッパのその辺の考え方が対照的に違うと思うんですね。その辺の思想的な、なぜそういうふうな考え方、ヨーロッパは比較的規制という方に傾いているけれども、アメリカは自由ということを大事にするという、アメリカとヨーロッパのその辺のシステムの違いというものをどういうふうに捉えていらっしゃるか、伺いたいと思います。
○参考人（スティーブン・ギブンズ君）　それぞれ長い歴史があると思いますけど、私には、最近の情勢の中で一番面白いのは、先ほども自粛とおっしゃいましたけれども、ヨーロッパで複雑な移民問題ありますよね。それぞれの政府はそれぞれの政策があって、その政策に都合の良くない情報を抑える事件、最近ありましたよね、それによってドイツを始めヨーロッパの国にいろいろ問題が起こり、まず、その言論の自由の一つの裏面は知る権利ですよね、ケルン、ストックホルムにこういう事件あった、でもこれは報道をされなかった、警察がそれを隠そうとした。それに対する反発は今ヨーロッパの政治の中に見れます。
　ですから、例えば鍋の中の沸いているお湯に蓋を掛けると一時期それを抑えることができるんだけれども、その気持ちはなくならないわけですよね。その表現を止めても、その気持ちはなくならない。アメリカの方でも、今アメリカの政治は余り深く話したくないんだけれども、共和党の中にいろいろ変なことありますよね。その一つの原因は、正しいことしか言えない、本当のところを言えなくなった、それがいきなり爆発してしまう。ですから、そういうような気持ちに強制的に蓋を掛けることは逆説的に危険ではないかというふうに感じます。
○真山勇一君　ありがとうございました。
　時間がないので、皆さんにちょっとお伺いしたいので、次は金さんと崔さんと続けてお答えいただいて結構だと思うんですが、是非お伺いしたいのは、お二人は当事者ということで、規制はもう必要であると、何とかこのヘイトスピーチというものをなくすためには法律も必要だというふうな考えというふうに伺いました。
　やっぱり、その一方で、何とか自主規制、自主的な努力という、そのぐらいの軽いものでもう今できない状態ではないかなと私自身も思うんですけれども、やはり法律で規制するということよりも、例えば教育であるとか、あるいはいろいろな方法でそうした差別をしないということを確立していくということも、ソフトなやり方での方法もあると思うんですけれども、そういうやり方で今の要するに状態というものが改善されるのかどうか、やはり法律というものでやっていかないと今の状態というのは変わらないんじゃないか、どちらの方にお思いになるかということを金さんとそれから崔さんとお伺いしたいというふうに思います。
○参考人（金尚均君）　私が考えておりますのは、まさに最終的には私たち市民による自己解決能力、これに差別の問題の解決は懸かっているかと思います。その意味でいいますと、法律というものはその一助にすぎないというふうに考えています。
　今回の法案についても、いわゆる国並びに地方自治体の施策の基本をつくるというふうなことが目的ですので、それを一つのきっかけとして社会並びに教育の現場にこの法律に基づく人種差別の禁止の理念、そしてその現場での実践というものがあり得ると思うんです。それが現在ないというところがやはり社会的に問題であって、それがゆえに表現の自由の名の下に差別的な表現が学校現場ないしは社会において蔓延しているというふうに私は考えています。
○参考人（崔江以子君）　ありがとうございます。
　教育ももちろん必要です。教育も法も両方必要だと思います。
　以上です。
○真山勇一君　崔さんにやっぱりもう少しそうするとお伺いしたいと思うんですが、やっぱり当事者としてはやはり耐えられないという部分があって、やっぱりそういう思いが今日のお話の中でもたくさん出てきたと思うんですが、やっぱり一つは、何というんですかね、法律で決めるんではなくてお互いに理

解をし合う、本当にちょっとそんな甘いもう段階は通り越しているというふうに多分崔さんなんかはお思いかもしれませんけれども、やっぱり表現の自由という、ある部分から見ればやっぱり法律で決めるということは大変厳しい部分も私はあるんじゃないかというふうに思うんですが、その辺り、私ももうそこは通り越しているという気持ちもあるんですけれども、やっぱり一番現場に近い当事者としてその辺もう少しお話ししていただけると有り難いなと。

○参考人（崔江以子君） もちろん、対抗言論で抑えられるものであれば抑えたいですよ。私は民族名を名のって生活をしています。桜本地域の子供たちも、民族名を名のり生活している子供たちが大切にされています。もちろん、対抗言論で解決できた方がより良かったかもしれません。ですが、そういう段階ではありません。

　私自身が、今、まさか今このときに、法律を作ってもらって命を守ってもらわないと命の危険を感じるような生活になるなんて思ってもいませんでした。私たちは、法律を作ってもらって何か自分たちに都合のいいフィールドを整えていただきたいのではありません。ヘイトスピーチに心を傷つけられ乱される前の平穏な普通の日常を取り戻したいだけです。

　自分の子供がエレベーターのような密室に入ったときに、あの密室の中で隣り合った人があのヘイトスピーチをする人かもしれないという恐怖でエレベーターから逃げ出したくなったりとか、駅のホームで自分の母親が突き落とされるんではないかという心配をする。対抗言論で解決していただけるのでしたら、是非現場にいらっしゃって、あのヘイトスピーチをする方々を言論でもって皆さんで説得をして改心させてください。

　以上です。

○真山勇一君　よく分かりました。
　ありがとうございました。

○谷亮子君　谷亮子と申します。
　本日は、人種等を理由とする差別の撤廃のための施策の推進に関する法律案につきまして、参考人の方々への質疑ということでございまして、大変お忙しい中、本委員会に御出席いただきまして、ありがとうございます。

　本法律案は、日本国憲法及びあらゆる形態の人種差別の撤廃に関する国際条約の理念に基づき、人種等を理由とする差別の撤廃のための施策を総合的かつ一体的に推進するため、人種等を理由とする差別の禁止等の基本原則を定めるとともに、人種等を理由とする差別の防止に関し、国及び地方公共団体の責務、基本的施策その他の基本となる事項を定めようとするものでございまして、昨年五月二十二日に民主党・新緑風会、社会民主党・護憲連合、無所属議員

の皆様より本院へ提出されまして、六月二十四日に本委員会に付託されたところでございます。

　その後、本委員会では、八月四日に発議者からの趣旨説明を聴取させていただいた上で、八月六日に発議者及び政府に対しまして質疑が行われました。

　私の方からは、本法律案が提出されるに至った経緯及び趣旨、また我が国が加入してから二十年以上が経過した人種差別撤廃条約を踏まえた内容が本法案の各規定に具体的にどのような形で盛り込まれているのか、そして本法律案が我が国から人種差別を根絶していくためにどのような役割を果たすのか、また政府として人種差別撤廃条約への加入を受けての国内法整備をこれは新たに行おうというお考えがあるのか等について質疑をいたしたところでございます。

　こうした経緯と現況を踏まえまして、本日御出席の参考人の皆様へ質問をさせていただきたいと思います。四人の参考人の皆様に、それではお一人お一人御意見を伺わせていただきたいと思います。

　昨年八月六日に行われました本法案の審議におきまして、人種差別を根絶していくために本法律案がどのような役割を果たすのかについて発議者に伺いましたところ、本法律案は基本的には理念法であり、人種差別が違法であることを明らかにする具体的な処分あるいは手続を定めてはいないが、本法律案が成立した後、国と地方公共団体において人種差別をなくすための措置を講じることにより、人種差別を許さないという施策が次第に浸透していくことにより、具体的な効果を発揮していくことが期待される旨の御答弁をいただいたところでございます。

　このように、本法律案は人種差別根絶に向けての理念法であるということでございますが、本日御出席いただきました参考人の皆様におかれましては、法制化の前に国として人権教育の強化や啓発活動を通じて社会全体の意識を向上させていくことが必要であるとお考えになられる方、また本法律案を早期にこれは成立させるべきとお考えになられる方、今後この法案の審議が深まりを、更に広がりを見せ、また成立した場合、我が国から人種差別を根絶していくためにどのような役割を果たすことができるとお考えになられるのかについて、それぞれ四人の参考人の皆様に順次御意見を伺いたいと思います。

○参考人（浅野善治君）　今、谷先生の方からいろいろお話がございました。

　これ理念法だからという話があって、一つは、理念法だから余り具体的なことが書いていないからそのあたりのところの問題もある意味厳格なものでなくてもいいんじゃないかというような御趣旨もあるかと思いますが、ただ、理念法といいましても、今回の法案というのは、実は三条、四条、五条と基本原則

を定めておりまして、3条というのは具体的に禁止するような行為というものが書かれておりますし、4条では確実にこういう人種等を理由とする差別が防止されなければならないというような基本原則が定められておりまして、さらにその上で、6条で国と地方公共団体の責務ということで、こういう人種等を理由とする差別の防止に関する施策を総合的に策定し実施しろと、こう言っているわけですから、そういうその基本原則が達成されるようなことを、あらゆることをやりなさいということ、これを国と地方公共団体の責任として位置付ける、こういう話になりますので、一体何が行われるのかということにつきましては全く限定がないわけでして、先ほど言ったようなことがどんどん行われていくようなこともあるいは考えられるかという話になるわけですね。

ですから、そういった意味で少し歯止めを掛けておく必要があるのかなというようなことでお話をさせていただいたわけですけれども、人権教育、人権啓発ということにつきましては、これはもうどんな状況であろうと積極的にやらなきゃいけないということはもちろんだろうというふうに思っておりますが、さらに、その上で、こういう具体的な何か規制をするような法律というものを、具体的な規制のイメージが出るような法律というものが更に必要になるのかならないのかといったときに、やはりそのときに、例えば命の危険を感じるということがあるとすれば、その命の危険を感じるようなものだけを切り取って規制するということがあればいいのかなというふうに思うわけですが、そうすると、例えば現行のあらゆる刑罰の規定もございますけれども、そういったものがまず動くことというのが一つ大きな動きになるのではないかなというふうに思います。

例えば、今日聞いておりましたところの中でも、本当にそんなひどい状況が生まれてくるのであれば、そういう現行法の処罰規定というものが適用されていくということがあるとすれば、そういうデモを行われればこういう処罰規定が動くんだということがはっきりするわけでしょうし、そうするとまたそれで一つ大きな効果になるのではないかなという感じがいたします。

非常にひどいデモがあっても何にも誰も動いてくれないじゃないかというところがすごく今日参考人の御意見の中から私が感じたところでございますが、そういうときに、例えば現行法の規定がきちんと動いて処罰がきちっとなされるようなことがあるとするとまた変わってくるんじゃないかなという感じもいたしますし、そういったことも含めて、一体どういうような形でこの新法を検討していったらいいのかということになりますと、慎重に検討していく必

要があるんじゃないかと、そんなふうに感じたところでございます。

○参考人（スティーブン・ギブンズ君）　大変失礼かもしれませんけれども、私は13歳のとき、アメリカ全国の柔道大会、優勝しました。（発言する者あり）ありがとうございます。

私は今職業は弁護士で、これは英語ですけれども、ゼア・イズ・ノー・ライト・ウィズアウト・ア・レメディー、救済のない権利はそもそも権利じゃない。で、この法律はそういうような中途半端な訳の分からないものになっているのかなと。

そういうような具体例は六法の中にいっぱいあります。例えば、私は主に会社法をやっていますけれども、株式会社の役員会は、何条か忘れましたけれども、少なくとも年に4回集会しなくちゃいけないというルールがありますけれども、よくお客さんに聞かれるのは、もしもそうしなかったらどうなるんですかと。何もないわけですよね。ですから、それやっちゃいけないと書いてあるんだけれども、もしもやったらどうなるんですかと。別にどうでもいいと。

特に、これは条約を実行するためにこれから実施する法律であって、海外から、実施したときは、この法律は骨抜きでしたねと逆に批判されるリスクもあるんじゃないかと思いますよね。ですから、最初からこれは、理念であればそれをより明確にした方がいいんではないかと私は法律の専門家として思います。

以上です。

○参考人（金尚均君）　私は、今回の法案というものはいわゆる理念法というふうなところで非常に弱いというふうな批判がございますけれども、これを機に例えば被害実態調査を政府が行う、そして地方自治体が行う、これは一つ非常に意味がございます。

例えば、私のレジュメの2ページ目にありますように、人種差別実態調査研究会という、いわゆる私的な研究者が手弁当で集まって差別的な研究をされているわけです。また、私たちも、いわゆる民間の研究者が高校生を対象に被害実態調査をしている。これはなぜ民間の私たちがしているかということなんですけれども、国がやらないからです。それは、いわゆる差別実態、人種差別実態というものが、あるものがなかったことにされている、なかったことにされてきた、これが今、日本社会の現状です。これを変える第一歩というふうに今回の法律を位置付ける。そうすると、単に救済がない、ないしは刑事規制がないというふうなこととはまた別の議論がこの法案でその意義として生まれてくるかと思います。

○参考人（崔江以子君）　ありがとうございます。

私は専門家ではありませんので、なかなかお答え

するのが難しい立場にはあるんですが、お願いを話させていただきます。
　先ほどからお伝えしていますが、国が中立ではなくてヘイトスピーチをなくす側に立つことを宣言して、差別は違法だとまず宣言してほしいんですね。親が子の前で死ね、殺せと言われる、子が親の前で死ね、殺せと言われる、このことから法でもってしか今守ってもらえないんですよ。ですから、まずこの法案をすぐにでも成立させてほしい、お願いする立場です。
　それから、差別は悪い、じゃ、その悪い結果をそのまま放置するのではなくて、悪い状態を回復するための手段として、そして根絶のためにこの法律の議論をしていただきたいとお願いさせていただきます。
　以上です。
○谷亮子君　もう本当に大変貴重な御意見をそれぞれの参考人の皆様から本日いただいたというふうに思います。
　先ほどギボンズさんからお話しいただいた救済のない権利は救済ではないといったことも、非常にこれは意味が深いところがあるというふうに思いますし、やはり日本の現状を見てみますと、表現の自由との関係、これよく言われるんですけれども、そしてさらには罪刑法定主義との関係につきましては、いずれもこれは日本国憲法との問題もありまして慎重な検討が必要であるということはこれまでも議論されてきていますし、私も承知しているところでございます。
　しかし、実際に起こっているこうした問題としてこうした形で議員立法によって本法律案が本委員会で審議されているということは、やはり人種差別は許されるべきことではない、よくないことであるということがやはり現在審議をすることによって、現在日本にはそうした人種差別を規制する法律がないということに関しましては、少しずつ法律を作るという意味では前進をしてきている審議になってきているのではないかなという考え方もあるというふうに思います。
　やはりこうした現況を見ますと、日本には人種差別があるということを認めることになるから法律を作らないのか、それとも、日本には人種差別がないからそうした法律を作る必要はないよとお考えになられているのかという質疑を前回の本委員会の質疑でも政府に対してさせていただきましたけれども、本日賜りました参考人の皆様からの御意見を参考にさせていただきながら、今後より良い審議を深めていけたらいいなというふうに思っております。
　ありがとうございました。
○委員長（魚住裕一郎君）　以上で参考人に対する質疑は終了いたしました。
　参考人の方々に一言御挨拶申し上げます。本日は、長時間にわたり御出席を賜り、貴重な御意見をお述べいただきまして、誠にありがとうございました。委員会を代表して厚く御礼申し上げます。
（拍手）
　本日の審査はこの程度にとどめ、これにて散会いたします。

（2）第190回国会参議院法務委員会会議録第6号（平成28年4月5日）

○委員長（魚住裕一郎君）　ただいまから法務委員会を開会いたします。
　委員の異動について御報告いたします。
　去る3月24日、大門実紀史君が委員を辞任され、その補欠として仁比聡平君が選任されました。

○委員長（魚住裕一郎君）　政府参考人の出席要求に関する件についてお諮りいたします。
　人種等を理由とする差別の撤廃のための施策の推進に関する法律案の審査のため、本日の委員会に、理事会協議のとおり、法務省人権擁護局長岡村和美さん外3名を政府参考人として出席を求め、その説明を聴取することに御異議ございませんか。
　〔「異議なし」と呼ぶ者あり〕
○委員長（魚住裕一郎君）　御異議ないと認め、さよう決定いたします。

○委員長（魚住裕一郎君）　人種等を理由とする差別の撤廃のための施策の推進に関する法律案を議題とし、質疑を行います。
　質疑のある方は順次御発言願います。
○西田昌司君　自民党の西田でございます。
　今日は、先日、我が委員会で川崎の桜本地区に、このヘイトスピーチの実態について地域の方々のお話を聞き、それを受けての対政府質問ということになったわけでございます。
　そこで、まず冒頭、今回、桜本地区に行きましたのも、先日、有田筆頭理事の方からも御指摘ありましたけれども、過日、この川崎でいわゆるヘイトスピーチが行われたと。その現場において、ヘイトスピーチをしている側の人間が、それについて抗議をしていた市民に対してですね、暴力事件が起きたという事件があったわけでございます。
　その際、その容疑者は一応逮捕されたようでありますけれども、過日の話を聞いておりますと、要するに、そういう事件が起きていたにもかかわらず、現場の警察官が全くその事件を制止したり止めるというような様子じゃなかったというふうに私たちも

認識しているわけなんですね。ですから、やっぱりここはまずヘイトスピーチ云々以前に、こういう暴力事件が警察の目の前で起こってそれを抑止できなかったということは、やっぱりこれ警察としてかなり問題があったのではないかと思っております。

それについて、まず警察庁の方から説明とその事件の経緯も含めてお聞かせいただきたいと思います。

○政府参考人（斉藤実君） お答えをいたします。

お尋ねの３月20日、JR川崎駅前において政治団体の街宣中に発生した傷害事件でございますが、本件は、過日、被疑者４名を逮捕し、現在も引き続き捜査中でございます。その状況も踏まえまして改めて御説明を申し上げたいと思います。

３月の20日、当日でございます、事件の発生前、JR川崎駅前において、政治団体が道路上に街宣車を止めて街宣活動を行っていたところでございます。当時、この街宣車の周辺の歩道上には、当該団体の関係者や本件被疑者４名のほか街宣活動に抗議をする方が多数おられまして、両者が対峙をしていたために多数の警察官がその衝突を防ぐための警備に当たっていたところでございます。また同時に、道路の反対側の歩道上にも同様に街宣活動に抗議をされる方がおられたため、所要の警察官でその警備にも当たっていたところでございます。

こうした中、街宣車の周辺にいた本件被疑者を含む10名数名が突然幅員20数メートルの道路を走って横断をいたしまして反対側の歩道上に向かってきたことから、その反対側の歩道上におりました警察官が衝突を防止しようとしたわけでありますが、一部が歩道上で抗議をされていた方ともみ合いになり、現場が大変な混乱状態となる中で本件が発生をしたものでございます。その場にいた警察官の数が必ずしも十分ではなかったことから本件犯行の発生を防ぐことができず、また、具体的な状況を直ちに特定をして逮捕するには至らなかったものでございます。

被害の発生場所では、警察官が警告や制止等の措置を講じながら現場の混乱を鎮静化しようとしたものでございますが、結果として傷害事件の発生を防げなかった、あるいは被疑者をその場で逮捕できなかったことは課題としてしっかり受け止めなければならないと考えておりまして、同様の事態に適切に対応できるよう、警察官の配置、運用について検討、指導してまいりたいと考えております。

○西田昌司君 ということは、警察の方に人員の配置が少なかった等、こういう事態を想定しての状況じゃなかったということで、手落ちを認められているということですね、そうすると。

○政府参考人（斉藤実君） お答え申し上げます。

街宣車の周辺で抗議活動をされる方とこの団体の関係者が対峙をしておったということで、そちらに

なりの数を割いておりまして、反対側の歩道上の警備が十分ではなかったということは、私ども、まさにそのとおり、課題であると認識をいたしております。

○西田昌司君 私も、これはユーチューブでそのときの状況がアップされておりますので何度も見させていただきましたけれども、数が少ないというよりも、私は警察官自体は反対側にも結構おられたように思うんですよね。

ところが、不思議に思うのは、要するにそこに殴りかかりに行く人が道路をわざわざ渡って行っているわけじゃないんですよね。もうその時点から異常事態発生ですよ。異常事態発生しているのに、そちら、反対側にいる警察官が全くそのことに対して注意をしないばかりか、殴られている人が隣にいるのにそのまま反対側の道路側にいた聴衆側の方に顔を向けているだけで、事件が起こっている方を見ていないわけですよね。私は、警察官の配備とかいう以前に、警察官に現場でどういう大体訓練、指導を今までされてきているのかというのに非常に問題があると思うんですね。

河野国家公安委員長も、この事件、ユーチューブで御覧になっていると思うんですけれども、あの現場の様子を見ると、ちょっとやっぱり今の配備がどうのこうのというような次元ではないのではないかという気もするんですけれども、何かこの事件、ユーチューブもし見られておられて、また事件のそういうことを知っておられて御感想があれば、是非御答弁いただきたいと思います。

○国務大臣（河野太郎君） 今警察庁からも答弁ありましたように、今回の事案に関しましては、警察の対応が十分ではなかった、課題を残したということは素直に認めなければならぬと思いますし、おわび申し上げなければいかぬと思います。

ヘイトスピーチを繰り返すデモそのものを今の法令では禁止することができませんので、このようなデモが行われた場合には、デモの参加者及びその周辺にいる方々の安全の確保のために、警察としてはこれからも万全を期さなければならぬというふうに思っております。

態勢その他につきましてはしっかりと検討をすると同時に、ヘイトスピーチに当たりましてはあらゆる法令の適用を視野に入れて厳正に対処するよう警察を指導してまいりたいと思います。

○西田昌司君 是非あらゆる法令を駆使してこのヘイトスピーチ、またヘイトスピーチ以前にこういう傷害事件が起きるというのは、警察官の前でですね、全く絶対にあってはならないことでありますから、是非そこはお願いしたいと思っております。

さて、そんな中で、今、河野委員長もおっしゃい

ましたように、今のこの法律の体制の中ではなかなかヘイトスピーチそのものを直接的に禁止するという法律がないということで、この問題に手を焼いているわけであります。

そこで、今回も、民進というか民主党から出たんですよね、今民進党でありますけれども、野党側の方からこれについての人種差別撤廃法というようなものが出されているわけなんですけれども、先日、参考人の質疑を行いまして、その中でも明らかになったんですが、やっぱりそういうヘイトスピーチを認める人は恐らく誰もこの日本の中ではおられないと思うんですよね、まともな方であるならば。ところが、実際にそれを取り締まるということになると、表現の自由なり憲法上保障されている一番大事な基本的人権に関わる部分との関係で難しいという参考人の意見もあったわけでございますけれども。

法務大臣、率直にお聞きしますが、このヘイトスピーチを抑えるためには今の法体系だけではやっぱり難しいのかなと思うんですよね。しかし、今言ったような問題もあります。この辺の、法律上どういう形にしていけばヘイトスピーチは抑えられるのか、また、抑えられるには限界があるのかも含め、法務大臣の御見解をお聞かせいただきたいと思います。

○国務大臣（岩城光英君） ヘイトスピーチを本当に抑え込むためには、ヘイトスピーチは決して許されないという、国民の間に広く深く浸透させることが、これは遠回りでありましても最も必要な基本的なことだと、そのように考えております。社会全体の人権意識を高め、そのような言動が許されないという認識が広く行き渡ることでヘイトスピーチの影響力が失われるとともに、そうした言動を行おうとする者が新たに生まれてくることを封じることにつながるものと考えております。

そして、そのためには粘り強い、地道でありますけれども粘り強い啓発が必要であると考えております。また、あらゆる機会、あらゆる場面で、政府としてヘイトスピーチは許されないことであるという態度を鮮明にすることが必要であると考えております。

そこで、法務省の人権擁護機関では、ヘイトスピーチを許さないということを明確に打ち出してポスター等で啓発活動を実施するとともに、人権相談等を通じまして人権侵害の疑いのある事案を認知した場合には、人権侵犯事件として立件した上、事案に応じた適切な措置を講じるよう努めているところでございます。

○西田昌司君 それで、もう一つちょっとお聞きしたいのは、要するに今回の野党提案の場合は禁止規定を設けておられると思うんですけれども、実は大阪市で条例が作られまして、ヘイト禁止条例といいましょうかね、この勉強会にも我々、有田筆頭と参加させていただいたんですけれども、大阪でもヘイトスピーチが結構あったりしたものですから、時の大阪市長の橋下さんがこの条例を作ろうということになったんですね。

ところが、そのときに、この方はやっぱり弁護士さんですから、弁護士としてやっぱり憲法との兼ね合いの部分を一気にされておられて、要するにヘイトスピーチを禁止しようと、したいわけですね、結果的にはやめさせたいんですけれども、それを法律上書いていくと、これがまた基本的人権、表現の自由、様々なそういう根幹に関わるところの制限になってくるとこれは難しいんではないかと。

ということは、それについてはある種、行政側がそれぞれ対応するんですけれども、それについて、結局は止めた場合でも、ヘイトかどうかというのは行政が決めるんじゃなくて、認定するんじゃなくて、それについては司法の場で訴訟されて、これがヘイトスピーチであったかどうかと、こういうことは許されないというので、表現の自由を超える侮辱をしたり様々な名誉毀損をしたりという形での解決しか仕方ないんではないかという発言があったわけですね、橋下さんからの。

それを受けて、訴訟を、じゃ、しやすくしてあげようじゃないかというような思いで初め始まったようでありますけれども、現実はそういう形の法律にはなっていません。なっていませんが、法律家として橋下市長もそういう認識でおられたということは、私もある種種爬風であると思っているわけですけれども。

そこで、一般論として法務大臣にお聞きしますが、今言いましたように、我々も何とかこのヘイトスピーチをやめさせるということは一番の目的なんでありますけれども、そういう直接的に禁止しちゃうと、今言ったような憲法上の問題があります。その辺の兼ね合いを、法務大臣として、一般論で結構ですから、禁止規定を設けた場合にどういう問題になると考えておられるか、お聞かせいただければと思います。

○国務大臣（岩城光英君） あくまで一般論でということでありますので申し上げさせていただきますが、個人や団体の言動を対象として取り上げる法律を制定しようとする場合には、委員から御指摘がありましたとおり、日本国憲法が保障する表現の自由との関係が問題になり得ると考えられます。さらに、個人や団体の言動を対象として新たに法律で何らかの規制を行おうとする場合には、規制すべき範囲はどこまでか、規制すべきではない言論まで萎縮させることとならないかなど、表現の自由との関係で慎重な検討を要するものと、そのように考えております。

○西田昌司君　そうなんですね。
　そうすると、もしも禁止規定というものを作ろうと思うとかなり限定的な言葉、これがヘイトだという範囲を小さくしなくちゃならないという問題が出てくるんですよね。そうしちゃうと、逆に言うと、これも一般論なんですけれども、そういうふうにしちゃうと、この部分はヘイトで、やったら駄目だと。これはとんでもないひどい言葉だと思いますよ、もうあえてこの場では言いませんけれども、聞くのも耳がもうはばかれるような、そういう言葉になると。ところが、それを超えたところのことは結構罵詈雑言であってもヘイトに掛からないということになっちゃって、変な禁止規定を作っちゃうと、逆に、この部分は言ったら駄目だけれどもその周辺部分は言ってもおとがめなしなんだという、何か変なお墨付きを与えるようなことになりかねないんじゃないかなという私は思いがあるんですけれども、この辺は法律的にどうなんでしょう、事務方の方でいいですから、その辺の見解をちょっとお聞かせいただきたいと思います。
○政府参考人（岡村和美君）　御指摘の問題は確かにあると思っております。引き続き慎重にその辺りは勉強を続けてまいりたいと思っております。
○西田昌司君　そういうふうに、この禁止規定を設けるというのは、要するに目的、そういうヘイトを何とかして止めたいというのはみんな同じですから非常に大事な規定ではあるんですけれども、実際にはなかなか、やっちゃうと逆に周辺のところでたくさんの漏れる部分が出てきて、逆にある種、ヘイト周辺問題がますます起きてくるということになっちゃうんですよね。
　さあ、そこで私が思っておりますのは、先日、桜本地区に行きましたときも一つなるほどと思っていたのは、そこで在日一世の方、二世、三世の方もおられました、お話聞いておりました。そうすると、一世の方なんかは、自分たちが日本に来たときは随分差別的な言葉を言われたりしたものだと、しかし今、平成のこの20、今年8年ですか、なってきまして、そういうのはもうほとんどないと思っていたのに、この平成の時代になってまた出てきたというのは非常に心を痛めておられるわけですよね。しかし、逆に言うと、昭和の、戦後のそういう時期に非常に口汚くそういうことを言っていた人たちが少なくなったのも事実なんですよね。
　それは何かというと、やっぱりいろんな人権教育ですね。そして、その中の日本人のモラル意識と申しましょうか、やっぱり気持ちが、そういうことを言うのは恥ずかしいことじゃないかという思いがやっぱりあったからこそ、そういうヘイトは、ヘイトといいましょうか差別的な言動というのは少なくなっ

てきていたんだと思うんです。そういう意味で、教育、啓発というのはなかなか大事なことだと思います。
　ですから、我々も今、与党の中で公明党さんとも一緒になってヘイトのための法律を作っているんですけれども、やっぱりそこのところの部分も大事だと思うし、法務省自身もヘイトは駄目だということをしっかり言われて啓発活動をされている、ここは意味があると思うんですけれども、法務大臣、先ほどおっしゃいましたように、やっぱり教育、啓発、それから、いろんなことがあったときに相談ですよね、自分たちが独りぼっちじゃなくて、ちゃんと行政が耳を傾けてもらっている、そこから次の行動を、ヘイトを止める行動に出られる、何かそういうやっぱり仕組みというのが大事だと思うんですけれども、いかがでしょう。
○国務大臣（岩城光英君）　先ほども申し上げましたとおり、地道ではありますけれども継続的なしっかりとした啓発活動、それにこれまで以上に取り組んでいかなければいけないと考えておりますし、また、教育のことについても西田委員お触れになられましたが、この件につきましては文科省とも連携を取りながら法務省としてもできる限りの対応を取っていきたいと、そのように考えております。
○西田昌司君　それで、いずれにしましても、我々与党側から、そういういろんな憲法上の規定にも当たらない、触らないように、かつ実質的にヘイトを防止できる仕組みの法律を提案させていただきたいと思っておりますが、これはそれだけでは実はなかなか難しいところもあるんですね。
　そこで、最後にもう一度、国家公安委員長の河野大臣にお聞きするんですけれども、結局これは、日本人としてやっぱりこういう人前でそういうヘイト、人種差別をあおるようなことを言うのは非常に恥ずかしいことであるというまず認識を我々が持って、そして、何を言おうが自由だというこの表現の自由はもちろんあるんでしょうけれども、しかし、人前で言うことは罪になるとかいう以前に恥ずかしいですよね。そういうことやっちゃいけないことなんですよ。そういうことをしっかりやっぱり法律上我々は示していかなきゃならないと思いますが、同時に、これを実際に取り締まったりなんかするのはこのヘイト法だけじゃなくて、例えば騒音防止条例なり、それから口汚く罵詈雑言、そしてそれが脅しになったり、生命、財産に危害が与えられるような、そういうことが公然と言われていれば、それはまた別の法律で捕まえられますよね。そこを警察がやっぱりきちんとしなくちゃいけないと思うんですよ。
　私は京都なんですね、地元で。京都でも、このヘイトのもとになった朝鮮学校でのヘイト事件があり

ました。これ、もう本当に見ていましたら物すごいことをやっていましたよね、ヘイトをやっている側が、ユーチューブにもまだ残っていますから。本当、私も心痛めたわけです。しかし、ここは警察が逮捕したり、そしてそれが裁判になって有罪になっているわけなんですよね。やっぱりそういった既存法の中でも警察がちゃんと対応していく、こういう姿勢が一番大事だと思うんです。

先ほどの川崎の駅前のヘイトもそうなんですよね。あれはヘイトの取締りじゃなくて、混乱起こらないようにというので警察官おられたんですけれども、実際にそのヘイトしている側が傷害事件を起こすというとんでもない事件、抑止できなかったわけですけれども。容疑者は逮捕されたけれども、要は警察の、いろんな法令を使ってそういうことを未然に防いでいくということもやっぱり大事な姿勢だと思うんですが、その辺について河野委員長のお考えをお聞かせいただきたいと思います。

○国務大臣（河野太郎君）　川崎の事案では傷害罪を適用させていただきましたし、先生おっしゃった京都では名誉毀損並びに威力業務妨害という罪を適用いたしました。そのほかにも、公務執行妨害、器物損壊、暴行、強要、様々な法令を適用できるわけでございますから、こうしたヘイトスピーチを伴うデモについては、あらゆる法令の適用をしっかり視野に入れて厳正に対処するように警察を指導してまいります。

○西田昌司君　是非そうお願いしたいんですが、私、最後に申し上げておきたいのは、何度も言いますけれども、やっぱり戦後日本の中でこういうヘイト事案が出てきたというのは本当に非常に残念に私は思っています。まともな日本人なら、ああいうことは絶対にあり得ない行為だと思うんですね。しかし、それをやっているんですよ、公然と。しかも、今からやりますよ、今から私は差別しますよとか、それから、わざわざそういう地区に行ってやっている。

しかし、これは一つ、そう言いながら、安心というか、思ったのは、地区の方々がやっているんじゃないんですね。例えば、川崎の桜本地区の方々が自分たちの一緒に住んでいる方々を、在日の方々に差別発言をして出ていけとか言っているわけじゃなく、地区の中では非常に融和されて皆さん仲よくされているわけなんですよ。ところが、あれ、やってくるのは全く関係ない人間が、どこから来るのか分からないけれども、全国から集まってくるのか、何かそういう攻撃的な発言をしにやってくるんですね。

ということは、一つ、地区の中ではかなり平穏な生活を皆さん送っていただいていると思うんです。それはやっぱり行政も努力されてきただろうし、何よりも地区の住民の方々の信頼関係が長い間築かれ

てきた。大事なことですよね。しかし、もう片っ方でそういう暴力的な言動をする人間がいるのも事実なんですね。しかし、それがいわゆる表現の自由なんていうことを隠れみのにして結局はしたい放題しているというのは、やっぱりこれかなりおかしいですよね。

ですから、私は、我々与党側も法案を出していきますけれども、最後は表現の自由の壁とかにぶつかってくるんですよ。しかし、これは先ほど言いましたいろんな法令を使って、警察がまず取り締まる側としてそれを許さないという姿勢を示していくと。彼らはそれに対して多分挑戦してくると思いますよ、こういう法令を作ろうが何しようが、それならばここまでやってやろうと。だから、それは、我々も法令作りますけれども、行政側として、特に警察側として、絶対にヘイトというようなものは許さないという、やっぱりそういう強い姿勢が必要だと思います。

最後にもう一度、その辺のところの覚悟と決意を国家公安委員長に御答弁いただきたいと思います。

○国務大臣（河野太郎君）　度々申し上げましたが、あらゆる法を駆使してしっかりと厳正に対処してまいります。

○西田昌司君　終わります。

○有田芳生君　民進党と初めて名のりました、有田芳生です。

今日は、人種差別撤廃条約を日本に具体化して、そしてあらゆる差別をなくしていくために質問をいたします。

最初に、河野国家公安委員長が先ほど京都朝鮮学校襲撃事件について触れておられましたけれども、あの事件のときにも現場に警察官はいたんです。器物損壊をやっているのを目の前にしながら警察官は見ているだけだった、そのことをまず指摘しておきたいことと、それから、西田委員から川崎の事件に触れられましたけれども、先ほど警察庁の方は、現場で混乱が起きていて、警察官が少なかったからその場で殴った人物を特定できずに逮捕できなかったとおっしゃいましたけれども、これも事実ではありません。道路を渡って10数名の人物たちがヘイトスピーチに抗議をしている人たちのところに来たときには、そこは混乱など起きておりません。全く混乱が起きていないところで暴行事件が起きて、すぐその横に警察官がいた、何にもしなかった、その後混乱が起きたから大騒ぎになったというのが事実でありまして、殴られたときには混乱は起きておりません。そのことをまず事実として指摘をしておきたいと思います。

私は、3月10日の法務委員会で、全国部落調査という本が出版されることを質問いたしました。ヘイトスピーチ問題について質問する前に人権擁護局長

にお聞きをしますけれども、全国部落調査という、21世紀になっても差別、その流布を行い、これをやっている人物は同和問題のタブーをおちょくる、そのような姿勢で本を出版しようとした、その件についてはその後どうなりましたでしょうか。
○政府参考人（岡村和美君）　本年２月、インターネット通販サイトにおいて、全国部落調査復刻版と題する書籍を本年４月１日から販売するとして予約の受付が開始されましたが、その後、予約受付は停止され、そのまま中止されるに至ったと承知しております。
○有田芳生君　その後どうなりましたか。ネット上で販売されたんじゃないですか。
○政府参考人（岡村和美君）　本年３月29日、インターネットのオークションサイトに部落解放同盟らの出版禁止等仮処分申立書一式が出品され、同年４月１日、落札されたところ、それらの申立書一式の中に全国部落調査の写しが含まれていたと承知しております。
○有田芳生君　その後もあるでしょう。
○政府参考人（岡村和美君）　全国部落調査と題する書籍について部落解放同盟らが出版禁止等仮処分命令を申し立て、本年３月28日、横浜地方裁判所がその仮処分を認める決定をしたと承知いたしております。
○有田芳生君　それは出版についての仮処分申請が行われて認められたということなんですが、ネット上では今お話しになったようにヤフーオークションで落札されて、さらに新たに販売されようとしていませんか。
○政府参考人（岡村和美君）　そのとおりの事態が生じていると認識いたしております。
○有田芳生君　同和問題をおちょくると言って、就職差別、結婚差別をこの21世紀になってもまき散らそうとする人物がいる。３月10日の法務委員会でも質問しましたけれども、ネット上では数年前からそういう差別広げるための行為が行われている。だけれども、人権擁護局もかつてそれを防止するために動かれたじゃないですか。何で数年間、ネット上でいまだそういう差別の流布が、人間を苦しめる、人間の尊厳を否定する行為が行われていることをどうして止められないんでしょうか。
○政府参考人（岡村和美君）　委員御指摘の事態と思われる特定地域の地名等を同和地区であるとしてインターネット上に掲載している事案については、東京法務局において人権侵犯事件として立件し調査を行い、本年３月29日、その者に対し、私どもの言う説示という今後の中止を求める措置を講じました。
○有田芳生君　要するに、同和問題をおちょくるなどと言ってそういう行為をずっとやっている人物たち、現状では止めることができないんですよ。だからこそもっと的確な対応を取らなければいけないんですが、法務大臣、そういう全国部落調査という、戦前からそして戦後、1970年代も含めて、そういった差別を助長する、人間の尊厳、平等を否定する行為が行われていることに対して、これ差別ですよね、いかがですか。
○国務大臣（岩城光英君）　委員から御指摘ありましたとおり、不当な差別的取扱い、これを助長、誘発する目的で特定の地域を同和地区であるとする情報がインターネット上に掲載されるなどしていることは人権擁護上看過できない問題でありまして、あってはならないことであると、そのように考えております。
　法務省の人権擁護機関では、関係行政機関からの情報提供等を通じましてこうした事案を認知した場合は、当該情報の削除をプロバイダー等に要請するなどの対応に努めております。これからも引き続きこのような対応に努めますとともに、同和問題に関する偏見や差別をなくすための啓発活動に取り組んでまいりたいと考えております。
○有田芳生君　そうはおっしゃっても、今この時間にもネット上ではそういう差別、流布目的として、おちょくるというようなふざけた差別が行われている。こういう新しい課題にも、与党の法案の中でもネット上の問題なんかもやはり取り上げていかなければいけないというふうに考えております。
　そこで、次に法務大臣にお聞きしたいんですが、先ほどからヘイトスピーチという言葉を何度も答弁で使われておりましたけれども、ヘイトスピーチって何ですか。
○国務大臣（岩城光英君）　いわゆるヘイトスピーチの概念ですが、これは必ずしも確立されたものではありませんが、法務省の人権擁護機関におきましては、特定の民族や国籍の人々を排斥する不当な差別的言動を念頭に置いて、これらが許されないものであるとする、そういった啓発活動を行っております。
○有田芳生君　ヘイトスピーチについては、2009年から2010年、京都朝鮮第一初級学校襲撃事件、その京都地裁判決、大阪高裁判決、そして最高裁でも確定をしましたけれども、あそこで差別の扇動をやった人物たちが語っていた言葉、典型的には出ていけというようなことについて、最高裁の判決の中では、人種差別撤廃条約第１条１項に基づいた差別なんだと、そういうことを明確に語っており、さらには、その言動については表現の自由によって保護されるべき範囲を超えていることも明らかであると、そういう明確な判断が下されているんですよね。

そこで、河野太郎国家公安委員長にお聞きをしますけれども、川崎のデモでもそうでしたけれども、3月27日、東京の新宿で行われたデモ、そこでも京都朝鮮学校襲撃事件のときに使われていた言葉が何度も何度もデモ隊から口にされておりましたけれども、個別具体、3月27日のデモについて、まず警察庁から、どういうことがあったのか御説明ください。

○政府参考人（斉藤実君）　お答えをいたします。

3月27日、新宿におきまして、柏木公園を出発地とし、小滝橋通りから職安通りを進み、新宿遊歩道を解散地とするいわゆる右派系市民グループによるデモが行われたものと承知をいたしております。

また、そのデモに抗議をする人たちが小滝橋通りで1回、職安通りで3回の計4回、デモ隊の進路となる道路上に寝そべり、座り、立ち止まるといった行為を行っていたものと承知をいたしております。

○有田芳生君　国家公安委員長にお聞きしますけれども、そのデモにおいては、京都朝鮮学校襲撃事件のときに口から出たヘイトスピーチが出ていたんですが、この3月27日の新宿で行われたデモは差別のデモでしょうか。どう判断されますか。

○国務大臣（河野太郎君）　御指摘のような3月27日のようなデモは、人々に嫌悪感を催させ、あるいは差別的感情を発生させる極めてゆゆしきデモであったというふうに思っております。

特定の民族や国籍の人々を排除するような差別的発言あるいは人種差別というものがあるのは極めて許し難いことであり、やはり一人一人の人権がきちんと尊重される、そういう社会をつくるべく我々は目指していかなければならないというふうに思っております。

国家公安委員長として、このようなデモが行われたときには、先ほどから繰り返し申し上げておりますが、あらゆる法令の適用を視野に入れて厳正に対処していくよう警察を指導してまいりたいと思います。

○有田芳生君　あのデモは差別デモですか。

○国務大臣（河野太郎君）　差別意識を生じさせるような言動のあったデモだと思います。

○有田芳生君　そこで、もう少し踏み込んで、川崎での事件に続いて3月27日に東京大久保職安通りを通過したデモについて、河野国家公安委員長は西田議員の答弁の中で、川崎のケースを例に、抗議する人たちの安全の確保を図らなければいけなかったというふうにおっしゃいました。

警察庁、この3月27日の大久保職安通りを通ったデモについては、抗議する人たちの安全は確保されましたか。

○政府参考人（斉藤実君）　先ほど申し上げました

とおり、デモに抗議をする人たちが路上に寝そべり、立ち止まり、座るといった行為を行っていたことから、警視庁において、再三の警告を行った上で道路における危険の防止をし、交通の妨害を排除するために必要な措置を講じたところでございます。

ただ、その中で、警察官に突き飛ばされた、あるいは警察官の措置により頭などを打ったという2名の女性からは警察に対して直接被害の申出がございましたし、また、関係者を通じて、ほかにも警察官に首を絞められたかのような写真も拝見をいたしておるところでございます。そうしたことがあったのは確かでございますが、周囲の安全の確保に十分配意をしながら警備に当たっているところでございます。

○有田芳生君　道路に寝そべった、いわゆるシット・インというのは、これはアメリカの公民権運動でもインドの独立運動でも認められていた非暴力、無抵抗の行為です。差別をやめさせるための行為を取った。

ところが、これはもう今回、3月27日だけではなく、大阪でも川崎でも、そして京都でも福岡でも行われているヘイトスピーチのデモなんですが、2014年の8月、人種差別撤廃委員会の日本審査で委員の方々が、日本で行われているヘイトスピーチのデモ、それを警備する警察官の姿を見て、何だ、差別主義者たちを警察官が守っているじゃないか、そのように多くの人種差別撤廃委員会の委員の方々、感想を述べられましたよ、それは海外でもそういうふうに見られているわけですけれども。

今回法務省が行ったヘイトスピーチに関する聞き取り調査、在日の方々から話を聞いた、その中にでも、例えばある方は、彼ら、つまりヘイトスピーチをやっている連中、彼らは警察に守られながら公然と差別をしている、警察が加担しているも同様、そう見えてしまうんですよね。あるいは、ほかの方もこうおっしゃっている。警察については、デモが安全に行われるための警備だとは思うけど、罵詈雑言に対して何の対策もなく、警察の指示に従ってさえいればあとは好きにやっていいと言っているようなものだ。あるいは、別の方は、警察が許可出して守っていただくことも怖いし、途中略しますけれども、こんなデモを守っている警察が私のことを守ってくれるのかと不安になると、これが当事者の率直な気持ちなんですよね。

そうしたときに確かに警察が現場の安全を図るのは当然で、現場の方々が努力されているのは分かります。分かりますが、警察官は、そういった安全を図るために、ヘイトスピーチに反対する人たち、その女性の首を絞めるんですか、どうですか。

○政府参考人（斉藤実君）　お答えをいたします。

首を絞めるというようなことが今回のデモの警備においてあったわけではございません。私どもで把握をいたしておりますのは、小滝橋通りの路上で多数の人が立ち止まっている、あるいはそれに対して警告をして、歩道に戻るように警告をしたわけでありますが、引き続き道路上にとどまり続けたため、ある警察官が複数の人を歩道に戻そうとして、それは女性だったわけでありますが、その女性の肩に手を伸ばしたところ、結果的に女性の首に当たってしまい、そのまま歩道まで押してしまったものというふうに聞いております。したがって、首を絞めたというものではないというふうに承知をいたしております。

〇有田芳生君 何を言っているんですか。皆さん、資料を見てください。私は現場におりました。首を絞めているじゃないですか。明確に首絞めていますよ。

被害者の話、聞きました。身長148センチの小柄な女性。安全確保するために首を絞めたのが事実じゃないですか。たまたま手が行ったんですか。首絞めているじゃないですか。この女性だけではありませんよ。資料の右の下、見てください。別の女性、警棒で首のところを押さえて、手を首のところにやっているじゃないですか。

この2人だけじゃないですよ。4人の女性が少なくとも被害被っている。救急車で搬送された方もいらっしゃる。首絞めているじゃないですか。暴行を加えているじゃないですか。これが警察官のやることですか。

〇政府参考人(斉藤実君) 委員御指摘の件でございます。繰り返しになりますが、警察官が歩道に戻るように警告をいたしましたが、女性が道路上にとどまり続けたため、同時に複数の人を歩道上に戻そうと女性の肩に手を伸ばしたところ、結果的に女性の首に当たってそのまま押し戻してしまったというものでありまして、首を絞めたものではなく、また故意に行ったものではないと承知をいたしております。

故意ではないにせよ、結果として女性の首に手が当たっていたことに間違いはございません。こうした措置が法令上許容されるかどうかにつきましては、この女性本人からのお申出がまだございませんので、またいずれにしても、お申出をいただければ誠実に対応をしたいと考えております。

〇有田芳生君 1人2人じゃないんですよ。資料がもっと出せるんですよ。警察官が大声を上げて女性の腕をつかんで、さらには別の警察官が排除をしようとしてコンクリートに投げ捨てた。けがしているんですよ。

例えば、ある女性、話を伺いました。病院に行きました。頸椎捻挫、後頭部打撲、そういう診断書も取っている。少なくとも、私が知っている限り、2人の女性が診断書を取っております。

そして、救急車で搬送された女性に対しては、警察官が後で新宿署に来てくださいと言われたので、新宿署に行かれました。そして、1時間40分にわたり、警視庁公安総務から2月22日付けで新宿署の警備課長になった方含めて、1時間40分話聞く中で、被害届出したい、そう語っている。それ、確認されていますか。

〇政府参考人(斉藤実君) 3月27日の新宿におけるデモの後、2名の方がそれぞれ新宿警察署に対して被害届を提出したい旨の申出がなされたものと承知をいたしております。

〇有田芳生君 そのとき、警備課長は、あなたが言っていることが事実かどうか確認できない、その暴行を加えたのがお巡りさんかどうか分からない、私どももビデオを撮っておりますから確認します。確認されましたか。

〇政府参考人(斉藤実君) 御指摘の女性2人がいたとされる場所付近で活動していた警察官に事情を聴くなど、その事実関係の確認をしたところでございますが、現時点においてその被害の事実を特定できている状況にはございません。

〇有田芳生君 被害の実態があるじゃないですか。(資料提示)これ、見ましたか。見て、そういうことが言えるんですか。冗談じゃないですよ。明確に首絞めているじゃないですか。

その下に、その首を絞めた警察官の写真、目を隠して示しておきましたけれども、この人から、この警察官から事情を聴かれましたか。

〇政府参考人(斉藤実君) その首を絞めたとされている件につきましては、先ほど申し上げたとおりの事情を聴いて、先ほど申し上げたとおりの説明を受けているところでございます。

新宿署に訪れて被害届を提出しようとされた方はその女性ではないというふうに認識いたしております。

〇有田芳生君 制止しようとして手を出したら、首のところに行けばここで止まるじゃないですか。何でこんなのけぞるような、首締めているじゃないですか。ふざけたことを言っちゃ駄目ですよ。

河野国家委員長、そんな事態ほったらかしていいんですか。これが現実ですよ。

〇国務大臣(河野太郎君) 警察の警備に行き過ぎた点があったとしたら、それは誠に申し訳ないと思います。今回の事案につきましては様々な課題があるというふうに認識をしておりまして、しっかりとそれがより適切な警備になるように指導してまいりたいと思っております。

ただ、道路上に寝そべったり座り込んだりというのは、これは違法な状態でございますので、違法状態を解消するということは警察としてもらざるを得ないことでございますので、そうしたときにけがをさせたりというようなことがないように、そこはしっかりと指導してまいりたいと思います。
○有田芳生君　現場を見ていない人がなぜそんなことを言えるんですか。警察庁の方だって現場にいないでしょう。首絞めているんですよ。1人だけじゃないんですよ。4人の女性がけがをしたんですよ。何でそのことを認めないんですか。
　被害届、何で受理しないんですか。その理由を教えてくださいよ。
○政府参考人（斉藤実君）　まず、新宿署に来られたときに直ちに受理をしなかったことについてでございますが、当日は、現場が大変混乱をした中で、その中で起こった事案につきましては、最低限現場にいる警察官に話を聞くなど、一定程度整理をした上で被害届の受理をすることが適当であると警視庁において判断をしたものと聞いてございます。
　新宿におきましたものは、その後、3月の31日、4月の1日、3日にそれぞれの女性に連絡を取り、被害相談を継続をしており、警察から被害届の受理をする旨をお伝えをし、女性からの連絡を現在待っているところと承知してございます。
○有田芳生君　福島みずほ議員が警察庁を呼んでこういう事態を問いただしたから、その数時間後に受理してもいいですよなんて電話をしたわけじゃないですか。おかしなことを言えますて。
　特別公務員暴行陵虐罪、刑法第195条、警察の職務を行う者は、被疑者その他の者に対して暴行又は凌辱若しくは加虐の行為をしたときは、7年以下の懲役又は禁錮に処する、こういう行為だと私は思っております。2020年東京オリンピック・パラリンピックを迎えて、法務省は人権大国日本をつくるというふうに方針出されておりますけれども、これでは人権大国どころではないと、私は残念な思いでいっぱいです。
　これから与党とともに新しいヘイトスピーチ抑止する法案についていいものを作っていかなければいけないと思いますが、人種差別撤廃委員会は2010年の段階で日本に対して勧告を出していて、緊急に人種差別及びヘイトスピーチを禁止する法律を作れということを勧告しているんですよね。だから、2010年の段階でもっと機敏な対応を日本が取っていれば、今のようなヘイトスピーチがしょうけつを極める状況にはなかったというふうに思います。しかし、今日より遅い日はありませんから、これから与党と一緒にいい法案を作っていきたいというふうに思っております。

　最後に、もう時間が来ましたので、河野太郎国家公安委員長にお聞きをしますけれども、諸外国では、警察官に対するヘイトクライム、ヘイトスピーチなどについての教育をもう90年代から行っているんです。ですから、日本の警察官にもそういう教育が必要だと思いますが、最後に、そういう方向を取られるかどうか、お答えください。
○国務大臣（河野太郎君）　警察職員に対して、人権尊重あるいは関係法令の研修をしっかりやってまいりたいと思います。
○有田芳生君　残念ですが、終わります。
○矢倉克夫君　公明党の矢倉克夫です。よろしくお願いいたします。
　昨月の31日、私も法務委員会の理事として、川崎の桜本地区、視察に行かせていただきました。現地で様々なお声を聞いて、これは本当に解決しなければいけない問題だということを改めて痛感もした次第であります。
　今、有田理事からも、与党と一緒にという話もありました。これ、与野党でしっかりと、こういうことは絶対許せないんだというメッセージをしっかりと発する、そのような合意を作っていかなければいけないというふうに改めて決意をした次第であります。
　視察を通じて感じたことは後ほどまた御質問するとして、まず、その視察に行く途中で車中で、先日法務省の方から公表をいただいた実態調査の件、御説明をいただきました。公明党が昨年政府の方に提言をして、そしてそれを実行をさせていただいたものでもございます。そちらのデータ等もございます。
　結論としては、平成27年にヘイトスピーチは相当程度減少する傾向にあるが、鎮静化したとは言えないと。25年には347、公開情報で認識されたものがあったのが、翌年には378になり、27年には通年では253ぐらいの予定であるということでありますが、その27年も4半期に分ければ、1、2期に比べれば3期はまた増えていると、そういうような状態である。決してこれは鎮静化したとは言えないような状態であり、対策というのは更に必要であるということがこれデータからも言えているかと思います。
　この調査が更に重要だったところは、関係者の方の尽力にも敬意を表したいんですけど、こういう数値とかの部分だけではなくて、行政の方でしっかりとこれは現場にも行き、そして聞き取り調査をしたということでございます。それは、行政がやはりしっかり現場に行って現場の方々の目線に立つんだということを、これを目的として私は調査をされたのであるというふうに認識をしております。
　いろいろ調査等でも表れたこともあるかと思いま

す。行政の立場から、被害者の方の思いに立ったとき、ヘイトスピーチの一体何が脅威であるのか、率直にまず御説明をいただきたいというふうに思います。
○政府参考人（岡村和美君）　私ども法務省人権擁護局では、ヘイトスピーチの主な対象とされている在日韓国・朝鮮人の方々やデモ等が行われた地域の住民の方々からの聞き取り調査を行ったところでございますが、その中でも、在日韓国・朝鮮人の方々からは、ヘイトスピーチを受けたことによる恐怖、怒り、悔しさなどを詳細に語っていただけました。

その一部を御紹介いたしますと、例えば、日本から出ていけなどという言葉は自分たちの存在そのものを否定する言葉であり、怒りや悲しみを感じたという声、殺すなどという言葉を聞くと、日常生活においても中傷や批判の対象になったり身体的に傷つけられるのではないかという恐怖を感じたという声、さらに、民族を蔑称で呼ぶなど属性を理由としておとしめるような言葉は反論ができなくなり、抑圧的であるという声などがございました。
○矢倉克夫君　視察に行きまして住民の方々ともお話しもしたんですが、生まれたときから自分のアイデンティティーも隠さなきゃいけないような悔しい思いもされていたということもお伺いもしました。

今、出ていけというように言われたというようなお話もあったんですが、聞き取り調査の方でも、例えば朝鮮人出ていけと言われても、出ていけないからいるのであって、ちゃんと歴史を勉強してほしい、自分たちの歴史であったりとかいうものも全く理解もしないで出ていけ出ていけと、そこにいることが、存在すら、そのものもやはり否定もされているというような悔しさ、何で理解をしてもらえないんだろうという悔しさみたいなのも、私も現地に行って改めて実感もしたところであります。

何としてもこういうような思いをされる方をなくしていかなければいけない、このように決意したところでありますが、法務省からまた改めて、ヘイトスピーチを特徴付けている大きな要素というものはこれは何であると考えているのか、御説明いただきたいと思います。
○政府参考人（岡村和美君）　ヘイトスピーチの定義は必ずしも確立したものではございませんが、今般の調査においては、一般的にヘイトスピーチとして指摘されることの多い内容として、1、特定の民族等に属する集団を一律に排斥する内容、2、特定の民族等に属する集団の生命等に危害を加える内容、3、特定の民族等に属する集団を蔑称で呼ぶなど殊更に誹謗中傷する内容を念頭に調査を行ったものでございます。聞き取り調査においても、多くの方々がヘイトスピーチと聞いてイメージするものとしてこうした内容を挙げられていたものと認識いたしております。
○矢倉克夫君　今様々な要素を挙げられたわけですが、本当に調査の結果を聞いた限りだと、特に特定の民族や国籍に属する集団を一律に排斥する内容のスピーチも非常に多いと。この地域社会から出ていけと、こう言っていく、あなたたちはそこの人間ではないんだ、出ていけと、こういうふうに排除をする、そういうような内容も多かったというようなことも聞いております。

私も桜本地区お伺いをして改めてびっくりしたんですが、本当に日常生活のあるど真ん中のところのすぐ近くにデモが行われたんだなということ、訪問させていただいたふれあい館、公営で日本人と外国人が触れ合う場として初めて設立された、非常に崇高な理念の下につくられた場所でありますが、そこを出発して、そうしたら隣の家に初老の方がいらっしゃって、私たちに声を掛けてくださった。本当にほのぼのとした雰囲気であったわけですけど、そこからもう歩いて数分行ったらデモが行われた場所であったと。

こんな閑静な住宅街、もう住宅、人が普通に生活をしている場所のすぐ近くのところであんなに卑劣なデモが行われたのかという思いは、本当に私もそのときいた方々の思いが全部分かるわけではないんですけど、そういうような目に遭ったら、自分たちのふだんの平穏な生活というのがいかにじゅうりんされているのか、本当に悔しかったであろうということを改めて感じたところであります。しかも、やってくる人がそこに住んでいる人ではなくて、外部からやってきてがなり立てる、大きな声を立ててがなり立てて、出ていけ出ていけ出ていけと、こう言っていくというところであります。

改めてですけど、この例えば聞き取り調査の中でもこういったお声もありました。殺気立っている人たちがあれだけ人数でまとまってやるから自分の感情がコントロールできなくなる、あの声が怖いとかそういうことじゃなくて、自分の感情がコントロールできなくなるようなところが怖い。お互いに潰し合いになることを想像して怖くなるというような声もあった。あのようなものを見て現地の方がどういうふうに思われるのか、住民の方がおっしゃっていたんですけど、戦争になるんじゃないかというようなこともおっしゃっていた。

戦争になるという言葉に一瞬ぎょっとしたんですけど、やはりああやって排除の論理というものを掲げていって平和な生活を壊していく、それによって人と人との間の気持ちを分断していくという作用があるわけなんですよね。それこそがやはり戦争の原因でもある。もうまさに物の本質を捉えた、もう人

135

が争うように誘導するということに持っていくその行為の卑劣さというものも、私も改めて現地に行ってお伺いもしたところであります。
　このようなヘイトスピーチというもの、改めて法務省としてはヘイトスピーチが社会にもたらす悪影響というものをどのように認識されているのか、答弁いただきたいと思います。
○**政府参考人（岡村和美君）**　ヘイトスピーチは、対象とされた人々に怒りや恐怖感、嫌悪感を与えるだけでなく、人としての尊厳を傷つけたり社会における人々の間に差別意識を生じさせることにもなりかねず、決してあってはならないものと認識いたしております。
○**矢倉克夫君**　決してあってはならないもの、その認識はまさにそのとおりであります。
　私が改めてこのようなことを申し上げているのは、今このようなヘイトスピーチの悪影響によって私たち何を考えなければいけないかというと、やはり日本の社会の在り方というのがこれしっかり問われているのであるなと、こんな社会でいいのかと国民全般がしっかりとこれは考えなければいけない問題だということであると思います。
　聞き取り調査等でも様々なお声がありました。韓国人のジェノサイドみたいな感じがする、それが日本で社会的に問題であることが残念でしょうがない、先進国で日本は世界でもトップのいい国というイメージを持っていたのにそういう問題が起きるのは理解できない、また、周りの日本人は傍観していた、日本はこういう世の中なのだと思った、日本にとっては対岸の火事なんだ、悪気があるわけではなくて歴史を学んでいないから蔑視の対象とする、同情すると言われることはあるけれども、同情ではなくて理解してほしいと、こういうような声もありましたところであります。
　やはり、日本社会がこのような少数の方々がおびえて暮らさなければいけないような社会であってはいけないという共通認識にこれはしっかりと立って国民全般で考えていかなければいけない、これを全体で恥ずかしいと思うような状態もつくり、思うだけでなく、そういうような社会でないようにするにはどうすればいいかと、これは行動していかなければいけないということであると思います。
　そういう意味でも、政治また行政はそういった社会をどうやってつくっていくのか、その社会形成に向けての責任があるということは改めて強調するまでもないことでもありますし、国民一人一人もそういうような責任がある、全く一定のところで行われているものではなくて、これは誰もが共有して考えなければいけない問題だということは、私は改めて強調をしたいと思っております。

　それも踏まえて、後ほど大臣からはいろいろとまたお伺いをしたいと思うんですが、ちょっと質問を先に行かせていただきたいと思うんですけれども、その上で、現地に行って思ったんですけれども、現地で住民の方といろいろお話もしたことでありますが、そういった日本の社会が分断というものを生じるような雰囲気が出てきているようなところであって、あるお子さんから言われたことが、ヘイトスピーチを見た日本人の子供から、その方、子供からこういうふうに言われたと。その方は在日韓国人の方のお子さんで、非常にしっかりした発言をされる立派なお子さんであったわけですけれども、その方が日本人の子供から言われたと。ヘイトスピーチというものは、何かこんなことになってごめんということを言われたと。子供から子供に謝罪をされたということであります。
　私、それも聞いて改めて愕然としたわけなんですけれども、純真な子供たちの意識からはやっぱり共生をしようという意識があるのに、本当に卑劣な大人が全くみっともない姿をそういうふうに子供にさらしている、こういうようなことは本当に許せないというふうに改めて思うところでもあり、そういうような認識も持たなければいけないところでもあるかと思います。
　また、やはり共に歩んでいくというところ、これが教育の分野においても、国際化イコール共に歩むということでもあると思います。そういった教育現場にそのようなヘイトスピーチのような汚い姿を見せて、そこで一緒に学んでいる子供たちが謝らなければいけないような環境に置かれているというのは、これは大きな大きな問題でもある、次代の子供たちにとっても大きな影響も与える問題であるかと思っております。
　そのような点について、文部科学省から、どのようなところが問題で、どのように対処をしていくおつもりか、御答弁をいただきたいと思います。
○**政府参考人（浅田和伸君）**　特定の民族や国籍の人々を排斥する差別的言動、いわゆるヘイトスピーチは、人としての尊厳を傷つけたり差別意識を生じさせることになりかねず、許されるものではありません。
　文部科学省としては、従来から、人権教育及び人権啓発の推進に関する法律等を踏まえ、学校教育を通じて、児童生徒一人一人の発達段階に応じ、人権尊重の意識、理解を高める教育に努めているところでございます。
　今後とも、全国の都道府県教育委員会等の人権教育担当者を集めた会議等の場を通じて、例えば、法務省が作成している啓発資料を活用し、特定の民族や国籍の人々に対する偏見や差別を助長するような

言動は許されないということを学校教育の場でもしっかりと教えてまいりたいと思います。
○矢倉克夫君　是非、教育の現場でもしっかりと、こういうものが良くないんだということをもう更に進めていっていただきたいと。国民全般でこれを共有をしていくという部分はやはり大事であると思います。
　やはり同じお子さんが言っていたのは、ヘイトデモの状況を見て、警察がヘイトスピーチをする人を守りながら、朝鮮人が一人残らず出ていくまで首を絞めると言った人を警察が守っていたと、こういうようなお声もありました。当然、現場の警察官の方がそうようなのを、卑劣な集団を守りながらというようなことを目的とされていたわけではないと思いますが、純真に子供の目から見て、警察がいかにも守っているかのように見えてしまったというのは、これはやはり問題であると思います。
　そのような部分、どのようなところに課題があって、それに対してはどういうふうに対処をされていくおつもりであるのか、これも御答弁いただきたいと思います。
○政府参考人（斉藤実君）　お答えいたします。
　いわゆるヘイトスピーチのデモに際しましては、これまでも、それに抗議をする者がデモの現場に集まり、時にはトラブルに発展し、中には刑事事件に及ぶこともあったものと承知をしております。したがいまして、この種デモが行われるのに際しましては、デモの参加者とそれに抗議をする者が接触をすることのないように必要な部隊を配置するなど、中立性、公平性を念頭に置いて警備をしているところでございます。
　一方、個々の警備現場におきましては、デモの関係者とこれに反対、抗議をする者との間で、その接触により違法行為が起きることを避けるために、警察部隊がデモを行う団体とともに移動をしながら警戒をするという局面がございます。これが、委員御指摘のように、警察がいわゆるヘイトスピーチを行うデモを守っているとの誤解を与えることになっているものと認識をいたしております。
　ただ、こうした警備手法が違法行為を未然に防止をする上で必要と考えられる場合には、デモを行う主体がいずれの主義主張に基づくものであっても同様のことを行っているということを是非とも御理解いただきたいわけであります。
　いずれにいたしましても、議員御指摘の点も踏まえながら、引き続き中立性、公平性を念頭に、現場の状況に応じた適切な警備が行われるよう都道府県警察を指導してまいります。
○矢倉克夫君　現場の中立性というところでもあり、いろいろ御意見はあるかもしれないですけれども、

現に被害を受けた方が危害にさらされるような状態にある、そこを守っていくというのもやはり警察であると思いますので、その辺りはしっかりと責任として意識をして、どういうような在り方がいいのか。そして、警察に対しての信頼もこれは損なうような事態でもあると思います。そういう部分はちゃんと対処等もこれからも検討していただきたいというふうに改めて強く要望をしたいと思います。
　その上で、先ほども申し上げました、やはりヘイトスピーチの問題をどう対処をしていくのか、これは国民全体でそのようなことがなくなるような社会をどうやってつくっていくのかという、その思いとともに、行動をしっかり伴うような体制をやはりつくっていかなければいけないというふうに思っております。
　視察に行ったときに住民の方から言われたことが、ヘイトスピーチはいけないというところは多くの方は分かっているかもしれない、しかし、例えば自治体に話を持っていくと、法律がないから何もできないというようなこともよく言われるようなところがありました。これは、自治体が、国の姿勢が明確でないことをやはり理由として対策に一歩及び腰、そうでないかもしれないですけれども、やはり何もしない理由として、そういうような制度がないということも一つ挙げていることもあるんじゃないかというふうに思っております。
　このように、自治体を一歩先に進めるためにはどのようなものが必要であると大臣はお考えか、大臣からお答えいただきたいと思います。
○国務大臣（岩城光英君）　自治体に一歩踏み出させる、そういった意味でどういったことが必要かということでありますけれども、ヘイトスピーチが許されないものであるということを社会全体で明確にしていく必要があろうと思います。そのために政府としてあらゆる機会や場面でそのことを鮮明に示していく必要があると考えております。
　法務省といたしましては、引き続き粘り強く、かつ地道な啓発活動に努めてまいる所存でありますが、今ён実態調査をいたしまして、その結果を受けまして、法務省としてのこれまでの取組に見直す点はないのかどうか、今後新たに推進すべき施策はないのかといった観点から報告書をしっかり精査し、必要な検討も行ってまいりたいと考えております。また、現在国会や各党で行われている御議論について、その状況を見守ってまいりたいと考えております。
○矢倉克夫君　先ほどもあった、いろんな聞き取り調査でお話もされた方々のお声の中で、やはり多くの方が傍観をされていたと。それは、いろいろ混乱の中で御自分の体を守るためにというような部分もあったかもしれないですけど、やはり問題は、いけ

ないことだとみんな分かっていても、それに対して多くの方が自分とは関係ないことだと思って無関心になっている方もいらっしゃるかもしれないと。そういうのではなくて、やはりこれは日本社会がどういう社会であるべきかという大きな問題でもあり、全員、日本に住む人全ての人のこれ問題なんだという思いに立って、一歩踏み出す行動を取るための勇気や後押しもやはりこれは必要であるんじゃないかなというふうに思っております。

　自治体付近に行ったときにお伺いして、あっ、そうだと思ったのは、ある方が、このようなデモが起きているわけですけど、やはり感動もしたことがあるというふうにおっしゃっていまして、やはりデモに対して声を上げる方もどんどん増えてきているというようなこと、昔はそういうようなこともなかったかもしれないけど、そのような声を上げる方も非常に増えてきた、自分たちの問題だけじゃなくて、もっと全体の問題としてしっかりと主張をしていこうという、対抗していくような方々もやはり増えてきたということ、これは日本社会が成熟してきていることなんじゃないかというふうにおっしゃっていた方もいらっしゃいます。

　その方がおっしゃっていたのは、やはりいけないことだということ、これがしっかりと制度として存在するということがやはり抑止力になっていくんだと、それも踏まえた上で、自治体なんかも、もうそのようなヘイトスピーチというのはこれいけないものだということが国の姿勢としてしっかりと明確になっていけば、やはりもっと前に進んでいく動きにもなるし、やはり抑止力という言葉も使われていましたが、そのようなものにもなっていくんじゃないかというようなお話もございました。

　私も改めて大臣にまたお聞きしたいと思うんですが、ヘイトスピーチの問題は、何度も申し上げますけど、国民全般がこのようなものがないようにする社会につくるんだということを強く前に踏み出していく、自分たちが主体者としてつくっていくんだという共通認識、ただ単に言うだけじゃなくて、自分たちがそういうのをなくしていくような社会につくっていくんだという自覚と責任を持って動けるかどうかというところが大きな問題であると思っております。

　分かっていながらなかなか声を上げることができない多数派の方、自治体も含めてですけど、そういうようなことを一歩踏み出させる意味合いでも、ヘイトスピーチ根絶へのやはり政府の方針としても、従来の教育、啓発というのも非常に重要な部分もある。それをしっかりやりながら、他方で、それに限らず、やはり根絶のためにはしっかりとあらゆる政策を取っていくというような国の決意も必要であると思います。その辺り、大臣からいただければと思います。

○国務大臣（岩城光英君）　矢倉委員から御指摘がありましたとおり、このヘイトスピーチの問題につきましては、国民全体がそれぞれヘイトスピーチのようなことがあってはならないという認識をしっかりと持っていくことが大事だと思っております。そのためには、何度も重ねて恐縮でございますが、啓発活動を粘り強く行いますとともに、あらゆる機会、あらゆる場面で政府の態度としてヘイトスピーチは許されない、こういうことを明確に示していく必要が重要であると、そのように考えております。

○矢倉克夫君　ありがとうございます。是非そのような御決意でいただければと思います。

　ヘイトスピーチ、様々な外延がなかなか見えないところがあると思いますが、やはり本質として言えるのは、平穏な地域社会というものを、これを、その中を分断させて、心のきずなを分断させて、その中でしっかりと生活をされている少数者ではあるけど生活者の方々を排除するという、それを扇動するというところがやはり大きな要素であると思います。

　先日の参考人質疑のときにも、参考人として来られていた金教授も、ヘイトスピーチの本質は扇動であるというふうにおっしゃっていた。やはりそういうものが悪いことなんだということをしっかりと宣言をする政治の姿勢というのはこれは大事であるし、そのための理念をしっかりと高らかにうたう私は法律は絶対にこれは必要であるというふうに思います。

　その上で、そのような理念をしっかりと実現をする社会へ、これを国は、また地方自治体は当然つくるべく責任を持っていく必要もあるし、国民それぞれがそういう社会をつくるためにもしっかりと前進をしていくというような法律というものもやはり私は必要でないかと。

　国民全般がこのようなことがないような社会をつくっていくという理念をしっかりとうたっていく、そのための与野党の合意というのをしっかりと私も尽力していくためにも全力で頑張っていきたいということだけをお伝え申し上げまして、質問を終わりたいと思います。ありがとうございました。

○仁比聡平君　日本共産党の仁比聡平でございます。

　まず最初に、3月20日の川崎傷害事件などについて河野国家公安委員長の御認識を伺いたいと思うんですけれども、3月23日のこの委員会で私は、衝突を防止するために多数の警察官を動員しながら目の前で殴り蹴るを制止できなかった、しかも現行犯逮捕をしなかった、しかも身元は分かっているのに、結局今日伺いますと3月の29日から30日、この4名を逮捕するまで任意同行さえ求めていないと。これは警察組織がこの街宣活動家たちの暴行を容認して

いると社会的に評価されるものであって、ほくそ笑むのは加害者の側であると指摘をいたしました。
　大臣にこの認識をお尋ねをしたいのその前提として、警察が本来守るべき市民の側、当事者の側がそうしたことでどれだけ傷つけられているかと。先ほど来お話がありますように、3月31日に私ども桜本にお訪ねをいたしまして、ふれあい館でこの委員会に参考人としておいでいただいた崔さん始め地元の皆さんのお話を伺わせていただきました。この中で、私、初めて崔参考人の中学生の息子さんの肉声を伺うことができました。
　彼は、11月8日にヘイトデモが来ると聞いて、大人なんだし、外国人も日本人も共に生きていますよと説明したら分かってくれると、そう思ってその場に立ったわけですね。ところが、彼、このように語りました。ゴキブリ朝鮮人、たたき出せ、出ていけ、死ね、殺せと警察に守られて叫んでいました。差別をやめてと伝えたら、大人が指を指して笑いました。警察はそんな大人を注意してくれませんでした。警察がヘイトスピーチをする人を守りながら桜本へ向かってきました。朝鮮人が一人残らず出ていくまで首を絞めると言った人を警察が守っていました。オモニは泣いていました。僕も苦しくて涙が出ました。
　そう語りましたけれども、大臣はこの中学生の男の子の側の立場に立ちますか、それともこの指摘は心外ですか。
○国務大臣（河野太郎君）　違法行為には厳正に対処するのが警察に課せられた使命だと思います。そういう意味で、今回の対応には課題が残った、そう言わざるを得ないと思います。
　残念ながら、ヘイトスピーチを繰り返すようなデモを現在の法令では禁止することができませんので、そうしたデモが行われているときには、デモの参加者あるいはその周りにいる人たちに危害が生じるということがないように、より適切な警備がしっかりできるように警察を指導してまいりたいと思っておりますし、このヘイトスピーチに対しましてはあらゆる法令を適用して厳正に対処する、もう繰り返し申し上げておりますが、そのように警察をしっかり指導してまいりたいと思います。
○仁比聡平君　私は、大臣が言うほど現行法は無力なのかと。それはそうではないと思うんですね。
　ちょっと警察庁にお尋ねしたいと思うんですが、3月20日の川崎の傷害事件の現場に配置されていた警察官部隊の対応についてですが、何だかしきりに、20数メートルの道路を逮捕された4人も含めた13人が突然走り出して渡って向かい側の歩道で事件が起こったので、その歩道側の配置されていた警察官が少なかったのが問題だったかのようなお話をされるんですが、私よく分からないんですよ。その4人を

始めとした13人が道を渡ろうとする挙動を示したときに、そちらの側にいた多数の警察官部隊が配置されていたんでしょう。一体何をしていたんですか。そうやって渡ろうとする、つまり抗議をする市民や当事者の側に向かっていこうとする、それをなぜ制止しなかったんですか。
○政府参考人（斉藤実君）　当日の状況でございますが、先ほども申し上げましたとおり、街宣車の周辺、街宣車の後ろ側に抗議をされる勢力がおり、それと政党関係者との間に衝突が生じないように警備をしておりました。ところが、街宣車の前は特段そういう阻止をしておりませんので、その10数名の者が渡ったということがございまして、それを認めたこの街宣車周辺にいた警察官も後から追いかけて、その混乱の鎮静化には加わったものでございます。
○仁比聡平君　いや、追いかけて加わったというのが私は分からない。元々、衝突を防止するために配置されていたわけですよね。
　河野大臣、警察官というのは市民の命や安全を守るために採用もしますし、訓練も受けているわけでしょう。大臣、ちょっと、通告なんてもちろんしていませんけれども、私は、そうした安全を脅かすような警戒すべき相手を注視する、警戒すべき相手の動きをしっかり見極め、必要なら制止をする、それが当然だと思いますが、いかがです。
○国務大臣（河野太郎君）　そのとおりだと思います。
○仁比聡平君　警察庁、誰を警戒していたんですか、この警察官部隊は、街宣車の周りにいた多数の警察官。これ、だって逮捕された4人も含めて13人が、20数メートルといったら大きな道路じゃないですか、ここを突如渡ろうとする、それをちゃんと見ていたら、制止のしようというのはあるでしょう。歩道の側に配置されていた警察官も、その渡ってこようとするヘイト宣伝の当事者たちを見ていたら、そうしたら殴りかかる前に制止可能でしょう。いかがですか。
○政府参考人（斉藤実君）　まず、街宣車の反対側の歩道上の話について申し上げますと、確かに向かってくるという状況認められましたので、歩道上の周辺にいた警察官がそれを制止をしようと、まさに渡ってきた者と抗議をされている方の間に入ったわけでありますが、舗道を渡ってきた人間が10数名おりまして、それよりも少ない警察官でそれに対応した結果、1人の警察官が複数の男を押さえて制止をするという中でこの暴行事件が発生をしたものであります。
　当然、先ほど申し上げましたように、通りを渡るというのを認知をした街宣車の周辺にいた警察官も後から追いかけて、そこでそれに加わって混乱を鎮静化させたものでございます。

○仁比聡平君　あり得ない。西田理事の質問に対してて答弁をしたそのときの状況と違うじゃないですか。なぜ現行犯逮捕できなかったかというと、全体が混乱をしていて、その暴行、傷害を現認していなかったからだとおっしゃったでしょう。何言っているんですか。
　実際にそうやって大通りを渡って襲いかかってくる加害者をずっと注視をしてそれを制止しようとしていたら、たとえそこにたどり着いていなかったとしても、殴りかかる瞬間には、だけれども、その人物が誰に対して何をしようとしているかというのは見極めているのが当たり前じゃないですか。
　あなた方はといいますか、つまり現場の警備は、そうしたヘイト宣伝活動家の側ではなくて市民、歩道の側を見ていたんじゃないですか。市民を守るのだったら市民を背にして加害者の側に向き合ってそれを止める、それが警察でしょう。違うんですか。
○政府参考人（斉藤実君）　委員御指摘のとおり、抗議をされていた歩道上におられた方の前に警察官が出て、反対側から渡ってくるその10数名の者を制止をしようとしたわけであります。ところが、先ほど申し上げましたように、1人の警察官が複数の人間を押さえる、その警察官越しに暴行が加えられるというような状況もございまして、必ずしもそれを現行犯逮捕できるような形での現認ができていなかったものでございます。
○仁比聡平君　刑訴法上は準現行犯という規定もあり、犯行を行って間もない、そうした状況であれば、その加害者をその場でただす、もちろん身柄を拘束することだってあるでしょうし、何にせよ、これはやってはならないことなんだということを明らかにして野放しにはしないという、それは現行法だって十分可能なんです。ところが、それをやってこなかった。これがこれまでの日本の警察組織だと言わざるを得ない、今の御答弁を伺ってもそう感じるんですね。
　ヘイトデモと警察の関係についてちょっとまた別にお尋ねをしたいと思うんですが、せんだっての崔参考人の意見陳述によって、2015年11月8日にこの桜本に向かってこようとしたデモのコース、これが、富士見公園という、デモを出発してしばらくのところで変更されたということが明らかになりました。
　元々、11月8日になる前まではこの富士見公園から駅の方に向かって行っていた、桜本には向かってこなかった。けれども、このときは桜本に向かってくるんじゃないかというデモだった。けれども、出発はしたけれども、その公園を出たところで別のコースに変更されたわけですね。これはどのようにして変更されたわけですか。
○政府参考人（斉藤実君）　お答えいたします。
　お尋ねの平成27年11月8日のデモは、川崎市内の富士見公園付近の交差点を出発地として京浜急行川崎大師駅を解散地とするものでありまして、委員御指摘のとおり、当初の申請はその桜本地区を通るものでございました。しかしながら、出発直前になり、デモに反対するグループとのトラブルを懸念した主催者側からコースを一部短縮をしたい旨の申出がありまして、それがトラブルの防止やあるいは関係者の安全を確保する観点にかなうものであり、また、コースを一部短縮しても問題はないものとして認めたいといいますか、その申出どおりにしたというものでございます。
○仁比聡平君　主催者側からというお話がありましたが、警察の側はそれに対する相談なりなんなり、警察側としてどうかというようなことは何もないんですか。
○政府参考人（斉藤実君）　神奈川県警察におきましては、公安条例の申請受理や許可の手続のときはもとよりでございますが、デモを実施する現場におきましても、デモが申請どおり実施されているかを確認するため主催者との間では常に連絡を取っているところでございまして、このデモにつきましても必要な指導を実施している中で主催者側からの申出がなされたものと承知をいたしております。
○仁比聡平君　つまり、11月8日のときに、カウンターの皆さんやその住民の皆さんがこうした桜本に入れないでくださいという抗議を上げておられた、そうした状況を警察としても勘案してこうやって変更が行われたということじゃないんですか。
○政府参考人（斉藤実君）　これは、あくまで主催者の方がトラブルを懸念して自らコースの短縮を申し出たものでございます。
○仁比聡平君　11月8日がそういう経過だったと。
　1月の31日ですけれども、このときは、その公園を出て、曲がらずにそのまま真っすぐ桜本の方に向かってきました。しかも、駅方面と桜本方面の分かれ道になる追分交差点というところで桜本の方に曲がり、つまり桜本の玄関口にまで入ってくるということをしたわけですね。そして、この桜本の玄関口、大島4ツ角の交差点、ここをUターンして戻っていくということに結果なったわけですけれども、これは警察がそういうふうにしたわけですか。
○政府参考人（斉藤実君）　お尋ねの本年1月31日のデモでございますが、同じく富士見公園付近の交差点を出発地として、京浜急行川崎駅を解散地とするものでございました。今委員の御指摘のあったようなコースが当初申請をされておりましたが、そのデモの途中で、デモに抗議をする多数の方がおられるということもあり、そうした方々とのトラブルを懸念をした主催者側からこれもコースを一部短縮し

たいという旨の申出があり、それを認めたというものでございます。
○仁比聡平君　元々、11月8日に先ほど御説明いただいたようなことがあった。なのに、1月31日に更に同じように桜本に踏み込んでいく、そうしたデモコースを何で警察認めたんですか。
○政府参考人（斉藤実君）　公安条例の申請を受理するに当たりましては、いろいろとその当日の催物の状況ですとかあるいは過去に起きたトラブル等を情報提供いたしまして指導はいたしておるところでございますが、最終的に、デモをこのコースで申請をするとなれば、それは許可せざるを得ないというふうに認識いたしております。
○仁比聡平君　河野大臣、お聞きいただいて、つまり、現場で深刻な人権侵害が起こる、それを阻止しようとして混乱も起こるかもしれないということがあれば、現場ででもデモコース変更するんですよ。それはもちろん主催者の判断というのが最終的にはあるでしょうけれども、けれども、そこには警察も周りの状況を勘案して働きかけるというのがこれ当然だと思うんですけれども。
　今申し上げているような共生の地域、例えばこの桜本というような地域をじゅうりんしてくるようなヘイトデモ、これは様々な形で、これはそんなことは初めからさせないと様々な形でいろんなことを考えて警察も努力する、それは私、そういうふうにすべきだと思うんですが、いかがですか。
○国務大臣（河野太郎君）　警察も様々な対応をすべきだと思いますが、道路の使用許可がデモという形で出されたときに、それをそれだけの理由で却下できるかどうかというのは法律的な問題もあるんだろうと思います。
　主催者側が当日の状況を判断して、道路を一部短縮するというようなことがあったという報告は受けております。それについて警察がどこまで対応できるのか分かりませんが、そういうことが可能であるならばそういうことを追求するということもあると思いますが、そこは道路の使用許可その他の法令との関係があると思いますので、一概にどうこうできるというふうにちょっと残念ながら申し上げるところにはありません。
○仁比聡平君　もちろん、私は個々具体的な話だと思いますから、一律にどうこうしろというようなことにはならないのかなとも思いますけれども、この11月、1月のデモの状況からすると、これは警察が働きかけることによってデモコースを変更させるなどということは元々可能であると思うんですね。
　このデモが向かってきた桜本という地域がどんな地域か、3月31日の視察で私、二つのことを感じました。特に二つのことを感じました。

　一つは、このヘイトスピーチの根絶をするという私たち政治家の責任の重さです。
　伺いますと、ダブルあるいは三世、四世の在日の人たちがその出自を隠して生きていかなきゃいけない、そういう思いがこのヘイトスピーチにさらされることによって一層本当につらくなる。そうした思いの中で、先ほど来御紹介している崔参考人の息子さんは勇気を持ってダブルに誇りを持って発信を続けておられるわけですね。自分を隠して生きなきゃいけないという、そうした思いの人たちに対してどう思うかというふうに私もお尋ねをしたら、そうした人たちから、このヘイト問題で発言をし始めてから、私たちのためにありがとう、あんたの顔は一生忘れないと、そうした励ましをよく受けるそうです。つらいダブルの人たちが自分の発信した言葉を聞いて、その人も自信を持って生きていってほしいというふうに彼は語りました。
　もう一つは、共生ということを本当に理解していく、理解を広げていく、あまねく広げていくということの私たちの責任ですけれども、このふれあい館をつくることは、青丘社のベ理事長は、元々保育園の取組から始まったわけですね。その子たちが学校に上がるというときに、学校で潰されてはならない、学校がコミュニティーの中心だということでいろんな努力を重ねて、市ともずっと長い協議を続けてふれあい館をつくってきたわけです。そうした取組の中で、ある町会長の方が、地域のために本当によくやってくれている、ありがとうという感謝を述べられて、そのときは本当に涙が出たというふうにおっしゃいました。
　共生の実現というのはそんなに簡単なことじゃない。長い歴史の中で、いろんな先輩たちも含めて、本当に努力を重ねてこうした到達点をつくってきているわけでしょう。こうした共生の地域を、あるいは共生の在り方、社会の在り方そのものを根底から覆し、排除、排斥しようとする、こんなヘイトスピーチというのは絶対に許されないと思うんですね。ちょっと岩城大臣、いかがですか。
○国務大臣（岩城光英君）　仁比委員から御指摘のありましたとおり、共生、とりわけ多文化の共生ということを本当に長い年月、経緯を経て築き上げてきた地域でこうしたヘイトスピーチのような行為が行われることは全くあってはならないことだと考えております。
○仁比聡平君　これは、そうした桜本のような地域に襲いかかってくるというヘイトデモだけを対象にしたものではない。新宿でも銀座でも、当然そうしたアイデンティティーを持って生きている方々、当然いらっしゃるわけです。そうした方々を攻撃し排除しようとしてヘイトスピーチやデモというのは行

われるわけですね。

　法務大臣に御認識をお尋ねをしたいと思うのは、前回、３月23日のこの委員会で、前日に行われた崔参考人を始めとする参考人質疑を踏まえて私、認識をお尋ねしました。そのときに、桜本に入れさせないでという、そのヘイトデモについて、差別的言動が行われたとすればと留保を付けて答弁をされたんですね。けれども、大臣はその前日の参考人質疑も御覧になっていたとおっしゃいましたし、その中で当事者の不安感や恐怖感、そうした生の声を受け止める発言をされたんですね。にもかかわらず、ヘイトスピーチが行われたとすれば、差別的言動が行われたとすればという留保がなぜ付いちゃうのかと。

　これ、当然、人権侵犯事件だったらば、これは法務局が事実を認定して審判、指導する。どういう勧告を出すのかというようなことは、それは手続があるでしょう。けれども、我々政治家は違うんじゃないですか。現実に証拠も示して、ヘイトスピーチ、差別的言動が行われたという訴えがあり、その訴えが私たちの胸を揺さぶり、事実そうだともう考えるなら、感じるなら、これは許されないとはっきりすべきなんじゃないですか。大臣がこの分野を所管される大臣としてそうした認識を持っているのかどうなのかということが私、問われていると思うんですが、大臣いかがでしょう。

○国務大臣（岩城光英君）　仁比委員御指摘のその３月23日の私の答弁でありますが、これは委員の御質問が、３月16日に被害申告を受け法務局において現に調査中の人権侵犯事件、これに関するものであったのであああいう言い方を申し上げたということは御理解いただきたいと思います。

　その上で、個別具体の人権侵犯事件としての調査、処理を離れまして、崔参考人の意見陳述にありました川崎市でのデモにおける言動について申し上げさせていただきますと、こうした言動は、人々に不安感や恐怖感を与えるだけでなく、人としての尊厳を傷つけたり差別意識を生じさせることになりかねず、あってはならないものであると、そのように考えておりまして、そのような言動が許されないということをこれからも更に強く訴えていかなければならないと、そう考えております。

○仁比聡平君　もう一問、大臣、最後。

　ニューヨーク・タイムズの前の東京支局長をしておられたマーティン・ファクラーさんという方が、最近、安倍政権にひれ伏す日本のメディアという本を書かれまして、この中にこういう指摘があるんですね。異論を認めず、自分たちに都合の悪いメディアを一斉に攻撃する、社会にこのような風潮を広げてしまったのは明らかに安倍政権の大きな責任だと言わざるを得ない。なぜなら、卑劣な攻撃を繰り返すネット右翼に対して何らノーの声を出さないからだ。これでは、事実上、ネット右翼に青信号を出しているのと同じように見える。

　この前段としては、ヘイトの問題あるいは日本軍慰安婦の問題などの取材とそれに対するバッシングというようなことも指摘をされているんですが、大臣、この指摘にはどう答えますか。

○国務大臣（岩城光英君）　政府におきましては、これまでもヘイトスピーチはあってはならないと、そういうことを啓発活動を通じて訴え続けてまいりました。また、国会の場でもヘイトスピーチが許されないことを繰り返し申し上げてまいったところでありまして、今後も引き続きこうした言動はあってはならないということを明確に示し、粘り強い啓発活動を続けていきたいと考えております。

○仁比聡平君　終わります。

○委員長（魚住裕一郎君）　本日の審査はこの程度にとどめ、これにて散会いたします。

(3) 第190回国会参議院法務委員会会議録第８号（抄）（平成28年４月19日）

○委員長（魚住裕一郎君）　ただいまから法務委員会を開会いたします。

　この際、申し上げます。

　この度の熊本地方を震源とする地震により、甚大な被害が発生し、多くの尊い人命を失いましたことは誠に痛ましい限りでございます。

　お亡くなりになられた方々に対し、深く哀悼の意を表し、黙祷をささげたいと存じます。

　どうぞ御起立をお願いいたします。黙祷。

　　　〔総員起立、黙祷〕

○委員長（魚住裕一郎君）　黙祷を終わります。

　御着席ください。

─────────────

○委員長（魚住裕一郎君）　政府参考人の出席要求に関する件についてお諮りいたします。

　本邦外出身者に対する不当な差別的言動の解消に向けた取組の推進に関する法律案の審査のため、本日の委員会に、理事会協議のとおり、法務省人権擁護局長岡村和美さん外２名を政府参考人として出席を求め、その説明を聴取することに御異議ございませんか。

　　　〔「異議なし」と呼ぶ者あり〕

○委員長（魚住裕一郎君）　御異議ないと認め、さよう決定いたします。

─────────────

○委員長（魚住裕一郎君）　本邦外出身者に対する不当な差別的言動の解消に向けた取組の推進に関する法律案を議題といたします。

発議者矢倉克夫君から趣旨説明を聴取いたします。矢倉克夫君。
○矢倉克夫君　ただいま議題となりました本邦外出身者に対する不当な差別的言動の解消に向けた取組の推進に関する法律案につきまして、発議者を代表いたしまして、提案の趣旨及び主な内容を御説明申し上げます。

近年、本邦の域外にある国又は地域の出身であることを理由として、適法に居住するその出身者又はその子孫を我が国の地域社会から排除することを扇動する不当な差別的言動が行われ、その出身者又はその子孫が多大な苦痛を強いられる事態が頻発化しております。かかる言動は、個人の基本的人権に対する重大な脅威であるのみならず、差別意識や憎悪、暴力を蔓延させ地域社会の基盤を揺るがすものであり、到底許されるものではありません。

もとより、表現の自由は民主主義の根幹を成す権利であり、表現内容に関する規制については極めて慎重に検討されなければならず、何をもって違法となる言動とし、それを誰がどのように判断するか等について難しい課題があります。

しかし、こうした事態をこのまま看過することは、国際社会において我が国の占める地位に照らしても、ふさわしいものではありません。

本法律案は、このような認識に基づき、憲法が保障する表現の自由に配慮しつつ、本邦外出身者に対する不当な差別的言動の解消に向けた取組について、基本理念を定め、及び国等の責務を明らかにするとともに、基本的施策を定め、これを推進しようとするものであり、いわゆるヘイトスピーチを念頭に、本邦外出身者に対する不当な差別的言動は許されないとの理念を内外に示し、かかる言動がない社会の実現を国民自らが宣言するものであります。その主な内容は次のとおりです。

第一に、前文を置き、我が国において、近年、不当な差別的言動により、本邦の域外にある国若しくは地域の出身である者又はその子孫であって適法に居住するもの、すなわち本邦外出身者が多大な苦痛を強いられるとともに、地域社会に深刻な亀裂を生じさせており、このような事態を看過することは、国際社会において我が国の占める地位に照らしてもふさわしいものではないという本法律案の提案の趣旨について規定するほか、このような不当な差別的言動は許されないことを宣言することとしております。

第二に、本邦外出身者に対する不当な差別的言動の定義を置き、専ら本邦外出身者に対する差別的意識を助長し又は誘発する目的で公然とその生命、身体、自由、名誉又は財産に危害を加える旨を告知するなど、本邦の域外にある国又は地域の出身であることを理由として、本邦外出身者を地域社会から排除することを扇動する不当な差別的言動をいうこととしております。

第三に、基本理念として、国民は、本邦外出身者に対する不当な差別的言動の解消の必要性に対する理解を深めるとともに、本邦外出身者に対する不当な差別的言動のない社会の実現に寄与するよう努めなければならないこととしております。

第四に、本邦外出身者に対する不当な差別的言動の解消に向けた取組に関する施策の実施について国及び地方公共団体の責務を規定することとしております。

第五に、基本的施策として、国は、相談体制の整備、教育の充実等及び啓発活動等を実施することとしております。また、地方公共団体は、国との適切な役割分担を踏まえて、当該地域の実情に応じ、これらの基本的施策を実施するよう努めることとしております。

以上がこの法律案の提案の趣旨及び主な内容であります。

本邦外出身者に対する不当な差別的言動が許されず、その解消に向けた取組が必須であることについては、参議院法務委員会において、実際にかかる言動が行われたとされる現地への視察や真摯な議論を通じ、与野党の委員の間で認識が共有されたところであると考えます。

何とぞ御審議の上、速やかに御賛同くださいますようお願い申し上げます。
○委員長（魚住裕一郎君）　以上で趣旨説明の聴取は終わりました。
これより質疑に入ります。
質疑のある方は順次御発言願います。
○仁比聡平君　日本共産党の仁比聡平でございます。皆さん、おはようございます。

我が党は、ヘイトスピーチの根絶は政治の重大な責任であって、立法措置を含めた国会での大いなる議論を求めてまいりました。そうした下で、このヘイトスピーチを社会的に包囲し、根絶の先頭に立つという政治の責任も強調をしてきたわけですけれども、昨年来、当委員会で議題となってきた、当時の民主党の皆さん始めとした野党の提出法案に続いて、今日こうして与党案が提出をされ、実質審議に入るということになったわけです。

これは、このヘイトスピーチを根絶をしようという運動、何よりヘイトスピーチによる被害の深刻さと当事者の皆さんの身を振り絞るような声を受けて行われているものであって、そうした意味で本当に大きな歴史的な意味を持っていると理解をしております。私たち参議院の法務委員会のこうした取組がヘイトスピーチ根絶の実りを上げるように、我が党

としても力を尽くしていきたいと思うんです。
　こうして与党の案が提出をされた下で当委員会を中心にして各党の協議が始まるに当たって、今日は、この与党案の意味するところについて様々な立場からの御意見が寄せられている中で、今日は与党案のその趣旨、意味というものをできる限りまず確認をさせていただきたいと思うんですね。特に三点について、法案の柱について御質問したいと思っております。
　まず、その第一は、理念法の法たるゆえんということに関してです。先ほどの趣旨説明でも明らかですが、法案は、不当な差別的言動が、あってはならず、そして許されないことを宣言すると、そうした趣旨を前文で規定をされるとともに、第１条で本邦外出身者に対する不当な差別的言動の解消が喫緊の課題であるという認識を規定をした上で、第３条、基本理念として、国民の言わば努力義務という趣旨なのかと思うんですけれども、努めなければならないという規定ぶりで基本理念を記しておられるわけですが、このような規定にされた理由は一体どういうことでしょうか。
○西田昌司君　仁比委員の質問にお答えさせていただきます。
　まず、この法律は、理念法という形で、禁止という形を取っておりません。その一番大きなのは、要するに、憲法上の表現の自由の保障をしっかりしなければならない、これは、やっぱりどうしてもこれは一番守らなければならない、そういう価値であるということを考えた結果、我々がこういう前文において本邦外出身者に対する不当な差別的言動は許されないということを宣言をし、更なる人権教育と人権啓発などを通じて国民に周知を図り、その理解と協力を得つつ不当な差別的言動の解消に向けた取組を推進するものであります。
　表現内容を規制するのは、先ほども言いましたけれども、表現行為の萎縮効果をもたらすおそれがありますから、このような不当な差別的言動の禁止や、その禁止に違反した場合の罰則を定めるということはあえてしていないわけであります。もっとも、御指摘のとおり前文で不当な差別的言動を許されないと宣言しましたが、法律でそういうメッセージを発信すること自体が非常に私は重要な意義があるものだと考えております。
　さらに、３条においては、国民に周知を図ってその理解と協力を得つつ、不当な差別的言動の解消に向けた取組を推進することとすることを受けて３条は書いているわけでありますけれども、この中で、いわゆる憲法の保障する表現の自由に関わる問題でありますから、警察などの公権力、ここで規制をして強制的に進めるのではなくて、まず国民全体が、国民一人一人が理解をしてそういう差別的言動のない社会の実現に寄与していくと、そういうことを図るべきであるということをこの法律によって示すことによって、国民にもその努力義務があるということを示させていただいているわけであります。
　この効力でありますけれども、これらの規定と併せて、国に本邦外出身者に対する不当な差別的言動の解消に向けた取組に関する施策の実施義務や、地方公共団体にその実施の努力義務がまた掛かることになります。
　この法律は、こうした結果、表現の自由に萎縮効果が生じないようにするためにこのような内容にしたものでありまして、禁止規定がないからといってヘイトスピーチを認めるとか、また我々与党側がヘイトスピーチに対して及び腰でやっているとかそういう姿勢ではなくて、憲法の保障する表現の自由との兼ね合いの中で最大限効果が発揮でき、国民にも理解を求めていくと、そういう趣旨でこの前文と併せて作ったということを御理解いただきたいと思います。
○仁比聡平君　今、自民党西田発議者からは、禁止規定は置いていないのであるというまず御発言が、御説明があっているわけですけれども、この点について強い意見がとりわけ当事者団体から上がっているのは御承知のとおりだと思います。
　例えば、私たち国会議員に在日本大韓民国民団の主催をされる緊急集会が呼びかけられていますけれども、その呼びかけ文には、ヘイトスピーチによって自らの尊厳を傷つけられている当事者である私たちとしてはこの法案内容に対する極めて深い失望感を禁じ得ません、罰則規定を設けないいわゆる理念法であるにしてもヘイトスピーチが違法であるという明確な規定が不在だからであり、これではとても容認できないのですというくだりがあるんですけれども。
　先ほど、公明党矢倉発議者からの趣旨説明の中では、ヘイトスピーチといいますか、この法が対象とする言動というのは違法であるという前提の認識が示されているようにも思うんですね。つまり、先ほどの提案理由説明の第三段落目ですが、何をもって違法となる言動とするのかということがこの法案の提出の意義として語られているわけですけれども。
　この禁止規定は置かないということと、この法案が対象とする言動が違法であるということとの関係というのは、これはどういうふうに理解をしたらいいんですか。
○矢倉克夫君　ありがとうございます。
　こちらの趣旨説明において何をもって違法となる言動としという文言は、そもそも表現の内容についての規制をするとき、我々認識しているヘイトスピーチというのは具体的にイメージできるんですが、規

制となるとどこが外延かというのがやはりどうしても見えなくなるという問題があると思います。そのような表現の内容を、禁止という形で規制することに内在している本質的な問題が、やはり違法となるというところがどこまでかという問題であるので、そのような問題があるというところであります。

これをもって、今回、理念法で違法かどうかという判断をこれは提示をしたという趣旨ではないというふうに御理解をいただければと思います。

○仁比聡平君 ここ、これからの法案の議論をしていく上で極めて大事だと思うんですけれども。

提案者は、つまり与党は、定義の明確性、つまり違法かそうでないかという外延が明確であることが重要であるというのはそのとおりだと思うんです。その外延が明確であるという定義をすることができるのであれば、その定義に当たる言動、これは法違反である、違法であるという、その書きぶりはいろんな書きぶりがあるのかもしれませんけれども、違法であるということは宣言する、あるいは法で定めるべきであると、そういうお考えなんでしょうか。

○西田昌司君 そこが一番大事なこの法律の核心部分なんですけれどもね。

我々の与党側の考え方といいますのは、要するに、このヘイトスピーチを厳格に定義して、それを国が例えば認定をして、違法行為であるからこの行為はすべきでない、禁止規定になってくるわけですね。また、禁止規定、罰則がなくても、そういう認定を公権力がするということはできないというのが我々の発想であります。

といいますのは、それについては、違法であるか違法でないか、それがヘイトになるかどうかというのは結局は司法の場で判断されるべきもので、公権力の行政側のところでこの部分は違法だということをしちゃいますと、かつての、これは戦前のいわゆるあの治安維持法のように、国の方が決めた言論や思想や表現にたがうようなことをすればたちまち取締りになると。若しくは、禁止規定がなくてもそのことを国が違法性を認定してしまいますと、様々なことが行政の方からそのした本人にいろんな形で圧力と申しましょうか、掛けられるわけです。

もちろん、そういう規定があった方がヘイトスピーチそのものには禁止ができて、圧力が掛かっていいじゃないかということはもちろんあると思うんですよ。しかし、同じように、ヘイトかどうか微妙な部分のところで、そこを国が規定して、そしてまた国の方が個人に関与しているということになりますと、違う事態が想定されますね。つまり、ヘイトだということを理由に行政の方が違う形で市民に圧力を掛けてくるということが、ほかの法律でも同じような枠組みで作られることも考えられます。

我々は、そういう公権力が個人の表現の自由や内心の自由に関わるようなところに入っていくべきではないというのが自民、公明のこの法律を作る上での一番最初の入口のところであります。そして、その部分は、ヘイトであったかどうかという認定は、これはむしろ裁判の場で、司法の場でやっていただくんです。

じゃ、この法律は一体何の意味があるのかというと、こういう理念を掲げて、そもそも国民がこういうヘイトはすべきでないんだと、また、そういう差別のない社会をつくるのが国民も努力していかなければならない、そしてそのことを国と地方公共団体が教育や啓発、相談などを通じて広げていこうということを示すことによって行政側が様々な判断するときの一つの指針になるのではないかと思います。

もちろん、その指針によって、された行為、例えばデモをやっていたり、道路使用許可を止めろとかいう話も当然出てくると思いますよね。そのときに仮にそういう指針によって止められたら、逆にやった側がこれはおかしいじゃないかということを訴えることも当然想定されます。しかし、そのことを彼らが訴えて、結局それがヘイトであったかどうかというのは最終的に司法の場で判断をしていただかなければならないと思っているんです。それをまず第一義的に行政の方が線引きをしてここから先はヘイトだどうだという、公権力側にその権力行使を与えてしまうと、私は違う事態が出てくるということを大変恐れているわけでございます。そのことを御認識いただきたいと思います。

○仁比聡平君 我が国において、とりわけ国家権力によって思想、表現が抑圧、弾圧された歴史があり、そして、戦後、憲法が公布されてから70年に至りながら、法を濫用した行政、警察による人権侵害というのは後を絶たないわけです、今日現在も。その認識というのは私は前提にもちろんあるわけですけれども、ですが、この法でヘイトスピーチの許されないということをどう規定するかということは、その定義の明確性と併せて真剣な探求が必要だと思うんですよね。

今の西田発議者の御答弁で、つまり、この法案が民事裁判や行政処分を争うそうした裁判においての法規範たり得るということをおっしゃっているんだと思うんですけれども、それはつまり許されないとされる言動が法違反であるという前提認識に立ったものなのであって、これはヘイトスピーチはしてはならないなどの、これを禁止という用語を使うのが与党としていろいろごちゅうちょがあるのかもしれないんだけれども、このあってはならないとか、許されないという表現、文言ではない書きぶりというのはこれはあり得るのではないかなとも思うんです

が、これは今、西田委員に伺いましたので、矢倉発議者、いかがですか。
○矢倉克夫君　ありがとうございます。
　まず、今、西田委員がおっしゃった部分というのは、これまでは特定人に対しての規制というものはあった、ただ、今回我々は不特定人に対してのこのような言動も許されないものであるという理念を、これにより明確にしたわけであります。それがいろんな裁判の場で出てくる。場合によっては、損害賠償であるとか、そういうような民法の規定の文脈などで違法等の話が出てくるかもしれないですけれども、そういう文脈での違法を判断するときに、この法律により、許されないものであるということを理念として表した、国として姿勢を表したということが裁判所の判断に影響を与えるだろうという部分の説明であると思います。このような意味合いで、これを違法判断かどうかというところはまた違う考慮があると思いますが、いずれにしろ違法判断に対してある程度影響を与える判断にはなるであろうというところであると思います。
　書きぶりの問題なんですけれども、これは、してはいけないという禁止規定にしますとどういうことになるかといえば、先ほども申し上げたとおり、表現内容の規制という形にやはりこれはなってしまう。それはどういうことをいうかといえば、憲法の検閲の禁止などにも抵触する可能性も出てくる。また、表現内容は、御案内のとおり、憲法上は非常に厳格な基準がない限りは合憲とならないというような、そのような制約があり、してはならない言論が何かということを定義付けなければいけない。じゃ、その概念がどこまでかということも明確にしなければいけないというような制約も出てくるところであります。そのような判断から、してはいけないというのは、憲法の問題を克服できないというところで、我々は取るべきではないという判断をいたしました。
　他方で、実効性を確保する意味では、やはり許されないものだということを宣言して、その許されないものを排除する社会を、国民全般がこれをつくっていこうということを主体的にうたっていくという在り方の方が、むしろ実効性は上がるのではないかということで判断をしたところであり、この表現が我々としては正しいというふうに認識をしております。
○仁比聡平君　少し議論をしてしまうことになるんですけれども、そうした憲法上の表現の自由の保障との関係も十分考慮をされた上で全国で様々な取組がされてきていると思うんです。その一つの例として、大阪市ヘイトスピーチへの対処に関する条例における対象行為の定義規定についての評価を今のお話の流れで矢倉さんにお尋ねしたいんですが、この大阪市条例はヘイトスピーチとされる表現活動を具体的に三つの条文に分けて規定をしているわけです。
　第一は、次の三つの目的のいずれかを目的とすること。つまり、人種若しくは民族に係る特定の属性を有する個人又は当該個人により構成される集団を社会から排除すること、あるいは権利又は自由を制限すること、憎悪若しくは差別の意識又は暴力をあおることのいずれかを目的として行われ、表現の内容又は表現活動の態様が相当程度侮辱し又は誹謗中傷するものであること、脅威を感じさせるものであることのいずれかに該当すること、そして三つ目に、不特定多数の者が表現の内容を知り得る状態に置くような場所又は方法で行われるものであること、こうした定義によって外延を明確にしていると思うし、私はその規定ぶりというのはよく理解ができるというふうにも思っているんですが、矢倉さんはいかがですか。
○矢倉克夫君　大阪のヘイトスピーチの条例について、こちらが詳細に定義をしたというのは、やはり効果との関係から考えなければいけないと思うんですよね。これ、大阪市長が表現活動について拡散防止の措置及び公表措置をとることにしたと、そのような行政権、公権力が関係するようなことを前提にしている以上は、やはり定義を明確に厳格にしなければいけないというところもあるかと思います。
　これは出発点の問題もあり、先ほど西田理事からもお話もあったとおり、むしろ我々としてはこのような、何かこれがいけない言論であるということをある程度定義をして公権力が規制をするというような話ではなくて、むしろこのような不当な言動、地域社会から排斥するような言動があってはならない、そういう社会をつくるんだという理念を定めて、そのような社会に向けた国民全体の協力義務というものをこれを規定する、そのような理念法を定めた上で、それを全体で実現していこうという理念を定めた法律であり、そういう部分での概念の定め方というところの出発点がそもそも違うというところは御認識をいただきたいというふうに思います。
○仁比聡平君　その点はよくこれから議論をしていく必要があるのかなと思うんですね。
　少し先ほどの西田発議者の御答弁に戻りますと、行政がこの表現あるいは言動の違法的方法を直接審査するのかどうかという、そうした問題をおっしゃったわけですけれども、仮にそうした措置を置かないとしても、国民の皆さんに、こうした言動はあってはならない、してはならないというふうに呼びかけるのかどうか、違法であることをはっきりさせるのかどうか、これはつまり社会的に根絶していく上で極めて重要だと思うんです。そうして、この法案に

よっても、努力義務とはいえ、そうしたものを課すわけであり、この外延を明確にするということはとても大事なことなのではないかと思うんですね。そこはどうお考えですか。
○西田昌司君 外延をまず定義、つまり定義を明確化してやっていくとかいう話になってきますと、新たな問題が実は出てくると思うんですね。といいますのは、定義した、定義を明確にすればするほど、その定義の外側に隠された言葉は、じゃいいのかと。つまり、ここからここまでは駄目だけれどもここから外側はいいんだよということを、逆にヘイトスピーチをする方々にお墨付きを与えるようなことにもなりかねないんです。ですから、我々、そこは全体の文脈の中で判断すべきことだと思っております、そもそも。だから、そういうことも含め、禁止規定を設けたり定義をまた明確にしたりすると、そういったまた別の次元の問題が出てくるわけですね。
　もっと言いますと、我々はこのヘイト問題というのは、実際に現場を見たり、また映像を見たりもしておりますけれども、断じて許すことはできないと思っております。そして、この法律が、我々が法的措置をしましても、それに対して彼らは挑戦的な行動をするかもしれませんよ。だから、そのことも含めて我々は、彼らがやってくる行動は最終的にはこのヘイト法によって抑え込まねばならないと思いますけれども、最終的にはやっぱり裁判の場でこれを、彼らの行動は恥ずべき行為であるのだと、行政のやった措置がこれが適法だったのだという、そういう形のやっぱり文脈になっていくと思うんです。
　したがいまして、そういう意味で我々は、禁止規定ではなくてまずモラル、それから啓発、教育、こういうことは恥ずかしいことなんだということをやっぱり国民全体でこれ共有して、そしてそういう意識の中で国が、また地方公共団体が啓発活動していく、そこが一番大事だと思うんです。つまり、やっている人間が、自分たちがやっている行為は恥ずべき行為なんだという、やっぱりそういう認識に立ってもらわないと、これはヘイトスピーチというのはなくならないんです。
　そして、現に私は視察に行って感じましたのは、在日一世、二世、いろんな方の話を聞きましたけれども、我々が小さいときも、戦後、いわゆる在日韓国・朝鮮人の方に差別的な言動があったり、目の当たりに見たりしましたよ。しかし、今やっぱりどんどんそういうのは少なくなってきたというお話をされました。しかし、この21世紀、平成の時代になって、またもう一度突然こういったヘイトスピーチを公然として扇動していくような目に余る行為が出てきたわけですよね。
　だから、我々は、こういったことは改めて恥ずべ

き行為だということを宣言すると同時に、やっぱり教育、啓発、この効果というのを大いに私は期待しなければならないし、このことを通じてしか私はヘイトというのは根源的になくすことはできないのだと思っているんです。
○仁比聡平君　この禁止あるいは違法という法の規定のありようについて、これもっともっと議論が必要だと改めて明らかになってきているように思うんですけれども、ちょっと残る時間が5分ほどになってきているので、法案について具体的に、定義に関わってお尋ねしたいことがあります。三点、ちょっとまとめて質問します。
　先ほど来お話のある本邦外出身者という規定が第2条に置かれているわけですが、一つ目の質問は、この本邦外出身者という、我が国領域を言わば基本的な概念にした内外というこの考え方は、人種差別撤廃条約の理念と異なるのか、それとも含んでいるのか。国籍あるいは民族、人種というものによる差別ということを意味しているのかどうなのかということが一点。よろしいですかね。
　二点目は、そうした下で、専ら適法に居住するものという規定ぶりになっています。これは、例えば在留の適法性が争われているというオーバーステイだったり、あるいは難民申請が政府の不当な判断によって認められなかったりといった方々に対するヘイトスピーチが許されるというものではまさかないと思うんですけれども、あわせて、アイヌ民族に対するヘイトスピーチということも公然と行われています。これを許すというものではないと思うんですが、この適法に居住するということの意味がどうかが二つ目。
　最後、三つ目は、そうした本邦外出身者を地域社会から排除するというふうにお書きになっておられるんですが、私たちが視察で訪ねた桜本のような集住地域ではない場所、大都会の例えば銀座だとか新宿だとか、こうしたところで発せられる言動というのはこの地域社会から排除するということに当たるのかどうなのか。
　この三つが御質問ですが、いかがでしょうか。
○西田昌司君　まず、いわゆるこのヘイトスピーチですけれども、現在も問題となっているヘイトスピーチ自身は、いわゆる人種差別一般のように人種や人の肌とかいうのではなくて、特定の民族、まさに在日韓国・朝鮮人の方がターゲットになっているわけですよ。ですから、そういう立法事実を踏まえて、この法律に対して対象者が不必要に拡大しないように、立法事実としてそういう方々が中心となってヘイトスピーチを受けているということで、本邦外出身者ということを対象として限定しているわけでございます。

したがいまして、先ほどのアイヌの問題ありますけれども、我々は実は、アイヌに対するヘイトスピーチがあるという、そういう立法事実を今、問題把握しているわけではございません。ですから、この中にはアイヌの話は入っておりませんが、もとよりアイヌ民族に対するヘイトが許されるものではないということは申すまでもございません。

それからもう一点、何でしたっけ。

○仁比聡平君　在留が違法な場合。

○西田昌司君　それと、在留の話ですけれども、適法にというのは当然の話でありまして、例えば不法に入国したりした場合は、当然入管法によりこれは本国に送還される、そういうことになるわけでございます。ですから、そういう方々は本来不法に滞在していたら本国に、我が日本にはおれないわけでございますし、その方々は当然戻ってもらわなきゃなりませんので、ヘイトスピーチのこの法律の対象にはなっておりません。しかし、その方々に対するもちろんヘイトスピーチを肯定するものでもございません。

それから、いわゆる難民認定をされている、その今手続中であるとかそういう方々は、これはここで規定する適法に居住する方々に該当すると考えております。

○仁比聡平君　地域社会の話はないの。

○矢倉克夫君　例えば、銀座から出ていけとかそういうものですよね、桜本とかではなく、居住しているところではなく、ただ居住する一定の場所から出ていけというような話でもあると。

今回の我々が捉えている不当な差別的言動というのは、要するに、ある方々の存在自体を否定して、そこから出ていけというような、その存在を否定するという理解の下で出ていけというようなことを扇動するような言動というふうに理解をしています。

具体的な地域社会かどうかというのはやはり前後の文脈等も見ながらということになると思うんですが、そのような趣旨に合うような発言であれば該当するというふうに理解はしたいと思っています。

○委員長（魚住裕一郎君）　仁比君、時間ですが。

○仁比聡平君　あともう一点質問したかったのは国、地方公共団体の責務に関わるものなんですが、もう時間が参ってしまいました。

いよいよ、もっともっと議論が必要だというふうに思うんですね。とりわけ、不法入国の場合などの議論もありましたけれども、そうした場合だからといって法の保護が与えられないということには私はならないと思うんですね。一層の議論を求めて、質問を終わります。

○小川敏夫君　民進党・新緑風会の小川敏夫です。
時間がないので端的にお尋ねしますが、3条で努力するということが定められていますけれども、努力をするつもりがない人あるいはそもそもその努力に反する行動を取ろうとする人に対してはどういうふうに効果が及ぶんでしょうか。

○矢倉克夫君　まさにそういう人が出ないようにするということで理念を訴えているところであると思います。

この前も視察に行きましたときに、視察でお話をされた方がおっしゃっていたのは、昔は例えばヘイトスピーチのようなことが起きても対抗するような方がいらっしゃらなかったけれど、最近やっぱりそういうような声を上げてくださる方がいるようになったと、これは日本が成熟している社会であるということをおっしゃっていたと思います。

今回の法律は、まさに国民全体、国民の中でも当然このヘイトスピーチが良くないことだということは頭では分かっていても声を上げられなかったという方がやっぱりいらっしゃる、そういうような方も含めて国民全体でこういうのがない社会をつくろうという理念をしっかりとうたって、前向きに、さらに主体的に動いていこうということを宣言する、それをすることで、今おっしゃったような、努力をする気持ちもないような方もそういうような渦に巻き込んでいって変えていくというようなことをうたっているというふうに御理解をいただきたいというふうに思います。

○小川敏夫君　いや、御理解できないですね。

要するに、多くの国民はこういうヘイトスピーチは好ましくないということは分かっているし行動しているし理解しているわけですよ。だけど、そういう理解を全く無視して今ヘイトスピーチが行われているわけですよ、国民の気持ちを無視して。

だから、私が聞いているのは、そのうちに国民が理解すればそういう人たちに及ぶでしょうなんという話じゃなくて、法律の効果として、努力するつもりがない人、努力に反する行動を取る人に対してどういうことが対応できるのかと聞いているわけです。法律の効果を聞いているわけです。

○西田昌司君　小川委員の御質問でございますけれども、努力のする気がない人にどうするのかと、それを法律で強制できるのかということだと思うんですね。まさにそれを強制してしまうことが戦前の治安維持法に通ずる、公権力が個人の思想、信条、そういうところに介入してきて、結局はヘイトスピーチをそれで止められたとしても重大なこれ人権侵害という事案になってしまう可能性があるわけなんです。

そしてまた、そういう法制度を我々がつくり上げていくと、同じように気に食わないことがあったら、このヘイトスピーチだけに限らず、様々な法律、こ

れを法律で作ってやめなさいと、その一つ一つの事実は正しい正義によるものかもしれません、しかし、結局正しいか悪いかというその線引きの部分でまた微妙な、ケース、ケースによって事態が出てくるわけですね。一瞬、一見するとそういう差別的言動であったけれども、実はその方々とのその裏にあったのは非常に愛情を持った行動であったということもあるかもしれません。そういうふうに事態、事態によって違うわけなんですよね。

ですから、一概にこのヘイトを禁止してやっていくということにやってしまうと、これは違う問題が出てくる、人権侵害になってくる。弁護士、そしてまた検事、裁判官、法曹の三つの仕事をされてきた小川委員なら御理解いただけると思います。

○小川敏夫君 全く理解はできませんですね。私の質問は、この法律の効果を聞いているんです。この法律によって、ですから、努力をするつもりがない人、そもそも努力に反する行動を取ろうとする人に対してどういう効果がありますかと聞いているわけです。

私は、結局そういう人に対しては法律上の効果は何もないというのがこの法律だと思うんです。そうしますと、もっと端的に言いますと、全く努力するつもりもない人、今もそういう国民の気持ちに反して、地域の人の気持ちに反してやっているわけですよ、ヘイトスピーチ、ヘイトデモが。そういうヘイトデモを規制することもできないわけですね。ですから、この法律が通ってもヘイトデモは全くやまないと、こういう状況になるんじゃないですか。

○西田昌司君 それは、そうではないと思いますね。

具体的に言うと、恐らく先ほど私、仁比委員のときにも答えましたけれども、今ヘイトをやっている方は、この法律ができてもヘイトをする可能性はございます。当然、彼らは挑戦してくるかもしれませんね。そのことをおっしゃっているわけですよ。

しかし、この法律ができたことによって、行政側が、国権の最高機関としての国会が、このヘイトというのは許されない行為であるということを決め、そして宣言し、そしてそのことを、国民とともに差別のない社会をつくろうという、そういう姿勢を、国としての、国民としての姿勢を示した以上、やっぱりそこは行政側が我々のこの法律に、指針を受けて行政判断をしていただけると思うし、そしてそのことによって、例えば行政側がヘイトを禁止する行為をしたとしましょう。したときに、今度はヘイトをした側が、それは我々の表現の自由を何で行政側が制限するんだ、何でデモを許可しないんだと、内容でするのはおかしいじゃないかという当然裁判になると思いますよ。その裁判になってきたときにも、結局は、我々が出した法律が成案したことによ

り、裁判所も我々の、国権の最高機関のこの法律、この成案をベースにした判断がされるものと私は期待しております。

そして、そういう判例が積み重なっていくことによって、公権力がいわゆるヘイトかヘイトでないかというそこの線引きをするのではなくて、司法の場でそういうものが確定されてくる。そして、結局は、そういうことが積み重なってくると、ヘイトスピーチをしようと思っても、行政側が仮に道路の使用許可を出さないと、そういう判断をして、そしてそれが裁判になり、その裁判が行政側の勝訴になった、それが確定していくと。これは今後、そういうヘイトスピーチをしようと思ってもできないということが司法と行政によって確定してくるわけなんですよ。

だから、そういう手続を踏んでいかなければならないということなんです。その手続を経ずに、司法の手続を経ずに、先に行政側の方が公権力行使で禁止をして云々という規定になると、私はまた別の人権侵害が出てくる可能性があるから、我々はその人権侵害のないように、また新たなヘイト事案が出ないように、こういう形の規定をしているということを御理解いただきたいと思います。

○小川敏夫君 ですから、全く理解できないんですよ。裁判、裁判、行政が何らかの処分をするから裁判というけれども、行政が何らかの処分をするための根拠となり得る法律なんですか。だから聞いているわけです。努力する義務がある、じゃ努力する義務を守らなかった人に対して行政がこの法律を根拠に何らかの処分ができるんですか。何らかの処分ができるんだったら、その処分に対して不服申立てという裁判になるけどね。

これ、行政が何らかの処分をする、じゃ、もっと端的に聞きましょう、もっと分かりやすく。ヘイトデモが行われるときのデモの許可申請がある。それに対して、この法律を根拠に公安委員会はデモを不許可にすることができるんですか。

○矢倉克夫君 今、小川委員がおっしゃったようなことは、要するに、何が禁止される表現かどうかを解釈する権限を行政に与えるということだと思うんですね。それこそ、我々の価値判断としては、そのような規制、私たちがイメージしているヘイトデモ、これはもう許されないし絶対禁止すべきだということはあるわけですけど、そこに法規制になると解釈が出てくるわけなんです、どうしても文言ですから。その解釈権限を行政権に与えるということが危険だという理解でまず発しています。

ですので、そうではなくて、そのような形の文言ではなく、実効性を担保する上では、このような理念法として、国民全体でこういうような社会をつくるために全力でやっていこうと、許されないという

ことを宣言するというところから入ったということであります。
　出発点がそもそもそのような形で、何が表現内容、許される内容かどうかということを行政権が判断するということは憲法上問題があるというところ、そこがまず出発点であり、そこがちょっと認識として違うところであるというふうに思っております。
○小川敏夫君　ですから、最初の質問と同じことで、答えが出ていないから何回も何回も聞くわけです。
　まず、答えを言ってくださいよ、先に。すなわち、この法律ができたら、この法律を根拠にデモを不許可にすることはできないんですよ。できないという前提で、そのことを答えないで、何かいろいろ、やれ表現の自由だとか何かあれこれあれこれ言うから分からない。
　まず、私が聞いているのは、この法律ができたら、この法律を根拠にヘイトデモの不許可を、許可をしないという処分を公安委員会ができるのかどうか、できるのかどうかをまず答えてください。
○西田昌司君　これは、今、我々提案者側の方ですから、これは公安委員長、警察側が答弁すべきことだと思いますけれども、原則的な話で言いますと、今、矢倉委員がお話ししましたように、要するに、事前にこの表現内容、デモ内容にチェックして道路使用許可を与えるかどうかという仕組みには今なっておりません。しかし、この法律ができましたからといって直ちにこのヘイトスピーチやるんだったら禁止だという話にはならないわけであります。
　しかし、大事なのはそこから先でして、こういう理念法、これ宣言することによって、我々は行政も含めてこういうことはさせてはならないと。そうすると、実際にはいろんな法律がまだまだあるわけですよ。その法律の運用規定につきましても、例えば騒音防止条例とかそれから名誉毀損とか、様々なものがありますよね。そういうことも含め、我々はヘイトスピーチを公然とやっていることを許すことはできないという、このことを宣言することによって、様々な法律の解釈の指針も、また我々は指針を与えることになると思っています。そういう合わせ技を含めて、行政がこのヘイトスピーチに対して抑止力を発揮できるものだと考えております。
○小川敏夫君　法律の提案者が、この法律ができたときに公安委員会が不許可にするかどうか、それは自分は知らない、公安委員会が決めることだと言われちゃ困るんですよ。法律の提案者ですから、この法律の効果はどこまで及ぶかということは大変重要なことです。
　今日は、熊本での大地震ということで、公安委員長が防災担当大臣として、本来ならこの席に来て答弁していただくところを出席しないということ

になったわけでありますけれども、その公安委員長が先般言っておりました。ヘイトデモ、何で不許可にしないんだと、その質問に対して公安委員長はこういうふうに言っていました。不許可にする根拠の法律がないからしようがないんだと、これが公安委員長の答弁でした。ですから私は聞いているわけです。公安委員長は、不許可にする根拠となる法律がないから不許可にできないんだと。だったら、不許可にできるその根拠となる法律を作ればいいじゃないかという議論になるわけですけれども、この法律はそういう根拠には全くならない法律だと私は思います。
　であるならば、元々国民の多くの声を無視して、世論からどんなに批判受けても堂々と法律に違反しないからといってヘイトデモを繰り返している、この人たちが更にこの法律が通った後もヘイトデモを繰り返すときに何の規制もできない、何の効果も法的には及ばないですねと私は聞いているわけです。
○矢倉克夫君　まず、そもそも不許可にするにしても、表現内容を理由にして不許可にするということは、これは憲法上許されないということは改めて申すまでもないことだと思います。
　仮に不許可にするとしたらどういう場合かというと、時とか場所とか時間とかそういう外形的なところを判断の材料としてやると。その判断、これはいろんな法律の文脈もあるかと思います。今、西田発議者からもお話もあった。その判断をする際に、このヘイトデモの時、場所等の判断をする際にこれが禁止されるべきものかどうかということを判断するしんしゃく材料として、この理念法が、許されないものであると言うところが、どのような態様のものが許されないかというところの判断に当然しんしゃくされる部分はあるかと思います。ただ、これがあるからこれだけを根拠にして禁止する、表現内容を根拠にして禁止するということはあってはならないというふうに思っております。
○小川敏夫君　この法案に対して本当に多くの質問するべき事項がございます。だけど、今日は一点のことしか議論できませんでした。大変残念ですけれども、また改めて機会があると思いますので、そのときに質問させていただきます。
　今日は終わります。
○有田芳生君　民進党・新緑風会の有田芳生です。
　まず、お二人に端的にお聞きをします。
　4月8日にこの法案が提出されて以降、当事者である民団あるいは長くこの問題に携わってきた外国人人権法連絡会あるいはヒューマンライツ・ナウなど、少なくとも10の団体が与党案についてのコメントを出しておられます。評価をしつつも、実効性がないのではないかというような指摘がありますが、

その様々な団体のコメント、お読みになりましたでしょうか。そしてまた、そこに何が書かれていたか、どのように理解されているのかをまずお二人からお聞きをします。

○西田昌司君 そういうような意見が表明されているということは大まか知っておりますけれども、個別的な話は、つぶさに見ておりませんので、承知しておりません。

○矢倉克夫君 私も、直接民団の方等と話をされた方からいろいろ話も聞いたり、私も聞いたりはしております。ただ、どういうような文書があるかとかそういうのは詳細は把握はしておりません。

○有田芳生君 事務所に送られていると思いますので、是非お読みをください。

さらに一方で、これまでずっとヘイトスピーチを続けてきた、例えばアドルフ・ヒトラー生誕125周年を祝うそういう日本版ネオナチなどは与党案に対して大歓迎であると、お墨付きをもらったというふうにコメントを出しておりますが、御存じですか。お二人、お答えください。

○西田昌司君 それも有田委員から教えていただきまして、そういうことがあるのは知っておりますけれども、つぶさには詳細は知りません。

○矢倉克夫君 私も詳細には知りません。ただ、お墨付きをあげた法案では絶対ありません。

○有田芳生君 御自身が積極的に出された法案ですから、様々な関係団体及び一方のヘイトスピーチを繰り返し今でもやっている人たちのコメントを是非お読みになっていただきたいというふうにお願いしたいというふうに思います。

おととい、岡山市内でも、在特会の前会長が来て、ヘイトスピーチのデモと集会、街宣が行われました。江田五月議員と私もそこに抗議のために参加をしましたけれども、彼らは端的にこう言っておりました、自分たちは適法にデモと集会を申請してやっているんだと。言っていることはもうヘイトスピーチのオンパレードですよ。

じゃ、そういうものを本当に制限できるようなものになるのかということを与野党一致してこれから充実したものにしていかなければならないと思いますが、日本版ネオナチと私はあえて言いますけれども、ナチスそれからアドルフ・ヒトラーを今でも称賛している人物は、与党案に対してこう語っております。この定義の中に、つまり与党案の定義の中に適法に居住するものの文言が盛られたことは大きい、なぜならば、このように決まった以上、適法に居住していない外国人に対しての言動はヘイトスピーチに当たらないことになります。もう少し紹介します。我々は、これまでイラン人追放やカルデロン一家のフィリピン送還を訴えてきましたが、そのような活動はこの与党案ではヘイトになりません。

あるいは、別の常習的なヘイトスピーカーがこう言っております。在留資格を有さない不法滞在外国人であれば、子供であろうと老人であろうと、日本からの排除を主張し又は扇動しても決して差別、ヘイトには該当しないというお墨付きだと、そのように書いております。

あるいは、別の差別の扇動を今でもやっている人物。我々レイシストにとって一番良い状態ができ上がる、やりたい放題である、笑い。その後とんでもないことを言っています。在日シナ・チョンは首つって死ね。あるいは、公明党の有力な議員がこの法案についてツイッターで書き込んだその下にこういう文言を書いておりますが、どのように思われますか。

○西田昌司君 今おっしゃったような発言は、私、聞くだに本当に吐き気がするほど恥じるべき言動だと思っております。もちろん、ですから、この法律の中で、いわゆる違法にオーバーステイされているとかそういう方々に対する、不法滞在だから、これヘイトスピーチをしても我々の言っていることは適法とされるというか認められるということには当然なりません。

これはもう全体の文脈で考えるべきものでありまして、この法律を元々作ったのは、立法事実として、いわゆる在日韓国・朝鮮人の方々、その方々に対する不当な差別的な言動があったということから作っておりますけれども、しかし、だからといって、その方々以外の方に何を言ってもいいかとか、そんなことには当然ならないわけでありまして、一番大事なのは、ここで言っているのは、理念法でやっているわけですよ。理念法でやっているというのは禁止規定もなければ何もないじゃないかとおっしゃるけれども、しかし、逆に言うと、そういう理念を掲げているからこそ、我々はそういうヘイトスピーチは不法滞在者に対してやっていいんだという形で限定されてこない、むしろ、もっともっとそういう理念を生かして、教育も啓発もそうだし、行政が様々な判断するときの指針として扱ってくれるものと考えております。

○有田芳生君 今、西田委員は、在日韓国・朝鮮人の方々に対する差別扇動、ヘイトスピーチをなくすための法案だとおっしゃいましたけれども、この2008年以降、例えば在特会が日本で行ってきたヘイトスピーチの実態というのは、在日コリアンの方々だけではなくて、一番目立った時点は2008年に埼玉県蕨市で行われたフィリピン人一家に対する追放デモなんですよ。在日コリアンだけではなくてフィリピン人、中国人、あるいはアイヌ民族などに、様々なヘイトスピーチが吹き荒れてきたという

のが現実なんですよね。

これだと、在特会が行ったフィリピン人一家追放デモというのは不当な差別的扇動に当たらなくなってしまうんではないですか。先ほどヒトラー、ナチス礼賛者が言っていたように、不法と付ければ差別してよいというお墨付きを与えられるんだと、むしろ差別の扇動を推進してしまうことになりませんか。

○西田昌司君 これは、特定の人に対してそういうことをすると当然別の法律で罰せられることになってきますよね、いわゆる名誉毀損なり侮蔑的なことをやってきたりすると。ですから、そうじゃなくて、もう少し大きなくくりでこの法律はヘイトスピーチを規制するためにやっているわけです。

いずれにしましても、私たちは、有田理事がおっしゃいますように、そういうことを本当に、ヘイトをするのが楽しみのようにやっている人間がいるんですよね。これ許されるべきものじゃありません、本当に恥ずべき行為でありますけれども。しかし、それを強制力を持って法律で排除するということが、なかなか現実問題、この憲法の保障している基本的人権を考えるとできないわけですよ。

じゃ、我々が何ができるかというと、立法府の中でこの議論をして、そういうやっている人間というのが、本当に恥ずべき行為であって、そしてまた一般の社会の中からも当然認められるものではないと、そういうことを我々がお墨付きを与えることによって、彼ら自身が言動に自ら恥じ入る行為はしないように持っていくということ以外なかなか、その表現内容、言っていることで直ちにそれで取り締まって禁止をしてという形にはなれないと、むしろ逆さまの、それが、そういう規定があれば違うことに使われてしまう。

これは、民進党、旧民主党が出された人種差別撤廃法に対して参考人質疑をさせていただきましたけれども、そのときに参考人の方々が指摘されていたということを皆さん方も覚えておられると思いますけれども、予期せぬ、本来ヘイトをやめさせようと思ったその禁止規定行為が逆にほかに使われてしまって公権力の暴走につながってしまうと、それを我々、一番警戒しなければならないと思っております。同時に、その枠の中でいかにしてヘイトを止めるかと。

ですから、これは、まずこの法律を作って、そして国が宣言することによって国民のモラルを高めていくという、そういう方法で我々はヘイトを抑え込んでいきたいと思っております。

○有田芳生君 第２条、定義のところにある適法に居住するというところなんですけれども、もう一度具体的にお聞きをしますけれども、在日コリアンに対する差別的表現の本質というのは、国籍ではなくて民族的出身に基づく排除であるというのは京都朝鮮第一初級学校襲撃事件の最高裁判決でも明らかなことですけれども、それは何度も強調をされておりますね。ましてや、在留資格というのは無関係じゃないですか。

○西田昌司君 在留資格無関係というのは、つまり、私が言っているのは、適法に居住している人は当然ここで、日本の国に居住する権利があるわけでございます。しかし、適法でない方は、これは国の法律によって本国に送還されてしまうという形になるわけであります。ですから、法律がしっかり機能していますと、当然不法な方はおられない形になってくるわけなんですね。

今現在またやっているのも、現実問題起こっている立法事実としては、適法に住んでおられる在日コリアンの方々がそういうヘイトスピーチの被害を受けておられると。ですから、そういう立法事実に鑑みこの法律を作っているわけでありまして、もとより、だからといって、先ほどから言っていますように、適法に住んでいない方々にヘイトスピーチをやってもいいという、そういうことを言っているわけではもちろんございません。

○有田芳生君 先ほどの仁比委員への答弁だったと思いますけれども、難民認定申請中の方はそれは当たらないというお話でしたけれども、それは法務省は知っているけれどもヘイトスピーチをやる連中は知らないわけですから、これまでどおり排除のデモをやるということを、それを止めることはできないというふうに思います。

もう一点、人種差別撤廃委員会の一般的勧告の30第７項にはこう書かれております。人種差別に対する立法上の保障が、次です、出入国管理法令上の地位に関わりなく市民でない者に適用されることを確保すること、及び立法の実施が市民でない者に差別的な効果を持つことがないよう確保すること。

与党案ではそれに反することになりますので、人種差別撤廃条約の違反だと、そういう国際的な指摘がなされる可能性があると思いますが、いかがですか。

○矢倉克夫君 まず、与党案がというか、人種差別撤廃条約上の義務というのは、もう既に現行法で担保されているという理解であります。そもそも一般的勧告ですので、これは特定人、特定国に対しての勧告ではないという理解でありますが、どの部分を指していらっしゃるのかはちょっと定かではないんですが、今回の法律がこれに違反するというような認識には立っておりません。

○有田芳生君 そういう認識に立ってもらわなければ困ります。

もう一点最後に、時間が来ましたので、アイヌ民

族に対するヘイトスピーチです。
　2014年からずっと続いております。2014年8月11日、アイヌ民族、今はもういない、2014年8月22日、アイヌ利権がある、2014年の11月8日には銀座でアイヌをターゲットにしたヘイトスピーチデモが行われました。そういう事態が現実にあるわけですから、これはもうアイヌ民族へのヘイトスピーチについては立法事実があるんですよね。ところが、与党案では外国籍者あるいは外国の出身者が不当な差別的言動の対象になっておりますけれども、アイヌ民族については除外されている。
　やはり、人種差別撤廃条約の定義に基づいて民族というものを外してはならないのではないかというのがこのヘイトスピーチ問題の核心的部分だと思いますが、いかがでしょうか。
○西田昌司君　我々側としましては、今目の前で行われてきたこの在日コリアンの方々に対するヘイトスピーチをいかにして食い止めるかという、そこを立法事実としてこの法律を作ってきたわけでございます。
　もとよりアイヌの方に対する差別が、またヘイトが許されるものではありません。しかし、そこはこの法律を議論していく中で、いわゆる行政のこの法律の運用面含めて、この国会の議論の中で、アイヌの方々も含めヘイト許されないということは運用面で、運用面と申しましょうか、要するにこれ理念法でございますから、宣言することによって可能ではないかと思っております。附帯決議始め、そこにも当然含まれるんだと、そういう御意見は是非先生方からお寄せいただいて、実りある立法にさせていきたいと思っております。
○有田芳生君　時間が来たので終わりますけれども、小川委員からも多くの質問、残したままになっております。今、西田委員からも、この法案を審議する過程でとおっしゃいましたので、是非とも今日で終わりにすることなく、与党案をより良いものに変えていき、日本からヘイトスピーチをなくしていく、その大きな力にしていきたいという思いを表明して、質問を終わります。
○三宅伸吾君　おはようございます。自由民主党の三宅伸吾でございます。質問の機会をいただきまして、ありがとうございます。
　質問の少し順番を変えまして、今ずっと議論になっておりますこの定義と申しますか、この法律は第1条に目的書いてありまして、本邦外出身者に対する不当な差別的言動の解消に向けた取組について、基本理念を定め、及び国等の責務を明らかにするとともに、基本的施策を定め、これを推進することを目的とすると、こういうふうに書いております。
　この法律の肝は、もう何度も議論になっておりますけれども、「本邦外出身者に対する不当な差別的言動」、これがキーワードでございます。法案のタイトルを含めまして法文全部で14回この言葉が出てまいります。この「本邦外出身者に対する不当な差別的言動」が何かということが一番大事なことでございまして、これは皆さんも御案内のように、第2条にこの定義の規定がございます。
　ただ、この定義規定、じっくり読みませんとなかなか難しいのではなかろうかと思います。もう何度も読み上げられておりますけれども、ちょっともう一度読みますけれども、第2条、「この法律において「本邦外出身者に対する不当な差別的言動」とは、専ら本邦の域外にある国若しくは地域の出身である者又はその子孫であって適法に居住するもの（以下この条において「本邦外出身者」という。）に対する差別的意識を助長し又は誘発する目的で公然とその生命、身体、自由、名誉又は財産に危害を加える旨を告知するなど、本邦の域外にある国又は地域の出身であることを理由として、本邦外出身者を地域社会から排除することを煽動する不当な差別的言動をいう。」と、このように第2条書いてございます。
　この第2条の肝は、私二つあると思いまして、まず第一は、第2条で言うと4行目でございますか、「本邦の域外にある国又は地域の出身であることを理由として、」、これが第一の要件ではなかろうかと思います。そして、第二の要件が次の「本邦外出身者を地域社会から排除することを煽動する不当な差別的言動」と、こういうふうに書いてございます。
　じゃ、この第2条の最初の方に書いてあるものはこれ何だということでございます。最初の方には、専らから始まりまして、いろいろ書いてありますが、最後に、名誉又は財産に危害を加える旨を告知するなどと書いてございます。これは、典型例をここに示して、これを中核として、その中核の行為を含んで、本邦の域外にある国又は地域の出身であることを理由として、本邦外出身者を地域社会から排除することを煽動する不当な差別的言動と、こういうふうに私は読むんであろうと思うんですけれども、発議者の矢倉さん、いかがですか。
○矢倉克夫君　ありがとうございます。
　今、三宅理事から、これ典型例だというふうにお話もありました。まさに理念法として、我々が理念として掲げているのは、あのような不当な差別的言論があることで地域社会、共生社会を分断する、そして暴力を誘発するような社会があってはいけないと、まさにそういうようなものをなくしていこうというところであります。でありますので、概念として広く逆に捉えることもできる。これが、先ほど来からの話ですと、禁止規定とかですと、公権力がどこまで介入できるかということをきっちり決めなけ

ればいけないので、逆に言うと反対解釈というようなことも余地が出てくる。それ以外のところは公権力が介入していいんだというような反対解釈があるわけですけど、そのようなことはこのような法案ではないと。

今おっしゃったような形で、理念の下で、我々としては、まず大きなくくりとして、本邦の域外にある国又は地域の出身者であることを理由とした本邦外出身者を地域社会から排除することを扇動する不当な差別的言動ということを挙げました。それを表す典型例として、今申し上げたような話も申し上げたわけであります。

でありますので、じゃ、ここに公然と書いているから、それ以外のものが全く差別的言動をしていいものかというような解釈があるわけではなく、当然、文脈上、我々が理念として掲げている社会、それを侵害するような言動であればそれは許されないという方向の解釈になるかと思います。

具体例ということでありますが、例えば公然でないということでありますので、その公然でないような状況での言論ということになる。ただ、その前後の文脈で、最終的に地域社会の分断となるような言論であればそれは対象になるという方向に行き着くというふうに理解しております。

○三宅伸吾君　私の次の質問までお答えいただきまして、ありがとうございました。

私が次にお聞きしようとしたのは、この専らから告知するなど、これが典型例だと、要するにここにの部分は誰がどう考えてもけしからぬヘイトスピーチの表現行為だろうということを確認をさせていただいた上で、この典型例の中を読みますと公然という言葉があるものですから、じゃ、公然じゃないものはもう関係ないのかと。そうじゃないという可能性も典型例であるならば、例外として公然でない差別的言動もあるんではないかという御質問に対するお答えを今、矢倉発議者からいただいたというわけでございます。

じゃ、この関係でもう一点お聞きさせていただきます。この典型例の中に適法に居住するものという、適法にという言葉が入っております。先ほど来、西田委員が、違法に日本に入ってきた方はどうするんだということに対して、原則ということでお答えになったと理解をしております。

ただ、極めて例外的なことを私これから申し上げます。これは、専ら適法に居住するというこの概念のコアとして例示するわけでございますので、原則、適法に日本に住んでいる方に対するヘイトスピーチは良くありませんよというのはもう当然でございますし、それを前提に西田委員がお答えになったのもよく分かりますけれども、ちょっと重箱の隅

をつつくようなことを申し上げますけれども、この第２条をきちっきちっと重箱の隅をつつくような目で読みますと、適法に居住していないものを対象にしても、場合によっては不当な差別的言動にはならないんでしょうか。

○矢倉克夫君　適法でないものに対しての言動が不当な差別的言動になる、今申し上げたとおり、これはその文脈によって、ただ、ヘイトスピーチ、不当な、じゃ、適法にいない者に対してこのような非常に許されないような態様でやっていいかということを、お墨付きをあげているものでは当然ございませんで、それは全て文脈上によると。この定義というか、我々が理念としている、地域社会の分断とかそういうものを許されてはいけないという、そういうようなものに該当し得るものであればやはりそれは該当し得るし、ただ、正当な言論として、これはいろいろな言論はあると思いますし、政治的な表現として様々な意見もありますので、そういうようなものに該当するというような判断がなされればそれは当たらないということであると思います。

ただ、当然ですけれども、何度も言います。今、ヘイトスピーチをやっているような人たちがこれに反対解釈をして、そのような人たちに対してのヘイトスピーチを、これをお墨付きを与えたものだということは、これは一切当たらないというふうに改めてお伝えしたいと思います。

○三宅伸吾君　まさに今、矢倉委員がおっしゃったとおりだと思うんですね。ここに「専ら」と入れて典型例というふうに書いておけば、典型例以外のものも極めて例外的には差別的言動に当たると、こう読めるわけでございますので、禁止規定がないからといってお墨付きを与えているわけではないというふうに私は解釈をした次第でございます。

それで、ちょっと第３条でございますけれども、本法案は、いわゆるヘイトスピーチの解消を目指して新法の制定を目指す法律案であります。法律である以上、公権力に対して何らかの作為、不作為の行為規制をかけたり、国民等の権利と義務について新たな法的規範を創設したりするのが普通の法律案だろうと思うわけでございます。

この法案が成立すれば国民にとってどのような権利義務の変更があるのか、第３条を踏まえてお答えいただけないでしょうか。

○矢倉克夫君　ありがとうございます、三宅理事がおっしゃっていた、権利義務というふうにおっしゃっている念頭のものは、恐らく公権力等、一般的な概念でいえば、公権力等が国民の権利を、行為を抑止させるであるとか、そういうような部分の文脈であろうかと思います。そういう意味合いの上での権利義務というところであれば、これは変更はないとい

うふうに理解はできるところであります。
　他方で、この３条にのっとってという話ですが、３条は、先ほどから申し上げましたとおり、やはりヘイトスピーチというものがない社会を、これは許されないという価値判断をまず宣言した上で、そのようなものがない社会を国民がしっかりつくっていく、主体者となってしっかりとつくっていくという、これは宣言であります。既に先ほどもお話もしたところですけれども、国民の大多数の人はこのようなヘイトスピーチは許されないということをこれは理解はされているわけですが、これを更に一歩進めて、行動にもつながるような行為をしていってこれを根絶していこうという、それを一体としてつくっていこうというその宣言である。
　そういう意味での、このような社会をみんなでつくっていこうということを、方向性を国民の行為として定めたものとしては、義務という形よりも努力義務という形になるかもしれませんが、規定をさせていただいたということになります。
〇三宅伸吾君　次に、第４条から７条についてお聞きをしたいと思います。
　４条以下は国と地方公共団体について定めたものでありますけれども、国につきましては、第４条１項で、最後の文末のところですけれども、「措置を講ずる責務を有する。」と書いてございます。第５条を読みますと、「必要な体制を整備する」、第６条、第７条は、最後、「取組を行う」とあります。これは国に関する規定でございますけれども、一方で、地方公共団体については、第４条から７条の２項全ての文末が「努めるものとする。」と、こういうふうに書いてありまして、大分ニュアンスが違う書き方をしております。
　国に対する法律の要請対象と地方公共団体に対する法律の書きぶりと違う書きぶりをしてありますけれども、この国と地方公共団体の書きぶりの違いはどういう意図を持たれているのか、御説明いただけますでしょうか。
〇矢倉克夫君　国においては、例えば、法務省を中心に本邦外出身者に対する不当な差別的言動の解消に向けた様々な施策を実施する責務を有するということであります。とりわけ啓発活動でありますとか、これも理念としてこういうヘイトスピーチは許されないということを初めて国としてうたったわけであります。その方向性に従って、啓発活動とかその他の人権擁護施策等は、これ広く国民一般に向けられたものとして国が主体的にやる責務があるというところであります。
　他方で、地方公共団体等、その本邦外出身者の方が人口の中でどれくらい占めるかとか、もろもろな事情もあります。あと、こういう言動が行われている頻度等もある。そういった実情に応じて、その解消に向けた取組に関して施策を講じるように努めたところであります。これは、要すれば、国と地方公共団体が果たすべき役割の違いを踏まえて書き分けを行ったというところであります。
　ただ、その上で、この前も視察に行って現場の方がおっしゃっていたのは、地方公共団体とかに話を持っていっても、やはり国が何かしら方向性を示していないから我々は何もできないんだというようなお声があったというところもあります。
　今回、このような形で理念法として、国の法律としてヘイトスピーチは許されないという姿勢をしっかり表したことは、今後、地域の住民の方が地方自治体に対して様々な施策を訴えるときの後押しをすることにはなるというふうに理解もしております。
〇三宅伸吾君　ありがとうございました。
　私は、この法案は、ヘイトスピーチに対する我が国、そして国民の取組を加速する貴重なリーガル・イノベーションの一歩だというふうに高く評価をしたいと思います。
　最後に、ヘイトスピーチをめぐって様々な裁判例等が過去もあったと思いますけれども、野党提案の法案も含めまして、一つの契機となった事件があったと思います。もう有田委員が何度もこの委員会で取り上げていらっしゃる京都での朝鮮人学校に対する示威活動に関する裁判例でございます。これ、学校関係者を原告として、在日特権を許さない市民の会などを被告とする損害賠償と街頭宣伝差止め請求事件が民事の分野で提起をされて、判決ももう確定しているところでございます。
　私がこの判決を読ませていただいて、またニュースも読んで一つだけ、余り話題になっていないことを一つ取り上げたいと思います。平成25年の京都地裁判決によりますと、朝鮮人学校に対する３回目の示威活動は実は仮処分の決定を無視してなされております。その仮処分の内容は、学校の北門中心点から半径200メートルの範囲内での示威活動はやるなという仮処分が出ておったんでございます。しかし、それを明白に認識した上で、無視してやっちゃえというような事実認定が判決に書いてあります。
　最高裁にお聞きしたいんでありますけれども、我が国では、裁判所の命令を無視しても、その命令無視それゆえをもって身体拘束をされたり罰金を科す制度がないと私は理解をいたしております。一定の金銭を支払わせる民事執行法の間接強制というのはありますけれども、これは後日の損害賠償の保証的な制度だと理解をしております。
　英米法では法廷侮辱罪をもって裁判所の権威を守り、司法判断を維持していると。日本は英米法体系とは違いますので、まあ英米の話かなと思っており

ましたけれども、実は大陸法のドイツにも同じような制度がございます。若干アメリカとは違いますけれども、罰金刑、身体拘束も可能でございます。それから、中国においてもドイツに似た制度があるというふうに聞いております。
　そこで、最高裁判所にお聞きいたします。
　仮処分命令が無視される状況は過去どのぐらいあるのでございましょうか。例えば、私が知っているだけでも、日教組とあるホテルの会場を使う使わないという問題がございまして、あのときも仮処分命令を無視して使わせなかったということがございました。その司法判断の無視される事案ということは、司法の権威を軽んじているというか、ちょっと言葉は下品でございますけれども、裁判所がというか、日本の司法権がなめられているんじゃないかというふうにも受け取れるわけでございます。
　その仮処分命令が無視される状況の程度と、それから、こうしたことが起きていることについてどのように最高裁として受け止めていらっしゃるか、御所見をお聞きいたします。
○最高裁判所長官代理者（菅野雅之君）　お答え申し上げます。
　裁判所の仮処分命令に違反する事例につきましては統計がございませんので把握しておりませんが、委員御指摘のとおり、公刊物に登載されている裁判例の中に仮処分命令違反があったことがうかがわれるものがあることは十分承知しているところでございます。
　一般論といたしますと、裁判所の仮処分命令の効力が生じている以上はこれが遵守されるべきことは当然であり、仮処分命令に違反する事例が存在することにつきましては誠に遺憾であると申し上げるほかないところでございます。
○三宅伸吾君　遺憾でなかったら困るわけでございます。遺憾であるだけでとどまって、果たして司法改革をしようとずっと20年近くやってきたこの日本国政府はこれでいいのかと思っているのかどうか、ちょっとお聞きしたいと思うのでございます。
　ちょっと法務省にお聞きいたしますけれども、法廷等の秩序維持に関する法律というのが既にあるんでございますけれども、この法廷外での不作為等を内容とする仮処分決定とか差止め判決を無視する行為は本法の対象にならないということをまずちょっと確認をさせていただいた上で、対象外であるなら、先ほど最高裁の方から遺憾であるという御発言がございましたけれども、遺憾である状態がずっと続いているわけでございますけれども、司法の権威を守る何らかの法制度整備の必要性について法務省としてどう考えているか、お聞かせいただけますか。
○政府参考人（萩本修君）　御紹介のありました法

廷等の秩序維持に関する法律、この規定に沿って御説明しますと、この法律は、第1条で、民主社会における法の権威を確保するため、法廷等の秩序を維持し、裁判の威信を保持することを目的としておりまして、第2条で、裁判所又は裁判官が法廷又は法廷外で事件につき審判その他の手続をするに際し、その面前その他直接に知ることができる場所で、秩序を維持するため裁判所等が命じた事項を行わず若しくはとった措置に従わない行為又は不穏当な言動で裁判所等の職務の執行を妨害し若しくは裁判の威信を著しく害する行為を制裁の対象としているものでございますので、委員御指摘のような裁判所の仮処分決定に従わない、無視することにつきましては、この法律の制裁の対象に当たらないというように考えております。
　御指摘のとおり、司法の権威を守るという観点からは、これも御紹介がありましたが、英米法における法廷侮辱、裁判所侮辱のこの思想を参考に、我が国でも裁判所の仮処分決定や判決に当事者が従わない場合に制裁を科す制度を導入すべきという意見が、意見といいますか見解があることは承知しております。
　もっとも、我が国の民事裁判手続におきましては、一方当事者が裁判所の仮処分決定や判決に従わない場合に、裁判の実効性を確保をする方策としましては、その相手方当事者の判断により仮処分決定や判決に基づく執行手続を取ること、別途損害賠償請求訴訟等を提起することなどが予定されているところでございます。
　このような法体系の下で、司法の権威を守ることを目的として裁判結果に従わないことにつき制裁を科す制度を導入することにつきましては、制裁までの必要があるかどうか、司法の権威を制裁によって保持することが手段として適切、妥当か、司法の権威は国民の理解と信頼に支えられるべきではないか、そういった種々の観点から慎重に検討を要するものと考えております。
○三宅伸吾君　ありがとうございました。
　ヘイトスピーチの対策関連法を含めても、その法律を作りました。しかし、最後一番大事なのは、その運用、それから執行、最後は司法救済でございますけれども、その司法救済の司法判断が無視されるようなことではそもそも良くないのではないかということでございます。
　今おっしゃいましたその民事分野の日本の法体系の過去のいろいろ積み上げはあるというのはよく分かりますけれども、そんなことを言っておりましたら裁判員制度はできなかったということになりますし、ロースクールもできなかったということになります。それから、可視化法案もできなかった。それ

から、様々な司法改革、20年間のこの議論の前と後とは、私は世界が本来であれば違うべきではなかろうかと思っております。

裁判所の権威をいかにして守るか。ちょっと言い過ぎかもしれませんけれども、2割司法とか日本社会の日陰、片隅で、司法はそれでいいんだと、余り出しゃばるなという世界であれば、私は、今法務省の方がおっしゃったような、これまでの体系の上でやっておればよかったということかもしれませんけれども、少しずつ世界が変わってきているように思いますので、また機会を見てこの点は議論をさせていただきたいと思います。

今日はありがとうございました。

(4) 第190回国会参議院法務委員会会議録第10号(抄)(平成28年4月26日)

○委員長(魚住裕一郎君) ただいまから法務委員会を再開いたします。

政府参考人の出席要求に関する件についてお諮りいたします。

本邦外出身者に対する不当な差別的言動の解消に向けた取組の推進に関する法律案の審査のため、本日の委員会に、理事会協議のとおり、法務省人権擁護局長岡村和美さん外3名を政府参考人として出席を求め、その説明を聴取することに御異議ございませんか。

〔「異議なし」と呼ぶ者あり〕

○委員長(魚住裕一郎君) 御異議ないと認め、さよう決定いたします。

○委員長(魚住裕一郎君) 本邦外出身者に対する不当な差別的言動の解消に向けた取組の推進に関する法律案を議題とし、質疑を行います。

質疑のある方は順次御発言願います。

○小川敏夫君 民進党・新緑風会の小川敏夫でございます。

まず、公安委員長にお尋ねいたします。

先般の質疑の中で、ヘイトスピーチを規制できないか、あるいはヘイトスピーチを公然と行うヘイトデモをこれを不許可にできないかというような趣旨の議論がある中で、公安委員長は、そのデモを不許可にする、それは根拠となる法律がないからできないんだと、このような趣旨の御発言をいただいたというふうに思いますが、その趣旨についてもう一度改めて御説明いただけますでしょうか。

○国務大臣(河野太郎君) 公安条例というものがございますが、過去、最高裁判所がこの公安条例の合憲性を認めるに当たって、許可することが義務付けられており、不許可の場合が厳格に制限されているので、この許可制は実質において届出制と異なることがないというふうに判示しております。

そういうことを考えますと、表現しようとしている主張の内容においてこのデモを不許可にすることはなかなかできないのではないかというふうに承知をしております。

○小川敏夫君 その表現の内容においてということでありますが、その表現する行為が具体的に違法であるという行為であるということであれば、いかがでございましょうか。

○国務大臣(河野太郎君) 名誉毀損ですとか侮辱罪に当たるような違法行為があれば、これは警察として法と証拠に基づいて厳格に対応いたしてまいりたいと思います。

○小川敏夫君 違法行為であればという答弁を貴重に受け止めさせていただきますが、そうすると、例えば今審議しているこの法案は、ヘイトスピーチ等に対して努力義務でしないようにと、あるいはなくすように努めなさいということでございます。違法という評価がなくて、単に国民に努力を課したというだけの法律では、やはりそうしたデモの不許可にするという根拠にはなり得ないと、私はそういうふうに理解するんですが、そういうことでよろしいでしょうか。

○国務大臣(河野太郎君) 同じように、表現しようとしている主張の内容だけによって不許可にすることはできないというふうに思います。

○小川敏夫君 公安委員長はこれで御退席いただいて結構でございます。

○委員長(魚住裕一郎君) じゃ、御退席いただいて結構でございます。

○小川敏夫君 外務省の副大臣にお越しいただきました。

ヨーロッパ、特に例とすればドイツとフランスにおきましてヘイトスピーチを犯罪として処罰する法整備を行っておられるようでございますが、その状況について御説明いただけますでしょうか。

○副大臣(武藤容治君) 他国の法律について、各国はそれぞれ固有の歴史的な体験を背景に憲法を始めとする法制度、法体系を有しております。このため、必ずしもその制度の詳細について把握できているものではございません。

その前提で申し上げさせていただきますが、外務省において把握している範囲では、ヘイトスピーチという用語は用いられておりませんが、これに当たると思われる行為について、先生おっしゃられたドイツ、フランスのいずれにおいても罰則規定が設けられていることと承知しております。

具体的には、ドイツでは刑法において、国籍、民

族、宗教又は人種的起源によって特定される集団等に対しまして、特定の集団や個人等に属していることを理由に憎悪をかき立てるような行為に対し三か月以上五年以下の自由刑、いわゆる直訳でございますが、いわゆる拘禁刑に当たるものと思いますけれども、設けられていることと承知しております。

　また、フランスにおいては、刑法及び出版の自由に関する法律において、出自、特定の民族、国籍、人種、宗教への帰属等を理由とする差別、憎悪又は暴力の扇動に対して一年の拘禁刑又は罰金刑が設けられているものと承知しております。

○小川敏夫君　ありがとうございます。
　外務副大臣はこれで退席していただいて結構でございます。

○委員長（魚住裕一郎君）　どうぞ。

○小川敏夫君　さて、本法案の内容でございますが、それにちょっと先立ちまして、じゃ、法務大臣から、今、法務省としてはヘイトスピーチを許さないということで取り組んでいらっしゃいますが、その取り組んでいる、許さないというヘイトスピーチ、これを法務省としてはどのようなものがヘイトスピーチと考えているでしょうか。

○国務大臣（岩城光英君）　お答えいたします。
　ヘイトスピーチの定義は必ずしも確立したものではございませんが、昨年度、法務省が公益財団法人人権教育啓発推進センターに委託して実施した調査におきましては、一般的にヘイトスピーチと指摘されることの多い内容として、一つに、特定の民族や国籍に属する集団を一律に排斥するもの、二つに、特定の民族や国籍に属する集団の生命、身体等に危害を加えるもの、三つに、特定の民族や国籍に属する集団を蔑称で呼ぶなどして殊更に誹謗中傷するものという三つの類型があることを念頭に調査を実施されております。

　ヘイトスピーチの対象とされている方々などに御協力いただきました聞き取り調査におきましても、多くの方々がヘイトスピーチと聞いてイメージするものとしてこれらの内容を中心に挙げられていたものと承知をしております。

○小川敏夫君　それで、提案者にお尋ねしますが、この法案の第二条で、いわゆるヘイトスピーチの定義、本邦外出身者に対する不当な差別的言動というものについて定義してございますが、どうも今法務省が説明された、今現に法務省がヘイトスピーチの対象として取り扱っているそうした類型の行為よりもかなり狭いように感じるんですが、これはいかがでしょうか。

○西田昌司君　我々が挙げましたのは一つの例示でありまして、それ以外も、「など、」という言葉にありますように、その周辺のいろんな、著しく侮蔑するなど、様々なことがその中に入ってくると思います。例示のこの中に外れているからといってヘイトスピーチを我々は認めるものでもありませんし、それ以外のところのことを我々は認めるものでもないと。

　ですから、要はこれ理念法でありますから、具体的なこういう例示を挙げまして、こういうことに関連するようないわゆるヘイトスピーチはやるべきでないということを宣言して、そして国民と一緒にそういう差別のない社会をつくっていこうということを目指すものであります。御理解いただきたいと思います。

○小川敏夫君　この条文からは侮蔑的な表現というのはどうもヘイトスピーチに入るとはちょっと読めないんですがね。

　ちょっとこの条文に沿ってお尋ねしますが、この「差別的意識を助長し又は誘発する目的で」と、まあそこまではいいとして、その後、「公然と」、そこまでいいとして、その後ですね、「その生命、身体、自由、名誉又は財産に危害を加える旨を告知するなど、本邦の域外にある国又は地域の出身であることを理由として、本邦外出身者を地域社会から排除することを煽動する不当な差別的言動をいう。」というふうに書いてあります。

　まず、そうすると、この書き方は、生命、身体、自由、名誉又は財産に危害を加えるというだけじゃ足らなくて、そういう危害を加える旨などを告知するなどして、かつ地域社会から排除することを扇動するというこの二つの要件が両方とも満たされたときに初めてこの二条の定義に当たると、こういう文章だと思うんですが、いかがですか。

○西田昌司君　まず皆さん方に御理解いただきたいのは、この法律の目的はあくまで理念法であります。そして、そのためにわざわざ禁止規定を書いていない。それはなぜかというと、そういう禁止規定で書いた場合には、今、小川委員が御指摘なさったように、その定義から外れた場合、それは禁止されていないのじゃないか、そしてそういうヘイトスピーチは逆に言えばお墨付きになるんじゃないか、そういう解釈も生まれ得るわけであります。

　しかし、我々は、これを禁止規定を設けずに宣言をして理念法という形にしたために、その周辺も含めて当然にこれはヘイトスピーチというものに全体の文脈から認められると。ですから、一言一句で、この言葉言ったらいいとかこの言葉は使わなければヘイトスピーチにならないとか、そういうことを私もインターネット上で言っている人を見たことあるんですけれども、それは大きな思い違いであります。

　そうじゃなくて、これは総合的な文脈の中で解釈するものでありますし、そして、これは理念法であ

るからこそ、そういった解釈で、国民全体にいわゆるヘイトをやめようじゃないかと、そういうことは恥ずべき行為なんだということを呼びかけることができるわけで、余り細かい、これとこれが重なったらこうじゃないかというような私は解釈は我々も提案者としてするつもりもありませんし、そうすべきではないと思っております。
○小川敏夫君 いやいや、そう解釈すべきじゃないし、そうすべきじゃないというんだったら、そう解釈できないような法律にすればいいんでね。
　例えば、法務省は言っていましたよね、排斥、危害、誹謗という三つの類型と言ったわけですよ。三つの条件が重なったらヘイトとは言っていないんで、三つの類型があると言っているわけです。
　この第２条の書き方はこの類型になっていないんですよ。だから、文章は、さっきも言ったけど、危害を加える旨を告知するなどというだけじゃヘイトに当たるんじゃなくて、さらに本邦外出身者を地域社会から排除することを扇動すると。だから、危害を加えるという告知するということと地域社会から排除するということが、二つこの要件を満たしたときに初めてヘイトになるという、そういう日本語の文章なんですよ。これ、理念法だからいいんだとか禁止法だからという話じゃなくて、やっぱり法律ですから、法律は文章によって決まるんでね。
　今、西田委員が当然おっしゃられたように、法律で規定すると、ここでは、いわゆる不当な差別的言動とは、つまり国民がそういうことは許されないからしないように努めましょうというふうに努力義務を課した行為というのはこういう行為だというふうに規定すれば、そこに規定された以外の行為は別に法律は何も触れていないんで、逆に言えば許されるという反対解釈ができる余地があるわけですよ。ですから私は聞いているわけで、こういう書き方ですと、いわゆるヘイトスピーチの定義を非常に厳しく限定しているものですから、厳しく限定した分、例えば法務省が今普通にヘイトスピーチとして扱っているものも実はヘイトスピーチでないと、そういう扱いに読めるという条文になるから私は聞いているわけですよ。
　じゃ、どうぞ。
○矢倉克夫君 こちらの２条の読み方ですが、こちらは定義として、そのまさに定義の部分は、この「本邦の域外にある国又は地域の出身であることを理由として、」以下がこちら定義でありまして、「など、」より以前はこれは典型例というふうな位置付けでございます。というのも、今、法務省の方も実態調査などもいたしました。いろんなヘイトスピーチの内容なども調査して、今、三分類という形であったわけですが、とりわけ多かったのが、排斥をするようとやはり危害を告知する言動というのが多かった、そのような事情も踏まえて典型例としてはこちらを挙げているわけであります。
　ただ、西田発議者からもありましたとおり、こちらは、当然ですが、この理念法で理念として、もうこのような排斥することを扇動する言動というのはこれは許されないということを理念として訴えた、それに文脈上該当するようなものはこれは広く捉えるということが、理念法であるが以上のこの立て付けになっております。
　他方で、禁止規定等の、逆に反対解釈という話があったんですが、禁止規定、あらゆる人に義務が及ぶというような規定にすると、これは公権力がそれぞれの行為に介入をすることになって、どこまでがいけない言動かということをこれ明確にしなきゃいけない、そういうようなときになったときに初めてそれに対しての反対解釈という議論があるわけですが、理念法という立ち位置を取る以上は、反対解釈ということは法解釈としてはもうないという理解で発議をいたしております。
○小川敏夫君 例えば、この文章の結論は、いいですか、いろいろ告知するなど云々、理由としてとあるけれども、それで、「本邦外出身者を地域社会から排除することを煽動する不当な差別的言動をいう。」というふうに、これが結論ですよね。ここに、などは入っていませんよね。
　そうすると、本邦外出身者を地域社会から排除することを扇動するというのがこれ結論的な要件じゃないですか。などが入っていないから、例えば地域社会から排除するということを言わないで、ただ単に侮蔑するような言葉は要件に入らないと思うんですが、どう読んでも入らないと思いますよ。どうでしょう。
○矢倉克夫君 その地域社会から排除するという言葉、それはまた、更に言えば、その人の、相手の存在を否定しているというような部分もある。その表現の対応いかんも全て含めて文脈上捉えるわけですが、根底にある部分は、その目の前の人の人格を排除して、そこの地域社会に存在するに値しないんだというような意図も当然入ってくるわけであります。そういうものと併せて、扇動の対応等も踏まえて、当然該当し得る表現であるというふうに理解もいたしております。
○小川敏夫君 お気持ちは分かりますが、文章はそうなっていないので、法律ですから。
　例えば、細かい話を言いますと、地域社会から排除すると。じゃ、桜本から出ていけとか東京から出ていけという、地域社会から出ていけというのは分かるけど、日本から出ていけというのは、日本は地域社会ですか。

○西田昌司君　日本というのは社会であって、地域社会という、そういう小さなくくりではありませんが、当然日本から出ていけということは地域社会から出ていけということも含まれてきますので、当然それも入ってくると思うんです。

　それで、小川先生の方から個別にいろいろ御質問あるんですけれども、私元々、何度も言いますけれども、皆さん方がかつて、今も出されているいわゆる人種差別撤廃法、これは禁止規定でされているわけであります。しかし、禁止規定でされているけれども、実はその実、中身的にはこれは禁止規定だけど理念法なんだということも前回の国会で御答弁、御説明されているわけなんです。そういう意味でいうと、私は余りその中身的には大きな差はないと思うんです。

　しかしながら、問題は、禁止規定を作ってしまうと、先ほど、今、小川先生がおっしゃったように、明確にどれが、何が禁止の対象になるかという定義、そこが非常にはっきりさせなきゃならないわけです。しかし、我々が提案している方は禁止規定を設けずに理念法にとどめている。しかし、この理念法にとどめていることが、逆にいろんなそういう周辺のことも含めて、理念ですから、こういうことはすべきでないという話になってくる。

　ただ、これを禁止規定していない、それは、何度も言いますけれども、いわゆる憲法の保障する表現の自由ですよね、思想信条の自由、様々なそういう基本的人権の一番根幹に関わるところを公権力が規定したり制限したりするということは、逆に言うと、いつ、誰もが、逆のことで同じように公権力からそういう制限を受けることだってあり得るわけなんです。だから、そういうことを考えて我々はあえて理念法にして、そしてもっと広く、法律の運用によってこの法律の目指すものを一つの解釈指針にして様々なこの法律を使っていただく。

　先ほど河野委員長は、出られましたけれども、河野委員長もおっしゃっているのは、要するに、この法律ができたらしっかりとこの法律の理念にのっとって当然警察官にもそういう教育をしなければなりませんし、そうなってくると、様々な侮蔑罪とかそれから脅迫とか、そういう様々な法律の解釈をするに当たってもしっかりとそれを厳正に対応していくということになると、そのことを我々は期待しているわけであります。

○小川敏夫君　私は地域社会が日本に当たるのかと聞いただけなのに、何か延々と自分の法律を宣伝されていて、余りにもテーマが多過ぎて議論が困るんですけど。

　ただ、西田議員は、河野委員長が云々かんぬんでちょっと重要な点を言いましたですね。侮蔑罪、まあ多分侮辱罪の間違いだと思うんだけれども、侮辱とか名誉毀損とか、特定の人に対する行為であれば現行法で対応できるんですよ。で困っているのは、そうした特定人を相手にする行為ではなくて、まさに刑法の侮辱罪あるいは名誉毀損に当たらない、まさに今、不特定多数に不快感を与える、あるいは排外的な言葉を浴びせ付けるというような行動をして練り歩くというような行為、不特定多数に対するこうしたヘイトが何らの対応もできないから困っているわけで、そうした立法を考えているわけですから。だから、侮辱罪の云々かんぬん、それで警察は一生懸命やるといっても、全く議論がかみ合っていないんですよね。

　で、何か西田さんのお話しの長い長いお話の中で、何か私どもが出した案と今与党が出している案が大して変わらないというような御発言もありましたけれども、大して変わらないどころじゃなくてひどく変わるわけでありまして、先ほど公安委員長に確認しました。違法ということでなければ警察はデモの不許可もできないし、規制もできないということでありました。与党案のこの法律は、これ定義したいわゆるヘイトスピーチを違法とは宣言していないわけで、そうすると、この法律ができても、従来行われているこのヘイトデモ、これを不許可にする根拠には全くなり得ないし、それから今まで行われているヘイトスピーチが同じ形で繰り返されたとしても警察は何も規制ができない。

　そうすると、この法律で、前回も質問しました、この法律について努力をしようとする気もない人、あるいはこの法律に逆らって殊更やろうという人に対して何の効果も及ぼさないですねと私は聞いたわけですが、そういう結論になりますね。

　じゃ、聞き方を変えましょう。今行われているヘイトスピーチあるいはヘイトデモ、これをやめさせることができる法律なんですか。

○矢倉克夫君　やめさせることに寄与する法律であると思います。

　今、小川委員がおっしゃったとおり、まさに問題点は、これまで特定人に対してのこのような差別的言動については法は意識を明確にしていたわけであります、どういうものであるのか。ただ、不特定については何も言っていなかった。これを今回初めて、不特定に対しての侮蔑的な表現等であってもこれは許されないものであるということ、これをしっかりと宣言したわけであります。

　これがどのような役割をするかといえば、例えば騒音防止条例であるとか、様々な文脈で表現に対して規制をするとき、この規制の対象になるかどうかの価値判断にこれは当然影響してくる。いろんな既存の法律を解釈し、またその解釈が裁判で問題になっ

たときに、このような理念法があり、不特定多数に対してのこのような言動というのは許されないものであると国がしっかりと言及をしたということが必ず裁判の方で判断をされるという理由があります。こういうような部分を含めて、おっしゃられているような効果をしっかりと発揮していくというふうに理解をしております。

○小川敏夫君 今行われているヘイトスピーチ、ヘイトデモ、これを防止することに寄与するというお話でしたけど、どういうふうに寄与するのか全く具体性がない話でして、この法案ができても、施行されても、ヘイトデモ、何一つ変わらずに行われますよ。行われたとして、それを何もこの法律を根拠に規制することができないと。

ただ、提案者がおっしゃる趣旨は、この許されないという精神が様々なところで、行政なりなんなりで反映されるでありましょうから、そうした精神が広まればいいですねぐらいの話であって、ヘイトスピーチをやめようと思っていない人がヘイトスピーチをやる、ヘイトデモをやろうとしているわけですから、法律で規制されなければ構わないといってやっているわけですから、そういう人たちに対して何の法律効果も及ぼさないですね。

ですから、寄与するとか、風が吹けばおけ屋がもうかるみたいな話じゃなくて、この法律の効果として私は聞いているわけです。ヘイトデモが申請されたらデモを不許可にする根拠になり得るかどうか、あるいはヘイトスピーチが行われていたら、それを規制するということの根拠になり得るかどうか、その法律効果、これについてもう一言でお答えください。私の質問について何かえらく長々と答弁するんで、私の質問について一言で端的にお答えください。

○西田昌司君 なかなか一言で答えられるような質問をされていないんですね。

それで、先ほど私は、民進党が出されているのと変わらないというのは、その方向性の話なんです。それで、ちょっと思い出していただきたいんですが、平成27年の8月6日、参議院法務委員会、この本委員会で、これは仁比議員から質問があって、小川議員がこういうふうに答えられているんですね。

してはならないという差別的行為をしたということがあっても、この法律で、つまり皆さん方が出された法律で、直ちに刑罰を科するという構造にはなっておりません。また、刑罰を科さないというだけでなくて、この法律をもって直ちに何らかのそうした差別的行為が行われたことに対する行政的な措置がなされるという意味の規制があるという趣旨でもございません。これは、ですから、具体的な処分がなされるというのではなくて、あくまでも、してはならないという理念を定めて、その理念に基づいて、これからの国の施策あるいはこれからの立法や条例の制定におきまして、様々なそうした行政の分野、立法の分野におきまして、その理念を生かした形で行ってほしい、こういう意味で理念を定めた理念法でございますと答弁をされているのは小川委員であります。まさに我々が言っているのも同じことを言っているわけです。

そして、なぜここで、それじゃ禁止じゃなくて理念にしたかというと、もし禁止規定を置きましたときには、しっかりとした定義をしなければならない、違法それから合法の判断をしなければならない、その外れるところの問題、それが出てきますし、また、まさに違法行為があった場合にはそれを排除しないと、違法と国が定めていることを放置するのかという話が次出てまいりますね。ですから、そういう様々な立法上の問題が出てくることを踏まえて我々は理念法にしていると。

そして、この効果はあるのかないのかということを一言でおっしゃれというふうにおっしゃいましたけれども、先ほど申しましたように、理念法でも行政の判断に、そこに作用して防止ができるという、そういう趣旨の発言を小川委員がおっしゃったように、我々もこの理念法で一つ一つ対応していく、そのことを申し上げたいと思います。

○小川敏夫君 私の発言の趣旨は、様々な場面で、行政で、そうした趣旨が浸透して効果が及ぶでしょうということは言いました。それしかできないとは言っていません。今回の与党の法案はそれしかできないんです。だから全然違うでしょう。

要するに、最後に結論らしきものをお話しされたけど、また重ねて聞きます。あるいはもう分かっているのかもしれないけれども、この法律ができても今行われているような形のヘイトデモ、このデモをこの法律を根拠に不許可にすることはできない、それから、今現に行われているようなヘイトスピーチがまた公道上公然と行われても、警察はそれを規制することができないと。このことは、今、西田委員も首を縦に振っていらっしゃるから、そういう趣旨でよろしいわけですよね。

ただ、そのことについて端的に答えないで、またあれこれあれこれいろいろ言うから私の質問時間がなくなっちゃうわけで。ですから、一言で言ってくれればいいんですよ。今、私は聞いているんですよ、この法律ができても今行われているこの態様のヘイトデモ、これを不許可にすることの根拠法律にはならないし、そして、今行われているような態様の公然と行われているヘイトスピーチ、これを警察が規制することができないと。

ですから、そういう場面においては法的な効果は持たないですねと聞いているわけだから、はいか、

161

はいならもうその一言でいいんですよ。違うなら違うという理由を説明してください。
○西田昌司君　これは、イエスかノーか、クイズじゃないですから、そういうことじゃないんです。
　つまり、今大事なことを委員おっしゃって、要するに、確かにこの法律ができても、また、もっと言えば、民進党の法律がもし成立したとしても、そういうヘイトデモをやる人は恐らくいるでしょう、これは。そういう方がいるのも事実だと思います。
　しかし、我々は、この法律を成立させることによって、我々日本国民がそういうことは許さないと言っているわけなんですよ。そして、国権の最高機関である国会がそのことを法律として認めたと。この意味は物すごく大きくて、その結果、何が起こるかというと、先ほど言いましたように、様々な行政の立法や条例を作ったり、また、解釈することに大いに影響を当然与えていくことになると。
　その結果、要はヘイトデモというのは、まず一つは、禁止しなくて、そういう方々に改心をしていただかなければなりませんから、結局、教育そして啓発、そういうことになるわけですけれども、世の中にはそれを幾らやっても直らない人がいますよ。しかし、これは、それを刑罰で直すんじゃなくて、やっぱり最後は、こういうばかなことをしてはいけないと彼らが悔い改めてもらわなければいけない問題でありますから、やはり、我々は、国会がこういう議論をして、この法律を皆さんと一緒に成立させていただいたと、まさに我々国会のこの意思が彼らの行動に私は影響を与えるものだと確信をしております。
○小川敏夫君　ヘイトスピーチをやって世論から非難を受けながら何とも思わずにヘイトスピーチをやっている人たちが悔い改めるのを待っていたら、いつになるんでしょうかね、終わるのは。終わらないと思いますよ。
　それから、与党の法案と私どもの法案の大きな違い、決定的な違いは、私どもは刑罰は科していないけれども、いわゆるヘイトスピーチは違法だと、ですから禁止しているんですよ。与党の案は、違法だからといって禁止はしていないんです。ただ、なくなるように努力しましょうというお話ですから。
　公安委員長も言いました、違法であれば対応できると。ですから、私どもの法案は、ヘイトスピーチは違法だ、国民はしてはならないといって法律で禁止したんです。ただ、刑罰は科していないだけです。与党の法案は、あなた方の法案は、本文の方で何か「許されない」というような表現があるけれども、結局、第３条で「努めなければならない。」と、ここに終わっているわけで、国民に対して禁止していないんですよ。ですから、もう何回も何回も議論さ

せていただきました。努力をしない人、努力をあざ笑って繰り返す人には何の効果もないじゃないですかということを繰り返し質問させていただいたわけであります。
　私の質問聞いているときにはうんうんうんうん首を縦に振るから、私の考えを賛成してくれるのかと思うと、何か話し始めると違うことをおっしゃるので、まあ、どうぞ、答弁してください。
○西田昌司君　つまり、小川委員が目指しておられることも我々が目指していることも大して変わりはないと思うんです。ただ、手法が、先生方のおっしゃるように禁止規定をもし書いてしまうと本当にいいんでしょうか。国家がこのことはしてはいけないと。その定義が、じゃ、ヘイトとは何かという話が非常に厳格に決めなきゃならなくなってきますね。そして、その決めたことは、まさに言論を国家が統制してしまうわけですよ。これはかなり大きな問題になりますし、私は、間違いなくこれは憲法違反問題だといって訴えられる可能性は大いにありますよ。そうなってしまうと、これは元も子もないと。逆に言えば、もうヘイトは野放しでどうしようもないかという話に逆になっちゃうんですね。
　そうじゃなくて、あえて禁止規定を設けないことによって、もう少し教育や啓発や、そういうモラルに訴えることによって広くヘイトスピーチを包み込んで、そして、国民の中でこういうことは恥ずべきことだからやめよう、そういう機運を盛り上げていくと、まさにそのことを小川先生自身も御自分の答弁で同じような趣旨のことをおっしゃっているわけですよ。だから、そこは……（発言する者あり）いや、もう一度読ませていただいてもいいんですけれども。やはりこうした種類の差別の禁止理念が法としてあるということが踏まえて、この法律や条例、規則等が定められていくと、十分その意義はあると、こういうことをおっしゃっております。
　是非、御理解いただきたいと思います。
○小川敏夫君　提案者は、まさかヘイトスピーチそのものが表現の自由だとして許されるのか、ヘイトスピーチそのものが表現の自由として許されるものだとは考えていないと思いますがね。
　質問時間がなくなりましたので。
　先ほどドイツとフランスの立法例を紹介していただきました。ここではもう時間があと１分しかないので具体的に言いませんけれども、非常にざくっとした内容の規定でありますけれども、これで実際に刑罰法規として機能しているわけで、ドイツ、フランスがこういうようなヘイトスピーチを刑罰をもって禁止する規定があるからといって、ドイツやフランスが表現の自由を侵害する国だとは思いませんが。
　どうでしょう、やはり最後の結論として言わせて

いただければ、みんなで努力しましょうといってみんな国民の多くがヘイトスピーチやめようとして努力をしているときに、努力をしないで努力する人をあざ笑うようにやっている人に対して、また改心するのを待っているようでは何の効果もないですねということを繰り返し質問させていただきました。それに対して明確な答弁がなかったのは残念でありますけれども、時間が来ましたので、私の質問は終わります。
○仁比聡平君　日本共産党の仁比聡平でございます。
　前回に続いて法案の意味するところを発議者にお尋ねをしていきたいと思うんですが、まず、法案の第4条で国と地方公共団体の責務を定めようとしておられる。特にその2項についてお尋ねをしたいんですけれども、地方公共団体に何を求めるか、あるいは期待をするかという法律上の用語として当該地域の実情に応じた施策という概念がありますが、この当該地域の実情に応じた施策というのは発議者はどのようなものを考え、具体的にはどのようなことを想定をしておられるのでしょうか。
○矢倉克夫君　ありがとうございます。
　当該地域ごと、それぞれこのような言論の対象になる方が人口の中でどれくらい比率があるかであるとか、どれくらい頻繁に行われているか、それぞれ地域ごとにあると思います。日本の中ではこのようなヘイトデモが行われていないような場面もある。そのような事情、事情を考慮して、例えばその事情に合った相談体制であるとか、そういうものを整備することを一つ考えております。
○仁比聡平君　もう少しお尋ねしたいんですけれども、つまり、例えば在日コリアンの集住地区が自治体の中に歴史的に存在するという自治体や、あるいはよくコリアンタウンというふうに称されるような大きな町があると、そこがにぎわいの場でもあるという地域もありますよね。一方で、そうした集住地区などはないんだけれども、けれども、そこでヘイトスピーチが許されていいはずももちろんないということだと思うんです。
　ですから、地域によって様々な実情があるといいますか、実情がそれぞれであると。それから、戦前戦後にわたる歴史的な在日外国人の皆さんとの共生の取組あるいは過去排斥をしてきた経過などがそれぞれの地域で、歴史もあるいは取組の到達点も違うと。であるから、どんな取組を行うのかというのは、それぞれの地方自治体ごとにいろんな取組があり得るというような意味かどうか。改めて、法文の用語は「当該地域の実情に応じた施策」となっているわけで、これがどれほどの深みを持って発議者が提起をしておられるのか、もう一度お尋ねいたします。

○矢倉克夫君　仁比委員おっしゃるとおりの趣旨であります。
　例えば、桜本などこの前も視察へ行かせていただいた、やはり外部からわあっと人が来て、元々そこで共生をしていた社会が分断されていく、子供たちの間でも友達であった同士が謝り謝られというような関係に追いやられる、こういう卑劣な行為、許されてはいけないと。そういうような場面では、相談体制通して、やはり共生という社会をどうやってつくっていくのかということをこれはしっかりと行政と一体になって考えていくというような施策もまた考えなければいけない、その後の体制もつくらなければいけない。
　他方で、この前お話のあった銀座とかで、じゃ、こういうようなヘイトデモがあった場合どういう対応があるのか。当然、銀座だから許されるという話ではありませんで、まさにこういうような言動はそういうような場面でも許されないということをこれは理念法として定めました。
　で、その理念法の文脈といいますか、これを、例えば騒音防止であるとか公安の、やはり全体の平和を乱す行為に対してどのように対処をするかというような文脈でこのような法律が作られる、そしてそれに応じて、その場の、銀座であるとかその辺りの自治体がしっかりと対応すると、それぞれごとの、地域ごとの対応の仕方はあるわけでありますし、それに応じた措置をとるということを趣旨としてこの法文は規定しているという理解であります。
○仁比聡平君　つまり、確認をすると、地域によって、この地域では許されないが別の地域では許されるという意味ではそれは毛頭ないと。で、地域の実情に応じて、法案の用語で言いますと、「本邦外出身者に対する不当な差別的言動の解消に向けた取組」、この解消に向けた取組の内容といいますか、講ずべき対応措置についてこれはいろんなことがあるだろうと、そういうことなのかなとも思うんですけれども、それぞれの地域においてヘイトスピーチは許されない、断固として許されないという立場に立って、そこそこの自治体が取り得ることを行うべきであると、そういう意味でしょうか。
○矢倉克夫君　まさに許されないということをここでしっかりと規定をし、その思いの下で地域も社会も、そして個人も一体となってこのような社会、そういうようなものを根絶していこうというところを訴えた理念であります。先生のおっしゃるとおりであります。
○仁比聡平君　ということであれば、その地方公共団体が取り組むべき措置というのは、法的な根拠も、あるいは手法もいろんなことがあり得るんだろうと思うんです。

私たちが訪ねた桜本のような集住地域に迫ってくる、踏み込んでくる、そうしたデモ申請を許すのかという許可の問題があるでしょうし、あるいは公園などの使用許可という問題もあるでしょうし、あるいは、そうした集住地区ではないんだけれども、一般的に、公民館などの公的会館をヘイトを行っている集団が使用許可申請をしてきたときにどう対応するのか、あるいは、先ほど騒音防止条例などというお話もありましたけれども、銀座や新宿をそうしたヘイトデモを行うという行為に対してどう対処するのかなどうか、場面によっていろいろでしょう。

そのそれぞれの場面に応じた施策にこの提案されておられる理念法が生かされる施策というのが、この当該地域の実情に応じた施策の意味ということでしょうか。

○矢倉克夫君　おっしゃるとおりであります。

○仁比聡平君　そのそれぞれの、つまり、地方自治体とそのデモ申請者などとの関係で見ると、これは言わば法的関係になるんですよね。この許可、不許可というのは、つまり行政処分ということになって、西田発議者も前回からよくおっしゃられるように、これが、例えば不許可にしたことが不当であるといって争われる、そのことが裁判になり得るというような場面なわけですが、つまり、与党発議者がおっしゃりたいのは、そうした行政判断を行うとき、そしてその行政判断の当不当、あるいは適法、不適法が争われるときにこの理念法が規範として働くはずであるという、そういうことでしょうか。

○西田昌司君　まさに今、仁比委員がおっしゃったことを我々は期待しているわけであります。

ですから、要するに、表現の自由を公権力が規制したり、直接的にそういうことをすること自体はやっぱり憲法に抵触してくる。しかし、この理念を設けることによって、それぞれ具体的な行政が許可、不許可、道路使用許可だってそうですね。ただ、内容で一概に駄目だということはなかなかできないわけでありますけれども、トータルで総合的に判断していただいたときにある一定の行政判断が出てくる。そのときの行政判断をしていただくときに、我々は、いわゆるヘイトは許さない、あってはならないというこの理念法を設けたことによって行政判断がなされて、そして、そのことについて、そのヘイトを行っている側がそれは不当な行政判断なんだと、我々の表現の自由、集会の自由を行政がそういう公権力によって禁止することはおかしいという裁判が出る場合も当然考えられますね。出てきたときに、我々は、国権の最高機関としての国会がこういう理念法を定めて、そういうヘイトというのはあってはならないのであると、そういうことを基に行政が判断し、そして裁判所も同じく我々の立法趣旨を基にして判断がされていくものと期待しております。

○仁比聡平君　まず、西田議員がよく御答弁の中で使われる公権力という言葉なんですけれども、広い意義でいいますと裁判所も公権力の一環だということになるんだと思うんです。今ずっとお使いになっている意味は、つまり行政機関が、国であれ、あるいは地方公共団体であれ、行政として表現の内容に立ち入って当不当の審査をする、そういうことはやるべきではないという、そういう意味合いで使っておられるわけですよね。

○西田昌司君　まさにそういうことです。行政府の側が当不当の判断をすべきではないと。あくまでそれは、最終的には司法の方の場の話になってくると思います。ですから、最終的には司法判断になるでしょうけれども、行政の側が自分たちで基準を設けて、こういうことはしてはいけない、してもいいとかいう、そういうところの形のことをすることは私は憲法違反になってくると思っています。

○仁比聡平君　今の点について各会派のところでいろんな議論があるということはもちろん一つのテーマなわけですけれども、ちょっと先に進みたいと思うんですけれども。

今、西田議員がおっしゃった意味で、つまり行政機関が表現内容にわたって審査をすることはない、そういう意味で理念法であるということと、今私がお尋ねしている地方公共団体の責務ですね、つまり、4条の2項の最後の部分を「努めるものとする。」という表現にしていること、つまり国は責務を有するんだが地方公共団体は施策を講ずるよう努めるものとすると、言わば努力義務のような形に規定をしていることとの間に私、論理的必然はないんだと思うんですよ。

といいますのは、先ほど来確認をしているとおり、求められる施策というのは、これは当該地域の実情に応じてそれぞれなわけですよね。これは当然なんです。それが憲法の定める地方自治の本旨に直接かなうものであるし、私たちが訪ねた川崎の取組を踏まえても、つまり、共生というものを実現をしていくのは、地域社会においていろんな闘いがあり歴史があって前進をしてくるわけで、それはつまりそれぞれのコミュニティー、自治、共生を大切にするという取組の中で行われるわけですよね。そうしたものとして当該地域の実情に応じた施策というものが求められるのであれば、それは、自治体それぞれがそれぞれですよということは、それはそうなんだから、別に努めるものとするというふうに引かずに、腰を引くのではなくて、国と同じように責務を有するとはっきり書いても差し支えないのではないかと思うんですが、いかがですか。

○西田昌司君　仁比委員がおっしゃるところもその

とおりだと私も思います。

　ただ、これ一般論として、国はそういう様々な規則や法律で、ある種公権力として行政府として仕組みをつくっているというふうに、ある種のこういう強制的な面があるわけですよね。ところが、いわゆる地方自治体の場合には、コミュニティーの、その社会の皆さんの中の仕組みでありますから、どちらかというと、そういう言葉よりも柔らかい言葉の方がなじみやすいのではないかと、そういう意味で使っているわけでありまして、だからといって、国はやるけれども地方公共団体はしなくてもいい、まあ努めるようにしてくれたらいいというような、何か腰の引けたつもりで言っているわけではもちろんございません。

　ただ、今委員がおっしゃるように、要するに、地域社会というのは余り四角四面の法律で縛り付けるというよりも、皆さんがやっぱり長い間そこに住んでコミュニティーを築いてこられた、それをいかにして安寧な社会を続けていくかという、お互いがお互い、お互いさまで協力し合うという、そういう社会でありますけれども、だから、努力義務のような形をしておりますけれども、我々が思っているのは、それを国の方には義務があるけれどもこちらの方には義務がないとか、そういうつもりで使っているわけではございません。

○仁比聡平君　ということであれば、これから行われる協議においてもきちんと検討の余地は十分あるなというふうに今受け止めたんですけれども。

　地方自治体といっても、これはやっぱり大きな力を持っているんですよね。例えば、私の、九州、地元の例えば福岡市あるいは北九州市ということを考えたときに、市がどんなスタンスで物事に臨むのかというのは、これは決定的です。このときに、この大切な法案において、国は責務があるが地方公共団体は努めるものとするとされているというこの表現一つで地方公共団体の構えが変わるようなことになるならば、それは法案提案者の意図とも違うのだなと今改めて思ったわけですね。

　例えば、前回も申し上げましたが、札幌市議会で当時の市会議員さんがアイヌ民族なんていないという趣旨の発言をされて、これがアイヌ民族に対する極めて悪質な、しかも政治家による、公人によるヘイトであるということが大問題になり、辞職勧告決議が出されたという経過があります。

　こうした地方議会も含めて、あるいは首長がそうした言動を行うなんてもってのほかだと思いますけれども、特定の民族や人種に属することを理由にしてこうした社会から排斥するというような言動から守らなければならない行政の側が自らヘイトを行うということは絶対にあっちゃならぬということをはっきりさせる上でも、私はもう責務ときっぱりはっき

りさせた方がいいと思うんですが、いかがですか。

○西田昌司君　今おっしゃったことは一考するべきところがあると私も思います。

○仁比聡平君　そうした中で、協議を続けていくことを求めて次のテーマに移りたいと思うんですけれども。

　対象となる言動についてどのように定義をするか、これは法案の大きな課題なわけですが、私どもの法務委員会で、せんだって国連人権理事会特別報告者のデビッド・ケイ教授とお会いをいたしました。委員長始め理事の中心メンバー、私も含めて懇談をさせていただいた中で、このヘイトスピーチの規制をどう考えるのかということが大きなテーマになり、後、デビッド・ケイさんが記者会見をされた中で、ヘイトスピーチの定義が曖昧なまま規制すれば表現の自由に悪影響を及ぼす可能性があるというふうに指摘していると報じられています。また、獨協大教授の右崎正博さんが、不当な差別的言動という言葉は曖昧であり、言論と行為を区別すべきだというふうに指摘もされているんですね。

　不当なという概念が、これが評価も含めて広範、曖昧ではないか、それから差別的という表現が、用語がこれ曖昧ではないかというこの懸念は、これは以前から示されているわけですけれども、このデビッド・ケイさんや右崎先生の指摘に発議者はどのようにお答えになるでしょうか。

○矢倉克夫君　まさにこのデビッド・ケイ氏のおっしゃっているところはそのとおりであるかなと。我々も懸念しているところはまさにこの点であり、表現のとりわけ内容に関する規制というもの、これが外延が明確でなければ、どこまでが公権力が介入する言論かというところの外延が明確でなければ、全ての言論の規制にもなるし言論に萎縮効果を生むと、ひいては民主主義に甚大な影響を与えるというところであります。まさにそういう問題点に立って、私たちは、表現の内容というものに着目した禁止に基づく法律ではなく理念法として法の立て付けをすることが、表現の自由をしっかりと遵守しながらこのような卑劣な言動というものをなくす社会をつくる上で唯一の手段であると、最善の手段であるというふうに理解もしてこのような形で法規をさせていただいた、そういう点では、デビッド・ケイ氏の発言はそのとおりであるというふうに思います。

　そして、もう一つ、右崎先生の御発言であります不当な差別的言動というところでありますが、こちらの法律は不当な差別的言動というものをこれ定義付けておりまして、本邦外出身者を地域社会から排除することを扇動する不当な差別的言動という形であります。この不当なとか、そういった文言の曖昧さという部分ではなく、まさに扇動であるとかその

ような形での定義も入れているところでありますので、曖昧であるという御批判はこれは当たらないというふうに理解をしております。

○仁比聡平君　今のお話は、つまり、不当というのが、その裸で不当というふうに評価される概念ではないという意味なんでしょうか。つまり、本邦の域外にある国又は地域の出身であることを理由として本邦外出身者を地域社会から排除することを扇動するものが不当なのであると、そういう意味でしょうか。

○矢倉克夫君　まさにそういう意味を込めて２条で定義条項という形で加えさせていただいたところであります。先生おっしゃるとおりです。

○仁比聡平君　先ほど、侮蔑あるいは侮辱というような概念をここで、この部分に盛り込めないのかという趣旨の議論もありますし、この定義をどう明確にしていくのかというのは協議の大きなテーマなんだと思うんですね。
　そうすると、今の与党としては、この法文のここの部分をきちんと議論していくことで、許されないヘイトスピーチを明らかにし、外延を明確にしたいと、そういうことでしょうか。

○西田昌司君　この法案を提出しまして、民進党から、また御党、共産党からも修正項目の要求があったわけでございますが、実は今日の４時から我々与党のワーキングチームでそのことについて協議をすることになっております。その中で、今おっしゃったようなことも含め考えていきたいと思っております。

○仁比聡平君　ということなのですけれども、念のため確認をしておきたいと思うんですが、我が国の法制でこの不当な差別的言動という用語は極めてまれです。法制局においでいただいていますが、この用語例というのはどのようなものがあるでしょうか。

○法制局参事（加藤敏博君）　不当な差別的言動という語句でございますが、これは一つの法令用語として用いているわけではございません、不当、差別、それに言動という三つの用語を組み合わせた語句でございます。
　その上で、不当な差別的言動という語句を用いた立法例としましては、いわゆる障害者虐待防止法、この法律の中で、定義規定の中で、「障害者に対する著しい暴言、著しく拒絶的な対応又は不当な差別的言動その他の障害者に著しい心理的外傷を与える言動を行うこと。」というふうに定義規定を置いているところでございます。

○仁比聡平君　今お話しの、つまり、今御紹介のあったいわゆる障害者虐待防止法に唯一例があるということなわけですね。
　近年制定をされたわけですけれども、この障害者虐待防止法における不当な差別的言動という概念が法制上どんなふうに位置付けられているか、つまり何のための規定として設けられ運用されているか、厚労省、お答えください。

○政府参考人（藤井康弘君）　お答え申し上げます。
　いわゆる障害者虐待防止法第２条第７項及び第８項におきましては、虐待の通報義務の対象となってまいります障害者福祉施設従事者等又は使用者による障害者虐待に当たる行為が定義をされております。
　この中で、いわゆる心理的虐待につきましては、「障害者に対する著しい暴言、著しく拒絶的な対応又は不当な差別的言動その他の障害者に著しい心理的外傷を与える言動を行うこと。」と定義をされておりまして、この不当な差別的言動は著しい心理的外傷を与える言動の例として規定をされてございます。

○仁比聡平君　つまり、今の現行法で例のある規定は、障害福祉事業を利用する方、その事業者からサービスの提供を受ける方、いわゆる利用者ですね、利用される障害者、高齢者の場合もあるでしょうけれども、そうした方に対してその事業を行っている側、それを従業員というふうに呼んでいるわけですが、つまり、サービスを提供される、しかも、介護度や障害の度合いにもよりますけれども、極めて弱い立場にある方々に対してサービスを提供する、言わば支配をする側による不当な差別的言動という意味で主体が限定をされているわけですね。あるいは、障害者を雇用している使用者がその雇用関係にある従業員、障害のある従業員に対して虐待をする、ここを捉えまして不当な差別的言動という概念がある、そうした場合に通報義務があると。
　そういう意味では、不当な差別的言動という概念は主体の面でも限定をされているということだと私は理解するんですが、厚労省、そういう理解でおおむね間違いないですか。

○政府参考人（藤井康弘君）　先ほど御答弁申し上げたとおりでございますが、この障害者虐待防止法におきましては、障害者福祉施設従事者等又は使用者による障害者虐待に当たる行為が定義をされておりまして、その中で、いわゆる心理的虐待につきまして、その一つの例示としてこの不当な差別的扱いということが規定をされてございます。

○仁比聡平君　つまり、私の指摘はそうは間違ってはいないという趣旨なんだと思うんですよ。ですから、対象となる許されない行為を、言動をきちんと明確にするというのは、これまで与党発議者がお話しになっていた基本的なお立場を踏まえるならば、やっぱりもっともっと議論して、きちんと定めていかなければならないと改めて私思うんです。
　ちょっとそことの関わりもあって、この２条の定義に与党の皆さんは「公然と」という用語を使って

おられます。具体的に言うと、「公然とその生命、身体、自由、名誉又は財産に危害を加える旨を告知する」という文案になっていまして、ここに言う「公然と」という意味が何なのか。私は、不特定多数の者が表現の内容を知り得る状態に置くような場所又は方法による言動というふうに捉えるべきだと思うんですけれども、与党の皆さんの意味するところはどうなんでしょうか。
○矢倉克夫君　一般に、公然とというのは、不特定又は多数人が認識できる状態という意味であるというふうに解釈されているというふうに理解もしております。ですので、こちらの「公然と」という意味は先生の御指摘のとおりであると思います。
○仁比聡平君　不特定多数の者が表現の内容を知り得る状態に置くような場所又は方法というのは様々なものがあるわけですけれども、矢倉発議者、そういう理解でよろしいですか。
○矢倉克夫君　そのような見解で結構です。
○仁比聡平君　あと、具体的な中身については、各党協議の中で更に詰めた上で、こうした委員会の場で確認をできるように議論していきたいなと思います。
　そうした中で、私どもとしては、前回に指摘をさせていただいた、例えばアイヌ民族に対するヘイトスピーチ、あるいは難民認定や在留資格が争われている外国人に対するヘイトスピーチ、これが許されないということは当然であって、まずここ確認しましょう。
　自民党、公明党、それぞれ発議者、許されないと、規定の仕方をどうするかはおいておいて、アイヌ民族や難民認定、在留資格が争われている外国人に対するヘイトスピーチが許されないと、この認識は同じですね。
○西田昌司君　そのとおりであります。許されるものではありません。
○矢倉克夫君　全く許されるものではありません。
○仁比聡平君　そのことを明確にする必要がやっぱりあるんですよ。適法に居住するという要件を法律上の文言にしてしまうと、つまり適法に居住するという要件が在留資格をめぐって争われているときにはその者に対するヘイトスピーチは許されるのではないか、この許されないという対象に入らないのではないかというような議論が現にあるわけですよね。
　ですから、この適法に居住するというこの文言そのものは、これは私は削除すべきだと思うんですが、それは私の提案であって、日本共産党の提案であって、与党はお立場がいろいろあるんだ、これから協議をされるんだと思うんですけれども、ここはやっぱり議論をしていく課題だという御認識ではあるんですか。

○西田昌司君　今、仁比委員がお示しになったような議論がインターネット上でされていると。つまり、適法に住んでいない人ですね、いわゆる不正に入国されたとか、そういう方だったらヘイトスピーチをしてもいいんだというようなことをインターネット上で情報が蔓延していることを私も承知しております。しかし、当然のことでありますけれども、それを我々は認めるものではありません。要するに、適法であるかないかというのは、適法でない場合には入国管理法違反ですから、そのことはそのこととしてその法律でしっかりとした措置をされるというのは、これ当然だと思っております。
　しかし、だからといって、その方々にヘイトスピーチを浴びせかけて、それがいいのかというとそれはまた別の話でして、これは禁止規定ではありませんから禁止はしておりませんけれども、当然そういうことは許されるものではないと。要するに、これはモラルの話なんですよね。日本人としてのモラルをこの理念法で掲げているわけであります。
　したがいまして、今おっしゃいましたように、我々が立法事実として想定していたことのほかにも、今おっしゃっているような様々な、アイヌの方々の話もそうでありましょう、そういう事実があることは私も事実だと思います。ですから、ここは、この法律は理念法でありますから、今私が発議者として申し上げているこの答弁も含め、この法律の運用の仕方、これを理念法として運用していくときに、様々皆さん方からの意見も踏まえて、例えばこの法律の運用に対する附帯決議を付けていただくなり、また今我々が発議者として申し上げていることを踏まえて運用していただければ、私は法律のその隙間は埋まっていくものと期待しております。
○仁比聡平君　協議を続けたいと思うんですけれども、つまり西田議員がおっしゃらんとするモラルの問題というこの言葉なんですけれども、私なりに翻訳しますと、民主主義社会、市民社会の根底である互いの人格を尊重するというこのモラルなり、あるいは憲法用語で言えば人権ということにもなるでしょうし、あるいは良心、あるいは倫理というふうに置き換えてもいいんだと思うんですけれども、これを踏みにじって、社会から排除しよう、排斥しようとするヘイトスピーチに対して我々がどう根絶のために力を尽くすのかということが問われている下で、法の規定ぶりということはこれは極めて重要だと。
　ですから、いや、この部分は許されるんじゃないか、これは大丈夫じゃないかというふうに抜け穴だとかを探そうとするような、そういうやからに対して駄目だということをこれははっきりさせると、そういう規定に仕上げようじゃないかと私呼びかけた

いと思うんですが、いかがですか。
○西田昌司君　おっしゃることは全く私も賛成であります。また、そういうつもりでこの法律を提案させていただいております。
　つまり、立法事実は、先ほど言いましたように、元々はいわゆる在日の方々に対するヘイトスピーチであったわけですけれども、それ以外にもあることは事実であります。それをやっていく場合に我々が一番感じましたのは、要するにモラルでありますから、モラルだから理念法にしておりますが、モラルを法律の規制にしたり、それを行政府側が、ここから外側は駄目だという禁止規定を作ったり、それ以外を排除するような措置をつくったりするのは、今度は逆に公権力が個人の生活を縛ったり規制したりする、そういう表現の自由に関わることになってくる。
　ですから、そこはあえてしていないわけでありますけれども、今言われたような様々な我々が想定していなかったことも含め、それは広くこの理念法の中で包み込んで解釈していくべきだと思っておりますし、そういう形の解釈は当然ここから私は読み取っていけるものだと思っております。
○仁比聡平君　その今の後段の部分がいろんな議論になっているところなんだと思うんですよ。
　例えば、西田議員が繰り返しておっしゃるような戦前の治安維持法体制というのはどんなものだったかと。最高刑死刑と、極刑をもって、しかも特高警察が私ども日本共産党を始めとした国民の思想、そして結社そのものを弾圧すると。予防拘禁含めて身柄を拘束して絶対に外に出さないという弾圧体制なんですよね。これをイコール言論統制になってはならないというふうに引っ張ってこられると、この規制のありようの問題がちょっと議論がしにくいんじゃないのかなと思ったりもするんです。
　というのは、この法案も前提にしている教育あるいは啓発というのも、教育でいいますと、例えば子供たちが中心でしょうけれども、子供たちの人格に直接働きかけるというはとてもデリケートで大切な営みなのであって、この教育の場面で例えば教師が子供たちに、何が許されない、なぜ許されない、それをなくすためにはどうしたらいいという、そうしたことを語りかけ、そしてその子たち一人一人のものに本当にしていく、これは教室の中で教えればいいというものではないですよね。教科書に書いてあるのを覚えればいいということじゃないじゃないですか。そうではないということを私たち桜本の取組でも学んできていると思うんですけれども、そういう意味では、教育というのはとても深い取組ですよね。
　これを例えば地方公共団体立の、市町村立の学校などで行っていくことになる、私立だって求めることになるでしょうと。というときに、何

が許されないのかということを定義を明確にするということは、この教育においても、あるいは啓発においてもですけれども、これは大事なのであって、罰則の構成要件の明確性というのとは意味合いの違うものとして、私は、ヘイトスピーチの明確性、何が許されないのかをはっきりさせるということは大事だと思うんですよね。そこはいかがですか。
○西田昌司君　非常に大事な御指摘だと思います。しかし、そこを定義してとやったところで、私はこれは本当に外側、外側が出てくると思っています。
　しかし、一番私は大事なのは、教育の話、啓発の話もそうですけれども、もう少しこれかいつまんで言うと、やっぱり思いやりだと思うんですね。自分がその相手の立場になったときにどうかということですよ。だから、ヘイトをしている人に私は申し上げたいのは、もしあなた方がヘイトをされる側にいた場合、何を感じるかですよね。何もしていない、平穏な、そして合法的に、適法に暮らしておられる方に向かってそういう言葉が浴びせかけられたときに、普通の人間ではやっぱり耐えられないんですよね。そういうことは許されない。それを彼らやっている方が感じていただくべきなんですね。それを我々教育とか啓発という言葉で表しておりますけれども、だから、その相手の立場になって考える思いやりですよね、そういうところがやっぱり大事なことだと思うんです。
　だから、それはまさにモラルの問題であり理念の問題であり、そして国民全体がそういう差別のない社会をつくらなければならないという、国民全体がそういう努力義務があるという、そういう意味でここに書かせていただいたのは、私が言いましたように、そういう思いやりの心、お互いさまなんですから、我々のこの日本の国で、地域社会で平穏に暮らしている、それはどなたにもあるわけですよ、そういう暮らすことができる権利は。それをしっかり守っていくというのを我々は目指しているわけであります。
　したがいまして、余り細かい規定で、このヘイトの定義というのは私はこの法律の趣旨からすると小さな問題で、むしろ思いやりの心という方を我々は訴えるべきではないでしょうか。その方がより理解ができるんだと思うんです。
○仁比聡平君　法とは何かという、これ、委員長、是非我々の中でよく議論して定めていかなきゃいけないんじゃないでしょうかと御提案をしておきます。
　私どもが与党の皆さんに御提案をしている定義というのを改めて申し上げると、ヘイトスピーチとは、人種若しくは民族に係る特定の属性を有する個人又は集団、例えば民族などというふうに呼ぶとして、その民族などの社会からの排除、権利、自由の制限、

民族などに対する憎悪又は差別の意識若しくは暴力の扇動を目的として、不特定多数の者がそれを知り得る状態に置くような場所又は方法で行われる言動であって、その対応が民族等を著しく侮辱、誹謗中傷し、脅威を感じさせるものをいうといった定義、この一字一句こだわるわけじゃないんですが、こうしたものに置き換えてはどうかなという提起をしております。

それは、人種、民族による差別という人種差別撤廃条約にも通ずる理念を折り合える形でこの法文の中に盛り込むということ、それから、社会からの排斥、権利、自由の制限、憎悪若しくは暴力の扇動という、こうした要素を明記することによって、人間の尊厳の根底にあるアイデンティティーを排斥しようとするもの、攻撃し排斥しようとするものであるというヘイトスピーチの本質をきちんと明らかにできるからだと私は考えているんですね、是非御検討いただきたいと思うのですが。

最後に、そうした定義を明確にしながら、行政機関が直接言論の違法性を認定するという仕組みは取らないという理念法なわけで、教育、啓発についても、これやっぱり違法であると。与党の皆さんの案でも、前文において、あってはならず、あるいは許されないことを宣言するというふうにおっしゃっているのであって、それはつまり違法だと、この法には反するよと言っていることと私はほぼもう同義なんじゃないかと思うんですけれども、先ほど来の議論のように禁止規定は置かないとおっしゃるんですが、これは、そのようにおっしゃって門前払いするつもりではないと思うんですが、これから行われる協議でもきちんと議論をするべき大きなテーマだと思うんですが、いかがですか。

○西田昌司君 このところは我々も一番公明党との間で、二党協議で一番実は詰めてきたところであります。禁止規定を置かない、あくまで理念法であると。それはなぜかといえば、法律で言論の自由を規定して禁止するということをやってしまうというのは、この法律に限らず、全ての法律において私たち問題だと思っております。

今、日本には、かつてはそういう治安維持法があったかもしれませんが、今そういう法律はありません。これからも作るべきではないと思っています。ですから、この法律においてもあえて禁止規定に係るようなものは作らなかったというところで、このところだけは我々譲ることができないと思っています。

しかし、かといって、禁止規定を設けていないからといってヘイトを許しているわけではない。これは、理念においてしっかり駄目だということを宣言して、そして教育、啓発、先ほど言ったように思いやりの心をですよね、そういうことをみんなが持ち合えば、結果としてこのヘイトを根絶できるのではないかと、そういう思いで作っているというところを御理解いただきたいと思います。

○仁比聡平君 禁止規定を置かない、あくまで理念法であると西田議員が繰り返されるんですけれども、野党案、民進党さんたちを中心にした案にあるように、理念法で禁止規定を置くというようなこと、当然あるんですよ。これ、だから、理念法だから禁止規定を置かないという理屈にはならない。それは論理必然ではない。やっぱりそのことを前提として、ここの点は本当に極めて重要な点ですから、大いに議論をしていかなきゃいけないと思っています。

私たち日本共産党は、民族差別をあおるヘイトスピーチを根絶するために、立法措置を含めて政治が断固たる立場に立つことが必要であると政府にも求め、私たち自身も政治家としてその先頭に立つべきだと、議論と運動を求めてまいりました。

今回、与党案が提出をされ、こうやって実質審議に入る中で、いわゆる野党案、そして与党案とともに刑訴法案がこの委員会で並行審議をされるという状況になっているのは極めて異例のことだと思うんですけれども、それは、何よりもヘイトスピーチによる被害の深刻さとその根絶を求める当事者、国民の皆さんの強い声によって動かされてきた大きな一歩だと思います。

だからこそ、私たちは、このヘイトスピーチ根絶に向けた第一歩、一歩前進を実らせるために、今国会でより良い法律案をできる限り全会一致で成立をさせるという立場で、深い協議をしっかり行っていくべきだという立場でこれから臨んでいきたいと思いますので、よろしくお願いを申し上げて、質問を終わります。

○有田芳生君 民進党・新緑風会の有田芳生です。

昨日、高松高裁で画期的な判決が下されました。2006年に在特会などが徳島県教組を襲撃してヘイトスピーチのあらん限りを尽くし、さらには、そのときには拉致問題までもが利用されました。それに対して、昨日の判決では、損害賠償額が一審よりも2倍近くになったということと同時に、大事なのは、人種差別撤廃条約の精神に基づいて、在特会などの行為、言動というものが人種差別的であると、そう認定されたことです。

今日、与党案の審議が行われていて、今ずっと拝聴しておりまして、問題点、課題というのはかなり明らかになったというふうに思います。一つは、後で詳しくお聞きをしますけれども、与党案にある適法居住要件。

さらには、小川委員からも話がありました、私たちの野党案には明記をされていたヘイトスピーチは違法なんだと、そういう規定がないところなんで

が、ただ、人種差別撤廃条約をこの問題を考えるときの精神にした場合、与党案にある、先ほども仁比委員が指摘をされておりました、前文のところで「このような不当な差別的言動はあってはならず、」というのがあり、さらに数行後に「このような不当な差別的言動は許されない」とあります。

許されないということを人種差別撤廃条約の規定に基づいてその精神を生かすならば、例えば人種差別撤廃条約第２条１項の(d)にありますように、国と地方公共団体はこういう差別を、人種差別も禁止し、終了させると。これは、日本が人種差別撤廃条約に加入をしているわけですから、国と地方公共団体の責務になっているんですよね。

ですから、その精神を生かすならば、この与党案の差別的言動はあってはならず許されない、法務省の言うヘイトスピーチ許さないと、そのことを条約の精神に基づいて判断するならば、これは違法だという理解でよろしいですね。提案者にお聞きします。

○西田昌司君 人種差別撤廃条約の精神は、我々、もちろん尊重しております。ただ、今おっしゃったように、禁止規定のことについては留保しているわけなんですよね。ですから、その部分についてその条約は、我々はこの禁止規定を置いてやるという形にはなっていないというふうに理解しております。

○有田芳生君 人種差別撤廃条約で日本政府が留保しているのは４条の(a)項、(b)項であって、今お示ししたのは第２条の１その(d)、各締約国は、全ての適法な方法、状況により必要とされるときは立法を含む、により、いかなる個人、集団又は団体による人種差別も禁止し、終了させると。

ですから、これからやはり人種差別撤廃条約の精神をこの与党案をこれから考えるときにも基本にすべきだなというふうに判断しているということを初めに指摘をしておいて、河野太郎国家公安委員長来てくださっておりますので、実効ある中身にしていくために何が必要なのかということについてお聞きをしていきたいというふうに思います。

その前に、一つ前提ですけど、今年３月２７日、東京新宿の職安通りでヘイトスピーチのデモが行われました。そのとき、女性たち４人が、少なくとも私が確認しているだけで、傷害、けがを負いました。それに対して、警視庁新宿署にこの当の女性たち３人が氏名不詳の警察官３名を刑事告訴いたしました。警察官が刑事告訴され、さらには、私が確認しているだけでも既に現場検証なども行われておりますけれども、現場警察官が、そこにも写真を示しておきましたけれども、喉輪で女性の首を絞める、あるいは後頭部を打つというような事態が起きたことに対して、国家公安委員長としてどのような所感をお持ちでしょうか。

○国務大臣（河野太郎君） この３月２７日のデモに関しましては、今警視庁において事案の解明に向けて必要な捜査が行われているというふうに認識をしております。

デモですとかあるいはそのデモに対する抗議活動の中で違法な状況が発生をした場合には、この解消をしなければなりませんが、それに当たっては、関係者の皆様の安全にきちんと配慮できるように警察をしっかり指導してまいりたいと思います。

○有田芳生君 違法な状況が起きていないときに警察官によって喉輪が行われ、首を絞められたのです。明確な写真もあります、動画もあります。韓国のテレビでも放送されました。それについてどうお考えですか。

○国務大臣（河野太郎君） 今、この事案につきましては警視庁が捜査をしていると思いますので、個別の事案についてお答えをするのは差し控えたいと思います。

○有田芳生君 喉輪で首を絞めるというのがいいということはないのが前提ですけれども、写真を示したので、上の方の２枚を御覧ください。左側は、今年の３月２７日、東京都新宿区、職安通りですね、喉輪が行われた現場、右側は、４月１７日、岡山市で行われたやはり在特会の前会長桜井誠氏などが行ったヘイトスピーチの警備の状況です。

見ていただいたら分かりますように、国連の人種差別撤廃委員会で委員から何度も、日本のヘイトスピーチの現状については警察が差別主義者たちを守っているようにしか見えない、そのような現実があります。新宿署の左側の写真を見ていただいたら一目瞭然です。

一方で、右側は岡山県警ですけれども、ヘイトスピーチをやっている集団、それに抗議をする集団、警察官が交互にお互いを見ながら事故が起こらないような対応を取っております。更に言えば、東京新宿で女性たちが傷害を負ったのと同じことですけれども、岡山県警の４月１７日の現場の状況は、女性たちに対しては女性警察官が対応されているという、そういう丁寧な取組が行われていたんです。

これは私が確認するだけでも、札幌あるいは福島では、ヘイトスピーチをやる人たち、それに反対をする人たち、警察官交互に見ているものですから、先ほど申しましたように、国連の人種差別撤廃委員会の委員の皆様のように、日本では差別をしている人たちを警察官が守っているというふうにしか見えないんです。だから、そのようなきめの細かさが大事だというふうに思います。

今日は、資料のもう１枚に、４月１９日に院内集会、今こそ人種差別撤廃基本法の実現をパートフォー、

ここに中根寧生さん、中学2年生ですけれども、発言をされたその全文を御紹介をいたしました。その中学生の目から見ても、桜本にやってきたヘイトスピーチ集団は、ゴキブリ朝鮮人、たたき出せ、死ね、殺せと警察に守られながら叫んでいました、さらに、警察はそんな大人を注意してくれませんでした、さらに、警察がヘイトスピーチをする人を守りながら桜本へ向かってきました。やっぱりそのように見られている現状があるんですよね。

一方で、河野大臣にお聞きをしたいんですけれども、やはり警察官にヘイトスピーチあるいはヘイトクライムについての教育というのがなされているのかどうかなんですよね。差別をやっている者と差別に反対する者、どっちが悪いのかというような基本的なことから、例えばアメリカなんかでは、連邦レベル、州レベル、地方自治体レベルでヘイトクライムについての研修プログラムがある。それで皆さん研修をなさっている。あるいは、ニュージャージーでは、新任の警察官には全員にヘイトクライム対応の歴史などの研修が行われている。だから、日本でもうずっとこういうヘイトスピーチあるいはヘイトクライムが起きている現状の下で、これからの課題として、警察官に対してもそういった教育が必要だと思いますけれども、大臣、いかがでしょうか。

〇国務大臣（河野太郎君）　警察職員に対しましては、人権の尊重あるいは関係法令に関する教育のほか、デモ現場における対応などに関する教育をこれまでも行ってきたところでございます。

こうしたヘイトデモのようなものが多く見られるようになった今日、その実情に合わせた教育をしっかりやってまいりたいと思っております。

〇有田芳生君　先ほど、小川委員からもこれで、与党案でヘイトスピーチのデモを止めることができるんだろうかと率直なお考え述べられたというふうに思います。

そのことについて幾つか細かくお聞きをしていきたいんですが、まず現実の問題として、東京の新大久保、コリアン、在日コリアンの方々が商売をなさっているところに、2013年の2月、3月を頂点にしてずっと毎週のようにヘイトスピーチのデモが行われてきました。しかし、多くの抗議あるいは警察の指導もあったんでしょう、2013年の9月をもって新大久保でヘイトスピーチのデモはできなくなっております。

しかし、不思議なことに、2015年の12月20日、そして写真でもお示しをしました今年の3月27日、東京の新宿の職安通りで、ずっと焼き肉屋とかコリアンショップがあるその横をヘイトスピーチのデモが通っていったんです。私たちもそこで抗議をしましたけれども、そういうときに、先ほど大臣は、公安条例に基づいてデモの許可制で、実質上届出制であって、したがって最高裁も合憲だとしているというふうに答弁されました。

しかし、明らかに在日コリアンたちが御商売なさっている、日本人も含めて多くの買物客がいるところに、そういう確実にヘイトスピーチをやるデモが通ろうとしたときに、デモの指導、コースの変更というのはなされるべきだと思うんですが、いかがでしょうか。

〇国務大臣（河野太郎君）　交通の円滑な確保ですとか、違法行為、犯罪行為を防止する観点から助言をするということはございますが、最終的には申請者の意思が尊重されることになりますので、条例等の要件を満たしていれば、これは許可をしなければならないということになっております。

〇有田芳生君　それは現実とは違いますね。新大久保でヘイトスピーチのデモができなくなったのは、警察の方から明らかなデモコースの指導があったからだと理解していますが、まあ細かいことは御存じないでしょうから、そういうことができるんだということを指摘しておいて。

もう一つ、先ほど小川委員に対して国家公安委員長は、最高裁も合憲だとしているから、デモの許可制であって、表現内容のいかんで不許可とすることはできないとおっしゃいました。しかし、この与党案がもし法律になったとき、表現内容を根拠にして不許可にできないにしても、表現内容というものを特定して、これを使わないことを条件にして許可をするという運用できるでしょうか。

〇国務大臣（河野太郎君）　それはなかなか難しいと思います。

〇有田芳生君　そうしたら、ヘイトスピーチのデモはなくなっていかないんですよ。公安条例を変えるとか、あるいは公園を使用したいというときに公園の使用条件を変えるとか、あるいは約束をして条件を付けて、それを破った場合には次はデモもさせない、あるいは公園使用もさせない、そういう運用できるんじゃないんですか。

〇国務大臣（河野太郎君）　犯罪行為の防止やあるいは円滑な交通の確保ということを考えて助言等をすることはできますが、最終的には申請者の意思を尊重して許可をしなければならぬということになっております。

〇有田芳生君　京都朝鮮第一初級学校襲撃事件の最高裁の決定でも、ヘイトスピーチは何かということが、人種差別撤廃条約に基づいて具体的にこれはヘイトスピーチだという確定はしているんです。だから、そういうことと、今度与党案が通ったときの各地の公安条例あるいは公園使用条件というものが変わっていかなければ、ヘイトスピーチのデモは終

わらないですよ、確信犯でやるわけですから。西田委員、いかがでしょうか。
○西田昌司君 先ほどから答弁をさせていただいておりますが、我々のこの与党案には禁止規定はございません。しかし、理念、前文でしっかりそのことをうたい、国民として差別のない社会をつくっていこうという責務を我々は負っているわけであります。
　それが成案されました場合は、当然のことながら、警察においてもこの法の趣旨が警察の現場の警察官にも教育され、そのことを受けて、この法律で禁止はできなくてもあらゆる様々な法律があるわけでございます。そして騒音防止条例からも、侮蔑じゃなくて侮辱罪ですよね、それから様々なそういう法律を駆使して私は警察が取締りもやってくれるものと期待しております。
○有田芳生君 繰り返しになりますけれども、もう一度西田委員に、ヘイトスピーチのデモをなくしていく、減らしていくイメージとしてお聞きをしたいんですが、例えばこの与党案が成立をしたとする、そうすると、先ほども言いましたけれども、ヘイトスピーチをする集団というのは、まず公園の使用許可を求める、そしてさらにはデモ申請を公安委員会に行うわけですよね。だけど、そこで、例えばこの間の岡山にしたって拉致問題をテーマにしているわけですから、それは河野大臣がおっしゃるように許可されますよ。だけど、現場にいればヘイトスピーチ丸出しのデモが続くわけですよ。あるいは、2年前ですけれども、東京の新宿でも、公園使用許可で、そこでは集会やってはいけないという条例になっているんだけれども、実際には集会やってからデモに向かっているんですよね。新宿区の職員に、あれ、約束違うじゃないと言っても、いや、そうなんですけれどもと言うだけで口を濁してしまう。
　だから、そこで、この法案が成立したならば、やはりそういう公園使用許可あるいはデモ申請についても、これは各地方自治体が決めていくことでしょうけれども、やはりやり方はやりにくくなるということを広げていかなければいけないと思っているんですが、そのイメージとして、西田委員、いかがでしょうか。
○西田昌司君 これも再三答弁させていただいておりますが、この法律でスピーチの内容で規制するということはできないわけであります。しかし、ヘイトスピーチ自体を我々はあってはならないと、こう宣言しているわけでありますから、その教育を受けた警察官が、この法律では禁止はできないとしても様々なほかの法律の違反規定が、もしそれに抵触する行為があれば、当然のことながら警察官がその警察権を行使してそれなりの対応をしてくれるものと思っております。

　そして、そういうことがされた場合、今度はそのことについて、多分相手方は確信犯でありますから、自分たちの言論が不正に止められたと、そういう形の裁判があるかもしれませんよね。そういう裁判を通じて、今度は、我々が作ったこの法律が、裁判官にも、国権の最高議決機関がヘイトスピーチというのは駄目だということを言っているわけでありますから、そのことを受けた判例が重なってくると、そういうことの積み重ねが結局はヘイトスピーチというものを社会から根絶させていくことになるのではないかということを期待しているわけであります。
○有田芳生君 河野国家公安委員長に一般的なイメージとしてお聞きをしたいんですけれども、今、多くの当事者を何年にもわたって苦しめてきているヘイトスピーチの街宣やデモなんですけれども、それをなくしていく、少なくしていくためにはどんなことができ得るとお考えでしょうか。
○国務大臣（河野太郎君） このヘイトスピーチというのは大変恥ずべき行為であるというふうに認識をしておりますが、現在こうしたデモに当たっては違法行為がないように助言をしているところでございます。こうしたデモの中で刑罰に触れるような違法行為、犯罪行為があれば、あらゆる法令を駆使して厳正に対処するよう警察を指導しているところでございまして、引き続きしっかりとやってまいりたいと思っております。
○有田芳生君 そこで、提案者にお聞きをしますけれども、違法行為があればそれは現行法で対処できるわけですけれども、ヘイトスピーチというのは、特定の個人になされる場合もありますけれども、不特定多数の集団に対して行われるわけですよね、民族あるいは国籍も含めてですけれども。そのときに一番大きな課題だろうと思いますのは、やはり適法居住要件だと思うんです。
　今日の委員の皆様方には、昨日、法務大臣も含め、河野太郎国家公安委員長も含め、この数年間行われてきた適法居住要件に関する映像、ヘイトスピーチの実態をお配りをいたしました。西田委員も見てくださったということで、ほかの委員の方からも見ましたよということをお聞きしましたけれども、要するに、例えば今年、与党案が出てから2日後に浦和駅の東口で行われた外国人犯罪対策本部なるもののヘイトスピーチだと、短いですから御紹介しますけれども、こう言っている。日本に不法に滞在する外国人に対する糾弾、不法滞在外国人の追放、外国人犯罪者の糾弾、こうしたものはね、ヘイトスピーチだとかヘイト規制とか、そういったものはね、全くあの規制の対象外ですと。
　つまり、不特定の多数に行うものがヘイトスピーチなんだから、その不特定多数の人たちが適法居住

○矢倉克夫君　私もDVD見させていただいた、本当にこういった言動は許せないなという思いをしたところであります。

今、問いは、そのような不法に滞在した者に対してのものでも該当するというような問いということでよろしいんでしょうか。

○有田芳生君　時間の関係で早口になってしまうものですから、もう一度お尋ねしますと、ヘイトスピーチというのは不特定多数の人に向けられているものです。だけれども、その不特定多数の人たちが適法に居住しているかどうかというのは誰が分かるんですか。

○矢倉克夫君　まず、そもそも今回の法律は、適法に居住するというような文言が今入っております。ただ、これは、立法事実として我々が想定していたのは、まさに在日の方々に対してのこのような許されない言動、そのような形からこういうような形もしました。ただ、何度も申し上げているとおり、理念法として、こういった言動が許されるような社会はあってはならないと、排斥するような言動はあってはならないという理念を掲げて、その理念を実現するためにあらゆる施策を取っていくということをこれ訴えたわけであります。

ということで、今おっしゃってくださったようなデモが対象にならないというようなことではございません。その不特定の者が適法かどうかというところは、判断という部分は、そういう部分では必要もないという理解であると思います。

○有田芳生君　皆さんにお配りしたDVDの中で、昨年12月6日のこれは鶯谷で行われたときのシュプレヒコール、一つだけ御紹介しますと、不法入国外国人の在日を日本からたたき出せ、これは与党案では許されるんでしょうか、許されないんでしょうか。

○矢倉克夫君　許されない言動であると思います。

○有田芳生君　ですから、与党案、素直に読むとやはりそういう疑問が出てきてしまうわけですね。だから、そこのところをやはり穴埋めをしていって実効性のあるものにしていかなければならないというふうに私は考えております。

私たちは6項目にわたる修正要求をお出ししております。日本共産党からも修正要求が出ておりますので、今日の審議などで明らかになって、ああ、そこはそうだなというところがあれば、是非ともより良い方向に持っていっていただきたいというふうに思います。

矢倉委員にもう一点だけ確認をしておきたいんですが、その適法居住要件についてですけれども、不法入国者イコール非適法居住者ではないと、そういう理解でよろしいですね。

○矢倉克夫君　不法入国者イコール非適法入国者、それは概念の範囲として一体ではないということで、それはそういうことであると思います。

○有田芳生君　だから、不法入国者、つまり皆さんの法律案では適法に居住する人を対象にしているわけですよね、これ、法案は。適法に居住するその出身国又はその子孫に対して排除することを扇動する不当な差別的言動はあってはならないということですよね。だから、適法に居住する人でなければ、ヘイトスピーチ、だけど、いけないとおっしゃっているわけですよね。だから、そこをやはりもう少しきっちりと区別をされるべきだと思うんですよ。

○西田昌司君　先ほどこれも質問に答えたんですけれども、要するに、適法に居住していない違法入国者の方々がもしおられたら、それは当然入国管理法で本国に送還なり法的な措置がされるべきことだと思っています。しかし、だからといって、その方々に罵声を浴びせることが許されるものかといえば、そうではないということなんです。

ですから、その方々に対して、例えば私がヘイトをする側として、私は違法入国者、不法入国者に対してけしからぬと言ってがなり立てることは許されるんだというような論法をインターネット上で言われたりなんかしているようでありますけれども、それは全く通用しないと。我々は、そういうヘイトスピーチはもちろん許されるものではないということをこの法律の適用するときに考えなければならないということです。

○有田芳生君　この間の質疑でもお尋ねしましたけれども、与党案が出て直ちに反応があった大きな特徴の一つは、ヘイトスピーチをもう職業的にやっている連中がお墨付きをもらったと、そう言っているわけなんですよ。だから、そこのところをしっかりと対応しなければ、ヘイトスピーチをやっているレイシストたちに抜け道を与えることになると思うんですよね。ですから、そこをはっきりさせたいんですけれども。

難民申請者の中には不法入国をせざるを得ない方が、これは日本だけじゃありませんけれども、シリアの問題を含めて国際問題になっている難民問題というのはそういう本質ですよね。そこに対して、適法居住者じゃないからヘイトスピーチ幾らでもやっていいんだというふうにやっている連中は理解してしまっている、そのことについてどうお感じですか。

○矢倉克夫君　まず、反対解釈という手法そのものがおかしいんであります。これは、申し上げましたとおり、禁止規定というのは、何人も何々してはいけないとか、そういう禁止規定である場合はここまでが公権力が禁止をする範囲の言論だという、そう

173

すると、それ以外は禁止されないんだねという反対解釈はあり得るかもしれないですけど、これは理念法として、まさにこのような社会をつくっていこう、このような排斥するような言論はなくしていこうという社会を理念としてうたって、それに向けたあらゆる施策をやっていくというところであります。だから、そもそもが、立て付けとして、ここに適法と書いてあるからそれ以外はやっていいんだというようなことをお墨付きを与えたということは法としてはあり得ない話であります。

その上で、今の難民申請の部分などは、まず適法かどうかというところの問題としてちょっと限定してお答えをさせていただければ、これは当然いろんな事情があるから不法に来られるという部分もある。ただ、それも仮滞在という立場もありますし、一時庇護上陸とか様々な立場でいらっしゃっているわけであります。そういう部分ではまさに適法というふうにこれは言っていいというふうに思います。

○有田芳生君　だから、適法に居住するということをお書きになったからそういう疑問が生まれ、さらにはヘイトスピーチの職業的な人たちがお墨付きをもらって、これから幾らでもこれまでどおりできるんだと、結果的にヘイトスピーチを行う人たちに対して本当にお墨付きを与えてしまっているというふうに捉えられているという、現実なんですよ、それは。

ですから、適法居住要件という問題は、要するに、誰に対してもヘイトスピーチは駄目なんですよ。だから、それはもう人種差別撤廃条約に基づいて、それは基本の基本なんですよね。だけど、この法案のままだと、今のままだと非正規滞在者に対する差別が助長されるおそれもあるからこういう質問をしているんです。

ですから、もう一点確認したいんですけれども、矢倉委員あるいは西田委員、どちらでも構いませんけれども、要するに、今お二人がおっしゃっていることを違った言葉で言うならば、在留資格に関わりなく外国の出身であることを理由とする不当な差別的言動は許されない、そう理解してよろしいですか。

○西田昌司君　難民申請とか今おっしゃいましたけれども、我々がなぜ適法かというのを書いたかというと、まず、先ほど言いましたように、やはり違法に不正に国内に入国されること自体を我々は認めるわけにはいかない、これは当然のことだと思います。それを認めてしまうと、これは法律として成り立たないし、我々の国民生活自身の秩序安寧が保たれないおそれも出てくる。ですから、これはやっぱり適法かどうかというのは、この入国管理法等様々な法律の適用はしっかりしなければならないと思っております。

しかし、逆に、だからといってそういう方々に対してヘイトをすることを、それを公然と認めるということでもないわけなんですね。ですから、これは、先ほど矢倉委員から説明ありましたけれども、我々が理念法としていることと関連しているわけでございますが、要するに、この理念の掲げているところを拡大解釈をして、そういう方々も含めて我々はヘイトは許さないということは、国民の言論の自由とかそういうことを制限するものではありません。むしろ、モラルをしっかり高めて日本人として恥ずべき行為をしないようにしようという、こういう倫理規定でありますから、そのことに拡大的に解釈することには何ら問題はないと思っています。

逆に、今おっしゃっているような議論というのは反対解釈論をされているわけですけれども、それはあくまで禁止規定、皆さん方が禁止規定を設けるべきだというところから発想をされている発想でありまして、そういう禁止規定を設ける場合には、禁止規定があるからそこから外れたものはやってもいいということになるじゃないかという、そういう解釈されているんですが、我々は禁止規定を設けていませんから、そうじゃなくて、あくまで理念でありモラルであり啓発であると、こういうことですから、ここは拡大的に解釈をしていただいて私は対応すべきだと思っております。

○有田芳生君　適法居住要件を入れているから、ややこしくなるんですよ。

じゃ、違った視点からお尋ねをします。

適法に居住するかどうかというのは個々人が、例えば難民にしても脱北者でもそうですけれども、入ってくるときは不法な形かも分からないけれども、個人個人が日本の法律に基づいて適法な手続に従って最終的には裁判所が判断するものですよね、違いますか。だから、対象とする集団を適法に居住するかどうかという条件で線引きするところから混乱が生じているわけで、やはり多くの当事者の方々もこの適法居住要件というのが一番気になるというふうにおっしゃっている。

もう時間来ますので、だから、そこのところも、今日４時からだそうですけれども、与党の協議の中で私たちの修正についても是非とも検討していただきたい。

もう一つ、第２条の、先ほどもお話出ましたけれども、定義についても修正を是非ともお願いしたいというふうに思います。

先ほどるる指摘がありました第２条の定義の中では「公然とその生命、身体、自由、名誉又は財産に危害を加える旨を告知するなど、」ということで、排除、扇動、不当な差別的言動をいうという第２条の定義なんですが、法務省がこの間発表されました

ヘイトスピーチに関する実態調査報告書、ここの中では、ヘイトスピーチについての定義はいまだ未確立だけれど、しかし法務省の文書の中では、先ほど小川委員も指摘をされました、一つは特定の民族などに対する排斥、そしてさらには生命、身体等に危害を加える、もう一つ、三番目の類型として特定の民族等に属する集団を蔑称で呼ぶなどして殊更に誹謗中傷する内容、その三点目が与党案では明確ではないんですよね。

 ですから、私たちはそこは修正要求として、是非とも定義はそこのところは変えていただきたいというお願いをしておりますので、その検討も是非ともお願いいたします。いかがでしょうか。
○西田昌司君 しっかり検討したいと思います。
○有田芳生君 もう時間が来てしまって、岩城法務大臣あるいは人権擁護局長などにもお尋ねをしたかったんですけれども、もう一つ与党案に課題があると思いますのは、インターネット対策なんです。

 私たち野党の法案には、インターネット上のヘイトスピーチ、あるいは差別の扇動というものをどう対処していかなければいけないのかという、なかなか難しい課題ではあるんですけれども、やはりこれも新しい時代の課題として迅速に対応しないと差別の扇動がまき散らされたままになる。在特会などを始めとするヘイトスピーチをもう職業的にやっている人たちが、この間、数年間にわたって、今でもインターネット上で差別の扇動、ヘイトスピーチが流れているわけですから、これに対する的確な対応というものもこれはお互いに考えていかなければいけないことだと思いますが、いかがでしょうか。
○西田昌司君 大変問題があるということは承知しております。これはヘイトに限らず、様々な分野でインターネット上の情報というのは問題があるということは承知しておりますが、しかし同時に、非常にこの規制というのは難しいということもあり、これからの課題だと考えております。
○有田芳生君 仁比委員も語っていましたけれども、この法案審議、そして私たち野党案も含めて、人種差別撤廃条約をこの日本でようやく具体化していく半歩、それが始まったというふうに思いますので、これからさらに、いろんな委員会も含めて、日本から人種差別、ヘイトスピーチをなくすためにお互いに努力をしていきたいということをお伝えして、質問を終わります。
○委員長（魚住裕一郎君） 本日の審査はこの程度にとどめ、これにて散会いたします。

(5) 第190回国会参議院法務委員会会議録第13号（抄）（平成28年5月12日）

○委員長（魚住裕一郎君） ただいまから法務委員会を開会いたします。
 委員の異動について御報告いたします。
 本日、柳本卓治君及び溝手顕正君が委員を辞任され、その補欠として三木亨君及び大沼みずほさんが選任されました。

○委員長（魚住裕一郎君） 人種等を理由とする差別の撤廃のための施策の推進に関する法律案を議題といたします。
 この際、仁比君から発言を求められておりますので、これを許します。仁比聡平君。
○仁比聡平君 私は、日本共産党を代表して、ヘイトスピーチ根絶に関するいわゆる野党案の質疑を突如終局し、直ちに採決に進もうとするこの委員会運営に強く反対の意見を表明するものです。

 我が党は、民族差別をあおるヘイトスピーチを根絶するために、立法措置を含めて政治が断固たる立場に立つことを求め、社会的包囲で孤立させる運動の発展に努力するとともに、立法措置の在り方については、国民の間に様々な意見がある中で、国会内外で大いに議論を尽くすことを通じた合意形成を大切にして審議に臨んできました。

 とりわけ、昨年8月の野党案の実質審議入り以降、今年3月に実現した参考人質疑、続けて行った川崎市桜本の現地視察など、当委員会の取組に当事者と国民の強い関心が寄せられてきましたが、ここにはヘイトスピーチ根絶の実りを上げるという国会の重い政治的責任が示されています。4月、いわゆる与党案が提出されたのは、何よりヘイトスピーチによる被害の深刻さと根絶を求める当事者と国民の声に与党も対応を迫られたからにほかなりません。

 今求められているのは、ヘイトスピーチ根絶への一歩前進を実らせるために、より良い法案に向けた協議を尽くし、できる限り全会一致で成立させることであり、野党案の採決に臨むなら、改めて野党案に対する十分な質疑と野党案をたたき台にした協議を行うべきであります。

 野党案に対しては、ヘイトスピーチ規制への期待が寄せられる一方で、ヘイト根絶を求める市民、学者からも、禁止される不当な差別的言動について、嫌がらせ、迷惑を覚えさせるなどの定義の不明確さ、それが行政による差別の防止施策と相まって濫用される危険はないのかなどの疑問が示されてきました。

 どのような行為がなぜ許されないか、ヘイトスピーチの焦点を十分に議論し、定義として明確にするこ

とが根絶の大きな力になるとともに、恣意的な解釈による濫用のおそれをなくすために重要です。その重要性については、昨年８月６日の私の質問に小川発議者が、そのとおりと答弁された上で、例えば不特定の者に対しての表現禁止など、法案作成の苦労話を語られたとおりです。

この間の修正協議は、与党案をたたき台に、民進党と我が党の修正要求について附帯決議を含めできる限り全会派が一致できるよう行われてきました。野党案をたたき台にした協議は一切行われておらず、この間の修正協議を踏まえたとき、野党案の意味内容がどのようになるのか、その立法者意思は明確ではありません。にもかかわらず、昨日まで全く提案もされていなかった野党案の質疑終局、採決を強引に行うことは、政党間の信頼関係にも禍根を残すものです。

以上の理由から、野党案の質疑終局には強く反対し、このまま採決に進むこととなれば、賛否を表明する前提を欠いている以上、残念ながら棄権せざるを得ません。

改めて、できる限り全会一致で実りを上げるために必要な協議を求めて、意見の表明といたします。

○委員長（魚住裕一郎君）　この際、お諮りいたします。

本案に対する質疑を終局することに賛成の方の挙手を願います。

〔賛成者挙手〕

○委員長（魚住裕一郎君）　多数と認めます。よって、本案に対する質疑は終局することに決定いたしました。

本法律案は予算を伴うものでありますので、国会法第５７条の３の規定により、内閣から本法律案に対する意見を聴取いたします。岩城法務大臣。

○国務大臣（岩城光英君）　本法律案につきましては、政府としては反対であります。

○委員長（魚住裕一郎君）　これより討論に入ります。御意見のある方は賛否を明らかにしてお述べ願います。

速記を止めてください。

〔速記中止〕

○委員長（魚住裕一郎君）　速記を起こしてください。

御意見もないようですから、討論は終局したものと認めます。

これより採決に入ります。

人種等を理由とする差別の撤廃のための施策の推進に関する法律案に賛成の方の挙手を願います。

〔賛成者挙手〕

○委員長（魚住裕一郎君）　少数と認めます。よって、本案は賛成少数により否決すべきものと決定いたしました。

なお、審査報告書の作成につきましては、これを委員長に御一任願いたいと存じますが、御異議ございませんか。

〔「異議なし」と呼ぶ者あり〕

○委員長（魚住裕一郎君）　御異議ないと認め、さよう決定いたします。

───────────────

○委員長（魚住裕一郎君）　政府参考人の出席要求に関する件についてお諮りいたします。

本邦外出身者に対する不当な差別的言動の解消に向けた取組の推進に関する法律案の審査のため、本日の委員会に、理事会協議のとおり、法務省人権擁護局長岡村和美さんを政府参考人として出席を求め、その説明を聴取することに御異議ございませんか。

〔「異議なし」と呼ぶ者あり〕

○委員長（魚住裕一郎君）　御異議ないと認め、さよう決定いたします。

───────────────

○委員長（魚住裕一郎君）　本邦外出身者に対する不当な差別的言動の解消に向けた取組の推進に関する法律案を議題といたします。

本案の修正について矢倉君から発言を求められておりますので、この際、これを許します。矢倉克夫君。

○矢倉克夫君　私は、ただいま議題となっております本邦外出身者に対する不当な差別的言動の解消に向けた取組の推進に関する法律案に対し、自由民主党及び公明党を代表いたしまして修正の動議を提出いたします。その内容は、お手元に配付されております案文のとおりであります。

これより、その趣旨について御説明申し上げます。

本法律案は、いわゆるヘイトスピーチの解消が喫緊の課題であることに鑑み、本邦外出身者に対する不当な差別的言動の解消に向けた取組について、基本理念を定め、及び国等の責務を明らかにするとともに、基本的施策を定め、これを推進しようとするものであります。

本法律案に対する本委員会での審議等を踏まえ、本邦外出身者に対する不当な差別的言動の定義に「本邦外出身者を著しく侮蔑する」を加えるとともに、附則に検討条項を加える修正を行うため、本修正案を提出するものであります。

以下、主な内容について御説明申し上げます。

第一に、本邦外出身者に対する不当な差別的言動の定義に「本邦外出身者を著しく侮蔑する」を加えることとしております。

第二に、不当な差別的言動に係る取組については、この法律の施行後における本邦外出身者に対する不当な差別的言動の実態等を勘案し、必要に応じ、検討が加えられるものとすることとしております。

以上が修正案の趣旨であります。
　何とぞ委員各位の御賛同を賜りますようお願い申し上げます。
○委員長（魚住裕一郎君）　これより本案及び矢倉君提出の修正案について質疑を行います。
　質疑のある方は順次御発言願います。
○小川敏夫君　民進党・新緑風会の小川敏夫でございます。
　まず、この法案の条文についてお尋ねしたいので、法制局に質問させていただきます。
　この第２条に、「定義」と題して定義が記載してございます。「この法律において「本邦外出身者に対する不当な差別的言動」とは、」と始まります。そこで、その後ずっと続くんですが、この文章の結語としまして、「本邦外出身者を地域社会から排除することを煽動する不当な差別的言動をいう。」ということでこの定義の文章は締めてあります。
　そうしますと、この文章は、定義として、本邦外出身者に対する不当な差別的言動とは、結局、本邦外出身者を地域社会から排除することを煽動する不当な差別的言動をいうと、これはいかがでございましょうか。
○法制局参事（加藤敏博君）　第２条の定義につきましては、この前、４月19日の法務委員会におきまして法案発議者の矢倉先生の方から御答弁がございました。
　それによりますと、不当な差別的言動があることで地域社会を分断するようなことがあってはならないという理念の下で、まず大きなくくりとして、本邦の域外にある国又は地域の出身であることを理由として本邦外出身者を地域社会から排除することを煽動する不当な差別的言動、この部分を挙げましたというふうに御説明がございました。また、それを表す典型例として、生命等に危害を加える旨を告知するなどの部分を記載したものでありますという御説明がございました。
　発議者の御答弁でございますので、これに尽きるというふうに思っておりますが、御質問いただきましたので、若干敷衍して御説明を申し上げたいと思います。
　この法律案は、前文の第一段落の一番最後の部分でございますが、ヘイトスピーチにより、本邦外出身者が多大な苦痛を強いられるとともに、地域社会に深刻な亀裂を生じさせていると規定しております。この法律案は、このような事実認識を前提としているものでございます。
　このような事実認識を前提といたしまして、矢倉先生の御答弁にございましたとおり、地域社会を分断することがあってはならないという理念の下に、この第２条において、本邦外出身者に対する不当な

差別的言動についての定義規定を設けたところでございます。
　このようなことから、この定義においては、大きなくくりのものとして、本邦外出身者を地域社会から排除することを煽動する差別的な言動という部分を規定したものでございます。その上で、本邦外出身者を地域社会から排除することを煽動する不当な差別的言動の典型と言える具体的な例として、本邦外出身者の生命等に危害を加える旨を告知すること、これを規定しております。また、先ほど御提案がなされました修正案におきまして、本邦外出身者を著しく侮蔑することを規定しております。
　なお、定義規定の前半の典型となる規定の具体例の一番最後に「など、」というふうに規定しております。これは、今申し述べました二つの典型的な具体例のほかに、本邦外出身者を排斥する旨を告知することなども当然この定義に入ってくるものと考えております。
　以上でございます。
○小川敏夫君　私の質問の趣旨は、法律の文章ですから、この法律を制定した意義とかそうしたことをお尋ねしているわけではなくて、むしろその法律を制定した意義からするとこの文章の定義が少し狭過ぎるのではないかと、こういう観点から質問しておるわけでございます。
　私があえて提案者でなくて法制局にお尋ねしたのも、この法律の文章として、結局は、その「本邦外出身者に対する不当な差別的言動」とは、」という定義の、この文章の主語に対応する結論の言葉は「本邦外出身者を地域社会から排除することを煽動する不当な差別的言動」だと、このようになると。そうしますと、いわゆるここでいう差別的言動は、本邦外出身者を地域社会から排除する、それを煽動することが不当な差別的言動、この法律でいう不当な差別的言動なんだというふうに結論となるわけでありまして、それで、この本邦外出身者を地域社会から排除することを煽動する不当な差別的行為の理由として修飾語がいろいろ付いていると。
　ですから、この法律で、まさに「不当な差別的言動」と定義しているこの法律の適用範囲は、やはりこの文章においては、結論として「本邦外出身者を地域社会から排除することを煽動する不当な差別的言動」と、これだけを定義付けしているということになる。そうしますと、「本邦外出身者を地域社会から排除することを煽動する不当な差別的言動」、つまり地域社会から排除するという行為が言わば差別的言動であって、それに当たらない行為は差別的言動にはこの法文上は当たらないんじゃないかと、こういう観点から質問しておるわけであります。
　法務省のこれまでのヘイトスピーチを許さないと

いう態様ですと、威嚇、排除、侮蔑という三つの類型をヘイトスピーチとして捉えて、それに対して言わば様々な施策を講じておるわけでありますが、この法律の第２条の「定義」ですと、結論的には、「地域社会から排除する」というこの排除だけをこの法律の対象としておって、威嚇すること、侮蔑すること、その行為自体はこの法律の適用対象には外れているのではないかと、こういう観点から質問しておるわけでございます。

この文章の中に、確かに、「危害を加える旨を告知」し、また今回の修正で「本邦外出身者を著しく侮蔑する」という言葉が入りました。しかし、あくまでもこの言葉は結局はその理由の部分でしかないので、この行為の態様としては結局、地域社会から排除することを扇動するという行為だけが対象となっているというふうにありますので、日本語の文章としてはあくまでも地域社会から排除する行為、これが対象なんだと。ですから、ただ単体として威嚇する行為、あるいは今回修正で入った著しく侮蔑する行為というものは、それ自体の単体の行為ではこの法律の対象から外れるのではないかと、このように思ったわけでございます。

じゃ、提案者の方に私のその懸念について御説明していただければ。

○矢倉克夫君　ありがとうございます。

小川委員の御疑問は、この「定義」にある「排除すること」ということの意味内容はまさに言葉として出ていけという言葉だけに限定されているのではないかと、それであれば狭過ぎるのではないかという御議論であったかと思います。恐らく、今法務省が実態調査で、ヘイトスピーチの分類として、排斥する言論と危害を告知する言論と侮蔑する言論という形で分析をしたわけですけれども、小川議員の御議論は、そのうちの一番最初の排斥という言葉だけ、文字として出ていけという言葉だけがこれが定義として限定しているのではないかというような御疑問であるというふうに理解もいたしました。

であれば、それはそういう意味ではございませんで、こちらはより広く、まさに地域で共生をしている人たち、その中にわあっと入っていってその人たちの人格もおとしめるような、そして、今法制局の方からもお話もありました多大な苦痛を強いて地域社会の共生に深刻な亀裂を生じさせるような、そして社会を分断させるようなことに向けられている言論、これを、そのような態様のものを広く捉えて地域社会から排除することを扇動するというふうに捉えています。

表現の内容が直接的に出ていけという言葉かどうかという意味ではなくて、そういったものも含めて広い意味合いで捉えている。侮蔑の表現もそうですし、危害を告知するというような、まさに対象者に対しての人格というものを否定して、あなたたちは存在意義がないから出ていけと、こういったような許されないような言論、こういったものは許されないという理念の下で、そういったものを広く捉える包括的な概念としてこれは排除することを扇動するというふうに捉えて定義をしております。

それで、先日も御説明したとおり、その典型例として、この「など」で書かれている前に、当初は危害を告知する旨を、告知というのを挙げたわけですけれども、様々な御議論もいただいたその上で、さらにそれ以外に広がらず、これが典型例だということも明示する意味合いも込めて、今回、「本邦外出身者を著しく侮蔑する」という表現も修正として入れさせていただいたという趣旨でございます。

○小川敏夫君　この差別的言動に対処しようというお気持ちは共通していると思うんですよ。ただ、もっと分かりやすく言いますと、要するに、危害を加える旨を告知するとか本邦外出身者を著しく侮蔑する行為、これが地域社会を分断するような、地域社会から排除するという意味を当然包含するものなんだからこの表現で足りているという御趣旨に私は今の答弁を理解したんですが、しかし、どうでしょう、例えばこういう言動をする人物が、いや、地域社会から排除する気持ちなんか更々ないんだよ、どうぞその地域にいてください、私はただ嫌がらせをしたいんだと、そのつもりだけでやっているとしたら、地域社会から排除するという意思が全くないという、ただ嫌がらせてやろうと、嫌がらせしてやろうというような意味で侮蔑したり危害を加える旨を言ったような場合にはこの法律からは外れちゃうんじゃないかと、そういう意味で私はこの文章上ちょっと心配していますんで。

ですから、いや、そういうものも当然、もう社会の常識的な解釈から入るんだということであるならそれが望ましんでありまして、是非、そういうことも入るんであればそういうことも入るということを明確に御答弁いただければと思います。

○矢倉克夫君　やはりこの定義に入るかどうかの判断は、当然ですけど、その言論を言っている人間に解釈の権限があるわけではありませんで、その人たちが、いや、嫌がらせ目的だからといってその解釈が正当になる、そんなものでは当然ございません。そうではなくて、やはり前後の文脈等もしっかりと含めた上で、まさに先生おっしゃった一般の解釈の下でこれに該当するかどうかというところであります。先生の御趣旨のとおりのものは含まれ得るというふうに理解もしております。

○小川敏夫君　終わります。

○有田芳生君　民進党・新緑風会の有田芳生です。

2013年をピークにしまして日本中で差別の扇動であるヘイトスピーチが吹き荒れてまいりました。それから3年近くがたちましたけれども、例えば今年の4月29日、大阪梅田のヨドバシカメラ前で、やはりヘイトスピーチを目的とした、平和の日というくくりで街宣活動が行われました。それは、平和の日という、これはヘイトスピーチやるときには、例えば4月17日、岡山では、拉致問題をテーマにして実際にはもうヘイトスピーチばかり語っているという異常な状況がずっと続いてまいりました。

しかし、4月29日、梅田のヨドバシカメラ前で行われたその街宣においては、ある人物、具体的に言いますと、京都朝鮮第一初級学校を襲撃し、徳島県教組を襲撃し、ロート製薬に抗議に行き強要罪で逮捕され、1年6か月の実刑判決を受けた人物が出所をしてまいりまして、そのヨドバシカメラ前での街宣活動に参加をしておりました。その彼がマイクを持って大きな声で在日コリアンの排斥を語り出したときに、周りにいた主催者がその発言を止め始めた。こんなことはこれまでありませんでした。これは、ヘイトスピーチの現場で戦い続けた方々、あるいは被害当事者たちの戦い、あるいはそれを支えた地道な専門家の方々、その大きな戦いがやはりそういう成果を生んだんだろうと私は判断をしております。

もちろん、大阪はヘイトスピーチ条例が制定されましたし、この4月29日というのは、与党法案が4月8日に提出されて私たちが法務委員会でずっと議論をしてきた、そうした影響もやはりそういう差別をする人物たちにも深い影響を与え始めたんだと、私はそのように理解をしております。

そこで、この与党法案について具体的に質問をいたします。

まず、法務大臣にお伺いをいたしますけれども、ヘイトスピーチって何ですか。

○国務大臣（岩城光英君） ヘイトスピーチの概念ですが、これは必ずしも確立されたものではございませんが、法務省の人権擁護機関におきましては、特定の民族や国籍の人々を排斥する不当な差別的言動を念頭に置いて、これらが許されないものであるとする啓発活動を行っております。

また、昨年度、法務省が公益財団法人人権教育啓発推進センターに委託して実施した調査におきましては、一般的にいわゆるヘイトスピーチと指摘されることの多い内容として、一つに、特定の民族や国籍に属する集団を一律に排斥するもの、二つに、特定の民族や国籍に属する集団の生命、身体等に危害を加えるもの、三つに、特定の民族や国籍に属する集団を蔑称で呼ぶなどして殊更に誹謗中傷するものという三つの類型があることを念頭に調査が実施されました。

ヘイトスピーチの対象とされている方々などに御協力いただいた聞き取り調査におきましても、多くの方々がヘイトスピーチと聞いてイメージするものとしてこれらの内容を中心に挙げられていたものと承知をしております。

○有田芳生君 次に、提案者にお聞きをしますけれども、国際人権法においては定義はされていないんだけれども、ヘイトスピーチを規制するということは三つの条約で明らかになっております。具体的に言えば、人種差別撤廃条約、ジェノサイド禁止条約、そして自由権規約です。

ヘイトスピーチの本質というのは国籍でくくるものではなくて民族である、私はそう理解しておりますし、国際人権法の観点からいってもそのようにこれまで認識をされてまいりましたけれども、そこでお聞きをしたいんですが、本与党の法案では本邦外出身者に狭められておりますけれども、その理由はどういうことなんでしょうか。

○矢倉克夫君 ありがとうございます。

まず、先ほど有田先生が冒頭でお話をいただいた事案、まさに我々も、まず回答に入る前にちょっと一言だけ。

私たちが目指しているのは、このような言論、対抗言論も許されないような気勢でわあっとやってくる言論、抵抗も発言も許されないような形で大勢でわあっとやるような言論はこれは許されないと、そういうような理念をつくる。多くの人は、それは悪いものだけど声を上げられなかったけど、それを上げてもらうような形で理念として掲げて、そういう社会をつくっていかなければいけないんじゃないかという思いでこの法律を今作らせていただいているところであります。

そういう意味でも、有田先生始めこの問題に尽力をされた方々の努力がどんどん社会に普及をしているというところであり、改めて有田先生のこれまでの活動に敬意を表したいというふうに思います。

その上で、本邦外出身者に狭めた理由ということでありますが、こちらは経緯に少し関わるところもありますので。私も公明党でありますけど、公明党も、一昨年にはこのヘイトスピーチに関してのプロジェクトチームをつくって、昨年の7月に内閣の方に対案を提出をいたしました、提言もいたした。すぐに予算措置をとって実態調査をしていただいたわけで、私も、8月にはこの場でヘイトスピーチに特化した形での理念法というような話もしたところであります。

そのときにやはり注意をしたことは、一つは表現の自由なんですけど、もう一つは、理念法である以上、国民全体の一体の意思としてこのような社会は許されないという意思を発現しなければいけない、

そのためには全体の意思としての理念というものがしっかりと確認できるような形のものがまず大事であるというところであります。
　その意味で立法事実というところを捉えたところ、ちょうど京都朝鮮第一初級学校事件で、やはりまさに地域社会で本邦外出身者の方々がその出身というものを理由にして差別をされている、このようなものは表現の自由の範囲外でもあり、法の保護にも値しないというような事実もあった、立法事実があったというところであります。ですので、理念を掲げる上ではまず立法事実があるというところをしっかりとこれは明記をしていこうというところで、本邦外出身者という言葉をこれは付けさせていただいた。
　ただ、あくまでこのような分断を生むような言論というものは許されないし、そのようなものは金輪際なくしていくような社会をつくっていこうという理念を我々高らかに宣言しようとしているところであります。この趣旨からも、ここでこういうような言葉が書かれているから、それ以外のものは、じゃ、許されているというような趣旨を当然言っているわけではございません。一つの立法事実として全体でしっかりと共有できるところをこれ明記をした、その意味でのこの文言を設けさせていただいたわけですが、それ以外のところが許されるというところではないというところをあらかじめ申し上げておきたいというふうに思います。
○有田芳生君　差別者団体、在特会などが例えば一番注目を最初に受けたのは、二〇〇九年、カルデロンちゃん一家排撃事件でした。要は、在留資格がない御両親の下で娘さんが生まれまして、御両親はフィリピンに帰らざるを得なかったんですけれども、カルデロンちゃんは中学に通っていたところに、差別者団体、在特会たちがヘイトスピーチを子供たちに向けて始めた、それが注目をされた最初なんですけれども。
　もちろん、これまで東京の新大久保、大阪の鶴橋、あるいは川崎の桜本地区へのヘイトスピーチもずっと続いているという異常な状況があったんだけれども、在日コリアンの人たちだけではなくてオーバーステイの人たち、あるいは難民の人たち、そういう人たちへも攻撃が続けられてきました。あるいは、奈良の水平社博物館への攻撃が二〇一一年にありました。この間、四月二十五日に高松高裁で、徳島県教組襲撃事件については、これは拉致問題なんかも利用していたヘイトスピーチでしたけれども、高松高裁では、人種差別的行為というふうに控訴審判決で認定をされております。つまりは、在日コリアンだけではなくて、水平社博物館などなど様々な対象に対してヘイトスピーチが行われております。
　人権擁護局長にお聞きをします。

アイヌ民族に対するヘイトスピーチというものもこの数年間ずっと、今でも続いておりますけれども、その実態、把握はされていますでしょうか。
○政府参考人（岡村和美君）　法務省においてその実態を網羅的に把握しているとは言い難いところではございますが、内閣官房アイヌ総合政策室が平成二十七年に行いましたアイヌの人々一、〇〇〇人を対象とする調査の報告書においては、ネット上でアイヌに対するデマや偏見が見かけられる、心の奥底の本音なのだろう、あるいは、銭湯でアイヌが入った後の湯には入らないと言っているのを聞いたことがありましたなどの記載がございます。
○有田芳生君　提案者にお聞きします。
　今、人権擁護局長が実態調査の中から語ってくれたアイヌ民族へのヘイトスピーチ、あるいは難民、あるいはオーバーステイの人たち、そういう人たちへの差別の扇動攻撃というのは、与党法案から判断をしてもこれは許されないという理解でよろしいですね。
○矢倉克夫君　まず、難民については、難民の後も、これは申請後の特別資格等もあります、適法にという部分にも該当をする。また、オーバーステイであったり、またアイヌの方々、また先ほども申し上げましたとおり、この法律は理念法として、このような人の人格というもの、これも尊厳をおとしめて、そして地域社会からも排除をしろというような目的の下で向けられた言論というものは、これは日本社会をも分断するものであり許されないということを国民一体の意思としてこれは宣言するものであります。
　その趣旨から考えて、文脈上、これに該当するというようなものであれば当然それは許されないということを強く宣言したものであるというふうに理解をさせていただきたいと思っています。
○有田芳生君　更に提案者にお聞きをします。
　一部の国会議員は、例えばツイッターで、この法案、与党法案では米国軍人に対する排除的発言が対象になります、あるいは、許されないということを宣言することがこの与党法案の骨子なんだと。米軍基地に反対する人たちが今日も、今の時間も、辺野古のゲートの前で様々な行動をしておりますけれども、基地反対運動に対するヘイトスピーチというものを何とかしようというのがこの与党法案の目的の一つなんでしょうか。明確にお答えください。
○西田昌司君　この法案は、先ほどから説明してまいりましたように、いわゆる地域社会に適法に居住する本邦外出身者に対する不当な差別扇動でありまして、米軍の反対運動、基地反対運動とは、全く立法事実としてそういうことは想定しておりません。そして、かつ、一概にどういうことを彼らが言っているのか分かりませんけれども、いわゆる米軍の反

対運動というのは、これは政治的な発言であり政治的な運動でありますから、そういうことをこの法律をもって、元々禁止規定はありませんけれども、そのことをやめようとかいうことを言っているものでは当然ございません。
○有田芳生君　この法務委員会に参考人として、在日のコリアンとして来てくださったお二人が、4月29日に私宛てにメールを下さいました。与党法案がどうなるんだろうかということで様々な議論がある中で、1人は、京都朝鮮第一初級学校襲撃事件されたときの保護者であり、そして参考人にも来てくださり、さらには刑法学者である金尚均さん。皆さんに資料をお配りしておりますけれども、読み上げます。金尚均さんのメールです。
「本法案が成立しても実効性がなく、無意味だし、与党のアリバイ、ポーズのための法案で、むしろマイナスだから反対する主張がありますが、私はそうは考えません。従来、このような法律が日本に全くなく、初めての試みです。その意味で最初の1歩と位置づけて、この度の法案をなんとしても国会で成立させることが急務と考えます。その意味で付帯条項をつけることに賛成します。本法案が廃案になることを考えると、本法案が成立することのプラス面は社会にとって多大と考えます。どうかよろしくお願いします。」。
もう1人、参考人で来てくださった川崎桜本にお住まいの崔江以子さん。ちょっと長いので、途中省略しながら御紹介をします。
「この法案や附帯決議について、新聞等報じられている指摘にあるように不十分な点はありますが私は胸がいっぱいです。私たち桜本の街はあの絶望が、希望で上書きされていく明日を喜び歓迎しています。会う人、会う人が私の手を握り「言葉にならない」と涙を浮かべます。あのヘイトスピーチによって沈黙を強いられた若者は「日本を嫌いにならなくて済んだ」と安どの表情で語りました。なによりも胸を痛めながら法案の行方を祈るように見守り、痛い足腰で杖をついて院内集会に参加したハルモニが喜びます。」。
「私たち川崎桜本地域はこの法案と附帯決議をもって、胸を張って、川崎市に「国がヘイトスピーチの根絶を宣言しました」「国が地方公共団体に着実に実施するよう定めました」と具体的な実効性のある対策を求め、共に根絶する立場で汗をかくことができます。」。
「ヘイトスピーチに触れてしまい自身が在日コリアンだという事を絶対に打ち明けられない。墓場まで持っていくと涙を流した大学生の人生が変わります。川崎市長さんへ「助けてください」と涙を流した、息子さんの名前が書かれておりますけれども、

「法律がないから」と救われずに傷ついた心がやっと癒されます。13歳の子どもが大人を信じたことを悔やまないで済む社会が実現します。」。
「胸がいっぱいです。涙が出ます。絶望で起き上がれずに、涙にくれた日々が終わり、希望への歩みを進める道が法案と附帯決議によって整えられました。これからこそが大切な1歩となります。ヘイトスピーチ根絶の道しるべとなる法案、附帯決議が全会一致で決まるその時を安寧に共にありたいと思います。」。崔さんの言葉です。
崔さんは、今日、この審議が始まったときも、川崎市長と対面をして、3万人の署名、3万筆の署名をお渡しして、これから川崎市にヘイトスピーチの抑止する条例を作ってください、自分たちで運動を進めていくんだと、その訴えをして、今この現場に急いで車で向かっているはずです。あるいは、もう来ていらっしゃるかも分かりません。
これは川崎の桜本だけではありません。東京でも神戸でも京都でも、ヘイトスピーチをなくそうという運動がこれからも続いていきます。人権問題というのは終着点はありませんので、今日を出発点として、私たち国会議員は当然ですけれども、差別の現場で直接体を張って対峙する人たち、被害当事者、そして地道な専門家の方々とともに人種差別撤廃条約をこの日本に具体化する運動を更に進めていくことをお誓いしまして、質問を終わります。
○仁比聡平君　日本共産党の仁比聡平でございます。
今、有田議員からお二人の思いが紹介をされたように、ヘイトスピーチによる被害の深刻さと、当事者そして支援の皆さんの身を振り絞るようなヘイトスピーチ根絶をという声につき動かされてきたこの私たち参議院法務委員会の取組が、今日一つの節目を迎えようとしているわけです。
そこで、与党案について最後に確認をさせていただきたい二つの点、先ほどの有田議員の質問にも重なりますけれども、まず第一は、在日米軍のありようを批判する人々がヘイトスピーチをする、当事者そして米軍は日本から出ていけなどの声を上げる言動、これは、私が読む限り、本法案の前文の趣旨に照らしても、また法案2条に言う「本邦の域外にある国又は地域の出身であることを理由として、本邦外出身者を地域社会から排除することを煽動する不当な差別的言動」と、この定義にも当たり得ないと考えるわけですけれども、実際には、先ほども御紹介のあった与党議員の発信などもあり、4月25日の沖縄タイムスの社説においても、与党の法案にその意図が隠されているのであれば、憲法で保障された表現の自由に基づき米軍基地問題で住民らが米軍は沖縄から出ていけなどと叫べばヘイトスピーチとされるおそれがある、国会審議でただされなければならない重要な点だと指摘をされているわ

181

けですね。
　この問題について、自民党、公明党両発議者にきっちりとした御見解を伺いたいと思います。
○**西田昌司君**　先ほどもお答えしましたけれども、そもそもヘイトスピーチを抑制するこの法案、我々の法案の中に、米軍の問題というのが立法事実として初めから含まれておりません。そして、なおかつ、この文章を読んでいただいても分かりますけれども、そもそも適法に居住する方々を排除するという目的でやっているわけでありまして、米軍というアメリカの軍隊、そういう機関、そういうことは元々この中には入っておりません。
　さらに、具体的なその中身を見ないと分かりませんけれども、いわゆる沖縄の基地などの前でされている活動というのは、これは政治的なそれぞれの活動であると、政治的な政策であったり、その政策に対する批判であったりだと思います。当然、そういうことは憲法上許される表現の自由の一番大事なところでありますから、我々自身がこの法案を作るときに一番気を付けたのは、まさにそうした様々な自由、表現の自由、それから思想、信条の自由、そうしたものが制約を受けない、その受けない中でどうやって実際に行われているヘイト事例を排除していくかということに腐心をしたわけでございます。
　したがいまして、仁比議員が御質問されましたそういういわゆる米軍に対する排撃というのは元々入っておりませんし、政治的なそういう活動に対してこの法律が使われることもあり得ないという認識であります。
○**矢倉克夫君**　今、西田発議者の回答、答弁とほぼ趣旨同じではございますが、定義に沿って更に補足させていただきますと、２条は「本邦の域外にある国又は地域の出身であることを理由として、」と書いています。まさにその人の出身がどこかとか、そういうことを理由にした言動。今の米軍というものに対しては、これは出身云々というものにもそもそもも当たらない。まさに米軍というものの存在に対しての評価を前提にしたこれは議論でありますし、政策として日米安保その他をどういうふうに捉えるのか、それはまさに政治的言論として御発言をされているものでもありますので、そういう点からもこれには当たらないという趣旨であります。
　我々も、繰り返しになりますけど、表現の自由ということを、これをどのように保護するのか。当然ですけど、表現の自由と言うときに、その自由の対象としてあのようなヘイトデモとかをこれ念頭に置いて言っているわけではございませんで、私は個人的にはそういうのは保護に値しないものだというふうに思っていますが、ただ、名宛て人としては、いろんな方の、何人にも対してこのこれ規制が掛かる、

その全ての方の表現の自由に対してどうやって配慮をすればいいかという悩みからこのような形での立法になったところであります。
　そのような趣旨からも、今のような言論が対象になるということではないということであります。
○**仁比聡平君**　定義との関わりで矢倉発議者から御答弁がありましたからちょっと重ねて確認ですが、西田発議者が政治的言論というのはこれは一番大事なものだと憲法上の保障の意義を語られたわけですけれども、これがこの対象になり得ないということについて、この法案に言う不当な言動ではあり得ないというふうにも思いますけれども、そういう理解でもよろしいのかなということについては、矢倉さん、どうでしょうか。
○**矢倉克夫君**　まさにそのような趣旨で御理解をいただいて大丈夫であると思います。
○**仁比聡平君**　もう一点、米軍という機関、これを排除の対象というふうにはそもそも捉えていないというお話があったんですが、これはちょっと、ちょっとというか、こういうことなのかなと思いますが、例えば沖縄タイムスの社説の部分に、そもそもヘイトスピーチはマイノリティーに対するものだ、米軍人は日米地位協定によって特権的な地位を与えられ、マイノリティーでもない、この表現については与党、もしかしたらいろいろ御意見があるのかもしれませんが、つまりマイノリティーに対する排除という言動、これがヘイトスピーチの大きな焦点であって、そういう意味ではこれは当たらない。言ってみれば、強い者に対して国民の側、市民の側を排除するという概念がヘイトスピーチではあり得ないと思うんですが、いかがでしょうか。
○**西田昌司君**　我々は、今申しましたように、政治的な表現活動について制限を加えるつもりは全くございません。
　しかし、もう片方で、例えば米軍の話今出ましたけれども、アメリカ人出ていけとかいろんな発言もあろうかと思うんですよね。そのときにアメリカ人が、例えば今の仁比委員の発言ですと、マイノリティーじゃなくて強いから言ってもいいんだということにもならないと思うんですね。そうじゃなくて、マイノリティーであるかどうかというのは別で、要するに不当な差別的言動とは何かといえば、いわれないということなんですよ。本人がその責に負わない、全くいわれないことで差別的言動で侮蔑を受けたり、それから地域社会から排除を受けたりする、そういうことを我々は不当な差別として、国民としてやめようじゃないかと、そういう差別的なことは恥ずべきことだという、そういう思いでこの理念法を作っているわけであります。
　ですから、当然、米軍基地の話はそれとは全く違

う話でありますから対象になりませんが、アメリカ人に対して何を言ってもいいのだということを我々は言っているつもりもまたないということは確認させていただきたいと思います。
○仁比聡平君　今おっしゃっているのは、それはそのとおりの話だろうと思うんですね。
　あともう一点確認をしたいのは、今の問題とパラレルではありますけれども、政府の政策やそのありようを批判する人々の言動があります。これは政府対抗言論などともよく呼ばれますけれども、これも同じように当たり得ないと考えますけれども、いかがでしょうか。
○西田昌司君　全くそのとおりであります。
　私も仁比議員も恐らくいろんなところで街頭遊説をやって自分の政策を言っておりますけれども、時には、野党のときには我々与党に対し批判もするし、当然皆さん方も政府に対し批判もあるわけでありまして、それを制限を加えたりしていたらこれは言論の自由そのものを否定することになりますので、全くそういうことにはなりませんし、想定もしておりません。
○矢倉克夫君　もうまさに全く想定もしておりませんし、そのような言論をしっかり自由に、言論は言論でやり合うということが民主主義であります。これは、まさにそういう対抗言論というようなものを許さないような形で社会を分断するような言論というのは駄目だということを理念でしっかり言っているわけですけれども、今先生がおっしゃっているのは、まさに民主主義の根幹たる言論の自由そのものであるというふうに思っております。
○仁比聡平君　ありがとうございました。
　いよいよこの質疑そのものも終わろうとしているわけですけれども、最後にちょっと、通告はしておりませんでしたが、お二人にお伺いをする時間が少しありますので。
　こうして私どもが立場は違えど取り組んできて、この大きな節目を迎えようとしているわけです。私は、この取組を踏まえ、国会の内外でこれからヘイトスピーチを根絶をするために一層力を尽くしていくということが私たち国会議員に求められていると思うんですね。とりわけこの問題を十分な審議を尽くしてきたこの参議院法務委員会のメンバーとして、是非御一緒にヘイトスピーチ根絶のために国会の内外で力を尽くそうではありませんかとお二人に呼びかけたいと思うんですけれども、それぞれ御決意を伺いたいと思います。
○西田昌司君　全く仁比議員の御発言に賛同いたします。要するに、我々は、いわゆるヘイトスピーチ、これなかなか禁止という形では、法律上、言論の自由の関係でできなかったわけですけれども、とにかくそういうものは日本人として恥ずべきものであると、そういう共通認識でやってきたわけでありますので、この法律が成案できましたら、是非その趣旨を多くの国民の方々に共有をしていただいて、ヘイトスピーチをしている方自身がそういう恥ずべき行為だということを認識していただいて、自ら自重していただきたいと思っております。
○矢倉克夫君　まさに我々こういう形で理念法を作った、それは、国民全体の共通認識としてこういう社会をつくっていこう、そのような言論を許さない社会を、みんなが声を上げていくような社会をつくっていこうという理念を掲げて、それに向けてしっかり全体で努力をして実現していこうということを高らかにうたい上げて、それがまた国民世論に更に醸成させていくということでこのような法案を作らせていただいたところであります。
　当然ですけれども、主権者たる国民の代表として我々がまず中に入っていって、こういうような社会をつくるための第一歩であるということをこれから更に努力をしていって、実現に向けて全体でこれは議論をして、そして努力をしていこうということをしっかりと私からもまたお誓いを申し上げて、またお呼びかけをしたいというふうに思っております。
○仁比聡平君　終わりたいと思います。
　お疲れさまでした。
○委員長（魚住裕一郎君）　他に御発言もなければ、質疑は終局したものと認めて御異議ございませんか。
　〔「異議なし」と呼ぶ者あり〕
○委員長（魚住裕一郎君）　御異議ないと認めます。
　これより原案及び修正案について討論に入ります。
　御意見のある方は賛否を明らかにしてお述べ願います。
○小川敏夫君　民進党・新緑風会の小川敏夫でございます。
　私は、本法案、原案、修正案に賛成の立場で意見を述べます。
　まず、本法案について問題点を指摘いたします。
　本法案は、いわゆるヘイトスピーチについて、これを解消することを国民の努力義務とすることにとどめ、禁止する規定としていません。このため、努力をする意思のない者に対してヘイトスピーチをやめさせることの実効性はないとも思われます。これでは、本法案が成立、施行されてもヘイトスピーチが収まることはなく、法施行後も現状と変わらずにヘイトスピーチが繰り返されることが予想されます。
　また、差別的言動の定義についても、文理上、地域社会からの排除だけを対象としているようにも読めるもので、疑問がないわけではありません。
　こうした点から、ヘイトスピーチを規制するために立法措置等の更なる取組が必要であると考えてお

ります。

以上の指摘点があるものの、本法案にそれなりの意義がないわけではなく、本法案の成立を望む声もありますので、本法案に賛成するものであります。

○仁比聡平君　私は、日本共産党を代表して、与党提出の修正案及び修正部分を除く原案について、いずれも賛成の立場から討論を行います。

先ほども申し上げたとおり、与党案の提出は、当委員会の取組の中で、ヘイトスピーチによる被害の深刻さとその根絶を求める被害当事者、国民の声に迫られたからにほかなりません。その内容には大きな問題点がありますが、ヘイトスピーチの根絶に向けた立法府の意思を明確にする理念法としての意義を評価し、賛成するものです。

与党案には、適法に居住する本邦外出身者を対象とするというその骨格が、人種や民族を理由とする差別は許されないという憲法と人種差別撤廃条約の趣旨を曖昧にするのではないか、「不当な差別的言動」との用語が明確性を欠くのではないか、また、前文で「許されないことを宣言する」としながらヘイトスピーチの違法性を明確にしていないなどの問題点があります。

我が党は、ヘイトスピーチ根絶の運動や自治体決議、条例制定などの取組を踏まえ、与党案に対し、以下の修正を求めてまいりました。

1、法案の名称をヘイトスピーチ根絶に向けた取組の推進に関する法律などとすること。2、何人もヘイトスピーチを行ってはならない旨の規定を設けること。3、ヘイトスピーチの定義について、「本邦外出身者に対する不当な差別的言動」に換えて、人種若しくは民族に係る特定の属性を有する個人又は集団、以下、民族等としますが、この社会からの排除、権利、自由の制限、民族等に対する憎悪又は差別の意識若しくは暴力の扇動を目的として、不特定多数の者がそれを知り得る状態に置くような場所又は方法で行われる言動であって、その対応が民族等を著しく侮辱、誹謗中傷し、脅威を感じさせるものをいうとのような規定を置くこと。4、「適法に居住する」との要件は削除すること。5、地方公共団体の責務は、「努めるものとする。」に換えて、国と同様、「責務を有する。」ものとすること。

こうした法案修正は成りませんでしたが、質疑の中で、対象となる言動は本邦外出身者を地域社会から排除することを扇動する不当な差別的言動であり、扇動の定義も例示しているから、「不当な」や「差別的」という曖昧な用語がそれだけで要件とはならないこと、政府や在日米軍を批判する言動は対象たり得ないこと、アイヌ民族や難民認定申請者など在留資格の有無、争いにかかわらずヘイトスピーチは許されないこと、道路使用許可など行政処分あるいは司法判断において理念法が根拠規範となり得ることなどが答弁で確認をされたことを前向きに評価し、賛成をするものです。

ヘイトスピーチを根絶するために一層国会内外で力を尽くそうではありませんか。

その決意を表明し、賛成討論といたします。

○委員長（魚住裕一郎君）　他に御意見もないようですから、討論は終局したものと認めます。

それでは、これより本邦外出身者に対する不当な差別的言動の解消に向けた取組の推進に関する法律案について採決に入ります。

まず、矢倉君提出の修正案の採決を行います。

本修正案に賛成の方の挙手を願います。

〔賛成者挙手〕

○委員長（魚住裕一郎君）　全会一致と認めます。

よって、矢倉君提出の修正案は可決されました。

次に、ただいま可決されました修正部分を除いた原案全部の採決を行います。

修正部分を除いた原案に賛成の方の挙手を願います。

〔賛成者挙手〕

○委員長（魚住裕一郎君）　全会一致と認めます。

よって、修正部分を除いた原案は可決されました。

以上の結果、本案は全会一致をもって修正議決すべきものと決定いたしました。

この際、有田君から発言を求められておりますので、これを許します。有田芳生君。

○有田芳生君　私は、ただいま可決されました本邦外出身者に対する不当な差別的言動の解消に向けた取組の推進に関する法律案に対し、自由民主党、民進党・新緑風会、公明党、日本共産党及び生活の党と山本太郎となかまたちの各派の共同提案による附帯決議案を提出いたします。

案文を朗読いたします。

　　本邦外出身者に対する不当な差別的言動の解消に向けた取組の推進に関する法律案に対する附帯決議（案）

　　国及び地方公共団体は、本邦外出身者に対する不当な差別的言動の解消が喫緊の課題であることに鑑み、本法の施行に当たり、次の事項について特段の配慮をすべきである。

　1　第2条が規定する「本邦外出身者に対する不当な差別的言動」以外のものであれば、いかなる差別的言動であっても許されるとの理解は誤りであり、本法の趣旨、日本国憲法及びあらゆる形態の人種差別の撤廃に関する国際条約の精神に鑑み、適切に対処すること。

　2　本邦外出身者に対する不当な差別的言動の内容や頻度は地域によって差があるものの、これが地域社会に深刻な亀裂を生じさせている地方

公共団体においては、国と同様に、その解消に向けた取組に関する施策を着実に実施すること。
3　インターネットを通じて行われる本邦外出身者等に対する不当な差別的言動を助長し、又は誘発する行為の解消に向けた取組に関する施策を実施すること。
　　　右決議する。
　以上でございます。
　何とぞ委員各位の御賛同をお願い申し上げます。
○委員長（魚住裕一郎君）　ただいま有田君から提出されました附帯決議案を議題とし、採決を行います。
　本附帯決議案に賛成の方の挙手を願います。
　　〔賛成者挙手〕
○委員長（魚住裕一郎君）　全会一致と認めます。よって、有田君提出の附帯決議案は全会一致をもって本委員会の決議とすることに決定いたしました。
　ただいまの決議に対し、岩城法務大臣から発言を求められておりますので、この際、これを許します。岩城法務大臣。
○国務大臣（岩城光英君）　ただいま可決されました本邦外出身者に対する不当な差別的言動の解消に向けた取組の推進に関する法律案に対する附帯決議につきましては、その趣旨を踏まえ、適切に対処してまいりたいと存じます。
○委員長（魚住裕一郎君）　なお、審査報告書の作成につきましては、これを委員長に御一任願いたいと存じますが、御異議ございませんか。
　　〔「異議なし」と呼ぶ者あり〕
○委員長（魚住裕一郎君）　御異議ないと認め、さよう決定いたします。

(6) 第190回国会衆議院法務委員会議録第19号（抄）（平成28年5月20日）

○葉梨委員長　次に、参議院提出、本邦外出身者に対する不当な差別的言動の解消に向けた取組の推進に関する法律案を議題といたします。
　発議者より趣旨の説明を聴取いたします。参議院議員矢倉克夫君。
○矢倉参議院議員　ただいま議題となりました本邦外出身者に対する不当な差別的言動の解消に向けた取組の推進に関する法律案につきまして、発議者を代表いたしまして、提案の趣旨及び主な内容を御説明申し上げます。
　近年、本邦の域外にある国または地域の出身であることを理由として、適法に居住するその出身者またはその子孫を、我が国の地域社会から排除することを扇動する不当な差別的言動が行われ、その出身者またはその子孫が多大な苦痛を強いられる事態が頻発化しております。かかる言動は、個人の基本的人権に対する重大な脅威であるのみならず、差別意識や憎悪、暴力を蔓延させ、地域社会の基盤を揺るがすものであり、到底許されるものではありません。
　もとより、表現の自由は民主主義の根幹をなす権利であり、表現内容に関する規制については極めて慎重に検討されなければならず、何をもって違法となる言動とし、それを誰がどのように判断するか等について難しい課題があります。
　しかし、こうした事態をこのまま看過することは、国際社会において我が国の占める地位に照らしても、ふさわしいものではありません。
　本法律案は、このような認識に基づき、憲法が保障する表現の自由に配慮しつつ、本邦外出身者に対する不当な差別的言動の解消に向けた取り組みについて、基本理念を定め、及び国等の責務を明らかにするとともに、基本的施策を定め、これを推進しようとするものであり、いわゆるヘイトスピーチを念頭に、本邦外出身者に対する不当な差別的言動は許されないとの理念を内外に示し、かかる言動がない社会の実現を国民みずからが宣言するものであります。
　その主な内容は次のとおりであります。
　第一に、前文を置き、我が国において、近年、不当な差別的言動により、本邦の域外にある国もしくは地域の出身である者またはその子孫であって適法に居住するもの、すなわち本邦外出身者が多大な苦痛を強いられるとともに、地域社会に深刻な亀裂を生じさせており、このような事態を看過することは、国際社会において我が国の占める地位に照らしてもふさわしいものではないという本法律案の提案の趣旨について規定するほか、このような不当な差別的言動は許されないことを宣言することとしております。
　第二に、本邦外出身者に対する不当な差別的言動の定義を置き、専ら本邦外出身者に対する差別的意識を助長または誘発する目的で公然とその生命、身体、自由、名誉もしくは財産に危害を加える旨を告知または本邦外出身者を著しく侮蔑するなど、本邦の域外にある国または地域の出身であることを理由として、本邦外出身者を地域社会から排除することを扇動する不当な差別的言動をいうこととしております。
　第三に、基本理念として、国民は、本邦外出身者に対する不当な差別的言動の解消の必要性に対する理解を深めるとともに、本邦外出身者に対する不当な差別的言動のない社会の実現に寄与するよう努めなければならないこととしております。
　第四に、本邦外出身者に対する不当な差別的言動の解消に向けた取り組みに関する施策の実施につい

て国及び地方公共団体の責務を規定することとしております。

第五に、基本的施策として、国は、相談体制の整備、教育の充実等及び啓発活動等を実施することとしております。また、地方公共団体は、国との適切な役割分担を踏まえて、当該地域の実情に応じ、これらの基本的施策を実施するよう努めることとしております。

第六に、附則において、この法律は、公布の日から施行することを規定するとともに、不当な差別的言動に係る取り組みは、この法律の施行後における本邦外出身者に対する不当な差別的言動の実態等を勘案し、必要に応じ、検討が加えられるものとすることを規定することとしております。

以上が、この法律案の提案の趣旨及び主な内容であります。

なお、定義の一部及び附則の検討条項については、参議院において修正を加えたものであります。

本邦外出身者に対する不当な差別的言動が許されず、その解消に向けた取り組みが必要であることについては、参議院法務委員会において、実際にかかる言動が行われたとされる現地への視察や真摯な議論を通じ、与野党の委員の間で認識が共有されたところであります。

何とぞ、御審議の上、速やかに御賛同くださいますようお願い申し上げます。

○葉梨委員長　これにて趣旨の説明は終わりました。

─────────────

○葉梨委員長　この際、お諮りいたします。

本案審査のため、本日、政府参考人として警察庁長官官房審議官斉藤実君及び法務省人権擁護局長岡村和美君の出席を求め、説明を聴取いたしたいと存じますが、御異議ありませんか。

　　〔「異議なし」と呼ぶ者あり〕

○葉梨委員長　御異議なしと認めます。よって、そのように決しました。

─────────────

○葉梨委員長　これより質疑に入ります。

質疑の申し出がありますので、順次これを許します。國重徹君。

○國重委員　公明党の國重徹でございます。

いわゆるヘイトスピーチは、ターゲットとされたマイノリティーの方たちの尊厳を徹底的に傷つける、心にも体にも、そして生活にも深刻な害悪をもたらす。憎悪、また差別意識といったものを私たちの住むこの社会に蔓延させるこのヘイトスピーチは、到底許されるものではありません。

こういったヘイトスピーチ問題に関する取り組みについては、思想的に右寄りであるとか左寄りであるとか、こういったものは関係ない、こういったもの

のを超越した、人間性の尊厳にかかわるものだ、私はそう思っております。

我が党といたしましても、一昨年9月にヘイトスピーチ問題対策プロジェクトチームを立ち上げまして以来、ヘイトデモが実際に行われた現場の視察、被害者からのヒアリング、有識者との意見交換などを行って、対策の検討を重ねてまいりました。

この検討結果を取りまとめまして、昨年7月、菅官房長官、また、当時の法務大臣でもありました上川陽子前法務大臣に、ヘイトスピーチ問題対策等に関する要望書を手渡しまして、三点にわたって具体的な申し入れをいたしました。

その際、私どもがとりわけ強調しましたのは、ヘイトスピーチに関する実態調査について、政府がこれまで行っていないということでした。正確な実態の把握なくして実効性ある対策は期待できません。差別全般の調査は第二段階でやるとしても、まずは第一段階として、ヘイトスピーチは待ったなしの課題なんだ、予備費を使ってでもすぐにぜひやってほしいということで強く申し入れをいたしました。

これを受けまして、菅官房長官らは、ヘイトスピーチに関する実態調査をすぐにやるということを言っていただきまして、その日の夕方の定例記者会見で早速、実態調査を行っていくということを明言されました。

その後、我が国で初めてとなる、政府としてのヘイトスピーチに関する実態調査が行われまして、本年3月30日にその結果が公表されました。

そこで、まず法務省に、その調査結果の概要、また、それに対する所感について伺います。

○岡村政府参考人　御指摘の実態調査では、ヘイトスピーチを行っているとの指摘のある諸団体のデモ、街宣活動は、一時期よりは減少する傾向にはあるものの、いまだ相当数存在する、また、デモ等における発言の中には、特定の民族について一律に排斥したり、特定の民族に対して危害を加えたり、おどすといった発言、さらには、殊さらに誹謗中傷する内容の発言、そういったものが大変多く認められまして、現段階でもいまだ鎮静化しているとは申せません。

このような調査の結果を受けて、法務省の人権擁護機関といたしましても、いわゆるヘイトスピーチについては、今もなおしっかりと取り組んでいかなければならない深刻な状況にあると認識しております。

○國重委員　今、人権擁護局長の答弁の中で、ヘイトデモ、街宣活動は鎮静化していないんだ、今なおしっかりと取り組んでいかなければならない深刻な状況にあるんだ、そういった認識をしているということがございました。

今般の法務省の調査によって、ヘイトスピーチ、ヘイトデモの被害の状況が改めて浮き彫りになった。政府としても真っ正面から認識せざるを得なくなったわけでございます。ヘイトスピーチの根絶に向けて尽力されてきた多くの方々がいらっしゃいますけれども、今般の調査結果は、そういった方たちの思いを後押しする、立法化に向けた大きな力になったと私は思っております。
　本法案は、不当な差別的言動は許されない、ヘイトスピーチは許されないと国として明確に宣言をした初めての法律案です。
　現行法では、特定の個人や団体に対する差別的言動は規制の対象とされておりますけれども、不特定の集団に対する差別的言動については規制の射程外、むしろ表現の自由の範囲内であって許さざるを得ないという理解も少なからずありました。しかし、本法案は、このような不特定の集団に対する不当な差別的言動であったとしても許されない、こう明確に宣言しております。
　本法案は、確かに理念法でございます。だから実効性がないんじゃないかと言う人がいるかもしれませんけれども、決してそうじゃない。
　発議者に伺います。
　本法案は、不当な差別的言動が許されないと宣言しているものであって、その他の法令解釈や司法判断において重要な解釈指針として影響を与える、実効性のある法案だ、私はそう認識、理解をしておりますが、これで間違いがないか、明快な答弁を求めます。
○矢倉参議院議員　ありがとうございます。
　理念法として、本法案は、あのような不当な差別的言動を許さない社会を国民一体としてつくろうということを力強く宣言したものである。
　委員が今おっしゃってくださったように、今までは、特定人に対しての差別的言動については国は意思を明確にしておりました。しかし、不特定人に対しての差別的言動についても、我々国権の最高機関である国会の意思として、このようなものは許されないということを明確に明示をした。
　これがどのような効果を持つかといいますと、デモに対して、例えばさまざまな関連法があります、騒音防止条例であるとか。もしくは、その後の裁判の場で、司法の場に行きます。民法の規定であったりで、損害賠償の違法判定であるとか、そういう文脈もさまざまある。
　このような現行法令のあらゆる解釈の文脈において、例えば裁判所がその判旨において、このような法律が明確に、このような言動は許されないということを述べているということをしんしゃくして、引用し、解釈をする。このようなことが積み重なって、国民全般に対しても、このようなことは許されないという意識が醸成されるということになります。
　先生の御質問に答える上では、解釈指針にしっかりなるというところであります。
○國重委員　今、本法案が、その他の法令解釈とか司法判断において重要な解釈指針となるんだ、実効性があるものなんだという答弁をいただきました。確認できました。
　では、次の質問に移ります。
　本法案の論点については、参議院の法務委員会で充実した審議がされまして、もうほぼ出尽くしたと思っております。ほとんどやっていただいたのかなと思っておりますので、私としましては、今後の取り組み等について確認をさせていただきたいと思います。
　ヘイトスピーチ問題については、これまでも法務省を中心に政府としてさまざまな取り組みをされてきたということは、私も知っておりますし、一定の評価をしております。でも、ヘイトスピーチで今なお苦しんでいる、傷ついている、おびえている人たちがいる、子供たちがいる。立法府また行政府にかかわる者として、私ども政治家が聞き逃してはならない悲鳴といったものがここにあると思っております。
　本法案が成立したのに、これまでと同じような取り組みであってはいけない。本法案に温かい命、希望を吹き込むような新たな取り組みをしていかないといけない。
　法務省に伺います。
　本法案が成立して施行された後、どのような取り組みを講じていくのか、答弁を求めます。
○岡村政府参考人　本法律が成立し、施行された場合には、私ども法務省の人権擁護機関では、本法律の趣旨を十分に尊重した上で、地方公共団体、関係機関とも強く連携をし、その趣旨や内容をしっかりと周知させ、広く御理解を得つつ、不当な差別的言動の解消に向けた実効的な施策に取り組んでまいりたいと考えております。
○國重委員　今、人権擁護局長から答弁いただきました。
　私も、これまで法務省ともさまざまな協議、また意見交換等をしてきましたけれども、本法案が成立して施行された後、今、人権擁護局長は少し抽象的にお話しになりましたけれども、今まだ完全に固まったわけではないけれども、今後、具体的な取り組みをしっかりとやっていきたいということで聞いております。
　そのために、体制の強化もしていかないといけないと思っております。ちょっと更問いになりますけれども、今の人権擁護局の体制、何名体制でやって

いるのか、また、その体制についても強化していこうと思われているのか、これに関してお伺いいたします。
○岡村政府参考人　法務省本省では、予算上の定員は約20名でございますが、いろいろと応援を得ているところでございます。全国では約300カ所の拠点で約260名の者が日々取り組んでおりますが、これからは、そういった体制をさらに強化し、全員に、改めてヘイトスピーチに対する取り組みをしっかりと進めていくように、教育と研修を確実に進めていく所存でございます。
○國重委員　今後、新たな取り組みをしていく、強化していくためには、体制自体も強化していかないといけないと私は思っております。今、わずか20名程度の体制ということですけれども、私もしっかりバックアップしていきたいと思いますので、体制も強化をして、力を合わせてこのヘイトスピーチの根絶に向けた取り組みをぜひよろしくお願いいたします。

続きまして、ヘイトスピーチが生じる要因というのはさまざまなものがあるかと思います。その中で、ネット社会の光と影の影の部分、ネット社会の病理の部分というのも私は見逃せないんじゃないかと思っております。

手軽に情報にアクセスできる上に、発信もできる。匿名性が声を過激にする。そして、その過激さは加速的に増していく。また、虚実織りまぜた情報というのがすさまじい勢いで拡散されていく。そのゆがめられた情報、またデマに触れることによって憎悪や偏見、差別意識が生まれ、それらが増幅されていくこともあります。

例えば、先日も、熊本での地震の直後、ツイッター上で、熊本の朝鮮人が井戸に毒を投げ込んだ、こういう根拠のないデマが飛び交いました。これについては、そもそも内容が荒唐無稽な上に、うそだと反論する情報、そういった方たちも多くて、幸い、真実だと受けとめられるには至りませんでした。ただ、一時的な混乱を招いたことは事実でございます。

そもそも、うそであることはわかるとしても、こんなわれのないデマは、在日韓国・朝鮮人の方たちの尊厳を傷つけるものであって、許されるものではありません。

ヘイトスピーチやネット上の書き込みを見ますと、同じように根拠のないデマに基づいて在日韓国・朝鮮人の人たちを誹謗中傷するようなものが非常に多い。しかも、それらしく書いてあったりするので、見た人が本当だと勘違いしやすい状況にあります。

そこで、法務省に伺います。

こうした言動は、本法案で言う不当な差別的言動に当たって許されないわけでありますけれども、許されないというだけではなくて、デマが拡散していることを確認した場合には、それが誤りであるというふうに明確に打ち消していく必要があると思いますけれども、これに関する見解をお伺いいたします。
○岡村政府参考人　委員御指摘のとおり、このような、虚偽の情報を流布するなどして差別や偏見を生じさせるおそれの高い情報が流布しているという事実に接した場合には、こういった情報の真偽も可能な限り見きわめた上で、国民一般に向けて必要な情報をタイムリーに提供するなど、私どもとしても、より一層発信力を強化していく必要があると考えております。

本法律の趣旨も踏まえて、その方策についてもしっかりと検討してまいります。
○國重委員　よく、在日特権とか、こういったものを振りかざして誹謗中傷するような言動がありますけれども、こういう荒唐無稽なものが原因で新たな憎悪とか偏見とか差別意識といったものが生み出されないような取り組みをぜひよろしくお願いいたします。

では、最後の質問に移ります。

私は、ヘイトスピーチは差別構造の一部であるというふうに認識をしております。一昨年12月のいわゆる京都朝鮮第一初級学校事件の上告審におきましても、一連の示威活動におけるヘイトスピーチが人種差別撤廃条約に違反する人種差別に当たる、こういった司法判断がされました。

ヘイトデモは、差別の中でもとりわけ過激だし、被害も大きい、喫緊に取り組まないといけない問題だということですけれども、目指すべきは、差別のない社会、また共生の社会であります。

冒頭、法務省に確認をしました調査の実施については、我が党のプロジェクトチームが、ヘイトスピーチを含む差別問題全般について調査をお願いしたところ、差別全般だとすごく時間もかかるということで、しっかりと絞って、まずは、一刻の猶予もならないこのヘイトスピーチについてやっていこうということで、本年3月30日にヘイトスピーチの実態調査の結果が公表されたわけであります。

でも、それで終わりではなくて、今年度は、その第二弾として、ヘイトスピーチを含む人権問題全般についての調査を行うべく、今、法務省は、地方自治体とか関係機関と準備を進めているというふうに聞いております。

そこで、法務省に伺います。ヘイトスピーチを含む人権問題全般に関する調査の進捗状況、今後の見通しはどうなっているのか、お伺いいたします。
○岡村政府参考人　御指摘の調査につきましては、現在、多数の地方公共団体の御協力を得つつありま

すが、引き続き、公正中立の確保という観点から、公益財団法人に委託して実施することを予定しておりまして、現在、その公益財団法人に設置した有識者による会議体で調査項目等の検討を行っているところでございます。また、私ども法務省においても、調査項目等について、地方公共団体や外部の専門家から御意見を伺っているところであります。

そして、この調査結果は、今年度中に公表する予定でおります。

○國重委員　調査を着実に進めていただいて、その結果を踏まえてしかるべき措置をしっかりと講じていっていただきたいと思います。

ヘイトスピーチを根絶する、また、差別のない社会、共生の社会を築いていく、私もそのためにしっかりと汗を流していくことをお誓い申し上げ、私の質問を終わります。

ありがとうございました。

○葉梨委員長　以上で國重徹君の質疑は終了いたしました。

次に、逢坂誠二君。

○逢坂委員　民進党の逢坂誠二でございます。

きょうは、いわゆるヘイトスピーチ対策法案について質疑をさせていただきます。

参議院でさまざま、もう論点は出尽くしているかというふうには思いますけれども、確認の意味も込めて、法案の提出者にお伺いしたいと思います。

まず、前提として、冒頭に、いわゆるヘイトスピーチとありますけれども、このいわゆるヘイトスピーチというのは、本邦外出身者である、あるいは本邦内出身者であるにかかわらず、あるいはまた、適法に居住している、あるいは適法ではない居住である、そういうさまざまな条件がある中で、何人に対してもいわゆるヘイトスピーチというのは許されないものであるという認識を私は持っているんですけれども、その認識でよろしいかどうか、まず確認をいたします。

○矢倉参議院議員　委員おっしゃるとおりであると思います。

いわゆるヘイトスピーチというのは、本来であれば、民主主義においては、言論には言論で対抗するというものである、ただ、その態様において相手方の対抗言論も許さないような形で、外部からわあっと言ってきて大勢で押しかけていき、社会を分断するようなものであります。

こういったものを許容している社会というのはやはり健全な社会ではないという理念のもとで、かかる態様について、そのようなものは許されないということをしっかり宣言したのがこの理念法の趣旨であるというふうに理解もしております。

○逢坂委員　それでは、次の点をお伺いします。

今回の法律の制定の意義、これを制定することによってどんなことが想定されるのか、意義についてお知らせください。

○西田（昌）参議院議員　今回の法律は、立法事実として、そういうヘイトスピーチが行われ、困っておられる方が実際におられるわけでございます。我々も、その現地に行き、視察をしてまいりまして、被害を受けられている方々の話も聞きました。そういうものは、やはり日本人としてあるまじき行為でありまして、根絶をしなければならないという思いで、皆が共通の認識を持ったわけであります。

しかし、問題は、憲法に保障されている表現の自由、こういう一番大きな憲法事案について、禁止規定をつくるということがなかなかできない。しかし、禁止規定はできなくても、我々が国会の、この国権の最高機関で決議することによって、理念を明確に示すことによって、先ほど矢倉発議者からの説明もありましたけれども、あらゆる法律の解釈において指針となって、そういうことを宣言することによって事実上ヘイトスピーチを根絶させる方向に行くし、また、この法律には、差別のない社会をつくることの責務を国民にも課しているわけなんですね。

だから、そういう共通認識を皆が持つことによって、わざわざヘイトスピーチをしている人間がまだいるわけなんですけれども、彼らに対して、そういうことは恥ずべきことだ、そういうことを我々がしっかり宣言する、それが大変大きな意義があることだと思っております。

○逢坂委員　それでは、ちょっと具体的なことをお伺いしますけれども、今回の法案の成立によって、警察の対応というのは変わるのかどうかですね。

例えば、警察の対応といいますと、デモについて、デモをやっていいですよ、このデモを許可しますよというようなことなんですけれども、この法律ができたことによって、その警察の判断基準というのは変わるのかどうか、この点についてお伺いします。

○西田（昌）参議院議員　デモとかでは、道路使用許可でありますから、内容によって、またその使途によって、使用するとかさせないとかいうことは基本的にはできないんだろうと思うんですね。

しかし、この法律をやることによって、そういうヘイトスピーチ自体を我々国会が否定しているわけなんですね。そうすると、その運用においては、例えば騒音防止条例もそうですし、名誉毀損ということもそうでしょうけれども、あらゆる法律を駆使することによって、警察は、している方が加害者であって、される側が被害者である、そういう認識も含めて、行政上の権限を行使することができるのではないか、またそれを我々は期待しております。

○逢坂委員　ちょっと、今の答弁、若干わかりにく

かったとは思うんですけれども、いわゆる警察の判断、本来警察は、表現の自由その他のことを考えますと、形式上、このデモをやってしまういろいろと交通にも不都合になるから、それは厳しいですねというような判断はあるかもしれない、だが、内容によっては基本的には判断はできないというのがこれまでの前提であったかと思いますけれども、この法律の施行によってそれが変わるのかどうかということを法案提出者としてどう見ているか、改めて確認いたします。

○西田（昌）参議院議員 先ほども言いましたように、いわゆる内容で事前にチェックするということは表現の自由にもかかわりますので、それはできないだろうと。

ところが、現実問題、この法律をやることによって、警察権の行使をするときにおいて、さまざまな解釈の方向として、ヘイトをさせない、ヘイトということは恥ずべき行為でありますから、根絶させていこうと。そして、その中で、例えば大きなマイクを使ったり、それからいろいろな違法な、例えば公道の使用とかがあったりとかした場合、当然、厳正に警察権が行使されて、ヘイトが事実上行われることがないようになっていくと思うわけであります。

もう一つつけ加えて言うと、恐らく、そういうことを例えば警察がすると、それは、自分たちのデモをしたりする権利を制限されたとかいろいろなことで、逆に訴えることもあると思うんですよ。しかし、そのときには、まさにこの法律が司法の場において、司法の判断としても、ヘイトは我々が、国権の最高機関が許さないということを宣言し、この理念を掲げているわけでありますから、その司法判断も当然我々の期待に沿うものになるものだと思っております。

○逢坂委員 デモの内容によってその判断は変わるものではないというところは確認をさせていただきました。

次に、今回の法案の対象ですけれども、これは本邦外出身者というふうになっているわけですが、本邦内出身者を加えなかった理由についてお知らせください。

○矢倉参議院議員 本邦外出身者にまず規定をしている意味なんですけれども、これは理念法であります。理念法であるということはやはり、国民全体の意思としての発言や理念というふうなものをしっかりと表現をする、であるからこそ、どういう共通の事実に基づいて、国民全体が、このような言動は許されないというところの事実が、立法事実としてやはり大事であるというところはあると思います。

そう考えると、立法事実として今まで考えられていたのが在日朝鮮や韓国の方々、京都朝鮮第一初級学校事件のような、そのような立法事実から考えて、本邦外出身者という言葉を、限定を入れさせていただいたところであります。

ただ、この趣旨は、それ以外の者に対するこのような不当な差別的言動というのが許されるという趣旨ではないということは、理念法のたてつけからもやはり明らかであるというふうに思っております。

○逢坂委員 立法事実に基づいて本邦外出身者というふうにしたということですけれども、先日、このヘイトスピーチ対策法に関連してあるテレビ番組に出演しましたら、ジャーナリストの方が、本邦外出身者だけではなくて、本邦内の人に向けてもこういうヘイトのデモがあるんだということをおっしゃっておられましたので、この点については少しまた今後いろいろと検討すべき余地のあるところなのかもしれないという印象を、この間、私は、そういうことを教えてもらいまして、印象を持ったところであります。

では、次に、今回の法律は適法居住者を対象とするわけですが、適法に居住していないという方も国内にはいるわけであります。それはさまざまな理由があります。悪意を持ってそうしている方もいれば、そうならざるを得ない方もいるわけでありますけれども、適法居住者以外の者を対象としなかった理由、これはどういうことでしょうか。

○矢倉参議院議員 まず前提として、先ほども申し上げた、適法に居住しているか否かにかかわらず、このような言動というのはやはり許されないということ、これは理念としてしっかり訴えていくべきものでもあると思います。

その上で、例えば難民の申請の方でも、やはり難民法の規定において、一時滞在であったりとか、そういった形の法に基づいた手続に基づいて滞在をされている、そういった意味でも適法というふうに認定もされ得る。また、オーバーステイのような方々、当然ですけれども、オーバーステイでいられた方は、その後正式な手続にのっとって処理、手続としてはされなければいけないところはあるわけですけれども、そのような方に対しての言動としてこれが許されるという趣旨ではないということは改めてお伝えをしたいというふうに思います。

○逢坂委員 適法に居住していないからといって、いわゆるヘイトスピーチは許されないということについての考え方は私も共有しておりますし、そのことは冒頭に確認をさせていただきましたが、今回あえて法律からそこを外している、要するに、適法居住者ではない人をこの法律の対象にしなかった積極的な理由というのを、もし、もう少し明確に説明いただけるのであればもう一回お伺いしたいですけれども、いかがでしょうか。

○**西田（昌）参議院議員** もともと日本は法治国家で、適法に入国していただけない方は、これは強制退去していただくなり、そういう法の執行は当然されるべきであるわけなんですね。ですから、当然、ここにおられるのは適法に住んでおられるということを大前提としているわけでございます。

しかし、かといって、その方々に対するヘイトスピーチが認められるということではない。要するに、法の執行として、適法に、入国管理法に基づいてしっかり住んでおられる方以外の方は、これは法の執行としてこの国内から退去していただくなりそういう措置がされるわけでございますから、それが執行されていると、おられないということになるんですね、事実上。

ですから、そういう論理で書いているわけでありますけれども、だからといって、その方々にヘイトスピーチを認めているということではないということをまた重ねて申し上げておきたいと思います。

○**逢坂委員** なかなか微妙なところだとは思うんですが、適法に居住されていない方をこの法の対象にするというところに対しては少し悩ましいものがあるんだなという、発議者の心のうちは伝わってまいりました。ただ、これも、今後、場合によっては課題になるかもしれないという気がいたしますので、ちょっと私も頭にとめておきたいというふうに思います。

それでは次に、先ほど、西田発議者からの答弁の中にも一部含まれていたというふうに理解をしますけれども、今回のいわゆるヘイトスピーチを禁止するというような規定を明確に設けなかったというふうにこの法案は承知をいたしているわけですが、一部、やはり明確に禁止しないのはよろしくないのではないかという声もあるわけですが、禁止ということにしなかった理由について説明をしてください。

○**西田（昌）参議院議員** 実は、ここが、我々、与党のワーキングチームで議論したときにも一番肝心なところだったわけでございます。

つまり、我々は、禁止をしていないからといって、ヘイトスピーチに対して及び腰であったり、それを曖昧な形で放置しようということは全くないわけなんです。しかし、禁止規定を設けた場合、では、その禁止規定に外れた言葉はいいのかという逆解釈が生まれたりすることもある。そして、そうなってしまうと、法律の外のところの言葉を使ってやればいいんじゃないかということにもなりかねない。ですから、そういうことも含めて禁止規定をしなかったということがあります。

それと、一番大事なのは、そもそも禁止規定をすると、公の方が、公権力の方が、ここまではいいけれどもここまでは悪いという形になるわけなんですね、行政側が。行政側がそうすること自体は、やはりこれは憲法上の大きな問題があると思うわけでございます。それは最終的には司法の場で判断されるべきことになると思うんです。ですから、あえてここは禁止規定を設けず、最終的には司法の判断になるでしょうと。

しかし、理念ということを掲げることによって、我々が目指すべき社会は、そういうヘイトスピーチのあるようなことじゃなくて、差別を解消する、そういう社会なんだということを掲げることによって、国民全体にモラル意識、そして教育、啓発、そういうところでトータルで抑え込んでいこうと。その方が、より憲法上の問題もクリアになるし、また実効性も上がっていくと考えたからでございます。

○**逢坂委員** 私も、実は、このヘイトスピーチの問題を考えるときに、憲法21条との関係というのはやはり相当悩ましいなというふうに感じております。とはいうものの、禁止しないから、これじゃ法律の効力が弱いだろうとおっしゃる方の気持ちもわからなくもない。それは、ヘイトスピーチの現状を思うと、やはりもう本当に筆舌に尽くしがたいものがあるというふうに思うんですね。

片や一方で、禁止を入れるとちょっと危いかなと。先ほどまさに言いましたとおり、禁止が入ると、公権力がその現場でいろいろ判断をせざるを得ない場面が出てきやしないか。そうなってしまうと、その場その場で公権力が判断するということになりますと、これもまた国民生活がちょっと不安定になるのかな、特に憲法21条の関係がどうかなということで、どっちも悩ましいなというのが、正直申し上げまして私の思いなんですよ。だから、今回、禁止を入れなかったというのも、ある一定の考え方だろうなというふうには思います。ただ、この問題というのは、いつまでも多少じくじくする問題かなというような感じはいたしております。

さて、そこでなんですが、これは先ほどの答弁の中にも若干ありましたけれども、禁止が入っていない、それからもっと言うと罰則も入っていませんよということを指摘する方もいらっしゃいますけれども、その上で、この法律が成立したときの実効性について改めて言及いただけますでしょうか。

○**西田（昌）参議院議員** これがまさに一番大事なところだと思います。

禁止規定はないんですけれども、何度も言っていますけれども、理念法ではありますけれども、国権の最高機関がこれを許さないということを宣言しているわけであります。当然、行政府は、国権の最高機関の意思に従って、さまざまな、警察官に対してもそうでしょうし、また例えば市役所の行政に対してもそうでしょうけれども、要するに、ヘイトをさ

せない、許さない、そのためにはどういう形で行政権を行使したらいいのかというところで、必ず彼らがこのヘイト根絶に向けて法解釈をしてくれるものと思っておりますし、また、しなければならないと思います。

といいますのは、具体的に、多分、この法律をつくっても、やると宣言している人がいてますから、何かしかけてくるかもしれませんよね。しかし、そのときに、我々が、国権の最高機関が決めたその理念が生かされずに放置されるとなると、これはとんでもない問題になってまいりますから、私は、この法律が成立しましたら、行政府の方ではしっかりそのところを職員の皆さん方にも教育をしていただいて、法の執行を厳格にしていただきたいと思っております。

○逢坂委員 私は、この法律もそうなんですけれども、こうした事態が生じて、これを法律で対応せざるを得ない状況になっていることに本当に心痛む思いであります。本来、こうしたことというのは、常識の範囲内で対応されるべきが本当は社会としてあるべき姿なんだろうと思うんです。法で対応することには法としての実は限界も私はあると思っていまして、だがしかし、そうせざるを得ない状況になっている、現状になっていることに対して本当に憂慮、心痛む思いであります。その意味で、やはりこれは喫緊の課題であるということも全く事実なんだろうと思います。

それで、もう一つであります。

今回の法案には、附則の規定で検討条項、見直し条項が入っているわけでありますけれども、現時点で、法案提出者としてどんなことを今後検討条項、見直し条項によって検討されるというふうに想定をしているのか、このことについてお伺いをしたいことと同時に、今回の検討条項には期間が入っていない。一般的に検討条項を入れるときは、期間を入れる場合も入れない場合もございますけれども、例えば、施行後３年を目途としてといったような言葉を入れた上で検討条項を入れることもあるわけです。

期間が入っていないんですけれども、期間的なもしも見通しみたいなものをお持ちであれば、想定される内容と期間的見通しみたいなものを、提出者として何かお考えがあればお知らせいただきたいと思います。

○矢倉参議院議員 まず、この問いに答える前に、委員が先ほどおっしゃってくださったとおり、これは本当に、これが第一歩でありますし、私も参議院の方で視察に行ったときに視察先で言われたのですが、ある方が、これまでヘイトデモに対しての反対の意見というのはなかなかなかったんだけれども、最近になって反対の意見というのがすごく強くなってきた、これは日本社会が成熟してきている意味なんじゃないかというふうにおっしゃっていた被害者の方の言葉が印象的でありました。

これは、表現のあり方云々というよりは日本社会のあり方そのものが問われているし、それをどう国民全体で共有していくのかという大きな大きな問題であると思います。

何か規制をしてどうこうというふうに簡単な問題ではなくて、これを一歩として、どうやってそのような共通の理念を国民全般に広げていくのかという、やはり我々の責務も非常に課されているところであるというふうにまずお伝えをしたい、そのための理念法であるというところであります。

その上で、御指摘のところですけれども、検討条項においては、やはりさまざまな分野の検討はあると思います。行政や民間においてもいろいろ、啓発活動もそうでありますし、まず、これまでは、自治体の取り組みなども法律がないということを理由にしてなかったりとかしたわけですけれども、これが、法律ができることで、やはり行政の側も発信の仕方も変わってくるし、取り組みも変わってくると思います。そのことの検討をしっかりしていく。

また、民間の中でも、デモに対して声を上げる、いろいろな意見、それから教育啓発という部分での取り組みもいろいろと広がってくると思います。そういった取り組みをまたしっかり見ながら検討していくというようなことになると思います。

時期についても、これは本当に、日本社会全般をしっかりこのような言動がない社会にしていくという取り組みであります。どこまでというのを決めるものでもとりわけなく、やはり適宜適切にしっかりと検討していくということになる、このように思っております。

○逢坂委員 終わります。ありがとうございました。
○葉梨委員長 以上で逢坂誠二君の質疑は終了いたしました。

次に、畑野君枝君。
○畑野委員 日本共産党の畑野君枝です。

ヘイトスピーチの根絶に向けて、私は、本法案、いわゆるヘイトスピーチ対策法案について伺います。

まず、提案者に質問いたします。

この法案は、その前文において「不当な差別的言動は許されない」ということを宣言しています。つまり、ヘイトスピーチはあってはならない、許されないということを宣言した法案です。

３月３１日に参議院の法務委員の皆さんが川崎市桜本に視察に来られました。私も神奈川県川崎市の生まれでございます。桜本は、差別に立ち向かい、大変な労力を強いられながら、長い歴史をかけ、違いを認め合い、ともに生きる町づくりを進めてきまし

た。視察に行かれて、そういった町であることも御確認されたと思います。

その桜本で、子供から高齢者まで利用する地域の施設で仕事をされ、多文化共生の町づくりの先頭に立たれてきたのが在日コリアン三世の崔江以子さんで、参議院の参考人として陳述されました。きょうも傍聴に来られていらっしゃいます。民族差別を助長する、聞くにたえない口汚い言葉を発し、ののしりながら、居住している桜本にやってくる、このヘイトデモに対して、命の危険、恐怖と絶望を感じながら、ヘイトスピーチ根絶のために勇気を持って声を上げられています。

今度の法案はいわゆる理念法ということですが、地方自治体、警察など行政がさまざまな判断をし、ヘイトスピーチをなくすために、この法案はどのような効果をもたらすのか、伺います。

○西田(昌)参議院議員 今おっしゃいましたように、先ほどからも答弁させていただいていますけれども、直接的な禁止規定は設けておりませんが、理念を立法府の最高機関で決めていただいて、ヘイトは許さないというのが国民の意思だ、こういうことになるわけでございますから、当然その意思に従って法の執行をしていただく。

例えば、警察の場合、先ほど言いましたように騒音防止条例ということもあるでしょうし、実際に桜本地区で、わざわざその地区に対してデモをするなんということは許されないわけでありまして、例えば、平穏な暮らしをしている方々のところに、不当なそういうヘイトデモにならないように、コース変更を指導したりということも含め、いろいろな方策があろうかと思います。

さらに、ああいう実際のヘイトされている現場を見ていますと、それに反対する方々との間でトラブルになったり暴力事件が起きたりしていた事案もあったようでありますから、そういうことを未然に防いで、警察がしっかり、今まではこういう法律がなかったものですから、表現の自由ということで、ある種、野放しと言ってはなんでございますけれども、事実上そうなっていたところが、今度はこの理念法を掲げることによって、自由はあっても何でもかんでも自分たちができるんじゃなくて、やはり不当な、つまりいわれなきそういうヘイトは何人も受ける必要はないわけなんですよね。そこをしっかり、やはり警察側が抑止してくれるものと期待しております。

○畑野委員 おっしゃったように、2015年11月8日、そして2016年1月31日、川崎市桜本に向かってきたヘイトデモによって、抗議をする住民、警察も含めて、町は騒然となりました。私は、ヘイトデモは許さないという強い思いで、ことしの1月31日に川崎のその現場に行きました。

また、3月20日に、川崎駅前で、民族差別をあおるヘイトスピーチに対して抗議をする市民に対して、ヘイトスピーチをした側が市民を殴る蹴るという傷害事件を起こして大変な混乱状態になりました。後日、逮捕者が4人出ました。

今度の6月5日に、ある団体が川崎発日本浄化デモ第三弾を実施するという呼びかけで、川崎を攻撃拠点にというヘイトデモの告知をインターネットサイトで行っております。これは、再び混乱を起こすことが予想されるのではないでしょうか。

川崎市桜本のようにヘイトデモのたびに混乱が起こる場所では、この法案と現行法とあわせてヘイトスピーチをなくす効果が発揮できる。これはまさに川崎市桜本地域ではないかと思うんです。提案者がおっしゃっている、この法律の効果を発揮するのはこの地域だということですが、いかがでしょうか。

○矢倉参議院議員 まさにおっしゃるとおりであります。

私も桜本へ行きました。本当に、デモが起きたと言われているところをちょっと入ったら、普通の一般の住宅街なんですよね。こんな平穏な場所に、外からやってきた人間がわあっと来てデモをやる。

私も聞いて本当に悲しい思いになったんですけれども、あそこの地域は、日本人の方とそれ以外の方がみんな共生しているわけなんです。子供たちもそうなんですけれども、その子供の中で、日本人の子供が在日韓国人の方の子供に対して謝る、子供同士が大人の汚い感情に巻き込まれて謝り謝られるなんという環境に追い込まれるというのは、本当に許せないことであると思います。

まさにこういった対抗言論も許さないような、相手の人格をおとしめて、そしておまえたちはここから出ていけ、こういうことを言う、相手には何も言わせないということを表現の自由なんだという言葉で、範疇で、権利のようにやってくるということを社会からなくしていこうという理念をしっかり訴えた。

それを多くの方は悪いことだとわかっていても、それが声に出せなかったところがあるけれども、今回、法律をしっかりとつくることで、そういった方々もどんどんお声が上がっていくことになると思います。

それも踏まえて、さらには、現地の行政もそうです。法律がないからとかいうことではなくて、法律ができた、こういうのは許さないんだということを現地の行政の方でも声としてしっかり上げていく。さらには警察も、先ほど西田発議者からも話のあったような文脈の中での解釈、取り締まりということもしっかりやっていく、総力を挙げてなくしていくべきであるというふうに思っております。

○畑野委員　この法律でヘイトスピーチをなくす、そういう効果を発揮することができるというふうにお答えいただきました。

次に、警察庁に伺います。

この法案が成立した暁には、全国の警察に対して、法律の趣旨そして提案者のこうした意思を伝えて、現行法とあわせて行政がヘイトスピーチを解消する取り組みを進めるように通知、通達を出す、このことを求めますが、いかがでしょうか。

○斉藤政府参考人　お答えいたします。

本法律が成立、公布された際には、全国都道府県警察に対して、不当な差別的言動は許されないとする法の趣旨や本法を踏まえた警察の対応について通達をすることを考えております。

○畑野委員　それで、ぜひ、差し迫った六月五日の川崎でのヘイトスピーチ、これはしっかり対処していただきたいと思いますが、いかがでしょうか。私は、ヘイトデモなどに警察の許可を出すなんということは間違ってもやらないでほしいと思うんですが、いかがですか。

○斉藤政府参考人　お答えいたします。

六月五日に御指摘のデモが計画をされているということは承知をいたしております。いまだ申請がない段階でございます。

今後、御指摘のようなデモが行われるとなった場合には、引き続き、違法行為の防止、関係者の安全確保等を図る観点から、必要な態勢を確保して的確な警備を行いますとともに、違法行為を認知した場合には、法と証拠に基づき、あらゆる法令の適用を視野に入れて厳正に対処してまいる覚悟でございます。

○畑野委員　本当に、崔さんが言っているのは、ヘイトデモによって、どんなに傷つき心が殺されたか、法整備が進み、思いが国に届いた、希望だった、しかし、またヘイトデモが来る、絶望です、法律を最大限活用してやめさせてほしい、子供たちの目に二度と触れさせないでほしいという思いも私は伺ってまいりました。

最後に、岩城大臣に伺います。

ヘイトスピーチをなくすことを多くの皆さんが求めている、そのことへの御認識とヘイトスピーチ根絶に向けた決意を伺います。

○岩城国務大臣　これまでも私は、いわゆるヘイトスピーチにつきましてはあってはならないもの、そのようにお答えをしてまいったつもりであります。

本法律案はその前文で「不当な差別的言動は許されないことを宣言する」などと規定しているとおり、同旨のことが法律において明確にされるものであると認識をしております。

そこで、本法律が成立、施行された場合には、今後、国及び地方公共団体がより一層連携するなど、このような不当な差別的言動の解消に向けた取り組みを推進していく契機となるものと認識をしております。

法務省といたしましても、本法律が成立、施行された場合には、不当な差別的言動の解消に向けて本法律の趣旨を十分に尊重し、これを踏まえた取り組みを適切に推進していく必要があると認識をしております。

そうした観点から、相談体制や啓発活動等の人権擁護施策について、これまでの取り組みについて見直す点はないか、あるいは今後新たに推進すべき施策はないか、そういったことをしっかり検討してまいりたいと考えております。

○畑野委員　以上、ヘイトスピーチ根絶に向けてしっかりやっていただきたいということを求めて、質問を終わります。

○葉梨委員長　以上で畑野君枝君の質疑は終了いたしました。

次に、木下智彦君。

○木下委員　おおさか維新の会、木下智彦でございます。

本日は、本当に難しい問題だと思うんですけれども、まず理念ということで提出をされました、きょう来ていただいていますお二人も含めて、そのほかにもたくさんの方々で議論されたと思います、そういった方々にまず敬意を表したいというふうに思います。

きょう、十分間なんですけれども、先ほど来、いろいろな方がお話しされていたことに対して、西田議員を初め、しっかりとお答えされていたと思うんです。まずは理念だけでもやっていかなければいけない、これはもう確かだと思うんです。それに、この趣旨の中にも書いてあるんですね。「表現の自由は民主主義の根幹をなす権利」だと。「表現内容に関する規制については極めて慎重に検討がなされなければならず、何をもって違法となる言動とし、それを誰がどのように判断するか等について難しい課題があります。」まさしくそうだと思うんです。

そういった中で、いろいろな判断をされてこういう法律案になったんだと思うんです。

そうはいいながら、その中で、あえてもう一度聞かせていただきたいんですけれども、本法案における差別的言動というのは、どうやってそれが差別的言動かということを認定するか、認定すると言ってしまっていいのかどうかも含めてですけれども、これをどう判断すればいいのかということについてお話しいただけますでしょうか。

○西田（昌）参議院議員　まさに、そこが一番大事なポイントだと思うんです。

資料編 | 4．その他

　それで、具体的に、これこれ、これです、これだけですとかいうことを実はやっていないんですね。といいますのは、先ほど言いましたように、そういう定義をして、禁止規定をつけると、逆に定義をしっかりするからこそ禁止ができるんですが、では、その定義から外れたものはいいのかという話になってしまう。

　そうではなくて、そもそも理念を我々は掲げています。そういう不当な差別的言動がまかり通るような社会を我々は認めない。そして、言葉の一言一句ではなくて、全体の文脈として、これはもう不当な、いわれなきそういう差別を扇動する、そういう行為である、それはだめじゃないか、やめるべきじゃないかということになっているわけでございますから、具体的に個別に、この言葉を使ったら、この言葉以外だったらいいとか、そういうことじゃないんですね。やはり全体の流れの中で判断をしていかなきゃならない。

　そのことを行政府側が、この法律の理念を踏まえた上で、例えば警察官が、この法律では禁止されないけれども、他の法律を使って、こういうヘイトをやっている現場があって、その現場の中で、いわゆる加害者側ですよね、彼らがやっている不法行為が少しでもほかで見受けられたら、当然、厳正に対処して、事実上ヘイトスピーチがとめられる、こういうことになろうかと思っております。

○木下委員　同じお答えだったと思うんですよ、今までの答弁と。

　もう一つ、西田議員がおっしゃられていたのは、最後は司法の判断と。結局は司法の判断で、どうなのかということを判断しなきゃいけない。

　ただ、私はこれがすごく残念だなと思っていて、残念と言ったら本当に申しわけないですけれども、本来、やはりこういう法律をつくらなくても、道徳上、やってはいけないことなわけですよ。それをあえて、ここで理念として出さなきゃいけなかったというところ。

　どうしてもそこに限界がある。ならば、やはり行政側としても、ある程度の責任、リスクをとって、何らかの形で、そういうことはだめですよと。前もって決めるんではなくても、何かそういう事象が起こったときに、それに対して、いや、これはだめだよという判断、これは、最後は当然のことながら裁判所、司法の判断だとしても、行政としても、これはだめだよというふうなことを指し示してやってもいいんだと思うんです。それがなければ歯どめにならない。

　歯どめにならないということはどういうことになるかというと、先ほど逢坂委員も言われていた、この法律で実際に実効性があるのかということになってしまうということなんです。

　ここで、ちょっとこれは手前みそになりますけれども、もう西田議員も矢倉議員も恐らくよく研究されてのことだと思うんですけれども、大阪市の条例、1月に可決しましたヘイトスピーチに関する条例ですけれども、あの中では、結局、有識者による審議会を行って、事後であったとしても、ヘイトスピーチとその審議会の中で認定したものについては、誰がどういうところでどうやってやったかということを公表する。これは事後です。しかも、ヘイトスピーチ、一般、公に対してやっているものを、あえてた大阪市として、審議会として認定して、公表する。

　これは表現の自由を逸脱していないと私は思っているんですけれども、それはどういうふうに考えられているか。

○西田（昌）参議院議員　その辺が悩ましいところでございますが、私は、審議会でやっても、行政府側がヘイト認定をするというのには実は少し問題があると考えております。

　むしろ、この法律は何が大事かというと、ヘイトが何か定義をして禁止するんじゃなくて、ヘイトというのは恥ずべきことであって根絶しなければならないということを、国民が、そして立法府がそういうふうに宣言したわけですね。そうすると、ヘイトをとめるのは、ほかの法律でとめているわけですね、実は。

　これは、先ほど言いましたように、例えば個別の騒音防止条例であったり、例えばちょっとした道路交通法違反行為があったり、いろいろなことがありますよね。そのときに、判断基準としてこの法律が使われることによって、事実上とめられてくる。だから、ヘイト認定を実はしているわけじゃないんですね。そこが非常に大事なところだと思っております。

　そして、そのことを、とめられた側は、それは不法行為じゃないかということで訴えるかもしれません。しかし、訴えられたときに、裁判所の方の司法の判断も当然、我々立法府の意思を尊重してくるだろうし、そして何よりも、この法律ができたことによって、まず、行政側が解釈指針としてこれを使って動けるということですよ。今まで、これがなかったために、そういう指針がなかったために、とめられなかった。とめるものがなかったわけですね。

　だから、ヘイト禁止ということよりも、こういう理念を掲げて、だめだということを言うことによって、他の法律を駆使して行政権が発動できる、そこが一番大事なところだと考えています。

○木下委員　理念としてはそういったところがあるだろうと。

　ただ、行政としての責任も同じくそこは裏腹で持っ

195

ているんだと私は思っていて、やはり、そういった意味ではもう少し踏み込んでいただきたかったというのが私の思いなんですね。

なぜならば、やはり書いてあるんです。これは、私たちが言ったことというよりも大阪市が書いていることで、最後、この条例の附則のところに書いてあるんです。「市長は、国においてヘイトスピーチに関する法制度の整備が行われた場合には、当該制度の内容及びこの条例の施行の状況を勘案し、必要があると認めるときは、この条例の規定について検討を加え、その結果に基づいて必要な措置を講ずるものとする。」と。

これは、やはり国に期待していたんですよ。国がそれなりのことをやったらこの条例も必要なくなる、そういう世の中を期待したい、そういう思いがここに私は詰まっていると思ったので、あえてちょっとそういうお話をさせていただきました。これについてはもう答弁は結構です。

最後、ちょっと残念だなと思ったことなんです。これも御答弁されなくても結構だと思うんですけれども、この趣旨説明の最後に書いてあるんです。「差別的言動が許されず、その解消に向けた取り組みが必須であることについては、参議院法務委員会において、実際にかかる言動が行われたとされる現地への視察や真摯な議論を通じ、与野党の委員の間で認識が共有されたところであります。」と。

参議院っていいなと。私たち、きょうこれだけなんですよ。きょうは何分でしたっけ、全部合わせても１時間ですよね。本来であれば、これは私たち、こちらの衆議院の委員にやはり言いたいと思うんですけれども、こういう審議時間をとって、このことは、まあ、これは早期に可決していかなければならないけれども、やはりこうやって言われたら、衆議院議員側はしっかりこれを考えなきゃいけないと思うんです。ということを最後につけ加えさせていただきまして、終了とさせていただきます。

ありがとうございました。

○葉梨委員長　これにて本案に対する質疑は終局いたしました。

　　　　─────────────

○葉梨委員長　これより討論に入るのでありますが、その申し出がありませんので、直ちに採決に入ります。

参議院提出、本邦外出身者に対する不当な差別的言動の解消に向けた取組の推進に関する法律案について採決いたします。

本案に賛成の諸君の起立を求めます。

　　〔賛成者起立〕

○葉梨委員長　起立総員。よって、本案は原案のとおり可決すべきものと決しました。

○葉梨委員長　この際、ただいま議決いたしました本案に対し、城内実君外４名から、自由民主党、民進党・無所属クラブ、公明党、日本共産党及びおおさか維新の会の共同提案による附帯決議を付すべしとの動議が提出されております。

提出者から趣旨の説明を聴取いたします。井出庸生君。

○井出委員　ただいま議題となりました附帯決議案につきまして、提出者を代表いたしまして、案文を朗読し、趣旨の説明といたします。

　　　本邦外出身者に対する不当な差別的言動の解消に向けた取組の推進に関する法律案に対する附帯決議（案）

国及び地方公共団体は、本法の施行に当たり、次の事項について特段の配慮をすべきである。

1　本法の趣旨、日本国憲法及びあらゆる形態の人種差別の撤廃に関する国際条約の精神に照らし、第２条が規定する「本邦外出身者に対する不当な差別的言動」以外のものであれば、いかなる差別的言動であっても許されるとの理解は誤りであるとの基本的認識の下、適切に対処すること。
2　本邦外出身者に対する不当な差別的言動が地域社会に深刻な亀裂を生じさせている地方公共団体においては、その内容や頻度の地域差に適切に応じ、国とともに、その解消に向けた取組に関する施策を着実に実施すること。
3　インターネットを通じて行われる本邦外出身者等に対する不当な差別的言動を助長し、又は誘発する行為の解消に向けた取組に関する施策を実施すること。
4　本邦外出身者に対する不当な差別的言動のほか、不当な差別的取扱いの実態の把握に努め、それらの解消に必要な施策を講ずるよう検討を行うこと。

以上です。

何とぞ委員各位の御賛同をお願い申し上げます。

○葉梨委員長　これにて趣旨の説明は終わりました。

採決いたします。

本動議に賛成の諸君の起立を求めます。

　　〔賛成者起立〕

○葉梨委員長　起立総員。よって、本動議のとおり附帯決議を付することに決しました。

この際、ただいまの附帯決議につきまして、法務大臣から発言を求められておりますので、これを許します。岩城法務大臣。

○岩城国務大臣　ただいま可決されました本邦外出身者に対する不当な差別的言動の解消に向けた取組の推進に関する法律案に対する附帯決議につきまし

ては、その趣旨を踏まえ、適切に対処してまいりたいと存じます。

○葉梨委員長 お諮りいたします。
ただいま議決いたしました法律案に関する委員会報告書の作成につきましては、委員長に御一任願いたいと存じますが、御異議ありませんか。
〔「異議なし」と呼ぶ者あり〕
○葉梨委員長 御異議なしと認めます。よって、そのように決しました。

4-2 本邦外出身者に対する不当な差別的言動の解消に向けた取組の推進に関する法律の施行について（通達）（平成28年6月3日 警察庁警備局長、警察庁長官官房長）

各都道府県警察の長 殿
（参考送付先）
　庁内各局部課長
　各附属機関の長
　各地方機関の長

警察庁丙備企発第147号、丙公発第21号
丙備発第191号、丙外事発第92号
丙国テ発第57号、丙総発第57号
丙人発第88号

平成28年6月3日
警察庁警備局長
警察庁長官官房長

本邦外出身者に対する不当な差別的言動の解消に向けた取組の推進に関する法律の施行について（通達）
　本邦外出身者に対する不当な差別的言動の解消に向けた取組の推進に関する法律（平成28年法律第68号。以下「法」という。）は、別添（省略）のとおり、本日公布・施行された。法は、いわゆるヘイトスピーチの解消が喫緊の課題であることに鑑み、本邦外出身者に対する不当な差別的言動は許されないことを宣言し、こうした言動の解消に向けた取組を推進しようとするものである。いわゆるヘイトスピーチといわれる言動やこれに伴う活動については、これまでも、違法行為を認知した際は法と証拠に基づき取り締まるなど、厳正に対処してきたところ、下記法の目的等を踏まえた警察活動を推進し、不当な差別的言動の解消に向けた取組に寄与されたい。

記

1　法の目的
　本邦外出身者に対する不当な差別的言動の解消が喫緊の課題であることに鑑み、その解消に向けた取組について、基本理念を定め、及び国等の責務を明らかにするとともに、基本的施策を定め、これを推進するものである（法第1条）。

2　法の概要
　法は、基本理念として、「国民は、本邦外出身者に対する不当な差別的言動の解消の必要性に対する理解を深めるとともに、本邦外出身者に対する不当な差別的言動のない社会の実現に寄与するよう努めなければならない」（法第3条）と規定するとともに、国及び地方公共団体の責務として、本邦外出身者に対する不当な差別的言動の解消に向けた取組に関する施策を実施すること等を規定している（法第4条）。また、国及び地方公共団体が実施する基本的施策として、相談体制の整備（法第5条）、教育の充実（法第6条）及び啓発活動等（法第7条）を掲げている。
　なお、法の成立に際し、参議院及び衆議院の法務委員会において附帯決議が付されており、両決議においては、法の定める本邦外出身者に対する不当な差別的言動以外のものであれば、いかなる差別的言動であっても許されるとの理解は誤りであり、法の趣旨等に鑑み、適切に対処することなどとされている。

3　法を踏まえた警察の対応
　法は、その前文において、「不当な差別的言動は許されないことを宣言するとともに、更なる人権教育と人権啓発などを通じて、国民に周知を図り、その理解と協力を得つつ、不当な差別的言動の解消に向けた取組を推進すべく、この法律を制定する」としている。
　各位にあっては、法の趣旨を踏まえ、警察職員に対する教養を推進するとともに、法を所管する法務省から

各種広報啓発活動等への協力依頼があった場合にはこれに積極的に対応するほか、いわゆるヘイトスピーチといわれる言動やこれに伴う活動について違法行為を認知した際には厳正に対処するなどにより、不当な差別的言動の解消に向けた取組に寄与されたい。

4　添付資料
(1) 法の概要（省略）
(2) 官報（省略）
(3) 参議院法務委員会における附帯決議（省略）
(4) 衆議院法務委員会における附帯決議（省略）

(出所) 警察庁

4-3 ヘイトスピーチに焦点を当てた啓発活動（法務省ホームページより）

ヘイトスピーチ、許さない。

ヘイトスピーチ、許さない。

　近年，特定の民族や国籍の人々を排斥する差別的言動がいわゆるヘイトスピーチであるとして社会的関心を集めています。こうした言動は，人々に不安感や嫌悪感を与えるだけでなく，人としての尊厳を傷つけたり，差別意識を生じさせることになりかねません。
　近時，このヘイトスピーチが，マスメディアやインターネット等で大きく報道されるなど，更に社会的な関心が高まっている上，平成26年7月の国連自由権規約委員会による日本政府報告審査における最終見解【PDF】※及び同年8月の国連人種差別撤廃委員会による同審査における最終見解【PDF】※で，政府に対してヘイトスピーチへの対処が勧告されています。
　また，このような情勢の中，国会において，「本邦外出身者に対する不当な差別的言動の解消に向けた取組の推進に関する法律」が成立し，平成28年6月3日（金）に施行されました。
　こうした中，法務省の人権擁護機関では，これまでの「外国人の人権」をテーマにした啓発（「外国人の人権を尊重しましょう」）に加え，下記の手法により，こうしたヘイトスピーチがあってはならないということを，御理解いただきやすい形で表した，より効果的な各種啓発・広報活動等に積極的に取り組んでいます。

※外務省ホームページへリンクしています。

■活動内容
　(1) 新聞広告による啓発
　(2) ポスター【PDF】・リーフレット【PDF】による啓発※
　(3) 交通広告（駅構内広告）による啓発
　(4) インターネット広告による啓発
　(5) スポット映像による啓発（YouTubeでご覧になれます。）
　(6) 人権教室等の各種研修における啓発機会の充実
　(7) 相談窓口の周知広報の充実（「人権相談窓口」）

※ポスター・リーフレットは一切改変せずご使用願います。

■ヘイトスピーチに焦点を当てた啓発活動に関する法務大臣発言
　・平成27年1月16日法務大臣閣議後記者会見の概要

■ヘイトスピーチに関する実態調査
　ヘイトスピーチに関する実態調査を実施しました。
　ヘイトスピーチに関する実態調査報告書【PDF】
　聞き取り調査報告書（全体版）【PDF】
　聞き取り調査報告書（概要版）【PDF】

■本邦外出身者に対する不当な差別的言動の解消に向けた取組の推進に関する法律
　条文【PDF】
　附帯決議（参議院法務委員会）【PDF】
　附帯決議（衆議院法務委員会）【PDF】

ポスター「ヘイトスピーチ、許さない。」

英語 English　　韓国語 한국어　　中国語 中文

（出所）法務省ホームページ「ヘイトスピーチに焦点を当てた啓発活動」〈http://www.moj.go.jp/JINKEN/jinken04_00108.html〉（最終アクセス 平成28年8月25日）より作成

4-4 ヘイトスピーチ解消法及び参・衆議院法務委員会における附帯決議の訳文（法務省ホームページより）

(1) 英語仮訳

①ヘイトスピーチ解消法

The Act on the Promotion of Efforts to Eliminate Unfair Discriminatory Speech and Behavior against Persons Originating from Outside Japan (Provisional Translation)

Table of Contents
Preamble
Chapter I General Provisions (Article 1 – Article 4)
Chapter II Basic Measures (Article 5 – Article 7)
Supplementary Provisions

In recent years in Japan, unfair discriminatory speech and behavior are being practiced to incite the exclusion of persons and their descendants, who are residing lawfully in Japan, from local communities in our country by reason of such persons originating from a country or region other than Japan, therefore imposing tremendous pain and suffering on such persons and their descendants, and causing serious rifts in the local community.

Obviously, such unfair discriminatory speech and behavior should not exist, and tolerating such a situation is not permissible in light of Japan's position in the international community.

It is therefore declared that such unfair discriminatory speech and behavior will not be tolerated, and, accordingly, this Act is to be enacted to spread awareness among the general public and to promote their understanding and cooperation through further human rights education and awareness-raising activities, and to strengthen efforts to eliminate unfair discriminatory speech and behavior.

Chapter I   General Provisions
(Purpose)
Article 1   In view of the fact that the elimination of unfair discriminatory speech and behavior against persons originating from outside Japan is a pressing issue, the purpose of this Act is to set out the basic principles for efforts towards their elimination, and to clarify the responsibilities of the national government, etc., as well as to set out and promote the basic measures.

(Definition)

Article 2   In this Act, "unfair discriminatory speech and behavior against persons originating from outside Japan" shall mean unfair discriminatory speech and behavior to incite the exclusion of persons originating exclusively from a country or region other than Japan or their descendants and who are lawfully residing in Japan (hereinafter referred to in this Article as "persons originating from outside Japan") from the local community by reason of such persons originating from a country or region other than Japan, such as openly announcing to the effect of harming the life, body, freedom, reputation or property of, or to significantly insult, persons originating from outside Japan with the objective of encouraging or inducing discriminatory feelings against such persons originating from outside Japan.

(Basic Principles)

Article 3   The general public shall further their understanding of the need to eliminate unfair discriminatory speech and behavior against persons originating from outside Japan and shall endeavor to contribute to the realization of a society free from unfair discriminatory speech and behavior against persons originating from outside Japan.

(Responsibilities of the National Government and Local Governments)

Article 4 (1)   The national government has the responsibility to implement measures relating to efforts to eliminate unfair discriminatory speech and behavior against persons originating from outside Japan, and to give necessary advice in order to promote measures relating to efforts to eliminate unfair discriminatory speech and behavior against persons originating from outside Japan being taken by the local governments, and to take other measures.

(2)   The local governments shall endeavor to take measures in accordance with the actual situation of the region, taking into account the sharing of appropriate roles with the national government with respect to the efforts to eliminate unfair discriminatory speech and behavior against persons originating from outside Japan.

Chapter II Basic Measures

(Preparation and Maintenance of a Consultation System)

Article 5 (1)   The national government shall respond adequately to consultations relating to unfair discriminatory speech and behavior against persons originating from outside Japan, and develop a necessary system so as to prevent and resolve disputes in this regard.

(2) The local governments shall respond adequately to consultations relating to unfair discriminatory speech and behavior against persons originating from outside Japan in accordance with the actual situation of the region, taking into account the sharing of appropriate roles with the national government, and shall endeavor to develop a necessary system so as to prevent and resolve disputes in this regard.

(Enhancement of Education, etc.)

Article 6 (1) The national government shall implement educational activities in order to eliminate unfair discriminatory speech and behavior against persons originating from outside Japan, and shall make the necessary efforts therefor.

(2) The local governments shall implement educational activities in order to eliminate unfair discriminatory speech and behavior against persons originating from outside Japan in accordance with the actual situation of the region, taking into account the sharing of appropriate roles with the national government, and shall endeavor to make the necessary efforts therefor.

(Awareness-raising Activities, etc.)

Article 7 (1) The national government shall spread awareness among the general public about the need to eliminate unfair discriminatory speech and behavior against persons originating from outside Japan, and implement public relations activities for the purpose of furthering understanding thereof and other awareness-raising activities, and shall make the necessary efforts therefor.

(2) The local governments shall spread awareness among the local residents about the need to eliminate unfair discriminatory speech and behavior against persons originating from outside Japan in accordance with the actual situation of the region, taking into account the sharing of appropriate roles with the national government, and implement public relations activities for the purpose of furthering understanding thereof and other awareness-raising activities, and shall make the necessary efforts therefor.

Supplementary Provisions

(Effective Date)

1. This Act shall come into force from the date of promulgation.

(Review of measures relating to unfair discriminatory speech and behavior)
2. The measures pertaining to unfair discriminatory speech and behavior shall be reviewed, where necessary, in consideration of the actual situation, etc. of unfair discriminatory speech and behavior against persons originating from outside Japan after the enforcement of this Act.

②参議院法務委員会における附帯決議

Supplementary Resolution for the Act on the Promotion of Efforts to Eliminate Unfair Discriminatory Speech and Behavior against Persons Originating from Outside Japan (Provisional Translation)

The national government and local governments shall pay special consideration to the following matters for the enforcement of this Act in view of the fact that the elimination of unfair discriminatory speech and behavior against persons originating from outside Japan is a pressing issue.

(i) The interpretation of Article 2 of this Act that certain form of discriminatory speech and behavior may be allowed as long as it is not the "unfair discriminatory speech and behavior against persons originating from outside Japan" is not correct, and any form of discriminatory speech and behavior shall be appropriately dealt with in view of the intent of this Act, and the spirit of the Japanese Constitution and the International Convention on the Elimination of All Forms of Racial Discrimination.

(ii) Recognizing that the content and frequency of unfair discriminatory speech and behavior against persons originating from outside Japan differ depending on the region, with regard to regions where this is giving rise to serious rifts in the local community, the local governments as well as the national government shall firmly implement measures relating to efforts towards their elimination.

(iii) Measures shall be implemented relating to efforts towards the elimination of acts of encouraging or inducing unfair discriminatory speech and behavior against persons originating from a country or region other than Japan, etc. being committed through the Internet.

Resolution passed as above.

③衆議院法務委員会における附帯決議

Supplementary Resolution for the Act on the Promotion of Efforts to Eliminate Unfair Discriminatory Speech and Behavior against Persons Originating from Outside Japan (Provisional Translation)

The national government and local governments shall pay special consideration to the following matters for the enforcement of this Act in view of the fact that the elimination of unfair discriminatory speech and behavior against persons originating from outside Japan is a pressing issue.

(i) In view of the intent of this Act, and the spirit of the Japanese Constitution and the International Convention on the Elimination of All Forms of Racial Discrimination, and with the basic awareness that it is not correct to believe that certain form of discriminatory speech and behavior may be allowed as long as it is not the "unfair discriminatory speech and behavior against persons originating from outside Japan" provided for in Article 2, all discriminatory speech and behavior shall be dealt with appropriately.

(ii) The local governments of regions where unfair discriminatory speech and behavior against persons originating from outside Japan are giving rise to serious rifts in the local community shall appropriately deal with the situation in accordance with the differences in the regions in terms of the content and frequency thereof, and shall firmly implement measures relating to efforts towards their elimination together with the national government.

(iii) Measures shall be implemented relating to efforts towards the elimination of acts of encouraging or inducing unfair discriminatory speech and behavior against persons originating from a country or region other than Japan, etc. being committed through the Internet.

(iv) In addition to unfair discriminatory speech and behavior against persons originating from a country or region other than Japan, the national government and local governments shall endeavor to keep track of the actual situation of unfair discriminatory treatment, and shall conduct a review so as to take the necessary measures for their elimination.

(2) 韓国語仮訳

①ヘイトスピーチ解消法

본국외 출신자에 대한 부당한 차별적 언동 해소를 위한 대책 추진에 관한 법률[가역]

목차
 전문
 제1장 총칙(제1조 – 제4조)
 제2장 기본적 시책(제5조 – 제7조)
 부칙

　우리나라에서는 최근 들어 본국의 역외에 있는 국가 또는 지역 출신임을 이유로 적법하게 거주하는 그 출신자 또는 그 자손을 우리나라의 지역사회로부터 배제할 것을 선동하는 부당한 차별적 언동이 이루어져, 그 출신자 또는 그 자손이 큰 고통을 겪음과 동시에 해당 지역사회에 심각한 균열을 발생시키고 있다.
　애당초 이러한 부당한 차별적 언동은 있을 수 없으며, 이러한 사태를 그대로 간과하는 것은 국제사회에서 우리나라가 차지하는 위상에 비추어 보아도 어울리지 않는다.
　따라서 이러한 부당한 차별적 언동은 용서받을 수 없음을 선언함과 동시에 더 심화된 인권교육과 인권계발 등을 통해 국민에게 널리 알려 그 이해와 협력을 얻고, 부당한 차별적 언동의 해소를 위한 대책을 추진할 수 있도록 이 법률을 제정한다.

　제1장 총칙
　(목적)
제1조. 이 법률은 본국외 출신자에 대한 부당한 차별적 언동의 해소가 시급한 과제임을 감안하여, 그 해소를 위한 대책에 대해 기본이념을 정하고 또 국가 등의 책무를 밝힘과 동시에 기본적 시책을 정하여 이를 추진하는 것을 목적으로 한다.
　(정의)
제2조. 이 법률에서 '본국외 출신자에 대한 부당한 차별적 언동'이란 오로지 본국의 역외에 있는 국가 또는 지역의 출신자 또는 그 자손이며 적법하게 거주하는 사람(이하, 본 조에서 '본국외 출신자'라 함)에 대한 차별적 의식을 조장하거나 또는 유발할 목적으로 공공연하게 그 생명, 신체, 자유, 명예 또는 재산에 위해를 가하는 내용을 고지하거나 또는 본국외 출신자를 현저하게 모욕하는 등 본국의 역외에 있는 국가 또는 지역 출신임을 이유로 본국외 출신자를 지역사회에서 배제할 것을 선동하는 부당한 차별적 언동을 말한다.
　(기본이념)
제3조. 국민은 본국외 출신자에 대한 부당한 차별적 언동의 해소 필요성에 대한 이해를 증진함과 동시에 본국외 출신자에 대한 부당한 차별적 언동이 없는 사회의 실현에 기여하도록 힘써야 한다.
　(국가 및 지방공공단체의 책무)
제4조. 국가는 본국외 출신자에 대한 부당한 차별적 언동의 해소를 위한 대책 관련 시

책을 실시하고, 지방공공단체가 실시하는, 본국외 출신자에 대한 부당한 차별적 언동의 해소를 위한 대책 관련 시책을 추진하기 위해 필요한 조언 및 기타 조치를 강구할 책무가 있다.
2. 지방공공단체는 본국외 출신자에 대한 부당한 차별적 언동의 해소를 위한 대책과 관련하여 국가와의 적절한 역할분담을 바탕으로 해당 지역의 실정에 맞는 시책을 강구하도록 노력한다.

제2장. 기본적 시책
(상담체제의 정비)
제 5 조. 국가는 본국외 출신자에 대한 부당한 차별적 언동에 관한 상담에 적절하게 대응함과 동시에 이에 관한 분쟁의 방지 또는 해결을 도모할 수 있도록 필요한 체제를 정비한다.
2. 지방공공단체는 국가와의 적절한 역할분담을 바탕으로 해당 지역의 실정에 따라 본국외 출신자에 대한 부당한 차별적 언동에 관한 상담에 적절하게 대응함과 동시에 이에 관한 분쟁의 방지 또는 해결을 도모할 수 있도록 필요한 체제를 정비하도록 노력한다.
(교육의 강화 등)
제 6 조. 국가는 본국외 출신자에 대한 부당한 차별적 언동을 해소하기 위한 교육활동을 실시함과 동시에 이를 위해 필요한 대책을 실시한다.
2. 지방공공단체는 국가와의 적절한 역할분담을 바탕으로 해당 지역의 실정에 따라 본국외 출신자에 대한 부당한 차별적 언동을 해소하기 위한 교육활동을 실시함과 동시에 이를 위해 필요한 대책을 실시하도록 노력한다.
(계발활동 등)
제 7 조. 국가는 본국외 출신자에 대한 부당한 차별적 언동의 해소 필요성에 대해 국민에게 널리 알리고 그 이해를 증진시키는 것을 목적으로 하는 홍보 및 기타 계발활동을 실시함과 동시에 이를 위해 필요한 대책을 실시한다.
2. 지방공공단체는 국가와의 적절한 역할분담을 바탕으로 해당 지역의 실정에 따라 본국외 출신자에 대한 부당한 차별적 언동의 해소 필요성에 대해 주민에게 널리 알리고 그 이해를 증진시키는 것을 목적으로 하는 홍보 및 기타 계발활동을 실시함과 동시에 이를 위해 필요한 대책을 실시하도록 노력한다.

부칙
(시행기일)
1. 이 법률은 공포일로부터 시행한다.
(부당한 차별적 언동에 관한 대책 관련 검토)
2. 부당한 차별적 언동에 관한 대책에 대해서는 본 법률의 시행 후에 본국외 출신자에

대한 부당한 차별적 언동의 실태 등을 감안하여 필요에 따라 검토를 실시한다.

②参議院法務委員会における附帯決議

본국외 출신자에 대한 부당한 차별적 언동의 해소를 위한 대책 추진에 관한 법률안에 대한 부대 결의[가역]

 국가 및 지방공공단체는 본국외 출신자에 대한 부당한 차별적 언동의 해소가 시급한 과제임을 감안하여 본 법의 시행에 있어서 다음 사항에 대해 특별한 배려를 해야 한다.

1. 제 2 조에서 규정한 '본국외 출신자에 대한 부당한 차별적 언동' 이외의 것이라면 어떤 차별적 언동이라도 허용된다는 이해는 잘못이며, 본 법의 취지, 일본국 헌법 및 모든 형태의 인종차별 철폐에 관한 국제조약의 정신에 비추어 적절하게 대처할 것.

2. 본국외 출신자에 대한 부당한 차별적 언동의 내용이나 빈도는 지역에 따라 차이가 있지만, 이것이 지역사회에 심각한 균열을 발생시키고 있는 지방공공단체에서는 국가와 마찬가지로 그 해소를 위한 대책 관련 시책을 착실하게 실시할 것.

3. 인터넷을 통해 이루어지는 본국외 출신자 등에 대한 부당한 차별적 언동을 조장하거나 유발하는 행위의 해소를 위한 대책 관련 시책을 실시할 것.

 이를 결의함.

③衆議院法務委員会における附帯決議

본국외 출신자에 대한 부당한 차별적 언동의 해소를 위한 대책 추진에 관한 법률안에 대한 부대 결의[가역]

국가 및 지방공공단체는 본 법의 시행에 있어서 다음 사항에 대해 특별한 배려를 해야 한다.

1. 본 법의 취지, 일본국 헌법 및 모든 형태의 인종차별 철폐에 관한 국제조약의 정신에 비추어, 제 2 조가 규정한 '본국외 출신자에 대한 부당한 차별적 언동' 이외의 것이라면 어떤 차별적 언동이라도 허용된다는 이해는 잘못이라는 기본적 인식 아래에서 적절히 대처할 것.

2. 본국외 출신자에 대한 부당한 차별적 언동이 지역사회에 심각한 균열을 발생시키고 있는 지방공공단체에서는 그 내용이나 빈도의 지역차에 적절히 대응하여 국가와 함께 그 해소를 위한 대책 관련 시책을 착실하게 실시할 것.

3. 인터넷을 통해 이루어지는 본국외 출신자 등에 대한 부당한 차별적 언동을 조장하거나 유발하는 행위의 해소를 위한 대책 관련 시책을 실시할 것.

4. 본국외 출신자에 대한 부당한 차별적 언동을 포함하여 기타 부당한 차별적 취급의 실태 파악에 힘쓰고, 이를 해소하기 위해 필요한 시책을 강구하도록 검토할 것.

(3) 中国語仮訳

①ヘイトスピーチ解消法

关于推进相关政策以消除

针对非本邦出身者之不当及歧视言行的法律（中文译本）

目录

前言
第一章 总则（第一条—第四条）
第二章 基本政策（第五条—第七条）
附则

　近年来在我国，出现了针对合法居住于我国的非本邦出身居民及其子孙的煽动排斥之的不当及歧视性言行，此行为对居民及其子孙带来极大的痛苦，同时导致其居住的社会区域产生严重裂痕。
　这些不当及歧视性言行理应杜绝，容忍此种情况继续发生，更不符合我国在国际社会所处之地位。
　为此，我国郑重宣布决不允许发生任何不当及歧视性言行的发生，同时为通过加强人权教育及人权启发宣传活动，加深国民理解，并在国民的理解和合作之基础上，推进相关政策以消除不当及歧视性言行，特制定本法。

　　第一章 总则

　（目的）
第一条　鉴于我国面临的针对非本邦出身者之不当及歧视性言行的紧迫问题，为继续解决并促进相关政策的实施，特制定本法。其目的在于制定基本理念，明确国家责任，同时制定基本政策并加以执行。

　（定义）
第二条　本法中所述"针对非本邦出身者之不当及歧视性言行"是指，针对本邦之外的国家或地方出身而合法居住于本国的人士及其子孙（以下称之为"非本邦出身者"）；以鼓吹或诱发歧视性思想为目的的；公然宣称将危害其生命、身体、自由、名誉或财产、又或显著侮辱非本邦出身者之言行等，基于以其出身于本邦外的国家或地区为理由，煽动将其排斥于社会区域外的不当及歧视性言行。

（基本理念）

第三条　对于针对非本邦出身者的不当及歧视性言行，我国国民应充分理解消除该言行之必要性，同时为实现无此类言行的社会做出相应的努力。

（中央及地方政府的职责）

第四条　中央应为消除针对非本邦出身者之不当及歧视性言行采取相应措施，并对地方政府机关为消除针对非本邦出身者之不当及歧视性言行而实施的措施给予必要的建议，或采取相应其他措施。

2　为消除针对非本邦出身者的不当及歧视性言行，地方政府机关应实施相应措施，并与中央进行合理的职责分担，在此基础上结合当地的实际情况努力推行其政策。

第二章　基本政策

（建立完善咨询制度）

第五条　就针对非本邦出身者之不当及歧视性言行问题，中央政府应切实提供相关咨询，并建立完善相应制度，以防止相关纠纷的发生并为此提供解决方法。

2　地方政府机关应与中央进行合理的职责分担，并在此基础上结合当地的实际情况，就针对非本邦出身者之不当及歧视性言行问题提供相关咨询，并建立相应制度，防止相关纠纷的发生并为此提供解决方法。

（加强教育等）

第六条　为消除针对非本邦出身者之不当及歧视性言行，政府应展开相关教育活动，并为此采取必要措施。

2　地方政府机关应与中央进行合理的职责分担，并在此基础上结合当地实际情况，为消除针对非本邦出身者之不当及歧视性言行实施相关教育活动，同时采取必要措施。

（启发宣传等活动）

第七条　中央政府对于消除针对非本邦出身者的不当及歧视性言行的必要性，应向国民进行宣传，并为加深国民的理解实行其他启发教育等宣传活动，同时为此采取必要措施。

2　地方政府机关应与中央进行合理的职责分担，并在此基础上结合当地的实际情况，对于消除针对非本邦出身者之不当歧视性言行的必要性，向居民进行宣传，并为加深国民的理解实行其他启发教育等宣传活动，同时为此采取必要措施。

附则
（施行日期）
1 本法自公布之日起施行。
（关于不当及歧视性言行相关措举的研讨）
2 关于不当及歧视性言行相关措举，自本法施行后，根据针对非本邦出身者之不当及歧视性言行发生的实际状况加以研讨。

②参議院法務委員会における附帯決議

関于推进相关政策以消除针对非本邦出身者之
不当及歧视性言行的法律案之附带决议（参议院）

鉴于我国急需解决针对非本邦出身者之不当及歧视性言行的社会问题，中央及地方政府机关在施行本法时，应特别注意以下事项。

一 依照日本国宪法以及国际公约中关于消除所有形态的种族歧视之精神，对倘不属于第二条规定的"针对非本邦出身者加以歧视之不当言行"的任何歧视性言行都予以谅解——这种理解是错误的。在此基本认识之下，予以适当处理。

二 虽然针对非本邦出身者之不当歧视性言行的内容及发生频率有区域差异，但在此种歧视言行使得社会区域产生严重裂痕的地方政府，应与中央政府机关采取相同切实措施，尽全力消除此类言行。

三 对通过互联网进行的、助长或诱发针对非本邦出身者之不当及歧视性言行的行为，应尽全力采取相应措施消除。

决议如上。

③衆議院法務委員会における附帯決議
关于推进相关政策以消除针对非本邦出身者之不当及歧视性言行的法律案之附带决议（众议院）

中央及地方政府机关在施行本法时，应特别注意以下事项。

一 依照本法制定目的、日本国宪法以及国际公约中关于消除所有形态的种族歧视之精神，对倘不属于第二条规定的"针对非本邦出身者加以歧视之不当言行"任何歧视性的言行都予以谅解——这种理解是错误的。在此基本认识之下，予以适当处理。

二 虽然针对非本邦出身者之不当歧视性言行的内容及发生频率有区域差异，但在此种歧视言行使得社会区域产生严重裂痕的地方政府，应与中央政府机关采取相同切实措施，尽全力消除此类言行。

三 对通过互联网进行的、助长或诱发针对非本邦出身者之不当歧视性言行的行为，应尽全力采取相应措施消除。

四 应努力掌握针对非本邦出身者之不当及歧视性言行等歧视性行为发生的实际状况，并认真研究以期采取必要措施消除该现象。

サービス・インフォメーション
　　　　　　　　　　　　　　　　　　　　　　　通話無料
┌──────────────────────────────────────┐
│①商品に関するご照会・お申込みのご依頼
│　　　　　TEL 0120(203)694／FAX 0120(302)640
│②ご住所・ご名義等各種変更のご連絡
│　　　　　TEL 0120(203)696／FAX 0120(202)974
│③請求・お支払いに関するご照会・ご要望
│　　　　　TEL 0120(203)695／FAX 0120(202)973
└──────────────────────────────────────┘
●フリーダイヤル（TEL）の受付時間は、土・日・祝日を除く
　9：00～17：30です。
●FAXは24時間受け付けておりますので、あわせてご利用ください。

**ヘイトスピーチ解消法
成立の経緯と基本的な考え方**

平成28年10月30日　初版発行

監　修　魚住裕一郎・西田昌司・矢倉克夫・三宅伸吾・
　　　　有田芳生・仁比聡平・谷 亮子
発行者　田 中 英 弥
発行所　第一法規株式会社
　　　　〒107-8560　東京都港区南青山2-11-17
　　　　ホームページ　http://www.daiichihoki.co.jp/

ヘイトスピーチ　ISBN978-4-474-05681-7　C3032 (2)